Kompass DaF B2

Deutsch für Studium und Beruf
Unterrichtshandreichung

Verena Gilmozzi
Ilse Sander

Ernst Klett Sprachen
Stuttgart

Symbole in Kompass DaF B2 Unterrichtshandreichung

DSH
prüfungsrelevanter Aufgabentyp: DSH

GI
prüfungsrelevanter Aufgabentyp: Goethe-Zertifikat B2

telc
prüfungsrelevanter Aufgabentyp: telc Deutsch B2

TestDaF
prüfungsrelevanter Aufgabentyp: digitaler TestDaF

zusätzliche Prüfungsaufgabe über Klett Augmented

Autoren Verena Gilmozzi, Ilse Sander
Redaktion Angela Fitz-Lauterbach
Herstellung Alexandra Veigel
Satz Regina Krawatzki, Stuttgart
Umschlaggestaltung Ulrike Steffen

Kurs- und Übungsbuch B2	978-3-12-670000-9
Kurs- und Übungsbuch B2.1	978-3-12-670001-6
Kurs- und Übungsbuch B2.2	978-3-12-670002-3
Unterrichtshandreichung B2	978-3-12-670003-0
Medienpaket B2	978-3-12-670011-5
Digitales Unterrichtspaket B2 zum Download	NP00867000301

Lektionstests zum Downlaod unter:
www.klett-sprachen.de/kompass-daf/testB2
Code: §Komdaf&B2-lt$

1. Auflage 1 ⁶ ⁵ ⁴ | 2024 23 22

© Ernst Klett Sprachen GmbH, Rotebühlstraße 77, 70178 Stuttgart, 2020
Alle Rechte vorbehalten.
www.klett-sprachen.de

Das Werk und seine Teile sind urheberrechtlich geschützt. Jede Nutzung in anderen als den gesetzlich zugelassenen Fällen bedarf der vorherigen schriftlichen Einwilligung des Verlags.

Druck und Bindung Elanders GmbH, Waiblingen

ISBN 978-3-12-670003-0

Inhaltsverzeichnis

Einleitung	4
Hinweise zu den Lektionen	12
Lektion 1	12
Auf dem Weg zur Prüfung 1	17
Lektion 2	19
Auf dem Weg zur Prüfung 2	23
Lektion 3	25
Auf dem Weg zur Prüfung 3	29
Lektion 4	32
Auf dem Weg zur Prüfung 4	36
Lektion 5	39
Auf dem Weg zur Prüfung 5	43
Lektion 6	44
Auf dem Weg zur Prüfung 6	49
Lektion 7	51
Auf dem Weg zur Prüfung 7	55
Lektion 8	57
Auf dem Weg zur Prüfung 8	62
Lektion 9	64
Auf dem Weg zur Prüfung 9	69
Lektion 10	71
Auf dem Weg zur Prüfung 10	75
Kopiervorlagen zu Lektion 1 bis 10	78
Fundstellen der Prüfungsaufgaben in Kompass DaF B2	105
Kompetenzaufbau in Kompass DaF B2	108
Lösungen zum Kursbuch	110

Deutsch für Studium und Beruf – Kompass DaF B2

Liebe Kolleginnen und Kollegen,

wir, das Autorenteam, freuen uns sehr, dass Sie sich für Kompass DaF entschieden haben, denn mit diesem Lehrwerk verfolgen wir ein Ziel, das uns ganz besonders am Herzen liegt und das wir Ihnen hier näherbringen möchten.

Die Zielgruppe von Kompass DaF sind Deutschlernende, die sich auf ein Studium in Deutschland vorbereiten oder in ihrem Beruf erfolgreich kommunizieren wollen. Im Kurs verfolgen sie unterschiedliche Ziele wie das Bestehen einer für den weiteren Ausbildungsverlauf relevanten Prüfung, das Erreichen der Studierfähigkeit oder die sprachlich und situativ angemessene Kommunikationskompetenz im Beruf. Gerade im Hinblick auf diese Lernenden ist uns im Laufe unserer langjährigen Tätigkeit als DaF-Unterrichtende und beim Austausch mit anderen Lehrenden in Deutschland und im Ausland, z. B. bei Fortbildungen, Workshops oder Webinaren, ein Thema immer wieder begegnet. Dies ist die Frage, wie man im Unterricht darauf reagieren kann, dass es den Lernenden zunehmend schwer zu fallen scheint, angemessen mit Texten umzugehen. Einige haben z. B. Schwierigkeiten, Hör- und Lesetexten die wichtigsten Informationen zu entnehmen, um diese dann weiterzuverarbeiten. Andere tun sich schwer, sich schriftlich bzw. mündlich situationsadäquat auszudrücken, z. B. Stellungnahmen zu schreiben, Daten zu erklären oder zu argumentieren. Diese Schwierigkeiten können wiederum zu Misserfolg bei Prüfungen, im Studium oder im Beruf führen und für Frustration sorgen. Als wir Kompass DaF konzipiert haben, haben wir daher diese Frage als Ausgangspunkt für unsere Überlegungen gewählt.

In vielen Lehrwerken wird versucht, auf die beschriebenen Schwierigkeiten zu reagieren, z. B. dadurch, dass den Lernenden neben dem üblichen Fertigkeits- und Grammatiktraining ein integriertes Strategietraining angeboten wird: im Prinzip ein guter Ansatz. Es hat sich jedoch gezeigt, dass auch dies oft nicht genügt, um die erwähnten Defizite zu beheben. Daher war unser Bestreben bei der Konzeptionsentwicklung von Kompass DaF, Unterrichtsmaterialien zu entwickeln, anhand derer die Kursteilnehmenden auf sehr bewusste Art Schritt für Schritt durch ein systematisches lektionsübergreifendes Training die Kompetenzen erwerben können, die ihnen oft fehlen. Damit wollen wir die Lernenden möglichst intensiv dabei unterstützen, ihr jeweiliges Ziel zu erreichen. Unter Kompetenz verstehen wir dabei nicht nur, dass man etwas gelernt hat, sondern dass man die erworbenen Kenntnisse, Fähigkeiten und Fertigkeiten selbstständig einsetzen und so eigenständig Aufgaben und Herausforderungen meistern kann. Dabei ist nicht nur entscheidend, dass man als Lernender etwas erreichen kann, sondern auch, dass man etwas erreichen möchte. Wenn man von Kompetenzen spricht, spielt der Faktor „Motivation" bzw. die Einstellung der Lernenden also ebenfalls eine große Rolle.

Nehmen wir einmal ein praktisches Beispiel: Die Lernenden müssen im Studium und im Beruf z. B. zu einer Theorie, einem Vorschlag oder einem Projekt Stellung nehmen und diese Stellungnahme bestimmten Adressaten zukommen lassen. Dafür müssen sie zunächst in der Lage sein, den Inhalt zu analysieren, die Hauptpunkte herauszuarbeiten und ihre eigene Position dazu zu finden. Schließlich geht es darum, das Ganze, je nach konkreter Situation, in angemessener Form in eine mündliche oder schriftliche Stellungnahme zu bringen, die dann an den Adressaten geht. Um diese einzelnen Schritte erfolgreich tun zu können, sind unterschiedliche Sprachhandlungen bzw. Teilkompetenzen gefragt, die trainiert werden müssen, um am Ende die Kompetenz „selbstständig Stellung beziehen" zu erreichen.

Dieses Training von Kompetenzen bildet gewissermaßen das Herzstück des Lehrwerks und macht den Unterschied zu anderen, auf den allgemeinen Sprachgebrauch ausgerichteten Lehrwerken aus. Für die konkrete Umsetzung in den Lektionen war uns wichtig, dass das Lehrwerk praxisrelevant, anschaulich, sehr klar strukturiert und transparent ist. Die Lernenden sollen an jeder Stelle auf die Frage „Warum mache ich, was ich hier mache?" eine klare Antwort finden. Daher ist das Training mit den sprachlichen Fertigkeiten und der dafür notwendigen Grammatik eng verbunden. Sprachhandlungen bzw. Teilkompetenzen, wie z. B. sich den Inhalt von gelesenen oder gehörten Texten zu erarbeiten, wichtige Informationen herauszuarbeiten und anderen weiterzugeben, Inhalte zusammenzufassen oder mündlich bzw. schriftlich zu einem Thema Stellung zu nehmen, werden in kleinen Etappen und mit einem klaren Ziel im Laufe der Lektionen immer weiter trainiert und die Kompetenzen der Lernenden auf diese Weise sukzessive aufgebaut. Im separaten Teil „Auf dem Weg zur Prüfung", der auf jede Lektion folgt, können die Lernenden jeweils ihre bis dahin erworbenen Kenntnisse erproben und so überprüfen, wie weit sie beim Aufbau der Kompetenzen bereits vorangeschritten sind. Welche Kompetenzen in Kompass DaF genau berücksichtigt wurden und wie sie im Laufe der Lektionen aufeinander folgen, können Sie anhand der Übersicht im Anhang sehen.

Vielleicht fragen sich manche nun, was an diesem Ansatz neu ist, also was wir unter „Kompetenztraining und -entwicklung" in diesem Zusammenhang verstehen und wie der Zusammenhang zwischen Kompetenztraining und lernzielorientiertem Unterricht ist, wie er ja schon seit den 70er-Jahren postuliert wurde. Wir verstehen dies wie folgt: Beide richten zunächst einmal den Fokus auf die Ergebnisse des Lernprozesses. Während aber Lernziele von Lehrenden bzw. dem Lehrplan formuliert und in Unterziele, wie Grobziele, Feinziele etc. unterteilt werden können, stellen Kompetenzen den Lernenden in den Fokus und haben den Entwicklungsweg, die Handlungsfähigkeit und auch die Einstellung des Lernenden, wie z. B. seine Lösungsorientierung, den Umgang mit Anforderungen oder die Freude an Themen im Blick.

Als Hauptziele für das Lernen mit Kompass DaF können komplexe Kompetenzen gelten. Hierbei spielt die Mediation, wie sie im Ergänzungsband zum gemeinsamen europäischen Referenzrahmen (2018, dt. 2020) beschrieben wird, eine große Rolle. Um studierfähig zu sein oder im Beruf erfolgreich zu kommunizieren – vor allem auch in der Zusammenarbeit mit anderen –, geht es schließlich darum, umfassend und auch in komplexen Situationen sprachlich handlungsfähig zu sein. Und Kompass DaF dient den Lernenden, wie der Name bereits sagt, als Instrument der Orientierung auf dem Weg zu dieser Handlungsfähigkeit.

Um Ihnen näherzubringen, wie dieser Kompass funktioniert, stellen wir die Aufgabensequenzen jeder Lektion in dieser Unterrichtshandreichung sehr ausführlich dar. In den Hinweisen zu den Lektionen können Sie sich so den Aufbau und die Ziele vor Beginn jeder Lektion vor Augen führen. Gleichzeitig finden Sie dort zu den Aufgabensequenzen eine große Anzahl von zusätzlichen Vorschlägen für alternative Aufgaben bzw. Herangehensweisen und für Aktivitäten in Gruppen oder im Kurs, sodass Sie – je nach Kurszusammensetzung – das Kompetenztraining in Ihrem Unterricht variabel und abwechslungsreich gestalten können. Das Verständnis für die Aufgabensequenzen kann Ihnen darüber hinaus helfen, eigenes Material für Ihre Lernenden zu entwickeln, da das Schritt-für-Schritt-Vorgehen in Kompass DaF natürlich auf vielerlei Inhalte übertragbar ist.

Last, but not least: Da wir Autoren und Autorinnen auch alle sehr gern unterrichten und uns freuen, wenn die Lernenden nicht nur das Gefühl haben, dass der Unterricht sie ihrem Ziel näherbringt, sondern sich auch mit Freude am Lernen mit unserem Lehrwerk auf den Weg machen, war es uns auch ein wichtiges Anliegen, auf die besondere Zielgruppe zugeschnittene Themen und adäquate Texte und Aufgabentypen auszuwählen.

Wir, das Autorenteam und das Team der Ernst Klett Sprachen GmbH, hoffen nun, dass auch Sie Freude am Arbeiten mit Kompass DaF haben, und wünschen Ihnen und Ihren Deutschlernenden viel Erfolg!

Wie finde ich mich in Kompass DaF B2 zurecht?

Kompass DaF B2 umfasst einen Kursbuchteil mit 10 Lektionen à 8 Seiten; auf jede Lektion folgen unter der Bezeichnung „Auf dem Weg zur Prüfung" 4 Seiten mit Aufgaben zur Prüfungsvorbereitung. Im Anschluss an die Lektionen 2, 4, 6 und 8 folgen jeweils zwei Seiten mit Aufgaben zu einem Film, der thematisch an die Lektion davor angebunden ist. Hinzu kommen ein Übungsbuchteil mit 12 Seiten pro Lektion sowie verschiedene Anhänge.

Das Lehrwerk ist in zwei verschiedenen Ausgaben erhältlich: als Gesamtband mit allen 10 Kurs- und Übungsbuchlektionen (B2) und als Teilbände mit jeweils 5 Kurs- und Übungsbuchlektionen (B2.1 und B2.2). Beide gibt es auch als digitale Ausgabe mit dem Learning Management System (LMS) „BlinkLearning"; zum Gesamtband ist zudem ein digitales Unterrichtspaket für den Einsatz an einem digitalen Whiteboard oder mit PC und Beamer erhältlich.

Wie sind die Kursbuchlektionen aufgebaut?

Die Lektionen sind jeweils in die Teile A, B, C und D gegliedert. Bei jedem dieser Teile steht eine sprachliche Fertigkeit im Fokus, also Lesen, Hören, Schreiben oder Sprechen. Für die Lernenden und für Sie als Lehrende ist auf diese Weise auf einen Blick ersichtlich, um welchen Fertigkeitsbereich es jeweils geht. Dies erleichtert es Ihnen, den Unterricht vorzubereiten und ggf. Schwerpunkte auf bestimmte Fertigkeiten im Kurs zu setzen.

Die Abfolge der Fertigkeiten in den Lektionsteilen A bis D ist nicht immer gleich, sondern hängt vom jeweiligen thematischen Kontext und den Handlungszielen ab. Welche Fertigkeit jeweils im Fokus steht, können Sie direkt an der Kopfzeile der entsprechenden Seite erkennen, wie das folgende Beispiel zeigt, dort also „Fokus: Sprechen".

Die Kompetenzen, die trainiert werden, stehen jeweils in grauer Schrift in einer eckigen Klammer neben der passenden Aufgabe und beziehen sich immer auf die entsprechende Fertigkeit, in dem Beispiel unten links „mündlich Stellung nehmen". Der Hauptfokus dieses Lektionsteils liegt also auf „Sprechen" und der Kompetenz „mündlich Stellung nehmen." Das bedeutet natürlich nicht, dass die Lernenden zum Bearbeiten der Aufgabe 2 keine der anderen Fertigkeiten brauchen, hier z. B. Lesen: Die Lernenden lesen zuerst Aussagen, die als Input für ihre mündlichen Stellungnahmen dienen. Mithilfe dieses Inputs und passender Redemittel können die Lernenden dann selbst mündlich Stellung nehmen.

Wenn Sie sich den Fortgang der Aufgabensequenz im Kursbuch anschauen, sehen Sie, dass auch Schreiben eine Rolle spielt, aber immer mit dem Fokus, dass dies als Muster oder Input für das Training der Kompetenz dient, die zu dem in der Kopfzeile genannten Fertigkeitsbereich gehört. In der letzten Aufgabe der Sequenz nehmen die Lernenden mündlich Stellung und trainieren damit diese Kompetenz.

In den Aufgabensequenzen gibt es also eine Verschränkung der Fertigkeiten, aber immer mit dem Ziel, die Kompetenz zu trainieren, die neben einer Aufgabe genannt wird und die sich jeweils auf die Fertigkeit in der Kopfzeile bezieht. Die einzelnen Schritte der Aufgabensequenzen in Kompass DaF führen immer zu diesem in der Aufgabe genannten Ziel.

Um Ihnen diesen Ansatz noch einmal zu verdeutlichen, hier noch ein weiteres typisches Beispiel:

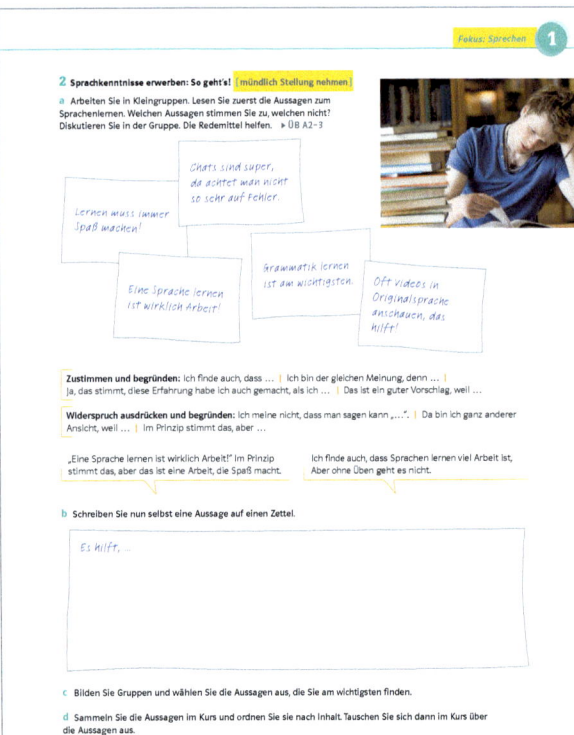

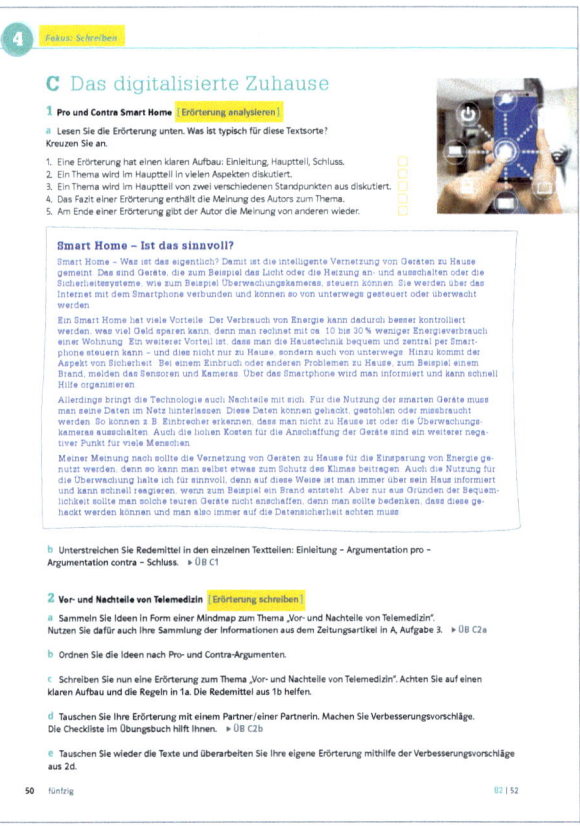

In der Kopfzeile von Teil C in Lektion 4 steht „Fokus: Schreiben". Hier geht es darum, dass die Lernenden eine Erörterung schreiben, aber in Aufgabe 1 liest man nur. Das könnte manchen erstaunen, ist aber sinnvoll, denn man möchte vielleicht zunächst wissen, was eigentlich eine „Erörterung" ist und wie man sie schreibt. Um dies zu lernen, setzen sich die Lernenden zunächst anhand eines Mustertextes mit der Textsorte, ihrem Aufbau und typischen sprachlichen Mitteln auseinander. Die Kompetenzbeschreibung lautet daher „Erörterung analysieren". Erst danach kommt in Aufgabe 2 die eigentliche Schreibaufgabe (Kompetenz: „Erörterung schreiben"). Dass für die Analyse des Mustertextes auch die Kompetenz „detailliertes Lesen" vonnöten ist, steht hier nicht im Fokus, deshalb wird diese Kompetenz hier auch nicht genannt, sondern nur die, die in den Fertigkeitsbereich „Schreiben" gehört. Nach dem Verfassen der Erörterung folgt eine Partneraktivität, bei der die Partner sich anhand einer Checkliste im Übungsbuch überlegen, wie man den Text des Partners/der Partnerin verbessern könnte. Dieses kooperative Vorgehen erfordert wiederum, dass man miteinander spricht, also auch hier gibt es trotz des Hauptfokus „Schreiben" eine Verschränkung der Fertigkeiten. Das Hauptziel ist jedoch klar: „in der Lage sein, eine Erörterung zu schreiben." Vielleicht noch eine letzte Anmerkung dazu: Einen inhaltlichen Input haben die Lernenden durch einen Lesetext im Lektionsteil A erhalten, sodass sie sich hier ganz auf das Verfassen des Textes konzentrieren können.

Die Vermittlung von Grammatik und Wortschatz ist in die Aufgabenfolgen der Lektionsteile A bis D integriert. Pro Lektion werden zwei Grammatikthemen behandelt, die an einen Lese- bzw. Hörtext angebunden sind.

Zu den Filmen im Anschluss an die Lektionen 2, 4, 6 und 8, die thematisch an die Lektion davor angebunden sind und zusätzliche interessante Aspekte zum Thema der Lektion bringen, gibt es jeweils zwei Seiten mit Aufgaben. Diese Aufgaben gehen vom Aktivieren der Vorkenntnisse über Aufgaben zum Hör-Seh-Verstehen bis hin zu Gruppenaktivitäten. Bei den Filmen handelt es sich um Auszüge aus Videos öffentlich-rechtlicher Fernsehsender, z. B. aus der Sendung „Planet Wissen".

Wie ist das Übungsbuch aufgebaut?

Das Übungsbuch umfasst pro Lektion 12 Seiten: 10 Seiten, auf denen der Stoff der Teile A bis D der jeweiligen Kursbuchlektion geübt wird, eine Seite mit Lektionswortschatz und eine Überblicksseite über die Grammatik der Lektion. Die Anzahl der Seiten, die im Übungsbuch den Kursbuchteilen A bis D zugeordnet sind, ist nicht immer gleich, sondern hängt von der notwendigen Übungsintensität ab. Grammatik, Wortschatz und Redemittel der jeweiligen Lektion werden hier kleinschrittig geübt. Außerdem finden Sie hier das Kompetenztraining unterstützende Übungen sowie Aufgaben in typischen DSH-Prüfungsformaten (z. B. Umformulierung, Ergänzung, Paraphrasierung von Sätzen). Es handelt sich meist um geschlossene Übungen, damit Lernende diese auch im Selbststudium bearbeiten und ihre Lösungen anhand des Lösungsschlüssels im Anhang überprüfen können. Bei Übungen bzw. Aufgaben, die das Kompetenztraining noch einmal vertiefen, steht – wie im Kursbuch – die entsprechende Kompetenz in eckigen Klammern neben der Aufgabe. Klare Verweise vom Kurs- zum Übungsbuch (▶ ÜB B3) und umgekehrt (▶ KB B3b) zeigen den Zusammenhang zwischen dem Kursbuchteil bzw. der jeweiligen Aufgabe im Kursbuch (hier Teil B, Aufgabe 3b) und der entsprechenden Übung im Übungsbuch (hier Teil B, Übung 3).

Wortbildung: Da Kenntnisse der Wortbildungsbesonderheiten im Deutschen eine große Hilfe beim Bearbeiten von Texten, insbesondere bei der Erschließung unbekannter Ausdrücke bzw. komplexer Satzstrukturen sind, gibt es in jeder Übungsbuchlektion mindestens eine Aufgabe, in der die Wortbildung im Deutschen reflektiert wird. Sie finden dort zum Beispiel Kompositabildungen, Nominalisierungen oder Zusammensetzungen von Adjektiven mit bestimmten Nachsilben, Phänomene, die in wissenschaftlichen bzw. Fachtexten häufig vorkommen.

Aussprache: Die Aufgaben zum Training der Aussprache befinden sich im Übungsbuch. Sie beziehen sich jeweils auf den Lektionsteil, in dem die Fertigkeit „Sprechen" im Fokus steht, und sind daher auch im Übungsbuch im entsprechenden Lektionsteil zu finden. Es werden bekannte Aussprachephänomene der Grundstufe noch einmal wiederholt, die erfahrungsgemäß auch auf dem B2-Niveau noch Schwierigkeiten bereiten, z. B. die Umlaute, lange und kurze Vokale, die Auslautverhärtung und die Aussprache von ng/nk. Der Schwerpunkt liegt jedoch auf dem Training von Wort- und Satzakzent sowie Satzmelodie und Pausen, da diese für die Verständlichkeit von komplexen Texten wie Stellungnahmen, Diskussionen oder Vorträgen, die Lernende in der Mittelstufe produzieren müssen, eine große Rolle spielen.

Lektionswortschatz: Auf der vorletzten Seite des Übungsbuchteils finden Sie jeweils eine Übersicht über den Lernwortschatz der Lektion. Der Wortschatz ist nach Unterthemen gegliedert und i.d.R. in der Reihenfolge des Vorkommens aufgeführt, es sei denn, es ergeben sich sinnvolle Gruppierungen, wie z. B. Zuordnung von Antonymen, von Nomen und Verben. Dieselben Wörter können in den Wortschatzlisten unterschiedlicher Lektionen vorkommen, wenn sie im Zusammenhang mit dem jeweiligen Thema eine wichtige Rolle spielen. In der Kopfzeile finden Sie neben dem Titel „Wortschatz üben" das Klett-Augmented-Symbol. Dieses signalisiert, dass die Lernenden auf dieser Seite über Klett Augmented Wortschatzkärtchen aufrufen können, mit denen sie den Wortschatz zusätzlich üben können. Auf den Kärtchen findet man verschiedene Aufgabentypen, um den Wortschatz im Kontext der Lektion zu üben, z. B. „Wie kann man noch sagen?" (paraphrasieren, Synonyme); „Wie heißt das Gegenteil von …?" (Antonyme); „Wie heißt das

Nomen / das Verb / das Adjektiv zu …?" (Wortbildung) etc. Die Lösung auf der Rückseite erhält man, wenn man auf ein Fragezeichen klickt, dann dreht sich das Kärtchen um. Manchmal wären auch andere Lösungen möglich. Es handelt sich hierbei jedoch um die Wörter bzw. Bedeutungen aus dem jeweiligen Lektionskontext.

Lektionsgrammatik: Die letzte Seite jeder Übungsbuchlektion enthält einen Überblick über die Lektionsgrammatik, sodass die in der jeweiligen Lektion behandelte Grammatik für Lernende und Unterrichtende auf einen Blick zu überschauen ist. Die Grammatik, die in der Kursbuchlektion induktiv eingeführt, analysiert und angewendet und im Übungsbuch geübt worden ist, wird hier noch einmal beschrieben und an Beispielen aus der Lektion verdeutlicht.

Was finden Sie im Anhang des Kursbuchs?

Redemittel aus den Lektionen: Hier finden Sie drei Seiten mit Redemitteln, die in Kompass DaF B2 Verwendung finden. Diese sind thematisch in Blöcken zu verschiedenen Sprachhandlungen angeordnet. Die Lernenden können die Übersicht für die Bearbeitung einzelner Aufgaben in den Lektionen heranziehen. Sie können aber hier auch jederzeit nachschlagen, wenn sie konkrete Formulierungshilfen brauchen.

Grammatik zum Nachschlagen: Hier werden die Grammatikthemen, die im Kursbuch sukzessive behandelt wurden, gebündelt dargestellt. Verweise zeigen den Fundort in den Lektionen ▶ L3 (hier Verweis auf Lektion 3). Im Kursbuch wiederum gibt es neben den Grammatikaufgaben Verweise auf die Fundstellen des behandelten Grammatikphänomens in der Grammatik zum Nachschlagen. In Lektion 1 wird z.B. die Wortstellung in Haupt- und Nebensätzen anhand von kausalen und konzessiven Sätzen wiederholt. Das Thema „Wortstellung" wird aber auch in weiteren Lektionen anhand von anderen Satztypen aufgegriffen, daher findet man neben der Aufgabe B3 im Kursbuch mehrere Verweise auf die Grammatik zum Nachschlagen: ▶ G 1.1.2, 1.2, 1.4.1, 1.4.2

Lösungen zum Übungsbuch: Hier gibt es Lösungen zu allen Übungen im Übungsbuch, inklusive Mustertexten, wenn eine freiere Textproduktion gefordert wird.

Welche Kompetenzen werden in Kompass DaF trainiert und wie geschieht das?

Einen schnellen Überblick darüber, wie die Kompetenzen im Laufe der Lektionen trainiert und aufgebaut werden, können Sie sich in der Übersicht im Anhang verschaffen. Wie Sie weiter oben feststellen konnten, sind die Aufgabensequenzen sehr kleinschrittig aufgebaut, um die jeweilige Kompetenz – immer im Zusammenhang mit der in der Kopfzeile genannten Fertigkeit – von Grund auf zu trainieren. Im Laufe der Lektionen wird dieses Vorgehen beibehalten, sodass es zu einem sukzessiven Aufbau und Ausbau der Kompetenzen innerhalb der Lektionen, aber auch – wie der Überblick im Anhang auf einen Blick erkennen lässt – lektionsübergreifend kommt.

Die Kompetenzen werden in den Lektionen nicht nur kleinschrittig aufgebaut, die Lernenden werden auch dazu angeregt, aktiv über den Kompetenzaufbau nachzudenken. Viele Aufgabensequenzen enthalten Reflexionsaufgaben, mithilfe derer die Lernenden, meist gemeinsam mit anderen, darüber reflektieren, was ihnen geholfen hat bzw. wie sie vorgegangen sind, um die jeweilige Aufgabe zu lösen. Gerade die Reflexion über „das Wie" ist zusätzlich zum Training eine Grundlage dafür, Fortschritte zu machen.

Welche Rolle spielt die Mediation in Kompass DaF?

Der Begriff „Mediation" bedeutet im weitesten Sinne Vermittlung und wird in erster Linie für ein Verfahren zur außergerichtlichen, konstruktiven Bearbeitung von Konflikten verwendet. Er hat bereits seit Längerem auch Eingang in die Fremdsprachendidaktik gefunden und wird dort im Sinne von Sprachmittlung gebraucht, die vom Übersetzen eines Textes zu unterscheiden ist. Beim Übersetzen müssen alle Informationen eines Textes möglichst genau wiedergegeben werden. Hier kommt es auf die richtige Wortwahl und ein differenziertes Verständnis von Bedeutungen an. Bei der Mediation stehen hingegen der Adressat/die Adressatin und die Kommunikation mit ihm bzw. ihr im Mittelpunkt. Denn neben der Wiedergabe der Informationen können zusätzliche Erläuterungen und/oder interkulturelles Wissen notwendig sein. Je nach Kommunikationssituation kann man zudem manches weglassen und sich auf das Wesentliche konzentrieren. Mediation umfasst jedoch nicht nur Sprachhandeln im Sinne der Bearbeitung von mündlichen oder schriftlichen Texten, sondern auch die Vermittlung und Entwicklung von Konzepten und von Bedeutung im Austausch und in der Kooperation mit anderen.

Im „Begleitband zum Gemeinsamen europäischen Referenzrahmen für Sprachen" (2018, dt. 2020) spielt das Thema „Mediation" eine wichtige Rolle. Der Begleitband ist in erster Linie eine Aktualisierung und Vertiefung der Beispieldeskriptoren für Bereiche, die in der Fassung von 2001 so nicht vorgesehen waren, und ergänzt auf diese Weise den GeR. Er entstand u.a. aus der Einsicht heraus, dass Sprachmittlungsaktivitäten im Zuge der wachsenden sprachlichen und kulturellen Vielfalt der Gesellschaften und der internationalen Kooperation an Bedeutung gewonnen haben. Daher sah man es als notwendig an, Deskriptoren zur Mediation zu entwickeln, die es bis dato in diesem Umfang nicht gab.

Diese Deskriptoren beschreiben sprachliche Handlungen, die meist aus verschiedenen Aktivitäten bestehen, wie z.B. eine Grafik erklären, bei der man Daten erfassen (Rezeption), mündlich interpretieren (Produktion) und an einen Adressaten weitergeben (Interaktion) muss. Mediation verbindet gewissermaßen Rezeption, Produktion und Interaktion. In den Kannbeschreibungen zu „Mediation" wird von „Sprache A" und „Sprache B" gesprochen.

Die Vermittlung bezieht sich dabei aber nicht nur auf das Übertragen von einer in die andere Sprache, sondern es kann auch bedeuten, dass „Sprache A" und „Sprache B" zwei Varietäten derselben Sprache, zwei Register derselben Varietät oder jede beliebige Kombination der genannten sein können – Mediation kann also auch in einer einzigen Sprache stattfinden. Dabei kann die Mediation zwischen unterschiedlichen Akteuren oder auch „mit sich selbst" für einen nicht anwesenden Adressaten stattfinden, etwa wenn man sich bei einer Präsentation Notizen macht, die man dann z. B. in einer Mail verarbeitet, um die Inhalte der Präsentation für Kollegen, die abwesend waren, zusammenzufassen. Im Begleitband zum GeR werden Mediationsaktivitäten und -strategien in ein umfassendes systematisches Beschreibungssystem gefasst. Die Deskriptoren sind ein sehr nützliches Instrument, wenn man bestimmte Prioritäten setzen, seinen Unterricht planen oder eigene Lernmaterialien für die TN erstellen möchte.

Bei den in Kompass DaF behandelten Kompetenzen handelt es sich bis auf eine Ausnahme um Mediationsaktivitäten, wie sie im Begleitband beschrieben sind. Dem Bereich „Mediation von Texten" wird im Lehrwerk eine große Bedeutung beigemessen, da z. B. die Vermittlung von erarbeiteten Informationen sowohl im beruflichen als auch im universitären Kontext eine bedeutende Rolle spielt. Da die entsprechenden Kompetenzen einen wichtigen Teil der Studierfähigkeit darstellen, werden sie auch im digitalen TestDaF abgefragt, und in der DSH spielten sie schon immer eine wichtige Rolle. Aus diesen Gründen werden entsprechende Kompetenzen in Kompass DaF systematisch, kleinschrittig und eingehend trainiert.

An dieser Stelle zur weiteren Verdeutlichung ein Beispiel: Unter den Mediationsaktivitäten im Bereich „Mediation von Texten" führt der Begleitband auch „Notizen anfertigen (in Vorträgen, Seminaren, Besprechungen usw.)" auf. Diese Kompetenz wird auch im digitalen TestDaF, in der DSH und in telc C1 Hochschule gefordert. Wie Sie sicher aus Ihrer Lehrerfahrung wissen, haben viele Lernende Schwierigkeiten, sinnvolle, gut strukturierte Notizen anzufertigen: Sie schreiben zu viel, zu unstrukturiert, können nicht gewichten etc. Diese Kompetenz ist aber unabdingbar, um Texte weiter zu verarbeiten. Sie ist sozusagen eine unverzichtbare Basiskompetenz. Aus diesem Grund wird das Anfertigen von Notizen in Kompass DaF B2 ab Lektion 2 in jeder Lektion trainiert, und zwar sehr kleinschrittig: vom stark gelenkten Vorgehen mit abgedruckten Notizzetteln und vielen Beispielen, über das Erkennen von Schlüsselwörtern, über die Analyse des Textaufbaus, bis hin zur selbstständigen Erstellung eines sinnvoll strukturierten Notizzettels.

Bei den Mediationsaktivitäten im Bereich „Mediation von Konzepten" geht es im GeR vor allem um die Kooperation in Gruppen. Diese wird in Kompass DaF wie folgt berücksichtigt: Viele der Aufgabensequenzen münden in einer Partner- oder Gruppenaktivität, bei der die Lernenden interagieren. Dabei geht es z. B. um die Vermittlung von Informationen oder um die gemeinsame Konstruktion von Bedeutung, wie bei der Einigung auf Lösungen oder beim Feedbackgeben und -nehmen. Am Ende der Aufgabensequenzen gibt es meist Abschlussaufgaben, auf deren Basis das Gelernte, auch unter Einbeziehung eigener Erfahrungen, in der Interaktion mit anderen angewendet wird. In dieser Unterrichtshandreichung machen wir Vorschläge für Aktivitäten, die Sie darüber hinaus im Unterricht umsetzen können, um die dafür nötige Kooperation mit dem Partner / der Partnerin oder in der Gruppe noch zusätzlich zu fördern.

Ein weiterer Komplex, der in Kompass DaF eine Rolle spielt, sind die im Begleitband zum GeR aufgeführten „Mediationsstrategien". Dabei geht es zum Beispiel um Strategien wie „komplizierte Informationen in kleinere Einheiten aufgliedern", „einen Text straffen", „einen dichten Text erweitern" oder „etwas mit Vorwissen verbinden". Auch diese Strategien werden trainiert und angewendet. Am Anfang vieler Aufgabensequenzen finden Sie z. B. Aufgaben zur Aktivierung des Vorwissens. Zudem setzen die Erläuterung von Grafiken, die Weitergabe spezifischer Informationen sowie das Zusammenfassen von schriftlichen und mündlichen Texten die oben erwähnten Strategien voraus. Diese Mediationsaktivitäten und damit auch die entsprechenden Mediationsstrategien werden in den Lektionen immer wieder kleinschrittig und mit steigendem Schwierigkeitsgrad geübt.

Wie wird Grammatik in Kompass DaF vermittelt?

Die Grammatik wird induktiv vermittelt, d. h., die Lernenden analysieren relevante Grammatikstrukturen aus Texten der jeweiligen Lektion, analysieren sie nach Form, Funktion und Bedeutung, üben sie und wenden sie in passenden Situationen an. Bei der Auswahl der Grammatikthemen wurde auf der einen Seite darauf geachtet, dass wichtige „Grundstufenthemen", wie z. B. der Satzbau wiederholt werden, mit denen die Lernenden auch auf B2-Niveau oft noch Schwierigkeiten haben. Auf der anderen Seite werden B2-Themen berücksichtigt, die die Ausdrucksfähigkeit der TN erweitern, wobei besonders unterschiedliche Methoden der Satzverbindung und Textkohäsion im Fokus stehen.

In jeder Lektion werden jeweils zwei thematisch abgeleitete Grammatikthemen behandelt. Sie sind jeweils an die Fertigkeiten „Lesen" und „Hören" angedockt. Im Übungsbuchteil werden diese Phänomene kleinschrittig geübt. Am Ende jeder Übungsbuchlektion gibt es eine Überblicksseite über die Lektionsgrammatik. Im Anhang der Bände finden Sie eine Grammatik zum Nachschlagen, in der die Grammatikthemen zusammengeführt und ausführlicher erläutert werden. Verweise zeigen dort den jeweiligen Fundort im Kurs- bzw. Übungsbuch.

Einleitung

Wie werden die Lernenden auf die Prüfungen vorbereitet?

DSH, GI, telc, TestDaF

Nach jeder Kursbuchlektion gibt es den fakultativen Teil „Auf dem Weg zur Prüfung", in dem alle für die Zielgruppe relevanten Prüfungen – DSH, Goethe-Zertifikat B2, telc Deutsch B2, digitaler TestDaF – berücksichtigt werden. Über diese Prüfungsteile hinweg lernen die Lernenden alle Aufgabentypen der ausgewählten Prüfungen kennen. In jedem Prüfungsteil findet man mindestens eine Aufgabe der Prüfungen DSH, Goethe-Zertifikat B2, telc Deutsch B2, digitaler TestDaF. Als zusätzliches Angebot gibt es pro Lektion zwei Prüfungsaufgaben, die über Klett Augmented abrufbar sind. Konnte eine der oben genannten Prüfungen nicht auf den Seiten im Kursbuch berücksichtigt werden, so finden Sie zu dieser Prüfung eine Aufgabe im zusätzlichen Angebot. So ist gewährleistet, dass die Gesamtheit der möglichen Aufgabentypen abgedeckt ist.

Der Teil „Auf dem Weg zur Prüfung" besteht aus vier Seiten, die sich farblich von den Lektionen abheben. Die entsprechenden Prüfungsaufgaben sind mit einem Pfeilsymbol gekennzeichnet, unter dem die Bezeichnung der jeweiligen Prüfung steht. Der Pfeil, der dynamisch nach oben führt, symbolisiert die Heranführung an die Prüfungsformate durch den sukzessiven Aufbau der Kompetenzen, die zur Bewältigung der Prüfungsaufgaben notwendig sind. Die Aufgaben sind nicht immer genau im gleichen Format wie in den Originalprüfungen, so können sie z. B. weniger Items haben oder die Texte kürzer als in der Prüfung sein. Die Prüfungsaufgaben dienen vor allem dazu, dass die Lernenden das jeweilige Prüfungsformat und seine Besonderheiten kennenlernen. Deshalb gibt es zu den Prüfungsaufgaben Tipps, die Erläuterungen und Hilfestellungen zu den Originalprüfungsformaten bzw. zum Vorgehen in den Prüfungen geben.

Im Übungsbuch findet man zudem Beispiele für DSH-Aufgabenformate aus dem Prüfungsteil „Wissenschaftssprachliche Strukturen". Diese findet man nur dort und nicht im Teil „Auf dem Weg zur Prüfung", weil die Aufgabentypen so immer direkt im Zusammenhang mit dem trainierten Grammatikthema geübt werden können und auf diese Weise in den jeweiligen grammatikalischen Kontext eingebettet sind, was das Verständnis erleichtert. Da die telc-Aufgabentypen aus dem Prüfungsteil „Sprachbausteine" sich ebenfalls auf die Abfrage von grammatikalischen Strukturen bzw. Wortschatz konzentrieren, findet man die Beispiele hierfür ebenfalls nur im Übungsbuch und nicht in „Auf dem Weg zur Prüfung".

Den Titel „Auf dem Weg zur Prüfung" und das Symbol haben wir mit Bedacht gewählt: Wir gehen davon aus, dass die meisten Lernenden in einem Kurs, in dem mit Kompass DaF unterrichtet wird, eine Prüfung ablegen möchten. Sie sind also auf dem Weg zu einer Prüfung und das Lehrwerk begleitet sie gewissermaßen bis kurz vor das Ziel. Nach der Arbeit mit dem Lehrwerk empfehlen wir eine spezielle Prüfungsvorbereitung, die den Lernenden aber wahrscheinlich leichter fallen wird, da sie die notwendigen Kompetenzen dafür bereits erworben haben. Denn wichtig ist Folgendes: Es gibt in „Auf dem Weg zur Prüfung" keine „unvorbereiteten" Prüfungsaufgaben. Alle Prüfungsaufgaben wurden kleinschrittig und systematisch in den Kursbuchlektionen durch das ausführliche Kompetenztraining vorbereitet. Manchmal beziehen sich die Prüfungsaufgaben auf Kompetenzen, die in derselben Lektion trainiert wurden, manchmal auf solche, die in einer oder mehreren früheren Lektionen vorkamen. Prüfungsaufgaben in „Auf dem Weg zur Prüfung" sind also immer die Anwendung dessen, was vorher trainiert und aufgebaut wurde.

Zur Verdeutlichung: In Lektion 3 wird die Arbeit mit wichtigen Wörtern und Ausdrücken, d. h. Schlüsselwörtern, beim Lesen und Hören ausführlich trainiert. In „Auf dem Weg zur Prüfung 3" spielt die Kompetenz, Schlüsselwörter zu identifizieren und mit ihrer Hilfe die wichtigsten Informationen herauszuarbeiten, Fragen zu beantworten oder Antworten zu formulieren bei der Lösung der Prüfungsaufgaben in den Teilen „Lesen" und „Hören" eine entscheidende Rolle.

Auch das lektionsübergreifende Training von Kompetenzen ist mit der Prüfungsvorbereitung eng verzahnt. Ein Beispiel dafür ist die mündliche und schriftliche Grafikinterpretation, die für Präsentationen wichtig ist, aber auch in TestDaF- und DSH-Aufgaben gefordert wird. Wie diese im Lehrwerk Schritt für Schritt trainiert wird, wird im Folgenden kurz schematisch dargestellt:

Lektion 3: linken Teil eines Schaubilds analysieren ▶ wichtigste Informationen herausarbeiten ▶ mit Informationen aus Vortrag vergleichen ▶ selbst Vortrag halten mit Infos aus linkem und rechtem Teil des Schaubilds

Lektion 5: über Aufbau von Mustervortragstext zu Grafikinterpretation reflektieren ▶ relevante Redemittel herausarbeiten ▶ eigenen Vortrag zu Grafik halten

Lektion 7: Partnerarbeit: je eine Grafik mit Kurztext anhand von Leitfragen analysieren ▶ sich gegenseitig Fragen dazu stellen ▶ so Informationen zusammenführen ▶ Kommentar dazu schreiben ▶ Kommentar vortragen

Lektion 7: vorstrukturierten Notizzettel ergänzen ▶ Struktur analysieren: „das Wie" einer Grafikinterpretation erkennen ▶ Grafikinterpretation schreiben

Lektion 8: Tatsachen und Meinungen unterscheiden ▶ Aufbau von Argumentation reflektieren ▶ auf Stellungnahme eines anderen reagieren und selbst Stellung nehmen

All diese in den verschiedenen Lektionen trainierten Kompetenzen helfen nun in „Auf dem Weg zur Prüfung 8" bei einer typischen DSH-Prüfungsaufgabe: Die Lernenden werten eine zweiteilige Grafik für eine Textproduktion nach Vorgaben aus. Dann fassen Sie die Informationen aus der Grafik schriftlich zusammen, kommentieren bestimmte Inhalte und nehmen zum Thema Stellung.

Einleitung

Wie Sie bzw. die Lernenden mit den Aufgaben in „Auf dem Weg zur Prüfung" umgehen, hängt davon ab, ob die Lernenden am Ende des Kurses eine Prüfung ablegen und welche das ist bzw. welche Ziele Sie mit dem Kurs allgemein verfolgen. Sie können nur die Prüfungsaufgaben auswählen, die speziell zu der Prüfung passen, die die Lernenden ablegen sollen. Sie können aber auch weitere Aufgaben zu anderen Prüfungsformaten machen (lassen), die das Kompetenztraining abrunden. Sie können die Aufgaben im Unterricht machen, oder die Lernenden können sie in Eigenarbeit lösen und mit dem Lösungsschlüssel überprüfen. Darüber hinaus sind Sie frei, wann Sie die Prüfungsaufgaben behandeln: Sie können Sie nach jeder Lektion einsetzen oder gebündelt zu einem speziellen Termin im Kurs bzw. am Ende des Kurses. „Auf dem Weg zur Prüfung" erlaubt also größtmögliche Flexibilität in der Vorbereitung auf die Prüfungen.

Welche zusätzlichen Angebote gibt es zum Lehrwerk?

Mediendateien
Videos: Zu Kompass DaF B2 gibt es vier Filme (nach Lektion 2, 4, 6 und 8), die thematisch an die Lektion davor angebunden sind. Darüber hinaus findet man noch zwei Filme in den Prüfungsteilen „Auf dem Weg zur Prüfung", die Aufgaben des digitalen TestDaF veranschaulichen, und ein Erklärvideo in Lektion 4.

Audios: Zu allen Höraufgaben im Kurs- und Übungsbuchteil gibt es Audios in verschiedenen Formaten.

Alle Audios und Videos sind über Klett Augmented auf dem Smartphone abrufbar. Sie stehen den Lernenden dadurch zu Übungszwecken jederzeit zur Verfügung und man kann im Unterricht direkt auf sie zurückgreifen. Dies ermöglicht es z. B., dass sich Gruppen im Unterricht parallel verschiedene Audios anhören können. Zusätzlich können Sie die Filme als mp4-Dateien und die Audios als mp3-Dateien auf der Webseite herunterladen. Für den Download benötigen Sie einen Code, der in den Büchern jeweils auf S. 2 beim Impressum abgedruckt ist. Sie finden darüber hinaus alle Audios auf 4 CDs und die Videos auf DVD in einem gesonderten Medienpaket.

Digitale Ausgaben
Digitales Unterrichtspaket: Dabei handelt es sich um eine komplett digitale Ausgabe des Gesamtbands B2. Sie enthält das Kursbuch, das Übungsbuch und die Unterrichtshandreichung. Im Übungsbuch können die Übungen einzeln mit Lösungen aufgerufen werden. Zur Nutzung des Digitalen Unterrichtspakets benötigen Sie die Klett-Sprachen-App.

Digitale Ausgabe mit LMS: Die Kurs- und Übungsbücher B2.1, B2.2 sowie der Gesamtband B2 sind jeweils als Digitale Ausgabe für das Learning Management System „BlinkLearning" erhältlich. Zu dieser Ausgabe können Sie die speziellen Angebote des LMS nutzen: ein digitales Klassenzimmer für Ihren Kurs anlegen, Hausaufgaben verschicken oder Noten verwalten. Die Kurs- und Übungsbücher sind interaktiv angelegt, sodass die Lernenden die Aufgaben und Übungen direkt im System bearbeiten und dabei eine automatische Auswertung erhalten können.

Bei beiden digitalen Ausgaben haben Sie Zugriff auf nützliche Werkzeuge und Sie können alle Audios und Videos direkt aus der Ausgabe abspielen.

Zusatzmaterial
Wortschatzkärtchen: Zu jeder Lektion gibt es zwei Dateien mit Wortschatzkärtchen, mit deren Hilfe man eine Auswahl aus dem Lektionswortschatz aktiv trainieren kann. Über Klett Augmented können die Lernenden die Wortschatzkärtchen direkt per Smartphone abspielen und so den Wortschatz leicht üben. Darüber hinaus finden Sie die Dateien mit den Wortschatzkärtchen auch online zum Download, sodass Sie sie auch abspeichern können.

Zusätzliche Prüfungsaufgaben: Zusätzlich zu den Prüfungsaufgaben im Prüfungsteil „Auf dem Weg zur Prüfung" stehen pro Lektion zwei Prüfungsaufgaben über Klett Augmented zur Verfügung. Darüber hinaus können Sie sie auch als pdf-Datei herunterladen und ausdrucken, sodass Sie die Aufgaben im Unterricht an alle verteilen können.

Lektionswortschatz: Die Lektionswortschatzseiten vom Ende jeder Übungsbuchlektion gibt es zudem online mit Schreibzeilen zum Download. Dort können die Lernenden Beispielsätze, Übersetzungen o. Ä. notieren.

Transkriptionen: Die Transkriptionen aller Hörtexte im Kurs- und Übungsbuch finden Sie ebenfalls online zum Herunterladen.

Für den Download der Wortschatzkärtchen, der zusätzlichen Prüfungsaufgaben, der Lektionswortschatzseiten und der Transkriptionen benötigen Sie keinen Code.

Lektionstests: Online finden Sie zu jeder Lektion einen Lektionstest mit Bepunktung. Die Lektionstests können Sie herunterladen und ausdrucken. Den entsprechenden Code hierfür finden Sie auf S. 2 beim Impressum in dieser Unterrichtshandreichung.

Online-Übungen: Zu jeder Lektion gibt es fünf interaktive Online-Übungen, die man auch auf dem Smartphone machen kann, sodass sie für die Lernenden von überall zugänglich sind.

1 *Hinweise zu den Lektionen*

Lektion 1

Überblick

Thema

In dieser Lektion geht es um das Thema „Lernen", insbesondere auch das Sprachenlernen. Dies wird unter verschiedenen Perspektiven betrachtet: vom Austausch zu Tipps zum Deutschlernen, über die Prüfungsvorbereitung, dem Vergleich zwischen dem Notizenmachen per Hand mit dem am Computer, bis hin zu einer Stellungnahme zu den Vor- und Nachteilen von Gruppenarbeit. Ergänzt wird dieses Themenspektrum in dem Teil „Auf dem Weg zur Prüfung" durch den Aspekt der Kommunikation bei der Arbeit sowie durch das Thema „Fehlerkorrektur" und den Umgang mit Fehlern beim Lernen.

Fertigkeiten und Kompetenzen

Im rezeptiven Bereich stehen hier das globale und das selektive Lesen sowie das globale und das selektive Hören im Mittelpunkt. Dies wird in der Lektion 2 weitergeführt und dort um das detaillierte Lesen zusammen mit dem dafür notwendigen Notizenmachen ergänzt. Produktiv werden Stellungnahmen mündlich (in einer Diskussion) und schriftlich (mit einem Blogbeitrag) geübt.

Grammatik

Jede Lektion enthält zwei Grammatikthemen. Das erste hier in Lektionsteil B ist ein Wiederholungsthema, nämlich die „Wortstellung in Haupt- und Nebensätzen". Erfahrungsgemäß haben die Lernenden immer wieder Schwierigkeiten mit der Wortstellung im Deutschen. Daher wird dieses Grundstufenthema hier noch einmal aufgegriffen und anhand von kausalen und konzessiven Sätzen geübt. Das zweite Grammatikthema in Lektionsteil C knüpft daran an. Dabei geht es darum, Alternativen mithilfe der Subjunktionen (anstatt dass / anstatt (…) zu), des Verbindungsadverbs (stattdessen) und der Präpositionen (statt / anstelle) auszudrücken.

Eine kurze Anmerkung zur Grammatikterminologie: Um die TN* so wenig wie möglich mit Grammatikterminologie zu konfrontieren, verwenden wir in den Aufgaben statt „Subjunktion" den Ausdruck „Nebensatzkonnektor". Konjunktionen bezeichnen wir als „Hauptsatzkonnektoren", um den TN auf diese Weise einen indirekten Hinweis auf die Wortstellung nach diesen Konnektoren zu geben.

*Ab jetzt sprechen wir statt von Lernenden von TN (für Teilnehmer und Teilnehmerinnen) und statt von Lehrenden von KL (für Kursleiter und Kursleiterinnen).

Aufgabensequenzen

A Zur Sprache kommen

Einstieg: Zu Kursbeginn bietet sich eine Kennenlernaktivität an, die bereits eine Verbindung zum Thema der Lektion herstellt. Dazu eignet sich die Methode „line-up", bei der sich die TN nach vorgegebenen Kriterien im Raum positionieren müssen. Nach jeder Positionierung kommen die TN zu Wort, sodass Sie als KL viele Informationen über die TN erhalten. Kriterien für ein „line-up" können sein:
- alphabetische Reihenfolge des Vornamens
- alphabetische Reihenfolge des Herkunftslandes / der Muttersprache
- Dauer des Deutschlernens
- Zeit für das Deutschlernen pro Woche (in Stunden oder Minuten)

1 Deutsch lernen, aber wie?

Die linke Seite jeder Lektion (Auftaktseite) beginnt mit der Aufgabe 1, die dem Einstieg ins Thema dient.

a Die Fotos zeigen verschiedene Arten des Lernens, die in einem Schüttelkasten genannt werden. Die TN ordnen die Ausdrücke den Fotos zu. Diese Ausdrücke werden im ÜB A1 im Satzzusammenhang geübt. Hier geht es nicht darum, die Fotos als solche zu beschreiben, sondern nur die Handlung, z. B. „Auf Foto 1 kochen die Personen gemeinsam."

Alternative: Bilden Sie Paare, wenn die TN die letzte Position des line-up eingenommen haben. Teilen Sie jedem Paar ein Foto (1–6) zu. Die Partner tauschen sich zunächst über das Foto und die dazu passenden Ausdrücke aus, bevor sie im Plenum antworten.

b TN machen Notizen dazu, wie sie bisher Deutsch gelernt haben, und tauschen sich zu zweit darüber aus.

Erweiterung: Um noch mehr Informationen über die TN und deren Lernverhalten zu erhalten, können Sie folgende Aktivität anbieten: Schreiben Sie den Begriff „Lerngewohnheiten" an die Tafel / das Whiteboard und notieren Sie darunter: „Wo?", „Wann?", „Wie am liebsten?", „Wie lange pro Tag?". Die TN machen sich anschließend Notizen, indem sie für jede Aktivität möglichst alle W-Fragen stichpunktartig beantworten.

c Die TN berichten im Kurs über ihren Austausch.

Alternative: Wählen Sie einen Moderator / eine Moderatorin, der / die die Ergebnisse sammelt und eine Statistik über die Lerngewohnheiten (s. Erweiterung in b) der TN erstellt. Die Antworten zur Art und Weise, <u>wie</u> gelernt wird, sind dabei besonders interessant. Am Ende der Sammlung können Sie nachfragen, welche Vorteile und ggf. Nachteile die TN hinsichtlich der genannten Methoden sehen.

Hinweise zu den Lektionen

2 Sprachkenntnisse erwerben: So geht's!
[mündlich Stellung nehmen]

Im Teil A von jeder Lektion beginnt mit der Aufgabe 2 auf der rechten Seite das Training der Fertigkeiten bzw. das Training bestimmter Kompetenzen. (Diese stehen immer in eckigen Klammern neben der Aufgabenüberschrift.) In dieser Lektion liegt der Fokus der Aufgabe 2 auf der Fertigkeit „Sprechen" (s. Kopfzeile) und auf der Kompetenz „mündlich Stellung nehmen" (s. Angabe in Klammern oben). TN üben hier, mündlich Stellung zu Aussagen zu nehmen und ihre Stellungnahme zu begründen. Der weitere Aufbau dieser Kompetenz erfolgt schrittweise im Laufe der Lektionen.

Einstieg: Aktivieren Sie zunächst das Vorwissen der TN, indem Sie die zwei Kategorien der Redemittelsammlung an die Tafel / das Whiteboard notieren. Fordern Sie die TN auf, Ihnen Ausdrücke für die Sprechintentionen zu nennen, und notieren Sie diese.

a TN lesen Aussagen zum Sprachenlernen. Sie diskutieren in Kleingruppen, welchen Aussagen sie zustimmen und welchen nicht. Dafür werden in zwei Schüttelkästen Redemittel zur Verfügung gestellt. Diese Redemittel werden im ÜB A2a den Sprechintentionen zugeordnet und dann im ÜB A2b produktiv im Zusammenhang einer kurzen Stellungnahme geübt. Außerdem bezieht sich die Aufgabe ÜB A3 zur Aussprache – Satzakzent in kurzen Sätzen – auf einen Teil dieser Redemittel. Regen Sie die TN an, eine Redemittelsammlung anzulegen und dort nach und nach die Redemittel aus den Lektionen aufzunehmen und mit passenden Beispielen zu ergänzen.

Alternative: Hängen Sie 3 verschiedene Smileys / Karten im Unterrichtsraum mit den Beschriftungen: „voll und ganz", „teilweise", „ganz und gar nicht" auf. Lesen Sie dann die erste Aussage zum Sprachenlernen vor und geben Sie die Anweisung, dass sich die TN je nach persönlicher Meinung positionieren sollen. Danach tauschen sich zunächst alle TN mit gleicher Meinung über die Aussage aus. Regen Sie anschließend an, dass TN mit Lernenden, die eine andere Meinung zu dieser Aussage vertreten, diskutieren. Geben Sie vorab ein Zeitlimit für den Austausch sowie für die Diskussion vor, damit die Aktivität dynamisch bleibt. Verfahren Sie mit den weiteren Aussagen über das Sprachenlernen ebenso.

Tipp: Motivieren Sie Ihre TN, sich eine Kartei für Redemittel zu Sprechintentionen anzulegen. Wenn diese über den ganzen Kurs hinweg geführt wird, haben die TN jederzeit Gelegenheit – vor allem wenn sie diese auf dem PC erstellen – rasch darauf zurückzugreifen und entsprechende Hilfen zu erhalten. Außerdem kann die Kartei zum Lernen von Redemitteln genutzt werden.

b TN schreiben Aussagen zum Sprachenlernen auf einen Zettel.

c In Kleingruppen werden die Aussagen ausgewählt, die TN am wichtigsten finden. Diese Aufgabe ist ein Beispiel für die Mediationsaktivität „Gemeinsame Konstruktion von Bedeutung", da die Entscheidung, welche Aussage man am besten findet, im gemeinsamen Austausch stattfindet.

d Die Aussagen werden im Kurs gesammelt und nach Inhalt geordnet. Danach findet ein Austausch darüber im Kurs statt, wodurch die Redemittel aus 2a weiter geübt werden können. Die Anweisung „nach Inhalt ordnen" hat u.a. zum Ziel, die TN anzuregen, über Bereiche / Aspekte des Sprachenlernens zu reflektieren. Außerdem können Sie als KL anhand der Aussagen erkennen, welche Ein- bzw. Vorstellungen Ihre TN zum bzw. von Lernen haben, z.B. Welchen Stellenwert hat die Subfertigkeit „Grammatik" für einzelne Lerner bzw. die Lerngruppe?

Alternative: Die Gruppenmitglieder notieren ihre Aussagen in hierarchischer Reihenfolge von oben nach unten auf einem Plakat. Die Plakate werden im Unterrichtsraum aufgehängt. Danach erfolgt ein Klassenspaziergang, bei dem sich alle TN über die Ergebnisse der anderen Gruppen informieren können.

Erweiterung: Nachdem sich die TN mit Aspekten des Sprachenlernens auseinandergesetzt haben, bietet es sich an, dass die TN sich mit dem Lehrwerk beschäftigen, das sie die kommenden Wochen oder Monate beim Lernen begleiten wird. Dazu können Sie mit den TN eine Rallye durch das Lehrwerk Kompass DaF durchführen, in der Fragen zum Aufbau und zum Inhalt des Lehrwerks gestellt werden. Solche Fragen könnten z.B. sein:
- Wie viele Lektionen umfasst das Lehrwerk?
- Wie ist das Lehrwerk aufgebaut?
- Welche Rubriken / Kategorien umfasst das Inhaltsverzeichnis?
- Wie sind die Lektionen aufgebaut?
- Was folgt auf jede Lektion? Was ist das Ziel dieses Teils?
- Wo können Sie Wortschatz und Grammatik üben und vertiefen?
- Wo wird Aussprache geübt?
- Wo können Sie sich über grammatische Regeln informieren?

B Auf dem Weg zum Wissen

In diesem Lektionsteil liegt der Fokus auf der Fertigkeit „Lesen". Dabei geht es um die ersten Schritte zur Entwicklung der Lesekompetenz, indem die Lesestile „globales und selektives Lesen" eingeführt und geübt werden.

1 Schule und Studium leicht gemacht [globales Lesen]

Einstieg: Sagen Sie den TN, dass Sie Ihnen einen Tipp mitgebracht haben und lesen Sie den Tipp „Lesestil, globales Lesen" ohne Überschrift vor. Fragen Sie anschließend, welcher Fertigkeitsbereich hier gemeint ist, und um welche Art des Lesens es hierbei geht. Sie können auch danach fragen, wann TN diesen Lesestil anwenden.

1 Hinweise zu den Lektionen

a Ab hier wird die Lesekompetenz über die Lektionen hinweg schrittweise trainiert und aufgebaut. Am Anfang steht die Kompetenz, Texte global zu verstehen, d. h. eine allgemeine Vorstellung vom Inhalt der Aussage und / oder der kommunikativen Situation zu bekommen. Daher wird in der Arbeitsanweisung der Ausdruck „Überfliegen Sie …" eingeführt, der im Tipp zum Lesestil „Globales Lesen" neben der Aufgabe erläutert wird. Auf diese Weise bekommen TN einen Eindruck davon, welche Art des Lesens mit globalem Lesen gemeint ist. Nach dem Überfliegen des Forumsbeitrags soll aus 3 Überschriften die am besten zum Beitrag passende ausgewählt werden.

b Mit dieser Aufgabe werden TN zur Reflexion darüber aufgefordert, was ihnen geholfen hat, die richtige Lösung zu finden. Dies soll dazu dienen, dass TN sich bewusst werden, wie sie an bestimmte Aufgaben herangehen können, um diese zu lösen.

2 Mein bester Lerntipp [selektives Lesen]

Hier geht es um den Lesestil „selektives Lesen", der im Tipp neben der Aufgabe erläutert wird.

Einstieg: Regen Sie die TN zu einem Vergleich zwischen den Aufgabenstellungen zum globalen und selektiven Lesen an, indem Sie sie fragen, ob sie einen Text auch dann überfliegen und damit global lesen, wenn sie ganz bestimmte Informationen suchen wollen.

a TN lesen die Aufgabenstellung sowie die 5 Situationen. Sie müssen herausfinden, welche Situation jeweils zu welchem der folgenden 6 Beiträge passt und dafür die entsprechende Textstelle markieren. Lenken Sie dafür die Aufmerksamkeit der TN auf den Forumsbeitrag von Lucky. Da TN erfahrungsgemäß dazu tendieren, sehr bzw. zu viel zu markieren, gibt es zur Orientierung in diesem Beitrag bereits eine Beispielmarkierung. Erst dann lesen TN die 6 Antwortbeiträge auf den Forumsbeitrag in 1a. Jeder Beitrag kann nur einmal verwendet werden und einmal gibt es keine Lösung. Diese Aufgabe kann auch als Vorübung für die telc-Prüfungsaufgabe Lesen 3 dienen. Um die TN an die Anforderungen während einer Prüfung heranzuführen, können Sie auch eine Zeitvorgabe (z. B. max. 10 Minuten) für den Lesevorgang machen.

b Hier gibt es wieder eine Reflexionsaufgabe, in der TN im Kurs besprechen, wie sie die richtigen Lösungen gefunden haben. Durch die Vorgabe eines Beispielsatzes und eines Satzanfanges werden TN gezielt zu bestimmten Äußerungsformen gelenkt, dabei können sie ihre Markierungen vergleichen. Sammeln Sie die Markierungen der Textstellen im Plenum und erweitern Sie die Kontrolle der Ergebnisse zu einer Wortschatzübung, indem Sie die Lernenden bitten, Definitionen bzw. Synonyme wie im abgedruckten Beispiel zu nennen. Erforderlicher Wortschatz wird im ÜB B1 und B2 geübt, wobei es sich bei der Übung B2 um einen Aufgabentyp handelt, wie man ihn auch in der DSH im „Leseverstehen" finden kann. Umgekehrt können diese Übungen auch zur Vorentlastung der Forumsbeiträge in 2a dienen.

3 Grammatik: Wortstellung in Haupt- und Nebensätzen – Wiederholung

Das Symbol neben der Aufgabenüberschrift verweist auf den entsprechenden Fundort im Grammatikteil am Ende des Buches, hier ▶ G 1.1.2, 1.2, 1.4.1, 1.4.2

Auf dieser Seite liegt der Fokus auf Lesen + Grammatik. Die Wortstellung in Haupt- und Nebensätzen wird anhand von kausalen und konzessiven Konnektoren noch einmal wiederholt und die Bedeutung der Konnektoren reflektiert.

a In Beispielsätzen aus dem Blogbeitrag werden zunächst die verschiedenen Konnektoren markiert.

b Die Sätze werden je nach Verbindung durch Verbindungsadverbien oder durch Nebensatzkonnektoren in die passenden Tabellen eingetragen.

c Die Konnektoren aus 3a werden den Bedeutungen „kausal" und „konzessiv" zugeordnet.

Bevor sie zur Aufgabe 3d kommen, sollten TN im ÜB die Übungen B3 bis B5 machen. Dort wird zunächst ausführlich die Wortstellung geübt und dann gibt es kleinschrittige Übungen zur Unterscheidung von kausalen und konzessiven Sätzen und deren jeweilige Bedeutung. Außerdem findet man dort eine zusätzliche Übung zu „zwar …, aber".

d Sätze mit den Präpositionen „aus", „wegen" und „trotz" werden anhand von Vorgaben mit „weil", „da" und „obwohl" umformuliert. Im ÜB B6 gibt es eine kleinschrittige Übungssequenz zu Stellung und Bedeutung von kausalen und konzessiven Präpositionen sowie eine Wiederholungsübung zu den Präpositionen mit Genitiv. Im ÜB B7 lernen TN eines der DSH-Aufgabenformate aus dem Prüfungsteil „Wissenschaftssprachliche Strukturen" kennen, nämlich „Sätze umformulieren, ohne den ursprünglichen Sinn der Sätze im Satzzusammenhang zu verändern."

4 Mein Forumsbeitrag

Am Ende der Aufgabensequenz zu einer bestimmten Fertigkeit bzw. Kompetenz gibt es immer eine Abschlussaufgabe, in der TN das Gelernte produktiv anwenden. Hier sollen TN aus ihrer persönlichen Lernerfahrung einen kurzen Forumsbeitrag zu der im Forumsbeitrag in 1a gestellten Frage schreiben. Weil es in den Forumsbeiträgen in 2a nützliche Redemittel gibt, die sie beim eigenen Schreiben verwenden können, sollen sie diese dort markieren. Regen Sie die TN an, diese Ausdrücke in ihre Redemittelsammlung zu übertragen.

Binnendifferenzierung: Da erfahrungsgemäß die Schreibkompetenz der TN am Anfang von B2 unterschiedlich gut ausgebildet ist, gibt es im ÜB B8 einen Lückentext, in den TN die entsprechenden, bereits in einem Schüttel-

Hinweise zu den Lektionen

kasten vorgegebenen Redemittel einfügen sollen, sodass der Forumsbeitrag damit komplett ist. Auf diese Weise können auch TN, die noch unsicher im Schreiben sind, einen Forumsbeitrag formulieren.

Erweiterung – Fehlersuche: TN tauschen ihre Beiträge mit einem anderen TN. Die Beiträge werden zunächst auf das Verstehen hin gelesen. Beim zweiten Lesevorgang werden die Beiträge vom Partner sprachlich korrigiert. Danach wird eine „Fehlerschatzsuche" gestartet, indem jeder TN einen Satz mit Fehler/n an die Tafel / das Whiteboard notiert. Die anderen TN müssen die „Schätze" finden, korrigieren und eine Erklärung zur Korrektur abgeben. Wenn Sie die Korrektur als Schatzsuche einführen, wird klar, welchen Stellenwert Fehler in der aktuellen Sprachdidaktik haben. Da dieser Aspekt am Ende von Lektion 1 im Teil „Auf dem Weg zur Prüfung 1" thematisiert wird, schaffen Sie hier bereits einen Einstieg, den Sie später vertiefen können.

Tipp: Falls Sie sich einen ersten Überblick über die schriftliche Produktion Ihrer TN verschaffen wollen, sollten die Texte von Ihnen korrigiert werden. Dieses Vorgehen bietet Ihnen außerdem die Möglichkeit, die TN über Ihre Korrekturart/en zu informieren. Machen Sie den TN transparent, wie Sie bei Korrekturen vorgehen und welche Korrekturart Sie wann mit welchem Ziel anwenden werden.

Erweiterung – Podiumsdiskussion (Kopiervorlage 1): TN diskutieren mithilfe von Rollenkarten (1–8) über das Thema „Fehlerkorrektur im Unterricht". Falls Sie viele TN unterrichten, können Sie mehrere Gruppen à 8 TN bilden. Geben Sie den TN einige Minuten Zeit, um sich auf ihre Rolle vorzubereiten, damit der Text während der Diskussion nicht einfach abgelesen wird, sondern andere Formulierungen gewählt werden. Weisen Sie die TN auch auf die Redemittelsammlung für die Sprechintentionen „zustimmen und begründen" sowie „Widerspruch ausdrücken und begründen" von Lektionsteil A hin. Begrenzen Sie die Diskussion auf 10–15 Minuten. Sprechen Sie nach der Diskussion mit den TN über folgende Fragen:
– Wie haben Sie sich während der Diskussion gefühlt?
– Entspricht die Rollenkarte Ihrer Einstellung zum Thema „Fehlerkorrektur"?
– Wie möchten Sie beim Sprechen und Schreiben korrigiert werden?

Erweiterung – Projekt: TN bilden Kleingruppen und suchen auf Youtube mit der Frage „Wie lerne ich am besten?" ein Video mit einem Lerntipp. Die wichtigsten Aussagen des von der Projektgruppe gewählten Videos werden dann stichpunktartig visualisiert. Außerdem geben die Gruppenmitglieder eine Bewertung mit Begründung darüber ab, wie hilfreich / nützlich sie diesen Lerntipp finden. Am Ende wählen die einzelnen Gruppen ein oder zwei Gruppenmitglieder, die der Gesamtgruppe ihre Ergebnisse vorstellen. Die visualisierten Ergebnisse können im Anschluss auch auf die Handys der TN geschickt werden.

C Mit der Hand schreiben – wozu?

In diesem Lektionsteil steht die Fertigkeit „Hören" im Fokus. Dabei geht es um die ersten Schritte zur Entwicklung der Hörkompetenz, indem die Hörstile „globales und selektives Hören" eingeführt und geübt werden.

1 Handschrift oder Tippen?
[globales und selektives Hören]

a Einstieg: Fragen Sie Ihre TN, in welchen Situationen und welche Texte sie in ihrem Alltag noch mit der Hand schreiben bzw. welche sie tippen und warum. Sammeln Sie die Antworten, ohne diese zu kommentieren.

b TN lesen einen Tipp zum globalen Hören und hören Teil 1 eines Radiointerviews. Sie kreuzen anhand von zwei Aussagen an, was das Hauptthema ist, und begründen ihre Wahl. Zu dieser Aufgabe gibt es im ÜB C1 Übungen zu wichtigem Wortschatz. Diese können auch der Vorentlastung dienen.

c TN lesen einen Tipp zum selektiven Hören. Dieser Aufgabenteil ist ein Zwischenschritt, um eine wichtige Vorgehensweise beim Hören zu üben. TN markieren zunächst in den 4 Aussagen Wörter und Ausdrücke, die wichtig sein könnten, um zu überprüfen, ob die Aussagen dem Hörtext entsprechen oder nicht. Dabei wird darauf hingewiesen, dass im Hörtext nicht dieselben Wörter vorkommen können, sondern ähnliche Begriffe. Sich im Vorfeld klar zu machen, welche Ausdrücke oder Informationen in einem Vortrag oder einem Interview vorkommen könnten, hilft, das Gesagte leichter zu verstehen – gleichgültig, ob man sich im Alltag, im Berufsleben oder in einer Prüfungssituation befindet.

d TN hören Teil 1 des Radiointerviews noch einmal und kreuzen in 1c an: richtig oder falsch.

e TN gehen analog vor wie in 1b, mit der Ergänzung, dass TN ihr Vorwissen aktivieren, indem sie überlegen, ob die Aussagen richtig oder falsch sein könnten. Fragen zu stellen, um TN zur Aktivierung ihres Vorwissens zu ermutigen, ist eine wichtige Schlüsselkompetenz beim Sprachenlernen. Diese immer wieder zu fördern, ist Intention vieler Aufgaben in Kompass DaF. Hier geschieht es zunächst durch die Arbeitsanweisung bzw. den KL. Im weiteren Verlauf des Buches werden TN immer wieder dazu angeregt, auf ihr Vorwissen zu rekurrieren, sodass sie dieses Vorgehen verinnerlichen können.

f TN hören Teil 2 des Radiointerviews und entscheiden, ob die Aussagen in 1e richtig oder falsch sind. An diese Übung ist im ÜB C2 eine Übung zur Wortbildung angedockt: zusammengesetzte Nomen mit „Schrift" + Nomen und mit Vorsilben + „Schrift". Es wird auch reflektiert, bei welchen Nomen man die Bedeutung verstehen kann, wenn man die Bestandteile des Nomens kennt, und bei welchen man ein Wörterbuch benötigt. Dies sind die ersten Übungen zur Wortbildung; im Laufe der weiteren Lektionen wird der Bereich „Wortbildung" systematisch geübt.

Erweiterung – Wortbildung: TN schlagen in unterschiedlichen einsprachigen digitalen Wörterbüchern die Begriffe „Vorschrift" und „Anschrift" nach. Anschließend wird im Plenum verglichen, welche Informationen die Einträge liefern und wie das Wörterbuch aufgebaut ist.

g In dieser Aufgabe reflektieren TN, ob ihre Überlegungen in 1e richtig waren und tauschen sich darüber im Kurs aus. Solche Reflexionsaufgaben gibt es in Kompass DaF immer wieder. Auf diese Weise haben die TN die Möglichkeit, sich ihre Vorgehensweise bei der Erschließung von Lese- oder Hörtexten bewusst zu machen. Denn nur wenn man sich eines Erschließungswegs bewusst ist, kann man ihn gezielt bei anderer Gelegenheit einsetzen.

2 Grammatik: Alternativen ausdrücken

a TN lesen Sätze aus dem Radiointerview und markieren die Konnektoren, Verbindungsadverbien und die Präpositionen, die Alternativen ausdrücken.

b TN ordnen die in 2a markierten Elemente den Grammatikbezeichnungen in der Tabelle zu.

c TN vergleichen jeweils drei alternative Formulierungen desselben Sachverhalts (mit Nebensatzkonnektor, Verbindungsadverb, Präposition) und wählen in den Regeln aus, in welchem Satz die Konnektoren bzw. die Präpositionen stehen. Zu dieser Aufgabe gibt es im ÜB C3 und C4 kleinschrittige Übungen, z.B. auch dazu, in welchen Fällen „anstatt dass" und in welchen „anstatt (…) zu" verwendet wird, wozu es im Kursbuch nur einen Tipp gibt. Durch eine Übung zur Formulierung von Satzvarianten (4c: Umformulierung von Sätzen mit Konnektoren in Sätze mit Präposition und umgekehrt) wird wiederum ein DSH-Aufgabentyp geübt. Diese Aufgabe ist allerdings nicht mit einem DSH-Symbol gekennzeichnet, weil sie hier zu viele Vorgaben enthält.

3 Über Alternativen sprechen

In der produktiven Abschlussaufgabe notieren TN eine Frage zu einer Alternative auf einem Zettel und einen Konnektor, der verwendet werden soll. Dann gehen sie im Kurs herum und fragen die anderen bzw. beantworten selbst deren Fragen. Als Erweiterung können TN auch ihre Zettel tauschen, bevor sie sich einen neuen Gesprächspartner suchen.

D In einer Lerngruppe oder allein?

In diesem Lektionsteil steht die Fertigkeit „Schreiben" im Fokus. TN sollen eine schriftliche Stellungnahme schreiben. Dies wurde bereits im Lektionsteil A, Aufgabe 2, durch mündliche Stellungnahmen und im Lektionsteil B, Aufgabe 4, durch einen schriftlichen Forumsbeitrag vorbereitet; außerdem wurde die dafür notwendige Grammatik geübt: Begründungen, Gegengründe und Alternativen ausdrücken können.

1 Gruppenarbeit beim Lernen nützlich?
[schriftlich Stellung nehmen]

TN sollen eine Stellungnahme zu einem Blogbeitrag zum Thema „Gruppenarbeit beim Lernen nützlich?" verfassen. Da dies die 1. Lektion ist und viele TN auf diesem Niveau erfahrungsgemäß Schwierigkeiten mit dem Schreiben haben, wird diese Aufgabe stark gelenkt und kleinschrittig vorbereitet.

Einstieg: Teilen Sie die TN in Gruppe A und B ein. Gruppe A notiert Vor- und Nachteile des „Alleine-Lernens", Gruppe B Vor- und Nachteile des „Lernens in Gruppen". Anschließend findet ein Austausch statt, indem je ein TN aus Gruppe A einen TN aus Gruppe B über seine Notizen informiert.

a TN überfliegen den Blogbeitrag und entscheiden, ob die Autorin für oder gegen Lernen in der Gruppe ist.

b Sie markieren die Argumente der Autorin.

c Sie schreiben dann eine Stellungnahme dazu. Dafür wird die typische Struktur einer Stellungnahme dargestellt und die möglichen Inhalte der geforderten Stellungnahme in Notizform dieser Struktur zugeordnet. Die Aufgabe der TN besteht hier also darin, die Strukturelemente zu erkennen und die Notizen in ganzen Sätzen auszuformulieren. Vorbereitet ist diese Aufgabe auch durch die Aufgabe A2, in der TN mündlich Stellung nehmen. In der unterstützenden Übung im ÜB D1 reflektieren TN die Struktur noch einmal. Dann formulieren sie ihren Blogbeitrag aus zur Struktur passenden Redemitteln und aus Elementen, die die Notizen im Kursbuch 1c widerspiegeln. Diese Übungen sind zur Binnendifferenzierung bzw. für schwächere Gruppen gedacht.

Erweiterung – Lerntagebuch (Kopiervorlage 2): Regen Sie die TN an, ein Lerntagebuch – zumindest für die Kursdauer – zu führen. Ein Lerntagebuch bietet den Vorteil, dass es TN auf zwei Arten zur Reflexion anregt: rückblickend, z.B. über die Inhalte der vergangenen Lektion, und vorausschauend, z.B. darüber, welche Techniken Strategien und Fertigkeiten sie in der nächsten Zeit üben möchten. Sprechen Sie mit den TN darüber, wie oft und wann Sie Einträge vornehmen wollen. Möglich wäre z.B. nach jedem Lernabschnitt (Lektionsteil A, Lektionsteil B usw.) oder nach jeder Lektion. Stimmen Sie darüber ab, ob die TN die Einträge im Kurs selbst (am Ende der Kursstunden) oder zu Hause vornehmen wollen.

Auf dem Weg zur Prüfung 1

Vorbemerkung

Auf jede Lektion folgt der Teil „Auf dem Weg zur Prüfung" (4 Seiten), in dem die Prüfungsformate DSH, Goethe-Zertifikat B2, telc Deutsch B2 und digitaler TestDaF kleinschrittig geübt werden. Dies geschieht einerseits durch Aufgaben im Buch selbst, und andererseits werden zusätzlich über Klett Augmented (Symbol:) jeweils zwei Prüfungsaufgaben angeboten, sodass es in jeder Lektion mindestens ein Angebot zu jeder der 4 Prüfungen gibt. Sie finden immer Prüfungsaufgaben sowohl zu den rezeptiven als auch den produktiven Fertigkeiten. Dies ermöglicht es Ihnen, die für Ihre Zielgruppe am besten geeigneten Prüfungsaufgaben auszuwählen. Um welche Prüfung es sich handelt, sehen Sie jeweils am Symbol neben der entsprechenden Aufgabe. Außerdem gibt es zu den Prüfungsaufgaben Tipps, die kurz eventuelle Besonderheiten des jeweiligen Aufgabentyps erläutern und ggf. Vorschläge zum Vorgehen beim Lösen der Aufgabe machen.

Lesen: Kommunikation bei der Arbeit

1 Mailen, chatten, skypen oder lieber ein persönliches Gespräch? [Vorwissen aktivieren]

Vor den eigentlichen Prüfungsaufgaben gibt es meist Aufgaben zur wichtigen Strategie „Vorwissen aktivieren" und/oder beim Lesen und Hören die Aufforderung, den Text bzw. die Aufgaben zunächst zu überfliegen, um sich inhaltlich zu orientieren.

Nach der eigentlichen Prüfungsaufgabe wird oft eine Reflexionsaufgabe dazu angeboten, was TN beim Lösen der Aufgabe geholfen hat. Auf diese Weise sollen TN ihr Repertoire an strategischen Vorgehensweisen erweitern.

a TN überlegen anhand von zwei Orientierungsfragen, was sie schon über das Thema in der Überschrift wissen.

b Sie überfliegen den Einleitungstext des Zeitschriftenartikels und überlegen, worum es dort gehen könnte.

DSH, telc

2 Kommunizieren im Büro [Artikel global lesen]

a Bei dieser Aufgabe wenden TN den in der Lektion eingeführten Lesestil „globales Lesen" an. TN lesen zuerst die Überschriften, dann den Zeitschriftenartikel schnell und notieren, welche Überschrift am besten zu den Abschnitten A bis D passt. Die Anweisung „Sie brauchen nicht jedes Wort zu verstehen" zielt darauf ab, TN dazu zu ermutigen, nicht jedes Wort nachzuschlagen, wenn es um ein erstes Verstehen des Textes geht. Der Titel dieser und der Aufgaben 3 und 4 ist identisch, weil sie sich alle auf denselben Artikel beziehen. Dies gilt für alle Aufgaben in den Teilen „Auf dem Weg zur Prüfung", wenn sich Aufgaben auf denselben Lese- oder auch Hörtext beziehen.

b TN überlegen in dieser Reflexionsaufgabe, welche Textstellen ihnen geholfen haben, die passende Überschrift zu finden und tauschen sich ggf. mit einem Partner/einer Partnerin aus.

GI, telc

3 Kommunizieren im Büro [Artikel selektiv lesen]

Bei dieser Aufgabe wenden TN den in der Lektion eingeführten Lesestil „selektives Lesen" an. Damit wenden TN die beiden Lesestile nacheinander an. Dies entspricht dem üblichen Vorgehen beim Lesen: Zuerst global lesen (Aufgabe 2), dann selektiv (Aufgabe 3). Im Teil „Auf dem Weg der Prüfung" geht es also nicht nur um „Learning for the test", sondern auch darum, dass Aufgaben so kombiniert sind, dass sie die Kompetenzen der Lernenden schrittweise aufbauen und diese auf diese Weise immer mehr in Richtung „Studierfähigkeit" führen. In einem Tipp zur Prüfungsaufgabe werden TN über das Format der Prüfungsaufgabe informiert. Es empfiehlt sich, TN jeweils auf diese Tipps hinzuweisen bzw. sie ggf. mit ihnen zu besprechen.

TestDaF

4 Kommunizieren im Büro
[bekannte Wörter im Kontext verwenden]

Diese Prüfungsaufgabe wird über Klett Augmented angeboten. Bei dieser Aufgabe wird überprüft, ob TN Hauptgedanken, aber auch Schlüsselinformationen in einem Text verstehen, dabei werden auch ihre Wortschatzkenntnisse abgefragt. TN lösen dafür 5 Items mit je 4 Auswahlmöglichkeiten (a, b, c, d).

Hören: Mit Fehlern umgehen

1 „Irrend lernt man." [Vorwissen aktivieren]

Der Spruch von Goethe soll dazu dienen, dass TN ihr Vorwissen zum Thema „Fehler machen" aktivieren und über ihre Einstellung dazu reflektieren. Nachdem in Lektionsteil B, Aufgabe 4 das Thema „Fehler und Fehlerkorrektur" bereits behandelt wurde (s. Erweiterungsaufgabe: Podiumsdiskussion), kann man die TN an das Thema Fehlerkultur heranführen, indem man sie auch an diese Diskussion und ihre Ergebnisse erinnert.

DSH

2 Fehlerkultur
[Thema und Aufbau eines Vortrags erkennen]

Hier beschäftigen sich die TN zuerst mit dem Thema (globales Hören) und dem Aufbau des Vortrags (selektives Hören). Analog zum Lesen geht es hier darum, die in der Lektion eingeführten Hörstile weiter zu üben. Die gezielte Beschäftigung mit dem Aufbau von Texten wird in den nächsten Lektionen weitergeführt.

DSH
3 Fehlerkultur [Vortrag selektiv hören]

a Dieser Aufgabenteil dient der Vorbereitung der DSH-Prüfungsaufgabe in 3b. TN sollen sich daran gewöhnen und werden es weiterhin häufig üben, sich zunächst die Aufgaben genau anzuschauen und zu überlegen, welche Wörter / Ausdrücke wichtig sein könnten, um den Inhalt eines Hörtextes zu verstehen.

b TN entscheiden bei 10 Aussagen, welche dem Gehörten entspricht (r) und welche nicht (f).

Erweiterung – interkultureller Austausch: Bilden Sie Kleingruppen mit TN, die aus unterschiedlichen Herkunftsländern stammen, und stellen Sie die Abschlussfragen des Hörtextes: „Wie können Fehler von Sprachlernenden am besten korrigiert werden?", „Wer korrigiert was, wann und wie?" Die Gruppenmitglieder diskutieren miteinander. Sammeln Sie anschließend die gemeinsamen und unterschiedlichen Standpunkte der Gruppenmitglieder. Fragen Sie danach, wie es wohl zu diesen Unterschieden der Meinungen kommen kann, und fragen Sie dann gezielt nach der Fehlerkultur in den unterschiedlichen Herkunftsländern der TN. Damit verbunden sind meist auch Vorstellungen über die Rolle des Lehrenden.

Schreiben: Fehlerkorrektur beim Sprechen

1 Fehler korrigieren [Stellungnahme analysieren]

Diese Aufgabe dient als Input für die Schreibaufgabe in Aufgabe 2.

a TN lesen verwürfelte Abschnitte einer Meinungsäußerung zum Thema und bringen Sie in eine sinnvolle strukturelle Reihenfolge: Einleitung, Begründung für eigene Meinung, Alternativen, Vorteil der Alternativen, Schluss. Diese Reihenfolge entspricht der Reihenfolge der Leitpunkte der Schreibaufgabe im Goethe-Zertifikat B2, die in der Aufgabe 2 trainiert wird.

b Reflexionsaufgabe: TN überlegen, welche Wörter und Ausdrücke geholfen haben, die richtige Lösung zu finden, und markieren sie. Es handelt sich dabei um Wörter und Ausdrücke, die die Struktur erkennen lassen und die TN in ihren eigenen schriftlichen Beiträgen verwenden können.

GI
2 Fehler korrigieren [schriftlich Stellung nehmen]

a Zur Unterstützung von schreibunsicheren TN orientiert sich diese Aufgabe inhaltlich stark am Beispiel in Aufgabe 1a.

b Dieser Teil dient zur Binnendifferenzierung: für schreibgewohntere TN.

Sprechen: Der Prüfungstermin naht

TestDaF
1 Wie lernt man effektiver [jemanden mündlich beraten]

Die Fertigkeit Sprechen wird mit einer Test DaF-Prüfungsaufgabe über Klett Augmented abgedeckt. In einem Gespräch zwischen Freunden in der Cafeteria der Universität wird der/die TN darum gebeten, einem Freund Ratschläge zu geben, wie man effektiv lernen kann.

a TN notieren Ratschläge. Wichtig ist, dass TN keine ganzen Sätze notieren, weil sie nicht ablesen dürfen, sondern frei sprechen müssen.

b Das Beratungsgespräch findet statt. TN nimmt seine Ratschläge mit dem Smartphone auf. In den Prüfungsaufgaben zum digitalen TestDaF finden Sie jedesmal den Hinweis, dass die TN ihren Beitrag mit dem Smartphone aufnehmen sollen. Die Prüfungsaufgaben im Teil „Sprechen" des digitalen TestDaF erfolgen nämlich monologisch, indem TN mit einem Computer „sprechen". Dennoch sind die Aufgaben meistens dialogisch angelegt, so sollen TN z. B. einem Freund einen Ratschlag geben oder auf die Stellungnahme von einem Kommilitonen reagieren. Da es nicht einfach ist, mit einem Computer zu kommunizieren, sollten TN dieses monologische Prüfungsverfahren von Anfang an üben. Sich selbst mit dem Smartphone aufzunehmen, ist ein einfaches Vorgehen, dieses Verfahren zu üben. Außerdem bietet es Ihnen die Möglichkeit, die Beiträge der TN im Kurs abzuspielen und so zu besprechen (vgl. Aufgabe 1c).

c TN besprechen die Aufnahme mit KL oder mit einem Partner/einer Partnerin. Schreiben Sie vor dieser Aufgabe folgende Fragen an die Tafel/ans Whiteboard:
– Ist die Sprache deutlich, verständlich und flüssig?
– Wurde die Sprechzeit (1:30 Minuten) eingehalten?
– Gibt es eine Einleitung und einen Schluss mit einem Lösungsvorschlag?
– Wird die persönliche Meinung gut/logisch dargelegt und ausreichend begründet?

Tipp: Zum Abschluss dieser Aktivität sollten Sie mit Ihren TN über Ihre Korrekturarten bei mündlicher Produktion sprechen. Gehen Sie insbesondere auf die Art und Weise ein, wie Sie freie Produktionen korrigieren, bei denen der Inhalt und das Verstehen im Vordergrund stehen.

Hinweise zu den Lektionen

Lektion 2

Überblick

Thema

In dieser Lektion geht es um das Leben in Großstädten heute und morgen, um Landflucht, „grüne Städte", moderne nachhaltige Architektur und einen Vortrag über ein interessantes Gebäude. Ergänzt wird dieses Themenspektrum in dem Teil „Auf dem Weg zur Prüfung" durch Anzeigen, in denen es um Attraktionen in und um Hamburg geht (im Lektionsteil A haben TN sich bereits mit einem Foto der Elbphilharmonie in Hamburg beschäftigt), um die Wohnsituation von Studierenden und das Wohnen in deutschen Großstädten.

Fertigkeiten und Kompetenzen

Nachdem die TN in der Lektion 1 in die Kompetenzen „globales Lesen"/„globales Hören" und „selektives Lesen/ selektives Hören" eingeführt wurden, werden die Lese- bzw. Hörverstehenskompetenzen in Lektion 2 um „detailliertes Lesen" bzw. „detailliertes Hören" erweitert. Außerdem werden die TN an die Kompetenz „strukturierte Notizen machen" herangeführt. Dabei handelt es sich um eine Grundlagenkompetenz. Denn immer wenn man Informationen aus einem Text herauszieht, sich während eines Vortrags Informationen notiert, sich Stichpunkte notiert, um einen Text zu formulieren, eine Präsentation zu halten etc., muss man nicht nur Notizen machen, sondern diese klug und sinnvoll strukturieren. Andernfalls versteht man mit einigem Abstand nicht mehr, was man notiert hat, und die Notizen waren umsonst. Daher wird die Kompetenz „strukturierte Notizen machen" auch über die folgenden Lektionen hinweg in unterschiedlichen Varianten geübt und auf diese Weise Schritt für Schritt immer weiter aufgebaut. Das Thema „Informationen notieren" wird in den Lektionsteilen „Schreiben" und „Sprechen" wieder aufgegriffen, da es hier darum geht, Redekärtchen für einen Kurzvortrag zu erstellen und anhand dieser Redekärtchen eine Kurzvortrag zu halten.

Grammatik

Thema dieser Lektion ist das Passiv. Das Thema „Wortstellung im Satz", das bereits in Lektion 1 eine Rolle spielte, wird hier bewusst weitergeführt, denn häufig ist dies noch in C1 eine häufige Fehlerquelle. Im Lektionsteil A wird das Passiv in Gegenwart und Vergangenheit wiederholt, wobei neben der Wortstellung die verschiedenen Zeitformen sowie die Bedeutung geübt werden. Als Abschlussaufgabe wenden TN das Passiv in einem Partnerinterview an. Im Lektionsteil B wird zunächst das Passiv mit Modalverben wiederholt, auch hier mit dem Fokus auf die Wortstellung. Dann wird das Passiv mit Modalverben im Nebensatz eingeführt, wiederum mit Fokus auf Wortstellung und durch praktische Anwendungsaufgaben trainiert.

Aufgabensequenzen

A Leben in Großstädten

1 Der Run auf die großen Städte

a Der Einstieg in das Thema findet über die Fotos und deren Beschreibung anhand von vorgegebenem Wortschatz statt. Dieser wird im ÜB A1 geübt. Die Beschreibungen der Fotos können Sie in Vierergruppen vornehmen lassen: TN 1 beschreibt Foto links oben, TN 2 Foto rechts oben usw. Die Gruppenmitglieder können sich so gegenseitig bei Unklarheiten von Wortbedeutungen unterstützen.

Alternative: Fordern Sie die TN auf, an eine Großstadt in ihrem Herkunftsland zu denken. Stellen Sie nacheinander folgende Fragen: „Was sehen Sie?", „Was hören Sie?", „Welche Gerüche nehmen Sie wahr?", „Was fühlen Sie?". Lassen Sie den TN nach jeder Frage etwas Zeit, um den jeweiligen Sinn aktivieren zu können. Bitten Sie anschließend die TN, sich eine deutsche Großstadt vorzustellen und stellen Sie dann die gleichen Fragen wie oben. Am Ende der Aktivität können Sie nachfragen, ob es Unterschiede zwischen den Bildern, Geräuschen, Gerüchen und Emotionen zum Herkunftsland und zu Deutschland gab. An dieser Stelle sollten jedoch noch keine detaillierteren Vergleiche angestellt werden, da dies in Aufgabe 1b geschehen sollte.

b In dieser Aufgabe führen TN mithilfe passender Redemittel ein Kursgespräch über Unterschiede und Gemeinsamkeiten, die zwischen deutschen Städten und ihrer Heimatstadt bestehen. Sie können die TN dafür zuerst auch in Gruppen vergleichen lassen. Anschließend können Sie einige Unterschiede und Gemeinsamkeiten im Plenum sammeln. Regen Sie die TN an, die Redemittel in ihre Redemittelsammlung zu übertragen.

c Hier führen TN ein Gespräch über persönliche Vorlieben für das Leben in einer internationalen Großstadt und begründen ihre Einstellung.

Alternative: Nennen Sie zunächst als Beispiel Ihre Lieblingsgroßstadt und geben Sie eine Begründung für Ihre Wahl. Danach sprechen die TN in Kleingruppen über ihre Lieblingsgroßstadt und begründen ihre Wahl. Die Städtenamen sowie die Namen der TN werden auf einem Kärtchen notiert, das dem KL überreicht wird. Am Ende des Gruppenaustauschs wird ein Ranking der beliebtesten Großstädte erstellt, indem deren Namen an der Tafel/ dem Whiteboard festgehalten werden. Danach werden die TN nach den Gründen ihrer Wahl befragt.

Erweiterung – Projekt: TN finden sich in Kleingruppen zusammen und recherchieren Fotos sowie Informationen über ihre Lieblingsgroßstadt. Sie erstellen eine PowerPoint-Präsentation mit folgenden Informationen: Einwohnerzahl, Gründungsjahr, Sehenswürdigkeiten, Wirtschaft, berühmte Bürger der Stadt.

2 Zukunft gestalten: Leben in der Stadt
[detailliertes Hören, strukturierte Notizen machen]

Nach dem globalen und dem selektiven Hören in Lektion 1 wird hier nun das detaillierte Hören eingeführt, und es beginnt das Training der wichtigen Kompetenz „Notizen machen".

Einstieg: Sammeln Sie gemeinsam mit den TN Alltagssituationen, in denen sie etwas hören und Notizen anfertigen. Fragen Sie dann, welche Schwierigkeiten dabei auftreten können und welche Tricks/Techniken sie anwenden, um diese zu mindern.

a TN lesen Stichworte aus einem Vortrag, die die Unterthemen des Vortrags wiedergeben. Sie hören dann den Vortrag und bringen die Stichworte in die richtige Reihenfolge. Hier wird der Fokus auf das Erkennen des Textaufbaus gelenkt, vgl. auch den Tipp bei 2c. Im ÜB A2 wird relevanter Wortschatz geübt. Diese Übung kann auch zur Vorentlastung des Hörtextes dienen.

b Ein vorgegebener Notizzettel, dient TN als Beispiel, wie man einen strukturierten Notizzettel erstellt. TN tragen die 4 Unterthemen des Vortrags in die linke Spalte „Unterthemen" ein und lesen auf der rechten Seite die Notizen zu den Detailinformationen von jedem Unterthema. Es ist besonders wichtig, immer wieder darauf hinzuweisen, dass Notizen gut strukturiert und deutlich geschrieben sein müssen, damit man sie gut weiterverarbeiten kann. Hier gibt es bereits Abkürzungen und Symbole, die man beim Notizenmachen verwenden kann.

Einstieg – Notizen machen: Fragen Sie die TN, welche Abkürzungen sie bereits beim Notizenanfertigen nutzen, und lassen Sie diese von jedem TN einzeln notieren. Sammeln Sie die Vorschläge anschließend und ergänzen Sie die Abkürzungen um die in 2b verwendeten Kürzel. Das ÜB enthält ausführliche Übungen (A3 und A4) zum Abkürzen und zur Strukturierung von Notizen, die ebenfalls vor dem zweiten Hörvorgang genutzt werden können, um das strukturierte Notizenmachen zu erleichtern. Wichtig ist auch, dass Sie TN darauf hinweisen, dass es hilfreich ist, wenn man bei einem einmal gewählten System von Abkürzungen bleibt. Das Thema wird in Lektion 3 weitergeführt, in der es um das Erkennen von Schlüsselwörtern in Lesetexten bzw. beim Hören geht.

c TN hören den Vortrag noch einmal in Abschnitten und ergänzen die Notizen in 2b mit eigenen Stichpunkten. Das Hören in Abschnitten soll TN zeigen, dass es hilfreich für das Verständnis ist, wenn man beim Hören auf den Aufbau eines Textes achtet, vgl. auch den Tipp.

d TN vergleichen nach jedem Abschnitt ihre Notizen mit denen eines Partners/einer Partnerin und ergänzen sie ggf. Achten Sie darauf, dass die TN ausreichend Zeit für den Austausch haben und weisen Sie die TN darauf hin, dass sie ihre Notizen auch mit Stichpunkten des Partners ergänzen können.

e In der Abschlussaufgabe tauschen sich die TN darüber aus, welche Informationen für sie neu bzw. interessant waren.

3 Grammatik: Passiv in Gegenwart und Vergangenheit

Diese Aufgabe dient der Wiederholung des Passivs. Wichtig ist dabei, dass nicht nur die Formen und die Wortstellung wiederholt, sondern auch die Verwendung und Bedeutung des Passivs reflektiert und geübt werden. Dazu bietet das ÜB A5–A7 zahlreiche kleinschrittige Übungen sowie eine für die DSH typische Umformungsübung (Übung A7b).

Binnendifferenzierung: Bei der Wiederholung der Passivkonstruktionen können Sie Ihr Vorgehen an den Kenntnissen der Lerngruppe orientieren. D.h., Sie haben die Möglichkeit, das Passiv Schritt für Schritt zu wiederholen, indem Sie die Übungen A5–A7 im ÜB anbieten oder die Aufgabensequenz des KB relativ selbstständig erarbeiten lassen.

4 Partnerinterview: Veränderungen in Ihrer Heimatstadt

Durch die Struktur der Fragen zu diesem Thema, werden TN gelenkt, Sätze im Passiv zu verwenden, wenn sinnvoll.

Binnendifferenzierung: TN, die noch nicht sicher bei der Bildung der Passivsätze sind, können die Fragen auch schriftlich beantworten.

B Städte werden grün

In diesem Lektionsteil steht die Fertigkeit „Lesen" im Fokus. Der Aufbau der Lesekompetenz wird fortgeführt, indem die TN nun in den Kompetenzbereich „detailliert lesen" und „strukturierte Notizen machen" eingeführt werden.

1 Obst und Gemüseanbau in der Stadt
[detailliertes Lesen, strukturierte Notizen machen]

Diese Aufgabe wird parallel mit der Aufgabe 2 in Partnerarbeit gelöst. Partner A liest Text A, Partner B liest Text B. Übungen zum Wortschatz – auch als Vorentlastung – gibt es im ÜB B1. Hierbei handelt es sich um einen Aufgabentyp, wie man ihn auch in der DSH im „Leseverstehen" finden kann. In der Übung B3 werden im thematischen Zusammenhang die systematischen Übungen zur Wortbildung fortgesetzt, hier zu Komposita aus Adjektiv/Adverb + Nomen.

Einstieg: Notieren Sie die Überschrift des Lektionsteils B „Städte werden grün" an die Tafel/das Whiteboard und lassen Sie die TN überlegen, welche Erwartungen sie an Texte mit dieser Überschrift haben. Dabei können TN sowohl Erwartungen hinsichtlich der Textsorte als auch hinsichtlich des Inhalts äußern. Sammeln Sie die Vorstellungen, ohne diese zu kommentieren. Erklären Sie nach Bildung von Zweiergruppen, wie bei dieser Aufgabe vorzugehen ist. Geben Sie den TN 25–30 Minuten Zeit, die Aufgabe zunächst in Einzelarbeit (1a und b) und danach in Partnerarbeit (1c und d) zu bearbeiten.

a Jeder Partner überfliegt seinen Zeitungsartikel und schaut sich die Fotos an. Eins passt zum Artikel. Diese Aufgabe dient dem globalen Lesen. Daher wird hier auch der Ausdruck „überfliegen" in der Arbeitsanweisung verwendet. TN sollen sich daran gewöhnen, sich als erstes einen schnellen Überblick über den Text zu verschaffen – „überfliegen" bringt dies gut zum Ausdruck.

b TN lesen ihren Text noch einmal, markieren die wichtigsten Informationen im Artikel und machen einen strukturierten Notizzettel, der zum Artikel passt. Wie beim Hören wird der Notizzettel aufgeteilt in zwei Spalten: links die Unterthemen, rechts die Detailinformationen. Die Spiegelstriche rechts entsprechen jeweils der Anzahl der wichtigen Informationen. TN notieren die Unterthemen 2–4 und die entsprechenden Detailinformationen. Dabei verwenden sie Abkürzungen wie im Beispiel.

c TN decken den Artikel mit einem Blatt Papier ab und geben den Inhalt des Artikels nur mithilfe der Notizen wieder. Der Partner macht sich Notizen zu dem Gehörten. Dies ist auch eine Vorübung zum freien Sprechen. Im ÜB B4 formulieren TN ganze Sätze aus Notizen. Diese Übung kann zur Vorentlastung der Aufgabe dienen. Diese Aufgabe ist ein Beispiel dafür, wie Mediationsaktivitäten ineinandergreifen: zuerst fertigen die TN Notizen an, um dann mit deren Hilfe, die Informationen aus dem Artikel weiterzugeben.

Binnendifferenzierung: Bevor die TN die gelesenen Texte zusammenfassen und die Partner dazu Notizen anfertigen, können Sie gemeinsam mit den Lernenden Redemittel zur Wiederholung des Gesagten (z. B. „Das habe ich nicht ganz verstanden."/„Könntest du das bitte wiederholen?") sammeln und für alle sichtbar notieren.

d Die Partner überlegen zusammen, welche Notizen hilfreich waren, ob alle wichtigen Informationen angekommen sind und wie man die Notizen verbessern könnte. Durch diese Reflexionsaufgabe wird die Zusammenarbeit zwischen den Partnern erleichtert, denn aufgrund unterschiedlicher kultureller Prägungen sehen TN es manchmal als illegitim an, Nachfragen zu stellen oder befürchten, dadurch ihr Gesicht zu verlieren.

Erweiterung – Reflexion von Notizen: Bilden Sie Kleingruppen mit TN, die Text A, und Kleingruppen mit TN, die Text B bearbeitet haben. Die TN besprechen ihre jeweiligen Notizen, vergleichen sie und überlegen sich, was man wie verbessern könnte. Für jede Kleingruppe sollte auch ein Protokollant zur Verfügung stehen, der während der Austauschphase der Gruppenmitglieder protokolliert, welche Tipps zur Verbesserung der Notizentechniken gegeben werden und der diese anschließend im Plenum vorträgt.

2 Gärten in der Stadt
[detailliertes Lesen, strukturierte Notizen machen]

Diese Aufgabe für Partner B funktioniert analog zu Aufgabe 1 (Partner A). Übungen zum Wortschatz – auch als Vorentlastung – gibt es im ÜB B2. Außerdem werden dort in B3 im thematischen Zusammenhang die systematischen Übungen zur Wortbildung fortgesetzt, hier zu Komposita aus Adjektiv / Adverb + Nomen.

3 Grüne Städte

Bei dieser Abschlussaufgabe tauschen sich die TN über Beispiele für Gemüseanbau in der Stadt aus oder recherchieren dazu und berichten im Kurs.

Alternative: Diese Rechercheaufgabe können die TN außerhalb des Unterrichts – als Hausaufgabe – durchführen. Dabei steht es Ihnen frei, Vorgaben wie in 1b und 1c (Erstellen eines strukturierten Notizzettels und kurze mündliche Präsentation) für die Präsentation der Recherchen zu machen.

4 Grammatik: Passiv mit Modalverben

Diese Aufgabe erweitert und vertieft das Thema „Passivsätze". Geübt wird nun das Passiv mit Modalverben, wobei insbesondere auf die Wortstellung geachtet wird.

a In dieser Aufgabe reflektieren TN die Wortstellung beim Passiv mit Modalverben, indem sie sie in eine passende Tabelle schreiben.

b Hier wenden TN das Passiv mit Modalverben im Textzusammenhang an, indem sie Sätze aus Vorgaben formulieren.

Erweiterung – Würfelspiel (Kopiervorlage 3): TN üben in Dreier- oder Vierergruppen mittels eines Würfelspiels Passivkonstruktionen in verschiedenen Zeitstufen sowie das Passiv mit Modalverben.

5 Grammatik: Passiv mit Modalverben im Nebensatz

Auch bei Aufgabe 5 liegt der Fokus auf der Wortstellung. Hier wird das Thema um Passivsätze mit Modalverben im Nebensatz erweitert.

a Hier analysieren TN zunächst die Wortstellung, indem sie zwei vorgegebene Sätze in die passende Tabelle eintragen.

b TN formulieren aus den Vorgaben Sätze im Passiv Präsens mit „müssen" und „können" zum Thema „vertikale Landwirtschaft". Im ÜB B5–7 gibt es dazu kleinschrittige Übungen. Im ÜB 8 trainieren TN Umformulierungen, wie sie häufig in DSH-Prüfungsaufgaben verlangt werden.

c Zum Abschluss wenden TN das Passiv mit Modalverben im Nebensatz im Textzusammenhang an, indem sie Vor- und Nachteile der vertikalen Landwirtschaft mit den Sätzen aus 5b benennen.

C Abreißen oder umbauen?

In diesem Lektionsteil steht die Fertigkeit „Schreiben" im Fokus. Hier wird die Kompetenz „strukturierte Notizen machen" anhand von Redekärtchen zu einem Vortrag weiter aufgebaut.

1 Hochhäuser

a TN aktivieren ihr Vorwissen anhand von 3 Fotos zum „Riverpark-Tower-Projekt" des international bekannten Architekten Ole Scheeren in Frankfurt am Main und beschreiben, wie die Fotos auf sie wirken.

Erweiterung – Projekt: TN recherchieren in Kleingruppen im Netz zu Ole Scheeren und seinen Bauprojekten und stellen sich gegenseitig seine Projekte vor.

b TN lesen die Karten mit Notizen zu einem Vortrag über das Bauprojekt und überlegen sich eine sinnvolle Reihenfolge. Die Karte zur Einleitung ist absichtlich nicht gut sichtbar, da TN sie in Aufgabe 2b analog zur gehörten Einleitung eigenständig ausfüllen sollen.

c TN hören den Vortrag und bringen die Karten in die richtige Reihenfolge. Außerdem identifizieren sie anhand des Vortrags das Foto, das den Riverpark-Tower zeigt. Der Vortrag ist sprachlich so gestaltet, als würde er von einem/einer Deutschlernenden gehalten. So haben TN ein Beispiel, an dem sie sich im Teil D orientieren können, wo sie einen eigenen Kurzvortrag halten. Auch die nächsten Aufgaben dienen der Vorbereitung dieses Vortrags.

2 Ein interessantes Gebäude vorstellen
[strukturierte Notizen für einen Kurzvortrag machen]

a TN wählen ein Gebäude aus, das sie gerne vorstellen wollen. Analog zum Beispiel in 1b erstellen sie anhand der vorgegebenen Inhaltspunkte Karten für ihren Kurzvortrag. Im Tipp wird darauf hingewiesen, Platz für Redemittel auf den Kärtchen frei zu lassen. Nützliche Redemittel werden TN im Lektionsteil D beim nochmaligen Hören des Vortrags identifizieren. Zu dieser Aufgabe gibt es im ÜB die Übung C1, in der TN einen Kurzvortrag über die Frauenkirche in Dresden hören und die betonten Wörter markieren. Ein Tipp weist darauf hin, dass die Betonung hilft, die wichtigen Informationen zu erkennen. In Übungsteil b hören TN den Vortrag noch einmal, markieren Abschnitte und finden Überschriften für jeden Abschnitt. In Übungsteil c schreiben Sie die Überschriften auf die Karteikarten und ergänzen wichtige Detailinformationen. Diese Übung eignet sich als Vorentlastung für die Aufgabe 2 im Kursbuch, in der TN einen eigenen Vortrag halten.

b TN bringen die Karten in eine sinnvolle Reihenfolge und verfassen die Karte für die Einleitung mit dem Überblick über den Aufbau des Vortrags.

Alternative: Auch die Aufgabe 2 eignet sich als Hausaufgabe. Gehen Sie mit den TN die einzelnen Schritte durch: 1. Wahl eines interessanten Gebäudes, 2. Recherche im Internet, 3. Notizen auf Karten anfertigen, 4. Reihenfolge der Aspekte festlegen, 5. Einleitung zum Kurzvortrag mit einem Überblick über den Aufbau. Außerdem können die TN auch die Aufgaben 1b bis d des Lektionsteils D „Mein Kurzvortrag" zu Hause durchführen, sodass sie in der nächsten Unterrichtsstunde bereits mit den Präsentationen beginnen können. Vorab sollte jedoch im Unterricht die Aufgabe 1a im Teil D, bei der Redemittel zur Strukturierung von Präsentationen und Vorträgen gefiltert werden, durchgeführt werden.

D Mein Kurzvortrag

In diesem Lektionsteil steht die Fertigkeit „Sprechen" im Fokus. Hier wird in kleinen Schritten die für das Studium und das Berufsleben wichtige Kompetenz, einen Vortrag gezielt vorzubereiten und zu halten, geübt. Dies wird in Lektion 3 weitergeführt.

1 Ein interessantes Gebäude
[strukturierten Kurzvortrag halten]

a TN lesen die Redemittel, hören den Vortrag aus C1c noch einmal und kreuzen an, welche Redemittel sie dort hören. Regen Sie die TN an, die Redemittel in ihre Redemittelsammlung zu übertragen.

b TN ergänzen passende Redemittel auf den Karten, die sie im Lektionsteil C vorbereitet haben. Den Vortrag mithilfe von Notizen auf Karten, die naturgemäß einen beschränkten Platz bieten, zu halten, ist eine wichtige Übung. Denn sowohl bei mündlichen Prüfungen als auch bei Vorträgen oder Präsentationen im Studium oder im Berufsleben können TN nur mit kurzen Notizen arbeiten, da man in diesen Situationen frei sprechen muss und keine Texte ablesen darf.

c TN halten ihren Kurzvortrag mithilfe der Karten und nehmen sich dabei mit dem Smartphone auf. Dies ist sehr nützlich, weil sie so zunächst selbst beurteilen können, wie sie gesprochen haben. An diese Aufgabe ist im ÜB D1 und D2 der Ausspracheteil der Lektion angedockt, in dem es um Wortakzent und lange und kurze Vokale geht. Es empfiehlt sich, dass TN die entsprechenden Übungen machen, bevor sie ihren Vortrag halten.

Einstieg: Fragen Sie die TN, bevor diese ihre Kurzpräsentationen halten, was ihnen persönlich bei Vorträgen wichtig und für das Verstehen und die Aufrechterhaltung ihrer Motivation, weiter zuzuhören, hilfreich ist. Notieren Sie die genannten Aspekte unkommentiert. Danach lassen Sie die genannten Punkte von den TN kategorisieren. Wählen Sie gemeinsam mit den TN 3–4 Aspekte aus, nach denen die Kurzvorträge bewertet werden sollen. Dazu eignen sich: Sprechtempo, Sprechflüssigkeit, Informationsgehalt, Aufbau des Vortrags, sprachliche Gestaltung (angemessen und verständlich, z. B. keine allzu langen Sätze, Wiederholungen etc.).

d TN hören ihren eigenen Kurzvortrag an und beurteilen, ob sie deutlich und lebendig gesprochen haben. Zur Vorbereitung können TN im ÜB D3 dies am Beispiel des Kurzvortrags über die Frauenkirche in Dresden üben.

e TN halten den Kurzvortrag im Kurs oder in einer Kleingruppe. Sie geben sich gegenseitig Feedback. Weisen Sie die TN auf den abgedruckten Tipp hin und besprechen Sie mit ihnen, wie ein gutes Feedback erfolgen sollte und welche Redemittel dazu verwendet werden können (s. das abgedruckte Redemittelangebot für positive und negative Kritik). Je nachdem aus welchen Ländern Ihre TN kommen, sollten Sie auch entscheiden, ob Sie kurz den Sinn und Stellenwert des Feedback-Gebens in Deutschland erklären. Dieser Punkt ist sehr wichtig, weil es viele Lernende nicht gewöhnt sind, Kritik zu äußern, und hier gleichzeitig thematisiert werden kann, dass solche Feedback-Runden sehr positiv für den Lernprozess sein können.

Erweiterung – unangemessenes Feedback: TN erarbeiten in Gruppen, was ein unangemessenes Feedback kennzeichnet. Außer unangebrachtem Verhalten – wie z. B. ständiges Unterbrechen – sollen die Lernenden 5 bis 7 Wörter notieren, die dazu beitragen, dass eine Rückmeldung unangemessen bis verletzend wirkt. Sie können ein Beispiel machen, indem Sie das Wort „falsch" in einem strengen Ton sagen und die TN fragen, wie diese Rückmeldung auf sie wirkt. Sammeln Sie die Vorschläge der TN und leiten Sie dann zur konstruktiven Kritik über.

Lerntagebuch: TN füllen die Kopiervorlage aus, die Fragen zur Reflexion der Kompetenzen und Lerninhalte sowie zur Einschätzung des Lernfortschritts umfasst.

Auf dem Weg zur Prüfung 2

Lesen: Attraktionen in und um Hamburg

1 Wann wie lesen? – selektiv oder detailliert?

Nachdem das globale und das selektive Lesen in Lektion 1 und das detaillierte Lesen und das Notizenmachen in dieser Lektion eingeführt und geübt wurden, wird nun in einem Tipp zur Prüfungsaufgabe erläutert, was TN helfen kann, Aufgaben unter Zeitdruck besser zu lösen, z. B. wann man welchen Lesestil anwendet.

 telc

2 Anzeigen [Anzeigen selektiv und detailliert lesen]

TN lesen 7 Situationen und 8 Anzeigen und ordnen die Situationen den Anzeigen zu. Manchmal gibt es keine Lösung. In der entsprechenden telc-Prüfungsaufgabe sind es 10 Situationen und 12 Info-Texte. Die Zahl der Items in den Prüfungsaufgaben in „Auf dem Weg zur Prüfung" entspricht nicht immer der Anzahl in den Originalprüfungen. Da TN aber das Prüfungsformat auch mit einer leicht veränderten Zahl von Items kennenlernen und üben können, haben wir in einem Tipp zur jeweiligen Prüfungsaufgabe neben Erläuterungen zum Ablauf immer auch angegeben, wie viele Items es in der Originalprüfungsaufgabe gibt.

Hören: Wohnen in deutschen Großstädten

TN sehen in einem Video einen Vortrag und lösen dazu verschiedene Prüfungsaufgaben. Daher tragen die Aufgaben alle denselben Titel, nur die jeweiligen Kompetenzen unterscheiden sich. Hier haben Sie zwei Möglichkeiten: Sie können selektiv vorgehen und die Aufgabe auswählen, die der Prüfung entspricht, die die TN ablegen werden. Oder Sie können TN alle Aufgaben machen lassen, denn diese wurden so kombiniert, dass TN auf diese Weise an einem Hörtext verschiedene Hörstile bzw. Kompetenzen üben und unterschiedliche Aufgabentypen kennenlernen können.

1 Wohnen in deutschen Städten
[Vorwissen aktivieren]

TN lesen die Stichpunkte in Aufgabe 2a zu den Hauptinformationen des Vortrags und überlegen sich, was in dem Vortrag gesagt werden könnte.

 TestDaF, DSH

2 Wohnen in deutschen Städten
[Notizen zu Vortrag machen]

Zu dieser Aufgabe gibt es einen Film (Film P2) von einem Vortrag zum Thema „Wohnen in deutschen Städten".

a TN sehen den Film und notieren Stichpunkte zu den Inhaltspunkten auf einem Blatt Papier. Damit baut diese Prüfungsaufgabe darauf auf, was die TN in der Lektion im Lektionsteil A geübt haben, nämlich beim Hören Notizen machen. Falls es für TN aus technischen oder anderen Gründen nicht möglich ist, den Film zu sehen, können sie den Vortrag auch nur hören, s. Trackangabe in der Arbeitsanweisung.

b TN übertragen die Notizen in das Handout unter der Arbeitsanweisung. Da TN beim digitalen TestDaF die handschriftlichen Notizen in die jeweiligen Felder auf dem Computerbildschirm übertragen müssen und dafür nur 3 (!) Minuten zur Verfügung stehen, müssen sie sehr schnell tippen. Ggf. sollten die TN daher die Antworten direkt am Computer eingeben, ohne vorher Notizen zu machen. Diese Alternative sollte unbedingt vor der eigentlichen Prüfung ausprobiert und geübt werden.

 GI

3 Wohnen in deutschen Städten
[Vortrag selektiv und detailliert hören]

Dies ist eine Multiple-Choice-Aufgabe. Sie umfasst 4 Items mit jeweils 3 Auswahlmöglichkeiten, von denen nur eine richtig ist. TN hören den Vortrag über Wohnen in deutschen Städten in 2a und kreuzen die jeweils richtige Information an. In der Originalprüfung sind es 8 Items. Da es hier jedoch darum geht, dass TN zunächst das Prüfungsformat als solches kennenlernen sowie Informationen zum Vorgehen und zur Originalprüfung erhalten, sind 4 Items ausreichend. Sie können, wie in der Prüfung, den Vortrag zweimal hören.

Hören: Hamburg – Veranstaltungstipps und Informationen

 telc

1 Informationen und Veranstaltungstipps [Ansagen selektiv hören]

Über Klett Augmented können Sie und die TN einen Hörtext und Aufgaben zu 5 kurzen Ansagen aus dem Radio oder von Informationsdiensten – z.B. zu Veranstaltungen, Verkehrsstörungen oder Öffnungszeiten – herunterladen. TN sollen wie in der Originalprüfung bei 5 Aussagen entscheiden, ob sie die Aussagen hören (r) oder nicht (f). Sie hören die Aussagen nur einmal.

Sprechen: Wohnsituation von Studierenden

Auf dieser Seite üben TN einen kurzen Vortrag zu halten. Die durch die Aufgabenteile vorgegebene kleinschrittige Vorgehensweise und die Tipps geben ihnen Anhaltspunkte, wie sie in der Prüfung vorgehen können. Zudem sind die TN durch die Lektionsteile C und D in der Lektion darauf vorbereitet worden, einen Kurzvortrag vorzubereiten und zu halten.

 TestDaF

1 Wie Studierende wohnen
[Kurzpräsentation mit Hilfe einer Folie halten]

TN üben eine Kurzpräsentation anhand von Inhaltspunkten auf einer Folie.

a TN sollen einen Vortrag über die Wohnsituation von Studierenden in ihrem Heimatland halten. Dafür lesen sie zunächst die Stichpunkte auf der PowerPoint-Folie. Im Tipp finden sie Informationen zu den zeitlichen Vorgaben und zum Vorgehen in der Prüfung.

b TN machen Notizen zu den einzelnen Punkten auf der PowerPoint-Folie in 1a. Weisen Sie TN darauf hin, dass sie nur Stichpunkte notieren, da sie nicht ablesen dürfen, sondern frei sprechen müssen.

c TN halten die Präsentation und nehmen sie mit dem Smartphone auf.

d TN besprechen die Aufnahme mit KL oder mit einem Partner/einer Partnerin. Schreiben Sie vor dieser Aufgabe folgende Fragen an die Tafel/ans Whiteboard:
– Ist die Sprache deutlich, verständlich und flüssig?
– Wurde die Sprechzeit (2:30 Minuten) eingehalten?
– Gibt es eine Einleitung und einen Schluss mit einem Lösungsvorschlag?
– Wird die persönliche Meinung gut/logisch dargelegt und ausreichend begründet?

Verweisen Sie die TN auch auf die Regeln des Feedbacks, denn diese sind für das Gelingen der Mediationshandlung „Interaktion organisieren" besonders wichtig:
– Zunächst positive Aspekte hervorheben
– Freundliche und konstruktive Kritik geben

Falls TN diese Aufgabe alleine im Selbststudium lösen, ist das Aufnehmen auf dem Smartphone ebenfalls sinnvoll, denn im digitalen TestDaF „sprechen" TN mit dem Computer und auf diese Weise können sie ihre mündliche Äußerung noch einmal selbst überprüfen.

 GI

2 Wie Familien wohnen [Kurzvortrag anhand von Leitpunkten halten]

In 2a helfen Leitfragen den Vortrag strukturell und inhaltlich vorzubereiten. Die folgenden Aufgaben beziehen sich auf die Interaktion mit den Zuhörenden.

Sprechen: Eine Städtereise planen

 telc

1 Reise einer Jugendgruppe
[gemeinsam etwas planen]

a Diese Prüfungsaufgabe wird über Klett Augmented angeboten. TN sollen einer Jugendgruppe bei der Planung und beim Erstellen eines Programms für eine Städtereise helfen. Sie machen Notizen zu ihren Vorschlägen. Wichtig: Sie dürfen keine ganzen Sätze schreiben, weil sie in der Prüfung frei sprechen müssen.

b Sie sprechen mit einem Partner/einer Partnerin und entwickeln gemeinsam einen Plan und das Programm. Ein Tipp informiert TN über das Procedere bei der Prüfung. Diese Prüfungsaufgabe ist ein Beispiel für die Mediationsaktivität „Gemeinsame Konstruktion von Bedeutung", indem TN hier gemeinsam zur Entscheidungsfindung und Problemlösung beitragen.

Zusatzanmerkung: In der Regel werden im Teil „Auf dem Weg zur Prüfung" Prüfungsaufgaben zu allen Fertigkeiten berücksichtigt. Hierzu gibt es nur drei Ausnahmen: Auf dem Weg zur Prüfung 2, 3 und 6. Dass es hier in „Auf dem Weg zur Prüfung 2" keine Prüfungsaufgabe zum Schreiben gibt, liegt in Folgendem begründet: In der Kursbuchlektion gibt es kein Training zur Entwicklung der Schreibkompetenz, da der Schwerpunkt der schriftlichen Aktivitäten auf der Erstellung von Notizen liegt und es in keiner der Prüfungen im Lektionsteil „Schreiben" eine entsprechende Prüfungsaufgabe gibt.

Film 1: Wohnen in der Stadt

In diesen Filmausschnitten erfahren TN etwas über die aktuelle Wohnsituation in Deutschland und über drei alternative Wohnkonzepte. TN arbeiten größtenteils in drei Gruppen. Jede Gruppe beschäftigt sich mit dem Konzept, das sie am interessantesten findet, und berichtet dann den anderen Gruppen über die entsprechenden Informationen im Film. Im anschließenden Kursgespräch tauschen sich die TN über die unterschiedlichen Konzepte aus und sammeln Pro- und Contra-Argumente zu den einzelnen Wohnformen. Diese Aufgabensequenzen erfordern, dass TN eine ganze Reihe von Mediationsaktivitäten ausführen: Sie erarbeiten sich einen schriftlichen Text und Daten aus einer Grafik. Darüber hinaus verarbeiten sie mündliche sowie visuelle Informationen, machen Notizen, geben Informationen weiter und erörtern Vor- und Nachteile. Auf diese Weise wenden sie vieles von dem, was in den Lektionen 1 und 2 trainiert wurde, noch einmal freier an.

Lektion 3

Überblick

Thema

In dieser Lektion geht es um das Thema „Lügen, Betrügen, Täuschen" und darum, wie sich diese Verhaltensweisen bei Menschen und bei Tieren äußern. Ergänzt wird dieses Themenspektrum in dem Teil „Auf dem Weg zur Prüfung" darum, wie in der Wissenschaft und im Studium getäuscht wird.

Fertigkeiten und Kompetenzen

Im Kompetenztraining liegt der Fokus darauf, in einem Artikel und in einem Radiogespräch wichtige Wörter und Ausdrücke, d.h. Schlüsselwörter, zu erkennen, damit zu arbeiten und in Fortsetzung von Lektion 2 aussagekräftige Notizen zu erstellen. Die Erarbeitung der Schlüsselwörter geschieht über vorgegebene Fragen an den Text. TN sollen auf diese Weise kennenlernen, dass ein Begriff nicht per se ein Schlüsselwort ist, sondern dass allein die jeweilige Fragestellung an den Text einen Begriff zu einem Schlüsselwort macht, denn je nach Intention können ganz andere Inhalte von Bedeutung sein. Im Lektionsteil „Schreiben" wird die Kompetenz „Stellung nehmen", die in Lektion 1 eingeführt wurde, um den Aspekt „eine Beschwerde formulieren" erweitert. Im Lektionsteil „Sprechen" hören TN einen Vortrag zu einem Schaubild und halten dann zu diesem Schaubild selbst einen Vortrag. Auf diese Weise wird die Kompetenz „einen Kurzvortrag halten", an die die TN bereits in Lektion 2 herangeführt wurden, um den Bereich „einen Vortrag zu einer Grafik halten" erweitert.

Grammatik

In dieser Lektion lernen TN in Teil A, wie man Gegensätze ausdrückt. Adversative Konnektoren, Verbindungsadverbien und Präpositionen werden im inhaltlichen Zusammenhang erarbeitet. Im Übungsbuch werden diese ergänzt um die Bedeutungsvarianten „Gegenüberstellung". Gleichzeitig wird auch das Training des Satzbaus weiter fortgeführt. In Lektionsteil B geht es um finale Sätze. TN trainieren die alternativen Ausdrucksweisen mit „damit", „um … zu" und den Präpositionen „zu" bzw. „für".

Aufgabensequenzen

A Lügen und Betrügen

1 Lügen, lügen, lügen

a Indem die TN versuchen, die Wörter aus der Illustration auf die beiden Fotos anzuwenden, beschäftigen sie sich vorab mit dem Wortschatz und aktivieren so ihr Vorwissen zum Thema.

Alternative: Sammeln Sie die Antworten der TN unkommentiert. Nach der Wortschatzarbeit mit einem einsprachigen Wörterbuch (1b) können Sie nachfragen, ob die TN nun andere Begriffe für die abgebildeten Situationen in 1a wählen würden.

b TN ordnen zu zweit die Wörter aus der Illustration 1 den Begriffen „Lüge" und „Betrug" zu. Sie können dabei ein einsprachiges Wörterbuch verwenden.

Alternative: Lassen Sie die TN zunächst Wörter in Einzelarbeit nachschlagen und kategorisieren. Bitten Sie die TN zu notieren, welche Wörter sie gesucht und gefunden haben. Regen Sie am Ende der Aktivität einen Austausch in Kleingruppen an. So können Definitionen weitergegeben werden, da es sein kann, dass nicht alle gesuchten Informationen in jedem Wörterbuch zu finden sind. Die Übung A1 im ÜB dient der Übung des Wortfeldes „Lügen" und „Betrügen" und liefert Beispiele für die Aufgabe 1c.

c Die Kleingruppen wählen 2 oder 3 Begriffe, die sie definieren und für die sie passende Beispiele notieren können.

d Die Kleingruppen stellen ihre Beispiele im Kurs vor. Regen Sie die TN an, die Redemittel in ihre Redemittelsammlung zu übertragen.

Alternative 1: Die Kleingruppen geben ihre Beispiele (ohne Definition und ohne Angabe des Begriffs) an die nächste Kleingruppe weiter. Die Beispiele werden von den Gruppen gelesen und die entsprechenden Begriffe notiert. Anschließend lesen die Autorengruppen die notierten Definitionen vor, sodass die Kleingruppen ggf. eine Autokorrektur der Ergebnisse / Begriffe vornehmen können.

Alternative 2: Im Wechsel liest jede Kleingruppe ein Beispiel vor. Die anderen Gruppen raten, welcher Begriff zu dem genannten Beispiel passt. Für jede richtige Lösung gibt es einen Punkt. Die Gruppe, die am Ende die meisten Punkte hat, hat gewonnen.

2 Warum lügt der Mensch?
[wichtige Wörter und Ausdrücke erkennen]

Im Lektionsteil A liegt der Fokus auf der Fertigkeit „Lesen" und auf der Kompetenz, Schlüsselwörter zu erkennen.

Einstieg: Notieren Sie die Frage „Warum lügt der Mensch?" an die Tafel / ans Whiteboard. TN sollen zu zweit stichpunktartige Antworten / Ideen auf diese Frage notieren. Sammeln Sie diese dann im Kurs und aktivieren Sie so das Vorwissen der TN.

a Ab hier wird Schritt für Schritt die Lesetechnik „mit Schlüsselwörtern arbeiten" eingeführt und geübt, ohne den Begriff zunächst zu nennen. Dafür lesen TN zunächst die Überschriften und markieren die inhaltlich wichtigen Wörter und Ausdrücke.

b Analog zum Vorgehen in der Aufgabe 2a markieren die TN hier die Begriffe, die ihnen helfen, die Überschriften aus 2a zuzuordnen.

c TN überprüfen, ob sie die passenden Schlüsselwörter erkannt haben, indem sie die Überschriften den Abschnitten zuordnen. Im ÜB A2 wird wichtiger Wortschatz geübt und in A3 werden die systematischen Übungen zur Wortbildung fortgeführt, hier Verben mit den Vorsilben „er-" und „ver-".

d TN sollen passende Informationen markieren, die zu zwei unterschiedlichen Arten von Lügen gehören, und dazu Stichpunkte notieren. Diese Aufgabe dient dazu, exemplarisch zu zeigen, dass nicht ganze Sätze markiert werden sollen, sondern nur die inhaltlich wirklich wichtigen Wörter und Ausdrücke. Da TN diese notieren sollen, üben sie hier auch gleichzeitig weiterhin die in Lektion 2 eingeführte Kompetenz, das Anfertigen von aussagekräftigen Notizen.

e Hier wird nun der Ausdruck „Schlüsselwort" zum ersten Mal verwendet. Da vielen TN das Markieren der wichtigsten Textstellen schwerfällt, lesen sie ab hier den Text abschnittsweise weiter und werden mit gezielten Fragen (hier z. B. nach den Gründen fürs Lügen) zu den wichtigen Informationen gelenkt. Es wird hier auch verbalisiert, was der Begriff „Schlüsselwörter" bedeutet, und am praktischen Beispiel durch vorgegebene Markierungen gezeigt. Danach notieren die TN anhand ihrer Markierungen Stichpunkte, um die Fragen zu beantworten.

f Das in 2e eingeführte Vorgehen wird hier am nächsten Abschnitt noch einmal geübt.

g Um die Fragen in 2f zu beantworten, gibt es Satzanfänge, die TN ergänzen sollen, sodass sie sprachliche Beispiele für die Verwendung der Schlüsselwörter in ganzen Sätzen haben.

3 Grammatik: Adversative Sätze – Gegensätze ausdrücken

a TN markieren in Sätzen aus dem Artikel „Warum lügt der Mensch?" die Konnektoren und den Ausdruck mit Präposition, die einen Gegensatz ausdrücken.

b TN schreiben die Konnektoren etc. in die passende Tabellenspalte, sodass sie nach ihrer Funktion geordnet sind. Im ÜB A4a und 4b werden anhand eines Textes, der den Inhalt von Abschnitt C des Artikels „Warum lügt der Mensch?" durch Details ergänzt, Bedeutungsvarianten der adversativen Konnektoren, z. B. Vergleich und Hervorhebung und entsprechende Ausdrucksvarianten geübt; in 4d geht es um Gegenüberstellungen.

4 Die Wahrheit dauert, aber die Lüge endet schnell

Anhand dieses Spruchs werden Satzvarianten mit den verschiedenen Konnektoren aus Aufgabe 3 geübt. Hieran können Sie TN klarmachen, dass Umformulierungsübungen in der Grammatik sinnvoll sind, da TN auf diese Weise nach und nach ihr stilistisches Repertoire erweitern können. Gleichzeitig üben TN weiter die Satzbildung, da sie die Sätze in die passenden Tabellenzeilen schreiben müssen.

5 Sich selbst (und andere) täuschen

a TN ordnen Teilaussagen, die Gegensätze ausdrücken, einander zu.

b TN verbinden die so gefundenen Aussagen mit unterschiedlichen adversativen Konnektoren. Im ÜB A5 üben TN, dass man durch Umstellung der Verbindungsadverbien im Satz einen Gegensatz stärker betonen kann.

c TN berichten zum Abschluss mithilfe von Redemitteln und Selbstaussagen über Erfahrungen mit Täuschung und wenden dabei die adversativen Konnektoren an.

Binnendifferenzierung: Lassen Sie die TN wählen, ob sie ihre Selbstaussagen schriftlich oder mündlich formulieren möchten.

Alternative: Die Selbstaussagen können zu einem kleinen Ratespiel genutzt werden, das den Grammatikteil etwas auflockert und außerdem zu einem guten Arbeitsklima beitragen kann. TN notieren ihre Selbstaussagen auf Kärtchen. Sammeln Sie die Kärtchen ein und lassen Sie einen TN eine Karte ziehen und die darauf notierte Selbstaussage vorlesen. Die anderen Lernenden raten, wer der Autor / die Autorin ist. Verfahren Sie mit den anderen Karten ebenso.

B Täuschen und Tricksen im Tierreich

In diesem Lektionsteil steht die Fertigkeit „Hören" im Fokus. Damit verbunden werden die Kompetenzen „Schlüsselwörter erkennen" und „Notizen machen" schrittweise weiter ausgebaut. Dafür wechseln sich auch hier die Aufgaben, in denen TN konkret hören, mit Aufgaben zu Techniken, die das Hören erleichtern bzw. vorbereiten, ab.

1 Können Tiere lügen?
[gezielt Informationen heraushören und notieren]

Einstieg: Leiten Sie zum Lektionsteil B über, indem Sie sagen, dass im Lektionsteil A, Aufgabe 2b, Textabschnitt D, ausgesagt wird, dass auch Tiere täuschen können. Fragen Sie die TN, auf welche Art Tiere wohl täuschen können.

a Anhand von Fotos und vorgegebenem Wortschatz wird das Thema in einem Kursgespräch vorentlastet.

b TN markieren Schlüsselwörter in Fragen zu Teil 1 eines Radiogesprächs mit einer Biologin. Besprechen Sie dann mit TN, inwieweit es beim Hören hilft, wenn Schlüsselwörter in den Fragen markiert werden. Sensibilisieren Sie die TN auch dafür, dass vor allem bei gehörten Texten, die flüchtig sind und deren Rhythmus vom Sprecher bestimmt wird, das Anfertigen von Notizen mit guten Techniken wie Schlüsselwörter erkennen, Abkürzungen verwenden sowie Hypothesen bilden, erleichtert wird, und weisen Sie darauf hin, dass diese Techniken teilweise schon geübt wurden bzw. in den folgenden Lektionen weiter geübt werden.

c TN hören Teil 1 des Radiogesprächs und machen Notizen zu den Fragen in 1b.

d TN hören Teil 1 des Radiogesprächs noch einmal und überprüfen ihre Notizen.

e TN überlegen zu zweit, wie sie ihre Notizen verkürzen können, sodass sie beim Hören schneller Notizen machen können. Sammeln Sie nach der Austauschphase in Zweiergruppen Ideen für Abkürzungen. Als Kürzel für eine Hervorhebung können TN z. B. ein Ausrufezeichen, für einen Gegensatz ein Gegensatzzeichen oder für eine Folge einen Pfeil verwenden; für eine Verneinung können sie z. B. das entsprechende Wort durchstreichen. Verdeutlichen Sie, dass es wichtig ist, sich einige feste Zeichen im Vorfeld zu überlegen, die man dann immer verwendet.

f TN lesen die Fragen zu Teil 2 des Radiogesprächs, schauen sich die Fotos und die Aufgabe 1a noch einmal an und überlegen, welche Beispiele genannt werden könnten.

g TN hören Teil 2 des Interviews und machen Notizen, wobei sie möglichst Abkürzungen verwenden sollen. Im ÜB B1 gibt es Übungen zum Wortschatz und im ÜB B2 sind Übungen zur Wortbildung von aus Verben gebildeten Nomen (Nomen durch Nominalisierung des Infinitivs oder mit Vor- und Nachsilben) angedockt, die auch zur Vorentlastung des Wortschatzes dienen können. Im ÜB B3 wird eine zusätzliche Übung zu Abkürzungen angeboten.

h TN arbeiten zu zweit. Sie wählen ein Beispiel für ein Tier, das täuscht, und beschreiben es mithilfe der Notizen in 1g. Hier üben sie wiederum, ihre Notizen zu verwenden, um ausgewählte Informationen wiederzugeben. Damit trainieren sie zugleich die Mediationsaktivität „Spezifische Informationen weitergeben". Als Alternative können die TN die Informationen auch schriftlich weitergeben.

Binnendifferenzierung: Für schreibungeübtere TN können Sie das folgende Schema, das den Aufbau eines kurzen schriftlichen Textes auflistet, an die Hand geben:
– Einleitender Satz: allgemeine Aussage wie „Tiere lügen nicht, aber sie täuschen wie z. B. ..."

- Hauptteil: Gründe für die Täuschung des beschriebenen Tiers nennen, Täuschungsverhalten möglichst genau beschreiben, ggf. auch die Reaktion der anderen Tiere darauf
- Schluss: Ziel der Täuschungen: Gründe dafür nennen (z. B. Schutz des Nachwuchses)

2 Grammatik: Finale Sätze – Zweck und Ziel ausdrücken

In dieser Aufgabe lernen TN den Unterschied in der Verwendung von „damit" und „um … zu" sowie die finale Bedeutung der Präpositionen „zu" und „für".

a Hier ordnen TN Hauptsätze und Nebensätze bzw. Infinitivkonstruktionen einander zu und reflektieren so schon den Unterschied in der Verwendung von „damit" und „um … zu".

b Die Grammatikregel unterstützt die TN bei der Reflexion der unterschiedlichen Verwendung von „damit" und „um … zu". Im ÜB B4 finden Sie dazu weitere Übungen.

c Hier lernen TN die finalen Präpositionen „zu" und „für" kennen. Fragen Sie die TN in dem Kontext auch nach dem Unterschied zwischen den Konstruktionen der Sätze in 2a und der in 2c (Nominalsätze). Weisen Sie auf die häufige Verwendung von Nominalisierungen u. a. im wissenschaftlichen Bereich hin.

d Die Reflexion über den Unterschied zwischen Nominal- und Verbalkonstruktionen leitet zur Aufgabe 2d über. Hierzu gibt es im ÜB B5 Umformulierungsübungen, wie sie häufig in DSH-Aufgaben vorkommen, und die hier entsprechend gekennzeichnet sind.

Erweiterung – Kursspaziergang: TN schreiben zu verschiedenen Situationen (z. B. Freizeit / Freunde / Beruf / Ausbildung) Anweisungen für eine Lüge, und beschreiben deren Zweck bzw. Ziel mit einem Finalsatz, z. B. „Sie lügen, um Ihren Kollegen / Ihre Kollegin nicht zu beleidigen." Sie notieren die Sätze auf Karten. TN gehen im Kurs herum und fragen sich gegenseitig; jeder erfindet eine passende Lüge, z. B. „Dein Vortrag war sehr interessant." Bei jedem Partnerwechsel tauschen sie die Karten.

3 Tricks von Tieren

Zum Abschluss tauschen sich die TN darüber aus, welche Tricks von Tieren sie kennen und welche persönlichen Erfahrungen sie ggf. schon gemacht haben.

C Vorsicht Täuschung!

In diesem Lektionsteil liegt der Fokus auf der Fertigkeit „Schreiben" und auf der Kompetenz „einen Beschwerdebrief schreiben".

1 So günstig wie nie zuvor [Beschwerde analysieren]

Einstieg: Stellen Sie den TN die Frage, ob bereits einmal jemand beim Shoppen getäuscht wurde und wie er / sie darauf reagiert hat.

a TN lesen eine Werbeanzeige für eine reduzierte Fotokamera und arbeiten heraus, wie viel diese kostet und was dem Kunden dafür in der Anzeige versprochen wird. Im ÜB C1 dient eine Übung mit Fotos von technischen Objekten zur Vorentlastung.

b TN überfliegen die Beschwerde einer Kundin, die die Kamera bestellt hatte, und identifizieren, welche Probleme die Kundin hat. Diese Beschwerde dient als Muster für ihre eigene Textproduktion in Aufgabe 2.

c TN markieren in der Beschwerdemail Schlüsselwörter zu typischen Strukturpunkten (Unterthemen) einer Beschwerde.

d TN notieren für jeden dieser Punkte ein oder zwei Redemittel aus der Beschwerdemail. Im ÜB C2 wird Wortschatz rund um die Beschwerde geübt. Im ÜB C3 ist hier die GI-Prüfungsaufgabe Lesen Teil 5 „Allgemeine Geschäftsbedingungen verstehen" angedockt, die im inhaltlichen Zusammenhang mit dem Thema „Kaufen im Internet" steht.

2 Der Onlineshop Ihres Vertrauens? [Beschwerde schreiben]

a TN lesen die Beschreibung der Ausgangssituation und bringen zunächst die 4 Inhaltspunkte in eine logische Reihenfolge. Dann schreiben Sie eine Beschwerde zu diesen Inhaltspunkten.

b TN tauschen ihren Text mit einem Partner / einer Partnerin und besprechen, was gut ist bzw. was man verbessern könnte.

Erweiterung – Fehlerkorrektur: Sammeln Sie vorab mit den TN Kriterien, nach denen Texte verbessert bzw. korrigiert werden könnten. Notieren Sie diese Aspekte an der Tafel / am Whiteboard und bringen Sie die Punkte in eine sinnvolle Reihenfolge, z. B. richtige Form? (Anrede, Schlussformel, Betreff), Register (formelle Anrede, angemessene Wortwahl), logischer Aufbau, passender Wortschatz, Rechtschreibung, Grammatik (Zeiten, Syntax). Verdeutlichen Sie, dass diese Punkte auch hilfreich für Autokorrekturen (z. B. in Prüfungssituationen) sind und dass dabei der Text besser mehrmals mit unterschiedlichem Fokus gelesen werden sollte als nur einmal. Geben Sie den TN ausreichend Zeit, damit sie sich über die markierten Fehler austauschen können. Falls es Unklarheiten / Fragen geben sollte, können sie diese an der Tafel / am Whiteboard sammeln und zu einer gemeinsamen Fehlersuche und -korrektur nutzen.

Erweiterung – Wiederholung Wortschatz und Grammatik (Kopiervorlage 4): TN überprüfen mittels eines Kartenspiels in Gruppen den Wortschatz sowie die Grammatik der Lektionsteile A bis C.

Hinweise zu den Lektionen

D Also mal ganz ehrlich!

Hier geht es um die Fertigkeit „Sprechen". Die Kompetenz, einen kurzen Vortrag zu halten, wird weiter ausgebaut, indem ein Schaubild in den Vortrag einbezogen wird. Wichtig ist dabei, dass das Schaubild im Themenzusammenhang interpretiert bzw. als Beleg hinzugezogen und <u>nicht</u> in allen Einzelheiten beschrieben wird, wie man es oft in Arbeiten der TN finden kann.

1 Lügen, ohne rot zu werden
[Schaubild für Vortrag auswerten]

Einstieg: Zur Vorbereitung des Vortrags fassen die TN in Gruppen die Informationen aus dem Lektionsteil A auf Plakaten zusammen.

a TN identifizieren die für sie wichtigsten Informationen aus dem linken Teil des Schaubilds.

b TN lesen die Sätze aus dem Anfang eines Vortrags und betrachten den linken Teil des Schaubilds. Sie ordnen 4 Sätze aus dem Vortrag den Informationen aus dem Schaubild zu.

c TN hören den Anfang des Vortrags und vergleichen ihn mit ihren Lösungen in 1b. Dieser Teil ist ca. 1,5 Min. lang und kann TN als Muster für ihren eigenen Vortrag dienen. Im ÜB D1 ist hier die TestDaF-Prüfungsaufgabe Hören, Teil 7 angedockt. 1a dient der Vorbereitung: TN lesen den Anfang des Vortrags und markieren fünf Sätze bzw. Satzteile, die einzelne Ergebnisse einer Umfrage einleiten oder verbinden, denn die Kenntnis solcher „Marker" hilft beim Hören und später bei der Erstellung eines eigenen Vortrags. Im ÜB D1b lösen sie dann die eigentliche Prüfungsaufgabe. Sie hören den Anfang des Berichts und lesen den Text in 1a mit. Der Text enthält vier Fehler, die TN markieren müssen.

d TN betrachten den rechten Teil des Schaubilds und ergänzen die Lücken in 4 Sätzen mit den Informationen aus diesem Teil. Im ÜB D2 wird hier das systematische Üben der Wortbildung fortgesetzt mit Verben mit den Vorsilben „be-", „er-" und „ver-". Im ÜB D3 wird die Aussprache von Wörtern mit unterschiedlicher Vokallänge geübt sowie der Wortakzent auf kurzen bzw. langen Vokalen. Dies ist beim Halten von Vorträgen wichtig, da die Nicht-Beachtung der Vokallängen und falsch gesetzte Wortakzente Verständnisprobleme verursachen können.

2 Warum Lügen so alltäglich sind [Kurzvortrag halten]

TN halten einen kurzen Vortrag zum Thema „Lügen". Sie verwenden dabei zwei Informationen aus dem linken und zwei aus dem rechten Teil des Schaubilds. In einem Redemittelkasten finden sie passende Redemittel, die folgende Aspekte abdecken: Einleitung, Thema der Studie und ihr Ergebnis, Interpretation, Gründe, Beispiel und Fazit. Indem TN Informationen aus dem Schaubild herausarbeiten und anderen beschreiben, trainieren sie die Mediationskompetenz „Daten erklären". Im ÜB D4 üben TN die Redemittel, die den Vortrag strukturieren, indem sie sie zunächst mit dem passenden Verb formulieren und danach mithilfe von Vorgaben aus einem Schüttelkasten im Satzkontext üben. Regen Sie die TN an, die Redemittel in ihre Redemittelsammlung zu übertragen.

Binnendifferenzierung: TN ordnen zunächst die aufgelisteten Redemittel den Teilen (Einleitung, Thema der Studie etc.) des Vortrags zu. Danach fertigen sie Stichpunkte an und notieren diese zusammen mit den entsprechenden Redemitteln auf Kärtchen.

Erweiterung – Feedback-Geben: TN nehmen ihre Kurzvorträge mit dem Handy auf und spielen die Aufnahmen in Kleingruppen ab. Die Gruppenmitglieder geben Feedback. Dabei können TN auf die Redemittel in Lektion 2, Lektionsteil D zurückgreifen. Bevor die Lernenden in Kleingruppen arbeiten, bietet sich hier eine Simulation eines weniger gelungenen Kurzvortrags mit unangemessener Rückmeldung an (Kopiervorlage 5). Es handelt sich hierbei um eine Erweiterung der Aktivität zu Lektion 2, Lektionsteil D, Aufgabe 1e. Eine solche Aufgabe fördert die Mediationsaktivität „in einer Gruppe kooperieren", da über das Feedback-Geben reflektiert wird, wie man in einer Gruppe Rückmeldung geben sollte.

Lerntagebuch: TN füllen die Kopiervorlage aus, die Fragen zur Reflexion der Kompetenzen und Lerninhalte sowie zur Einschätzung des Lernfortschritts umfasst.

Auf dem Weg zur Prüfung 3

Lesen: Täuschen mit Zahlen?

Die Aufgaben 1–3b dienen der schrittweisen Vorbereitung der Prüfungsaufgaben GI, telc in Aufgabe 3c sowie der DSH-Prüfungsaufgaben 4 und 5. Auch hier gibt es die Möglichkeit, dass TN nur die Prüfungsaufgabe zum Prüfungsformat lösen, das sie betrifft. Sie können TN aber auch alle Aufgaben lösen lassen, denn wenn Sie die Abfolge der Kompetenzen in den Aufgaben 3–6 in Klammern betrachten, sehen Sie, dass hier auf unterschiedliche Weise geübt wird, wie die Arbeit mit Schlüsselwörtern im Leseprozess hilfreich sein kann.

1 Umgang mit Statistiken [Vorwissen aktivieren]

a TN lesen die Überschrift eines Artikels aus einer Wirtschaftszeitschrift auf der nächsten Seite und identifizieren, welche Wörter im Schüttelkasten sie damit verbinden.

b Nach der Frage „Was interessiert Sie selbst an diesem Thema?" notieren TN Fragen, auf die sie in dem Artikel gern eine Antwort finden würden. Dieses Vorgehen hilft, das Vorwissen zu aktivieren. Zudem stellt diese Herangehensweise eine Annäherung an die Lesetechnik „Hypothesen beim Lesen bilden" dar, die in Lektion 4 geübt wird.

2 Vorsicht Statistik! [global lesen und Thema erkennen]

TN überfliegen den Artikel und arbeiten heraus, ob der Artikel ihre Fragen aus 1b behandelt oder nicht bzw. welche anderen Aspekte es gibt.

3 Vorsicht Statistik!
[Informationen mithilfe von Schlüsselwörtern finden]

a In einem Tipp wird auf die Wichtigkeit von „kleinen Wörtern" hingewiesen, die für die Bedeutung entscheidend sein können, wie z. B. „nicht, ohne, oft, viel, wenig" etc. Auch deren Beziehung zu den Schlüsselwörtern ist wichtig. TN sollen in den Sätzen solche „kleinen Wörter" markieren.

b TN kreuzen in Aufgabe 3a an, welche Bedeutung die Sätze dort haben und reflektieren so, welchen Einfluss die „kleinen Wörter" auf die Aussage eines Satzes haben.

 GI, telc

c TN lesen die Fragen zum Artikel und markieren in den Fragen und Antwortoptionen die Schlüsselwörter, die helfen, die Information im Text zu finden. Sie sollen dabei auch auf die „kleinen Wörter" achten. Im Tipp zur Prüfungsaufgabe wird noch einmal darauf hingewiesen, dass die Schlüsselwörter, die TN in den Fragen bzw. Antwortoptionen markiert haben, in Prüfungen in der Regel in den Lese- und Hörtexten selbst anders ausgedrückt sind. Sie sollen also dort nach alternativen Formulierungen suchen. Auf diesen wichtigen Zusammenhang sollten Sie die TN immer wieder hinweisen und dieses auch gezielt üben.

d TN lesen den Artikel und kreuzen in 3c an, welche der drei Alternativen (a, b, c) die richtige Lösung ist.

 DSH
4 Vorsicht Statistik!
[mithilfe von Schlüsselwörtern Fragen beantworten]

a TN lesen die Fragen zur Umfrage einer bekannten Publikumszeitschrift. Sie suchen dann im Artikel „Vorsicht Statistik" passende Schlüsselwörter und notieren die Antworten in Stichpunkten.

b Auf der Basis einer Leitfrage suchen TN in dem Artikel passende Stellen zu drei vorgegebenen Aspekten und notieren Stichpunkte für die entsprechenden Antworten.

 DSH
5 Vorsicht Statistik! [mithilfe von Schlüsselwörtern Antworten formulieren]

a Auf der Basis einer Leitfrage und 3 Fragen suchen TN im Artikel die passenden Textstellen und notieren zunächst Schlüsselwörter für die Antworten.

b TN formulieren mithilfe der Schlüsselwörter die Antworten in 5a. Dabei sollen sie darauf achten, dass sie die Schlüsselwörter so ergänzen, dass sich eine gut verständliche Antwort ergibt. Zwar wird nach der neuen Musterprüfungsordnung der DSH beim Leseverstehen die sprachliche Form der Antwort nicht bewertet, aber sehr wohl die inhaltliche Angemessenheit und Verständlichkeit. Darüber werden TN im Tipp zur Prüfungsaufgabe informiert.

 DSH
6 Vorsicht Statistik! [synonyme Ausdrücke finden]

TN entscheiden, welcher der drei synonymen Ausdrücke zu den vorgegebenen Wörtern oder Ausdrücken im Zusammenhang des Lesetextes passt.

 Test DaF
7 Vorsicht Statistik!
[Artikel global und detailliert lesen]

Diese Prüfungsaufgabe wird über Klett Augmented angeboten. TN lesen den Zeitschriftenartikel „Vorsicht Statistik" noch einmal und beantworten Fragen bzw. ergänzen Aussagen, indem sie die richtige Alternative von vieren (a, b, c, d) ankreuzen. Zur Lösung dieser Aufgabe, ist es hilfreich, wenn TN die Kompetenz „Schlüsselwörter erkennen und markieren", die in den Aufgaben 3–5 schon trainiert wurde, selbstständig anwenden. Im Tipp zur Prüfungsaufgabe erhalten TN Hinweise zu Besonderheiten der Aufgabe und zum Ablauf in der Prüfung. Falls TN die Aufgabe zu Hause machen sollten, wäre es empfehlenswert, diesen Tipp vorher genau mit ihnen zu besprechen. Außerdem sollten Sie TN darauf hinweisen, dass bei Aufgaben mit mehreren Auswahlmöglichkeiten diese in den Items in der Regel alphabetisch geordnet sind, sodass es z. B. vorkommen könnte, dass wegen dieser Anordnung bei drei Items jeweils die Auswahl c richtig ist. TN legen sich nämlich oft Strategien bei der Prüfung zurecht, wie z. B. „Wenn c schon zweimal richtig war, ist es bestimmt nicht ein drittes Mal richtig" und entscheiden sich dann vielleicht für eine falsche Lösung, statt den Text noch einmal genau zu lesen, falls sie Zweifel haben.

Hören: Wenn Studierende täuschen

1 Studierende schreiben [Vorwissen aktivieren]

TN überfliegen in 2a die Fragen zu einem Radiointerview mit einer Universitätsmitarbeiterin und notieren ihre Vermutung, worum es in dem Interview gehen könnte. Dann tauschen sie sich zu zweit aus.

 GI
2 Schreiben im Studium [Informationen mithilfe von Schlüsselwörtern heraushören]

a Da TN sich in der Lektion ausführlich mit Schlüsselwörtern beschäftigt haben, werden sie hier aufgefordert, möglichst schnell die Schlüsselwörter in 4 Fragen zu markieren. Im Tipp zur Prüfungsaufgabe wird noch einmal darauf hingewiesen, dass die Schlüsselwörter im Interview wahrscheinlich in einer anderen Formulierung vorkommen werden und dass sie in der Originalprüfung

6 Items lösen müssen. Immer wenn die Anzahl der Items in der Originalprüfung von der in der Aufgabe in „Auf dem Weg zur Prüfung" abweicht, werden TN in einem Tipp darauf hingewiesen.

b TN hören Teil 1 des Interviews und wählen in 2a die richtige von 3 Alternativen (a, b, c).

telc

c TN lesen 5 Aussagen und markieren die Schlüsselwörter. Im Tipp wird darauf hingewiesen, dass die Originalprüfungsaufgabe 10 Items umfasst.

d TN hören Teil 2 des Interviews und kreuzen an, ob die Aussagen in 2c richtig oder falsch sind.

e TN hören nun das gesamte Interview noch einmal und überprüfen ihre Antworten in 2a und 2c. Auf diese Weise beschäftigen sich TN, unabhängig davon, welche Prüfung sie machen werden, hier mit dem gesamten Interview.

3 Informationen mithilfe von Schlüsselwörtern heraushören [Vorgehen reflektieren]

Die Aufgabe dient dazu, dass TN sich damit beschäftigen, ob sie passende Schlüsselwörter markiert haben und inwiefern das Markieren der Schlüsselwörter ihnen geholfen hat. Diese Reflexion kann im Austausch mit einem Partner / einer Partnerin erfolgen. Falls die Aufgaben zu Hause gemacht werden, können TN ihre Lösungen stattdessen mit dem Lösungsschlüssel abgleichen.

Sprechen: Lügen im Alltag

TestDaF

1 Warum lügen Menschen?
[mündlich Stellung nehmen]

Diese Prüfungsaufgabe wird über Klett Augmented angeboten. Mündlich Stellung zu nehmen wurde bereits in Lektion 1 geübt, sodass TN hier darauf rekurrieren können. Die Prüfungsaufgaben im Teil „Sprechen" der digitalen TestDaF-Prüfung erfolgen monologisch, da TN hier mit einem Computer „sprechen". Dennoch sind die Aufgaben meistens dialogisch angelegt, so sollen TN z. B. einem Freund einen Ratschlag geben oder auf die Stellungnahme von einem Kommilitonen reagieren. In diesem Aufgabentyp nehmen sie in einem fiktiven Gespräch mit einem Studienfreund Stellung zu einem Thema, hier zum Thema „Warum Menschen lügen".

a Für ihre Stellungnahme machen TN zuerst Notizen zu Gründen und positiven und negativen Folgen des Lügens. TN werden daran erinnert, dass sie keine ganzen Sätze notieren sollen, weil sie in der Prüfung frei sprechen müssen.

Binnendifferenzierung: Falls Sie diese Aufgabe im Unterricht bearbeiten, können Sie TN Redemittelsammlungen zu folgenden Sprechintentionen an die Hand geben: die eigene Meinung äußern, die eigene Meinung begründen, positive bzw. negative Aspekte nennen. Die TN wählen zunächst für jede Sprechintention zwei oder drei Redemittel, bevor sie anhand ihrer Notizen ihre Stellungnahme formulieren.

b TN nehmen mithilfe ihrer Notizen in 1a mündlich Stellung zu dem Thema. Sie nehmen ihre Stellungnahme mit dem Smartphone auf.

c Im Anschluss besprechen die TN die Aufnahme mit KL oder einem Partner / einer Partnerin. Im Tipp zur Prüfungsaufgabe erhalten TN Informationen über den Ablauf der Originalprüfung.

Zusatzanmerkung: In der Regel werden im Teil „Auf dem Weg zur Prüfung" Prüfungsaufgaben zu allen Fertigkeiten berücksichtigt. Hierzu gibt es nur drei Ausnahmen: Lektion 2, 3 und 6. Hier fehlt Schreiben. Dies liegt darin begründet, dass das Thema „Schlüsselwörter finden" bzw. verarbeiten sehr hilfreich für das Lösen zahlreicher Prüfungsaufgaben der DSH, des Goethe-Zertifikats, von telc und des digitalen TestDaF in den Teilen „Lesen" und „Hören" ist und deshalb hier im Vordergrund des Prüfungstrainings steht.

Lektion 4

Überblick

Thema
In dieser Lektion geht es um das Thema „Digitale Welten" mit den Aspekten Telemedizin, Vorstellung einer Internetplattform, Smart Home, aktuelle Musikrezeption und Einsatz von Avataren. Im Fokus stehen die Kompetenzen „Hypothesen bilden" beim Lesen und Hören, „eine Erörterung schreiben" und „ein Erklärvideo drehen und präsentieren".

Fertigkeiten und Kompetenzen
Im Kompetenztraining liegt der Fokus darauf, Hypothesen beim Lesen bzw. beim Hören zu bilden, also schrittweise zu antizipieren, welche Informationen jeweils folgen könnten. Hypothesen darüber zu bilden, was folgen wird, geschieht in der Muttersprache ständig, ohne dass wir uns dessen bewusst sind. Denn beim Lesen oder Hören verbinden wir die gehörten oder gelesenen Informationen dauernd mit dem, was wir schon über ein Thema wissen und antizipieren auf diese Weise, was nun folgen könnte. Dieses Vorgehen ermöglicht es, Informationen viel schneller aufzunehmen, indem man kontinuierlich neue Informationen mit bekannten verknüpft. In der Lektion 4 soll dieses Vorgehen daher bewusst gemacht werden und geübt werden, es gezielt zu nutzen. Im Lektionsteil „Schreiben" beschäftigen sich TN mit der Textsorte „Erörterung" und weiten auf diese Weise die Kompetenz „Stellung nehmen" aus. Im Lektionsteil „Sprechen" trainieren TN die Kompetenz „ein Thema erörtern", indem sie ein Erklärvideo erstellen.

Grammatik
Das Thema dieser Lektion sind die Relativsätze. Im Lektionsteil A werden zunächst die Relativsätze im Nominativ, Dativ und Akkusativ wiederholt und dann Relativpronomen und -sätze im Genitiv eingeführt und geübt. Im Übungsbuch wird das Thema „Satzbau" in diesem Zusammenhang weiter fortgeführt. Im Lektionsteil B wird das Thema durch Relativsätze mit „was" und „wo(r)" + Präposition ergänzt. TN reflektieren, worauf sich diese Relativsätze beziehen können. Das Wissen um diese Bezugsmöglichkeiten ist hilfreich für das Verständnis schriftlicher und mündlicher Texte. Das Thema „Bezüge" in Sätzen und Texten wird in den Lektionen 5 und 6 fortgeführt.

Aufgabensequenzen

A Digitale Welten

1 Online sein

Einstieg: Notieren Sie „digitale Welten" an die Tafel / ans Whiteboard und bitten Sie die TN, 2 Minuten lang ganz rasch ihre Assoziationen zu diesem Lektionstitel zu notieren, ohne irgendwelche Gedanken oder Emotionen zu vertiefen. Bilden Sie anschließend Vierergruppen, in denen die TN über ihre Notizen sprechen und sich austauschen.

a TN sehen sich Fotos mit verschiedenen „Online-Situationen" an und assoziieren, was sie mit den Fotos verbinden und warum. Wortmaterial in einem Schüttelkasten hilft. Im ÜB A1 wird relevanter Wortschatz geübt. Auch diese Aktivität kann in Kleingruppen erfolgen. Der Austausch der Gruppenmitglieder ermöglicht das Thema mehrperspektivisch und je nach Kurszusammensetzung auch plurikulturell zu betrachten. Überdies wird die Sprechzeit der TN gesteigert, wenn sie in Kleingruppen und nicht im Plenum reden.

b Jeder / Jede wählt ein Foto aus, das ihn oder sie besonders anspricht, notiert seine / ihre Gedanken beim Anschauen in Stichpunkten und spricht im Anschluss eine Minute über das Foto. Fragen Sie die TN, wer gerne im Plenum Foto 1 beschreiben möchte. Verfahren Sie mit den weiteren Fotos ebenso. Im ÜB A2 werden passende Redemittel geübt.

Alternative: Die TN können das gewählte Foto in Kleingruppen beschreiben. Die Gruppenmitglieder geben eine kurze Rückmeldung dazu und entscheiden dann gemeinsam, wer seine Beschreibung im Plenum vortragen sollte.

c Unter der Leitfrage „Was machen Sie alles online?" ergänzen TN eine Liste mit Tätigkeiten. Danach wird eine Mehrfach-Punkteabfrage durchgeführt. TN vergeben Punkte von 1 (selten) bis 3 (häufig) für die einzelnen Ergebnisse und fassen dann das Ergebnis im Kurs zusammen. Dies könnte man an einem Flipchart oder auf einem Plakat nach dem folgenden Schema machen:

	Aktivität	Bewertung	Summe	Rang
1.	bloggen	(hier werden die Punkte geklebt)		
2.	chatten			

Am Ende wird zusammengezählt und das Ergebnis im Kurs besprochen. Im ÜB A3 werden Nomen und Verben, die aus dem Englischen kommen, geübt, wobei auch die Konjugation solcher Verben reflektiert und geübt wird. Eine weitere Übung zu häufig verwendeten Nomen aus dem Englischen finden Sie im ÜB B1c.

Alternative: TN erstellen in Kleingruppen am PC ein Diagramm mit den Daten der Umfrageergebnisse. Überlassen Sie den TN die Gestaltung und machen Sie keine

Vorgaben. Die Diagramme werden dann im Unterricht präsentiert, wobei die Gruppenmitglieder entscheiden müssen, welche Daten sie vorstellen möchten. Damit wird an die Kompetenz „ein Schaubild auswerten", die in Lektion 3 eingeführt wurde, angeknüpft. Auf diese Weise trainieren die TN in der Gruppe zu kooperieren und gemeinsam Bedeutung zu konstruieren, indem sie das Diagramm gestalten und gemeinsam entscheiden, welche Daten sie den anderen präsentieren möchten.

Erweiterung – Anglizismen: Im Anschluss an die Übungssequenz A3 im ÜB können Sie Kleingruppen mit TN unterschiedlicher Muttersprachen bilden. Die TN sollen sich darüber austauschen, ob in ihrer Muttersprache auch so viele Wörter aus dem Englischen Eingang gefunden haben. Die Kleingruppen notieren einige Beispiele, die anschließend im Plenum vorgestellt werden. Bei erkennbaren Unterschieden hinsichtlich der Häufigkeit von Anglizismen in anderen Sprachen können die TN über die Gründe informieren oder auch spekulieren.

2 Telemedizin [Hypothesen während des Lesens bilden]

Im Lektionsteil A liegt der Fokus auf der Fertigkeit „Lesen". Hier geht es darum, TN schrittweise mit der Technik des Hypothesenbildens vertraut zu machen, bei der sie an das eigene Vorwissen und / oder Weltwissen anknüpfen. TN lesen jeweils den Beginn eines Abschnitts und stellen Vermutungen an, worum es in diesem Abschnitt gehen könnte, der aber erst im darauffolgenden Aufgabenteil abgedruckt ist. Damit dies gut funktioniert, sollten TN den jeweils nächsten Aufgabenteil abdecken, damit sie den entsprechenden Text nicht schnell überfliegen, bevor sie ihre Hypothese aufstellen. Eine andere Möglichkeit ist, dass Sie den Text aus der Kopiervorlage 6 kopieren und in Abschnitte zerschneiden. TN decken diese dann nach und nach auf. Die Übung im ÜB A4 zu wichtigem Wortschatz kann der Vorentlastung dienen.

Einstieg: Stellen Sie zunächst die Frage, welche Veränderungen die Digitalisierung bereits nach sich gezogen hat und welche Bereiche sich künftig wohl noch verändern werden. Sammeln Sie die Beiträge, ohne diese zu kommentieren. Wenn der Bereich „Medizin" genannt wird, leiten Sie zum Lesetext über.

a–e In den jeweiligen Aufgabenteilen sind bereits Hypothesen vorgegeben, zwischen denen sich die TN entscheiden müssen. Danach lesen sie den entsprechenden Textabschnitt und überprüfen, ob ihre Auswahl richtig war. Hier ist besonders hervorzuheben, dass es nicht entscheidend ist, ob TN die am besten passende Hypothese gewählt haben. Wichtig ist, dass sie sich mit dem Gedanken vertraut machen, der ihnen auch in einem Tipp nähergebracht wird, dass Hypothesenbildung beim Verstehen eines Textes hilfreich sein kann. Das abschnittsweise Vorgehen soll die reale Lesesituation simulieren, in der man den Beginn eines Textes liest und dabei gedanklich automatisch Hypothesen dazu bildet, wie es wohl weitergehen wird. Der Aufbau von Texten ist Thema von Lektion 5.

Steuern Sie den Leserhythmus der TN, indem Sie von einem Aufgabenteil zum nächsten überleiten. Für die Teile 2a und 2b sollten Sie etwas mehr Zeit (2–2:30 Minuten) als für die Teile 2c bis 2e (1–1:30 Minuten) einplanen.

f–i TN lesen nun jeweils den ersten Satz des nächsten Abschnitts und formulieren eine eigene Hypothese zu dessen Inhalt. Im nächsten Aufgabenteil lesen sie den jeweiligen Abschnitt und überprüfen, ob ihre Hypothese richtig war. Wie schon erwähnt, ist es dabei kein „Fehler", wenn die Hypothese nicht richtig war, sondern es eröffnet sich dadurch eine Gesprächssituation im Kurs, die auch in 2j explizit angeregt wird. Bei diesen Teilaufgaben bietet es sich an, die TN in Zweiergruppen arbeiten zu lassen, außerdem ist es besser, wenn die Zweiergruppen ihr Lesetempo und die Zeit für die sich anschließenden Austauschphasen selbst festlegen.

j TN besprechen im Kurs, wie genau ihre Hypothesen waren, ob ihnen die Hypothesenbildung geholfen hat oder nicht und warum. Im ÜB A5 wird wichtiger Wortschatz zum Thema „Datenschutz" geübt.

Alternative: TN tauschen sich in Kleingruppen aus und notieren am Ende in Stichpunkten die Vorteile des Hypothesenbildens. Die Notizen der einzelnen Kleingruppen werden anschließend im Plenum miteinander verglichen.

3 Vor- und Nachteile von Telemedizin

a TN notieren Vor- und Nachteile von Telemedizin, die in den Zeitungsausschnitten in 2 genannt werden und ergänzen eigene Ideen für Vor- und Nachteile. Im ÜB A6 werden Redemittel zur Benennung von Vor- und Nachteilen geübt. Regen Sie die TN an, die Redemittel in ihre Redemittelsammlung zu übertragen.

b TN tauschen im Kurs ihre Meinung zu Telemedizin und ihre persönliche Einstellung zu deren Nutzung aus.

Alternative: Fragen Sie die TN, welche Aufgaben ein Moderator / eine Moderatorin hat. Anschließend ordnen TN die Redemittel (Kopiervorlage 7) den entsprechenden Rubriken zu und machen sich Gedanken, welche Regeln man bei einer Diskussion beachten sollte (Kopiervorlage 8). Übertragen Sie danach die Moderation an einen freiwilligen TN. Dieser steuert dann die Diskussion im Kurs, indem er die Diskussion eröffnet bzw. beendet, anderen TN das Wort erteilt, um Erklärungen bittet oder Beiträge zusammenfasst. Damit schaffen Sie einen Rahmen, in dem Gruppenarbeit angeleitet und Interaktion organisiert wird – und trainieren damit eine Mediationsaktivität, wie sie im Begleitband zum GeR beschrieben wird.

4 Grammatik: Relativsätze – Wiederholung

a TN markieren in Sätzen aus dem Zeitungsartikel jeweils das Nomen, auf das sich das markierte Relativpronomen bezieht.

b TN wiederholen, dass es Relativpronomen im Nominativ, Akkusativ und Dativ und in der Verknüpfung mit

Präpositionen gibt. Im ÜB A7 werden die Relativpronomen sowie die Stellung der Relativsätze im Satzgefüge geübt.

5 Relativpronomen im Genitiv

a Parallel zur Aufgabe 4a markieren die TN hier jeweils das Nomen, auf das sich das markierte Relativpronomen bezieht.

b TN reflektieren den inhaltlichen Bezug des Relativsatzes im Genitiv zum Nomen, das der Relativsatz näher erklärt. Dafür lösen sie den Relativsatz auf und ergänzen die Lücke in einem vorgegebenen Satz mit einer Genitivkonstruktion.

c TN arbeiten die Formen der Relativpronomen im Genitiv heraus. Im ÜB A8 wird eine Übung dazu mit einer weiteren DSH-typischen Aufgabe verbunden, da es dort häufiger um die Umformulierung von Sätzen mithilfe von Relativsätzen geht.

6 Wer ist das?

Zum Abschluss werden im Kurs in einem Ratespiel Fragen zu berühmten Personen gestellt, die mithilfe von Relativsätzen im Genitiv beschrieben werden. Bilden Sie dafür Kleingruppen mit gleicher TN-Anzahl. Jede Kleingruppe formuliert zunächst schriftlich eine Frage zu einer Person und eine Frage zu einer Sache. Dann beginnt das Ratespiel: Gruppe 1 liest die erste Frage vor; die anderen Gruppen raten. Die Gruppe, die am schnellsten die Lösung nennt, erhält einen Punkt. Sieger ist die Gruppe mit den meisten Punkten.

B Jobmesse – Unternehmen stellen sich vor

In diesem Lektionsteil steht die Fertigkeit „Hören" im Fokus. Analog zum Lesen wird hier die Kompetenz „Hypothesen während des Hörens bilden" trainiert.

1 Unsere Internetplattform für Eventlocations
[Hypothesen während des Hörens bilden]

a Hier aktivieren TN in einem Kursgespräch ihr Vor- und Weltwissen. Fragen Sie die TN, was sie unter dem Begriff „Eventlocation" verstehen und sammeln Sie die Beiträge. Stellen Sie danach die Frage, wie wohl eine Webseite eines solchen Dienstleisters aussehen und funktionieren könnte, z.B. auch in welcher/n Sprache/n sie angeboten wird. Erfragen Sie außerdem, in welchen Ländern und Kulturen keine Werbung für Eventlocations existiert und geben Sie den TN Raum für einen Austausch. Im ÜB B1 werden ausführliche Übungen zu relevantem Wortschatz angeboten. Diese dienen zudem der Vorentlastung des Hörtextes.

b TN hören den Beginn einer Präsentation auf einer Jobmesse und überlegen, welche Informationen sie in der Präsentation erwarten. Sie haben die Wahl zwischen drei vorgegebenen Hypothesen. Geben Sie den Rhythmus für die Bearbeitung der Aufgabenteile wie in Lektionsteil A (Hypothesen während des Lesens bilden) vor. Auch bei dieser Höraktivität bietet es sich an, die TN in Zweiergruppen arbeiten zu lassen.

c Hier geht es zunächst um selektives Hören. TN hören Teil 2 der Präsentation, in dem es um den Aufbau der Präsentation geht, und notieren 4 Überschriften für 4 Power-Point-Folien, die sich auf die 4 inhaltlichen Hauptaspekte beziehen.

d TN hören den Beginn von Teil 3 der Präsentation, in dem es um den Hintergrund der Geschäftsidee geht. Sie stellen Vermutungen auf, welche Informationen im Folgenden genannt werden könnten, und tauschen sich darüber im Kurs aus.

e TN hören nun Teil 3 ganz und überprüfen so, ob ihre Vermutungen richtig waren.

f Hier geht es um selektives bzw. detailliertes Hören. TN übertragen in 1f zuerst die Überschriften aus 1c auf die Folien, hören dann Teil 3 noch einmal und notieren auf Folie 1 die wichtigsten Informationen in Stichpunkten.

g Hier geht es weiter mit der Hypothesenbildung: TN schauen sich die Überschriften der Folien 2 bis 4 noch einmal an und stellen Vermutungen zum Inhalt der entsprechenden Abschnitte an.

h TN hören Teil 4 der Präsentation und notieren die wichtigsten Informationen in Stichpunkten auf den Folien 2 bis 4 in 1f.

i TN vergleichen ihre Notizen mit ihren Hypothesen und sprechen im Kurs darüber, ob ihnen die Hypothesenbildung vor dem Hören geholfen hat. Um das Hypothesenbilden noch einmal zu üben, ist im ÜB B2 ein ähnlicher Einleitungstext wie in 1c mit Lücken abgedruckt. TN sollen überlegen, welche Wörter in die Lücken passen könnten, und hören zur Kontrolle in B2b den entsprechenden Teil des Vortrags noch einmal. In einem Tipp werden TN darauf hingewiesen, dass das Aufstellen von Hypothesen beim Verstehen und beim Lernen der Fremdsprache hilft. Diese Übung kann bei schwächeren Gruppen auch zur Vorentlastung dienen.

2 Grammatik: Relativsätze mit „was" und „wo(r)" + Präposition

a TN arbeiten heraus, worauf sich das Relativpronomen „was" beziehen kann. Weitere Übungen dazu findet man im ÜB B3.

b Analog zur Aufgabe 2a reflektieren TN, das sich „was" in der Verbindung mit Präpositionen in „wo(r)" verändert. Dies wird im ÜB B4 und B5 weiter geübt

c TN verbinden Sätze mit den passenden Relativpronomen „was" oder „wo(r)".

Erweiterung – Relativsätze: Teilen Sie die Gruppe in zwei Großgruppen A und B ein. Jede Gruppe muss sich 5 Begriffe von Lektion 4 suchen und diese schriftlich definieren. Die Erklärungen / Definitionen sollen alle mindestens einen Relativsatz enthalten (z. B. „Das ist ein Ort, an dem man z. B. ein Meeting oder eine Feier veranstalten kann." → die Eventlocation / „Das Ding ist etwas, was man benutzt, um über Internet mit jemandem zu sprechen, den man auch sieht." → der Videochat). Jeder korrekt verwendete Relativsatz gibt für die erklärende Gruppe einen Punkt. Die andere Gruppe erhält 2 Punkte, wenn sie den Begriff richtig errät; allerdings gibt es pro Begriff nur 3 Rateversuche.

3 Eine Internetplattform vorstellen

TN recherchieren im Netz und stellen eine Internetplattform ihrer Wahl vor. Die Leitfragen und Redemittel helfen. Regen Sie die TN an, die Redemittel in ihre Redemittelsammlung zu übertragen.

Alternative: Ändern Sie die Anweisungen für die Recherche ein klein wenig ab und sagen Sie: „Wir suchen die originellste / außergewöhnlichste Dienstleistung, die im Internet angeboten wird." TN recherchieren in Kleingruppen und stellen ihre Dienstleistung im Kurs vor. Wenn Sie die TN selbst darüber abstimmen lassen, welche Gruppe dieses Ziel am besten erreicht hat, geben Sie den TN wieder die Möglichkeit, gemeinsam Bedeutung zu konstruieren. Sie fördern damit die Mediationsaktivität, in einer Gruppe zu kooperieren und im Team Ideen zu entwickeln.

C Das digitalisierte Zuhause

In diesem Lektionsteil steht die Fertigkeit „Schreiben" im Fokus. TN lernen die dialektische Erörterung an einem Beispieltext kennen und wenden die Kenntnisse an, indem sie selbst eine Erörterung schreiben.

1 Pro und Contra Smart Home [Erörterung analysieren]

a TN lesen die Beispielerörterung zum Thema „Smart Home – Ist das sinnvoll?" und kreuzen von 5 Aussagen diejenigen an, die typische Merkmale einer dialektischen Erörterung beschreiben. Auf die Darstellung und Übung weiterer Erörterungstypen wurde verzichtet, da es sich hier um den häufigsten Erörterungstyp handelt.

b TN unterstreichen in der Erörterung in 1a die Redemittel, die charakteristisch für die Textteile Einleitung, Argumentation pro, Argumentation contra und Schluss sind. Regen Sie die TN an, die Redemittel in ihre Redemittelsammlung zu übertragen. Im ÜB C1 wird relevanter Wortschatz geübt.

2 Vor- und Nachteile von Telemedizin
[Erörterung schreiben]

a TN sammeln in Form einer Mindmap die Vor- und Nachteile von Telemedizin. Durch die Übung im ÜB C2a erhalten sie eine Vorstellung davon, wie eine solche Mindmap aussehen könnte. Diese Übung dient dazu, den TN noch einmal nahezubringen, dass Mindmaps sehr gut geeignet sind, um vorhandene oder entstehende Assoziationen zu einem Thema festzuhalten, zu visualisieren und zu strukturieren. Das Thema „Telemedizin" wurde gewählt, weil TN im Lesetext im Lektionsteil A bereits einen ausführlichen Input zu Inhalt und Wortschatz bekommen haben. Außerdem haben Sie in Aufgabe 3 von Lektionsteil A noch einmal Vor- und Nachteile notiert, sodass das Schreiben einer Erörterung dadurch vorentlastet ist und die TN sich so auf das Vorgehen beim Schreiben und die Gliederung der Erörterung fokussieren können.

b TN ordnen die Ideen nach Pro- und Contra-Argumenten. In der Übung C2a im ÜB lernen TN, wie man dies visualisieren kann.

c TN schreiben die Erörterung, dabei helfen ihnen die in 2a und 2b gesammelten Argumente, die Beispielerörterung in 1a und die in 1b gesammelten Redemittel. Indem die TN sich in ihrer Erörterung nur auf bestimmte Informationen konzentrieren und andere weglassen, ist diese Textsorte auch ein Beispiel dafür, wie man im Sinne der Mediation spezifische Informationen schriftlich weitergeben kann.

d TN tauschen ihre Erörterung mit einem Partner / einer Partnerin. Sie machen sich gegenseitig Verbesserungsvorschläge. Eine Checkliste im ÜB C2b hilft. Das eigenständige Verbessern bzw. die Überarbeitung von Texten sollte immer wieder geübt werden, sodass TN dies automatisch am Ende einer Arbeit tun, was ihnen auch in Prüfungssituationen helfen kann.

e TN tauschen die Texte erneut und überarbeiten ihre eigene Erörterung mithilfe der Verbesserungsvorschläge aus 2d.

Erweiterung – Fehlerkorrektur: Sammeln Sie einige Texte von TN ein, die gerne noch eine Durchsicht ihrer Erörterungen von einem „Experten" / einer „Expertin" haben möchten. Notieren Sie während Ihrer Korrekturarbeit Sätze mit häufiger auftretenden Fehlern jedes TNs oder Fehlern, die mehrere TN gemacht haben, auf ein separates Blatt. Heben Sie die Fehlerquelle hervor, z. B. über Fett- oder Kursivdruck. Kopieren Sie dieses Blatt und teilen Sie es in der nächsten Stunde an die TN aus und lassen Sie die fehlerhaften Sätze in Zweiergruppen korrigieren. In der sich anschließenden Plenumsphase sollen die TN auch Begründungen für ihre Korrekturen geben. Mit diesem Verfahren erkennen Sie, ob die TN bei bestimmten Begriffen oder grammatischen Phänomenen noch Erklärungs- bzw. Übungsbedarf haben.

D Telemedizin – Für und Wider im Video

In diesem Lektionsteil steht die Fertigkeit „Sprechen" im Fokus und die Kompetenz, eine Präsentation mithilfe eines selbst erstellten Erklärvideos zu halten.

1 Vorteile und Nachteile von Smart Home
[Erklärvideo analysieren]

TN sehen ein Erklärvideo (Film L 4) zum Thema „Smart Home". Das Erklärvideo ist inhaltlich mit dem Lektionsteil C verknüpft, um Verstehens- und Wortschatzschwierigkeiten auszuschalten, sodass TN sich bei diesem Beispielvideo vollständig auf Art und Struktur eines Erklärvideos konzentrieren können, indem sie die Aspekte zum Aufbau eines solchen Videos in eine sinnvolle Reihenfolge bringen.

2 Vorteile und Nachteile von Telemedizin
[Erklärvideo erstellen]

Da es kaum TN geben wird, die über kein Smartphone verfügen, dürfte das Aufnehmen eines Videos technisch keine Probleme bereiten. Da dies zusammen mit der Vorbereitung des Videos aber relativ zeitintensiv sein kann, wird im Tipp zu dieser Aufgabe vorgeschlagen, dass TN das Video auch zu Hause erstellen können und nur das Resultat im Kurs präsentieren (Aufgabe 3).

a TN nehmen ihre Erörterung von Seite C „Vor- und Nachteile von Telemedizin" als inhaltlichen Input und überlegen sich, wie sie ihr Erklärvideo aufbauen können. Die Aufgabe 1 hilft dabei. Es wird geraten, die Aufgabensequenz 2 in Kleingruppen zu erarbeiten. Zum einen können sich die TN so bei dieser komplexen Aufgabe unterstützen, zum anderen trainieren sie wieder im Sinne der Mediation, in der Gruppe zu kooperieren und gemeinsam Ideen und Lösungen zu entwickeln.

b TN bereiten einen Text für ihr Video vor, indem sie Sätze zu dessen einzelnen Abschnitten notieren. Der Beispielsatz zeigt, dass in den Sätzen passende Redemittel aus dem Video in Aufgabe 1 verwendet werden sollten. Im ÜB D1a gibt es hierzu eine Übung, die exemplarisch zeigt, wie der Text der Erörterung für einen Skripttext verwendet werden kann; passend dazu wird in einem Tipp darauf hingewiesen, dass in einem Erklärvideo eher verbal formuliert werden sollte. Dieser Tipp kann auch dazu dienen den grundsätzlichen Unterschied zwischen Verbal- und Nominalstil zu reflektieren. Im ÜB D1b werden TN aufgefordert, die Sätze zu sprechen, anzuhören, dabei auf die Aussprache zu achten und falls sie unzufrieden mit der Aufnahme sind, diese noch einmal zu wiederholen. Dies kann zur Vorentlastung der Aufgabe im Kursbuch D2c dienen.

Binnendifferenzierung: TN erhalten das Videoskript des Erklärvideos zum Smart Home (Kopiervorlage 9). Damit haben TN eine Vorlage, wie ein Videoskript aufgebaut ist, und können zudem die passenden Redemittel herausarbeiten.

c TN arbeiten in kleinen Gruppen. Sie sprechen den Text aus 2b auf drei unterschiedliche Arten und nehmen sich dabei auf.

d Hier vergleichen TN die Aufnahmen in 2d und einigen sich auf eine besonders geeignete Art des Sprechens. An diese Aufgabe ist im ÜB D2 der Ausspracheteil der Lektion angedockt, in dem es um die Aussprache der Umlaute im Deutschen geht.

e TN schauen sich das Beispielvideo in Aufgabe 1 noch einmal an und konzentrieren sich dabei auf dessen Animationen bzw. Illustrationen. Diese sind relativ einfach gehalten, damit TN sehen, dass diese einfach zu machen sind, und nicht abgeschreckt werden. Der kreativen Gestaltung sind hier aber keine Grenzen gesetzt.

f TN besprechen in der Gruppe, wie sie ihr Video illustrieren oder animieren wollen, und besorgen die notwendigen Materialien. Die Aufgabe 2e hilft bei der Ideenfindung.

g TN drehen das Video.

3 Unser Erklärvideo [Erklärvideo präsentieren]

a Die Gruppen präsentieren ihre Videos.

b Im Kurs werden die Videos verglichen und besprochen, was in den Videos besonders gelungen ist und was man ggf. noch verbessern könnte. Auch diese Aufgabe führt die TN dazu, gemeinsam Bedeutung zu konstruieren, indem sie sich auf gelungene Beispiele und Verbesserungsvorschläge einigen.

Lerntagebuch: TN füllen die Kopiervorlage aus, die Fragen zur Reflexion der Kompetenzen und Lerninhalte sowie zur Einschätzung des Lernfortschritts umfasst.

Auf dem Weg zur Prüfung 4

Lesen: Musikrezeption früher und heute

1 Musik im Zeitalter der Digitalisierung
[Vorwissen aktivieren]

TN sprechen darüber, wie im 20. Jahrhundert und wie heute Musik gehört wird.

🔊 DSH, telc
2 Digitalisierung und Musik [Artikel global lesen]

TN lesen einen Artikel aus einer Musikzeitschrift über Digitalisierung und Musik, der aus 5 Abschnitten (A–E) besteht. Sie wählen aus 10 Überschriften diejenigen aus, die am besten zu den Abschnitten passen. Im Tipp zur Prüfungsaufgabe erhalten TN Hilfen zum Vorgehen in der Prüfung, besonders, dass ein erstes Überfliegen der Überschriften und der Textabschnitte wichtig ist, um zunächst die thematische Zuordnung zu erkennen. Dieses Vorgehen sollten Sie, wo immer möglich, mit TN trainieren, da es in einer Prüfungssituation sehr hilfreich ist.

 TestDaF
3 Digitalisierung und Musik
[Aussagen inhaltlich passend zuordnen]

In dieser Aufgabe müssen TN dem Artikel 7 Aussagen zuordnen. Sie müssen dabei entscheiden, ob die Aussagen sich auf früher, auf heute bzw. auf früher und heute beziehen oder ob sie zu keiner Position passen. Fordern Sie die TN auf, die Arbeitsanweisung mit den Vorschlägen zum Vorgehen und den Tipp zur Prüfungsaufgabe sehr gründlich zu lesen, damit sie wissen, wie dieses Prüfungsformat, in dem jeweils zwei Positionen verglichen werden müssen, funktioniert. Da TN diese Aufgabe u.U. auch zu Hause machen, wäre es zu empfehlen, dass Sie die Aufgabenstellung vorab genau mit ihnen besprechen.

 DSH
4 Digitalisierung und Musik
[anhand von Leitfragen Informationen herausarbeiten]

Diese Prüfungsaufgabe wird über Klett Augmented angeboten. Hier lesen TN den Artikel „Digitalisierung und Musik" anhand von Leitfragen selektiv und arbeiten die notwendigen Informationen für die Lösung der Prüfungsaufgabe heraus.

 DSH
5 Digitalisierung und Musik
[Ausdrücke im Kontext verstehen]

Diese Prüfungsaufgabe wird über Klett Augmented angeboten. Sätze aus dem Artikel müssen umformuliert werden. Dabei müssen markierte Ausdrücke ersetzt werden, ohne dass sich dadurch der ursprüngliche Sinn des Satzes verändert.

Hören: Hilfreiche Avatare

1 Avatare: hilfreiche Roboter für kranke Kinder und Jugendliche [Hypothesen aufstellen]

TN lesen die Aussagen bzw. Fragen zu einem Vortrag zum Thema und stellen im Kurs Vermutungen auf, worum es im Vortrag gehen könnte. In einem Tipp wird noch einmal darauf hingewiesen, wie wichtig es ist, die Fragen oder Auswahlsätze für mögliche Antworten sorgfältig zu lesen, da man oft daraus schon auf den Inhalt eines Hör- oder Lesetextes schließen kann.

 TestDaF
2 Avatare als Helfer
[Vortrag global und detailliert verstehen]

TN hören den Vortrag und kreuzen an, welche Lösung passt: a, b, c oder d. Sie lösen wie in der Prüfung 5 Items mit 4 Auswahlmöglichkeiten. In der Prüfung hört man den Vortrag nur einmal.

3 Hypothesen aufstellen [Vorgehen reflektieren]

TN tauschen sich zu zweit darüber aus, welche Hypothesen richtig waren, oder gleichen, falls sie die Aufgabe außerhalb des Unterrichts machen, ihre Lösungen mit dem Lösungsschlüssel ab. Das Ziel dieser Aufgabe ist es, dass TN reflektieren, inwieweit ihnen das Hypothesenbilden beim Hören und bei der Lösung der Aufgaben geholfen hat.

 DSH
4 Avatare als Helfer
[anhand von Leitfragen Informationen heraushören]

Hier müssen TN anhand von Leitfragen Informationen heraushören. Sie hören dafür den Vortrag in Aufgabe 2 noch einmal und beantworten die Fragen. Dies ist wiederum eine typische DSH-Aufgabenstellung, bei der TN in eigenen Worten formulieren und dafür auch überlegen müssen, ob eine Antwort in Stichpunkten oder im ganzen Satz sinnvoller ist, d.h., welche Alternative die Antwort inhaltlich am besten und verständlichsten ausdrückt.

Schreiben: Vor- und Nachteile von Avataren

Die Fertigkeit „Schreiben" wird über Klett Augmented abgedeckt. Obwohl es in dieser Aufgabe nicht um die Fertigkeit „Hören" geht, ist sie hier angedockt, weil es sich um das Thema „Avatare" handelt und sich so für TN eine gewisse inhaltliche Vorentlastung ergibt.

 GI
1 Einsatz von Avataren an Schulen?
[Forumsbeitrag schreiben]

a-c TN schreiben anhand von Leitpunkten einen Forumsbeitrag über den Einsatz von Avataren an der Schule, wenn ein Kind lange krank ist. Ein Tipp informiert über das Vorgehen in der Prüfung.

d Es ist wichtig, TN immer wieder darauf hinzuweisen, dass sie ihre schriftlichen Textproduktionen am Ende sorgfältig durchlesen und korrigieren. TN können hierbei auf die Checkliste zur Erörterung in Lektion 4C rekurrieren.

Sprechen: Besser informiert dank Internet?

1 Informationen recherchieren [Vorwissen aktivieren]

TN besprechen im Kurs, ob sie bei Fragen zur Gesundheit nach Informationen im Internet suchen oder nicht. Sie begründen ihre Position.

 TestDaF
2 Hilfreiche Internetrecherche? [Grafik und Aussage vergleichen und dazu Stellung nehmen]

a Die Aufgabe wird durch Arbeitsanweisungen und Tipp sehr ausführlich erläutert. Es ist wichtig, dass TN diesen Tipp sehr gründlich lesen und verstehen, denn er liefert die wichtigsten Informationen für den Ablauf der Prüfung.

b TN hören einen Beitrag eines Seminarteilnehmers und vergleichen die Informationen mit der Grafik in 2a. Dabei müssen sie entscheiden, ob die Informationen mit der Grafik übereinstimmen. Nach dem Hören haben sie Zeit, um Notizen zu machen, die als Grundlage für ihre mündliche Äußerung dienen können.

c TN nehmen Stellung zur Aussage des Kommilitonen in 2b und beziehen sich wiederum auf die Grafik. Es ist wichtig, dass TN zwar auf den Beitrag des Gesprächspartners eingehen, aber auch klar ihre eigene Meinung äußern, indem sie den Widerspruch zwischen der Grafik und dessen Aussage beschreiben. Bei dieser Prüfungsaufgabe werden zwei Kompetenzen abgefragt, die in den Lektionen schon trainiert wurden, nämlich mündlich Stellung beziehen und eine Grafik beschreiben. Die Stellungnahme soll mit dem Smartphone aufgenommen werden. Dies ist notwendig, damit die TN üben, wie in der Prüfung mit einem Computer zu „sprechen". Darüber hinaus kann man auf diese Weise den eigenen Beitrag kontrollieren und sich klar werden, was man verbessern könnte.

d Das Feedback einer anderen Person zur Aufnahme in 2c kann helfen, seinen Beitrag zu verbessern. Orientieren Sie sich beim Feedback-Geben auch an den Fragen und Hinweisen zum Feedback-Geben in „Auf dem Weg zur Prüfung 2" bei der TestDaF-Aufgabe im Teil „Sprechen".

 GI
3 Recherche zu Gesundheitsthemen
[Kurzvortrag anhand von Leitpunkten halten]

a TN sollen anhand von 3 als Anweisung formulierten Leitpunkten einen vierminütigen Kurzvortrag zum Thema „Recherche zu Gesundheitsthemen im Internet" halten. TN haben in der Prüfung 15 Minuten Zeit, um sich zur Vorbereitung auf den Prüfungsteil „Sprechen" Notizen zu machen. Ein Tipp gibt Informationen zur Prüfungsaufgabe.

b Ein Partner oder eine Partnerin hört zu und macht sich Notizen zu einer Frage, die er/sie gern stellen möchte.

c Der Partner/Die Partnerin stellt Fragen zum Vortrag und der Vortragende beantwortet sie. Es ist wichtig, die Fragetechnik im Unterricht zu üben und TN wie im Tipp darauf hinzuweisen, dass sie keine Ja-Nein-Fragen stellen, sondern offene, also W-Fragen, verwenden sollen.

Film 2: Das Smartphone und wir

In diesem Film geht es um eine Studie, die Aufschluss über die Gründe und Folgen der intensiven Nutzung von Smartphones gibt. An drei abgedruckten Aussagen von Smartphone-Nutzern, die sich mit dem Thema beschäftigt haben, spiegeln TN Inhalte des Films und vergleichen anhand des letzten Teils ihre persönlichen Erfahrungen mit dem Handy.

In Aufgabe zwei machen TN im Kurs eine Umfrage zur Handynutzung, erstellen eine Kursstatistik und sammeln Vorschläge, wie man die Nachteile zu intensiver Nutzung vermeiden kann. Im Sinne der Mediationsaktivitäten, in der Gruppe kooperativ zu interagieren, die Interaktion zu organisieren und gemeinsam Bedeutung zu konstruieren, ist es hilfreich, wenn Sie die TN diese Aufgabe allein machen lassen, d.h., TN führen selbstständig die Umfrage durch, erstellen die Kursstatistik und machen eigenständig Lösungsvorschläge. Lassen Sie die Lerngruppe dafür ein oder zwei TN auswählen, die die Umfrage durchführen, die Ergebnisse sammeln und die Erstellung der Kursstatistik anleiten. Danach können ein oder zwei andere TN die Vorschläge und Ideen zum Umgang mit Smartphones sammeln, die Ergebnisse zusammenfassen und präsentieren. Falls die TN aus verschiedenen Herkunftsländern kommen sollten, spielt hier zudem der plurikulturelle Aspekt mit hinein, da TN aus unterschiedlichen Ländern wahrscheinlich auch unterschiedliche Sichtweisen auf dieses Thema haben werden. Man kann an diesem Beispiel gut sehen, wie bei Aufgaben, wo TN gemeinsam Aufgaben lösen, automatisch verschiedene Mediationsaktivitäten ineinandergreifen.

Lektion 5

Überblick

Thema
In dieser Lektion geht es um das Thema „Wetter" mit den Aspekten Meteorologie gestern und heute, Klimawandel und Folgen des Klimawandels. Im Teil „Auf dem Weg zur Prüfung" wird dieses Themenspektrum ergänzt durch die Aspekte „Wetter und Gesundheit" sowie „Anpassung an den Klimawandel".

Fertigkeiten und Kompetenzen
Nachdem in Lektion 4 das Bilden von Hypothesen beim Hören bzw. Lesen kleinschrittig geübt wurde, wird dies hier fortgeführt, indem TN Vermutungen über die Abfolge von Themenaspekten bzw. inhaltlich strukturierenden Aspekten aufstellen. Die Hör- und Lesekompetenz wird dadurch weiterentwickelt, dass TN sich nach Überprüfung ihrer Hypothesen mit der Abfolge von Themenaspekten in einem Radiointerview und dem Textaufbau eines Artikels auf der Wissenschaftsseite einer Tageszeitung beschäftigen.

Gleichzeitig wird auch in dieser Lektion das Anfertigen von Notizen weiter trainiert, indem TN einen strukturierten Notizzettel bzw. Textbauplan ergänzen, der den Aufbau des Hör- bzw. Lesetextes widerspiegelt. Im produktiven Bereich wird die Kompetenz „Stellung beziehen" in der Folge von Lektion 1 und Lektion 4 durch das Schreiben eines Kommentars weiter aufgebaut. Bei der mündlichen Produktion geht es darum, die Kompetenz „einen Vortrag halten" in der Folge der Lektionen 2, 3 und 4 weiter aufzubauen, diesmal auch unter besonderer Berücksichtigung von Gliederungsaspekten, indem TN trainieren, einen Kurzvortrag anhand von Vorgaben und unter Einbezug einer Grafik zu halten.

Grammatik
Beim ersten Grammatikthema im Lektionsteil B werden unterschiedliche Arten von konditionalen Sätzen trainiert: Sätze mit „wenn", mit dem Verb am Satzanfang und mit „sollte" am Satzanfang. Auch hier reflektieren TN wiederum die Wortstellung. Im zweiten Grammatikthema in Lektionsteil C beschäftigen TN sich – passend zum Thema „Klimawandel" – damit, wie man Folgen im Deutschen ausdrücken kann, also mit konsekutiven Sätzen.

Aufgabensequenzen

A Alle reden über das Wetter

In diesem Teil liegt der Fokus auf der Fertigkeit „Schreiben" und den Kompetenzen „Kommentarstile erkennen, Kommentar schreiben".

1 „Wetter" in der Sprache

Einstieg: Beginnen Sie die Lektion mit einem Small Talk, indem Sie über das Wetter reden. Warten Sie einige Reaktionen der TN ab und fragen Sie dann, welche Bedeutung das Thema „Wetter" für Small Talk in Deutschland sowie in den verschiedenen Herkunftsländern der TN hat. Verdeutlichen Sie die Bedeutung des Themas, indem Sie auf die zahlreichen Redewendungen mit Begriffen aus dem Wetterbereich verweisen.

a TN notieren die Redewendungen aus einem Schüttelkasten unter der jeweils passenden Illustration.

b Sie analysieren die Bedeutung der Redewendungen in 1a, indem sie diese vorgegebenen Erklärungen zuordnen.

c TN berichten mithilfe von angebotenen Redemitteln im Kurs über ähnliche Redewendungen in ihrer Sprache. Regen Sie die TN an, die Redemittel in ihre Redemittelsammlung zu übertragen.

Erweiterung – Wetterausdrücke: Wetterausdrücke findet man auch oft in umgangssprachlichen Ausdrücken, die Gefühle bzw. Gefühlszustände beschreiben oder Personen sowie Situationen charakterisieren. Notieren Sie folgende Redewendungen an die Tafel/ans Whiteboard: 1. durch den Wind sein; 2. vom Donner gerührt sein; 3. einen Geistesblitz haben; 4. die Sonne geht auf; 5. bei Wind und Wetter; 6. ein eiskalter Typ; 7. auf Wolke sieben; 8. Wetterfrosch. TN notieren zu zweit möglichst rasch Erklärungen dazu. Diese werden anschließend im Plenum gesammelt und besprochen. Für jede korrekte Erklärung erhalten die TN einen Punkt. Das Paar mit den meisten Punkten ist „Wetterkönig" (Sieger).

2 Sommerhitze und kein Ende in Sicht

Einstieg: Fragen Sie die TN, ob und wie sie sich über das Wetter informieren. Falls sich keiner der TN mithilfe ausführlicher Wettervorhersagen z.B. im Fernsehen oder in Printmedien informiert, dann ergänzen Sie diese Möglichkeiten und leiten Sie zum Text in Aufgabe 2 über.

a TN lesen eine Wettervorhersage und kreuzen an, wie sich das Wetter in Deutschland entwickelt.

b TN markieren im Text in 2a die Ausdrücke zum Wortfeld „Wetter" und sammeln weitere im Kurs. Im ÜB A1 wird der Wortschatz zum Thema „Wetter" ausführlich geübt.

3 Schönes Wetter, schlechtes Wetter
[Kommentarstile erkennen, Kommentar schreiben]

In dieser Aufgabensequenz wird die Kompetenz „schriftlich Stellung beziehen", die in Lektion 1 (Blogbeitrag) eingeführt und in Lektion 4 (Erörterung) fortgeführt wurde, durch das Schreiben eines Kommentars weiter ausgebaut.

a Zur Vorbereitung eines eigenen Kurzkommentars lesen TN zunächst zwei Musterkommentare und identifizieren dort die Kommentarstile „objektiv-sachlich" bzw. „subjektiv-wertend". Sie reflektieren auch, woran sie dies erkannt haben.

b TN arbeiten die Meinungen der Verfasser und deren Begründung heraus.

c TN sammeln in den Kommentaren Redemittel, mit denen man Meinungen und Gefühle ausdrücken kann. Das Sammeln der Redemittel ist eine gute Grundlage für das Schreiben eines eigenen Kommentars in 3d, weil TN sich dort für einen der beiden Kommentarstile entscheiden müssen. Im ÜB A2 und A3 gibt es dazu Übungen, die auch zur Vorentlastung für diese Aufgabe dienen können. Außerdem wird dort in 3b eine zusätzliche Schreibaufgabe angeboten, in der TN die Redemittel für Kommentare im inhaltlichen Kontext anwenden. Regen Sie die TN an, die Redemittel in ihre Redemittelsammlung zu übertragen.

d TN schreiben einen eigenen kurzen Kommentar in einem der beiden Kommentarstile oben.

Erweiterung – Kommentare: TN schreiben ihren Kommentar auf dem Handy, Tablet oder PC, sodass die Texte zusammengefügt, verschickt und von allen gelesen werden können. In Kleingruppen wird entschieden, in welchem Kommentarstil die einzelnen Beiträge verfasst sind. Außerdem werden konträre Positionen über Hitze im Sommer ausgemacht und gegenübergestellt. Zuletzt wählen die Gruppen je einen Beitrag, auf den sie direkt antworten möchten. Wichtig dabei ist, dass sie den Kommentarstil des Autors / der Autorin übernehmen.

Erweiterung – Wetterbegriffe (Kopiervorlage 10): TN üben mittels eines Arbeitsblattes in Einzelarbeit die Wortfamilien (Nomen, Verben, Adjektive) von Wetterbegriffen.

B Meteorologie

In diesem Teil steht die Fertigkeit „Hören" im Fokus, dabei werden die Kompetenzen „Abfolge von Themenaspekten erkennen" sowie „strukturierten Notizzettel erstellen und Informationen notieren" trainiert.

1 Das Wetter messen

Einstieg: Verweisen Sie nochmals auf den Wetterbericht aus Lektionsteil A2. Fragen Sie, über welche Daten dort im Einzelnen (Temperaturen, Niederschläge, Druck usw.) informiert wird und welche Messungen Meteorologen vornehmen müssen, damit sie eine Wettervorhersage machen können.

a Diese Aufgabe dient der Vorentlastung des folgenden Radiointerviews. TN ordnen wichtige Begriffe der Meteorologie den abgebildeten Instrumenten zu, mit denen Wetterphänomene gemessen werden. Im ÜB B1 gibt es hierzu eine Übung zur Wortbildung bei Internationalismen aus dem Griechischen und Lateinischen.

Erweiterung – Internationalismen und falsche Freunde: Notieren Sie an der Tafel / am Whiteboard die Begriffe „richtige Freunde" und „falsche Freunde" und sammeln Sie die Assoziationen der TN zu diesen Überschriften. Notieren Sie dann das Wort „caldo" (Italienisch) und „bö" (Ungarisch) und fragen Sie die TN, was diese Begriffe wohl bedeuten. Möglicherweise antworten die TN mit „kalt" und „Böe". Tatsächlich jedoch bedeuten die Wörter „warm" und „weit". Fragen Sie die TN, welche weiteren Wetterbegriffe sie aus ihrer Herkunftssprache oder aus anderen Sprachen kennen, die leicht zu Missverständnissen führen können. Diese Aktivität ist ein Beispiel dafür, wie man die im Ergänzungsband des GeR beschriebene Mediationshandlung „plurikulturelle Räume schaffen" in der Unterrichtspraxis umsetzen kann.

b Zur Aktivierung ihres Vorwissens / Weltwissens sprechen TN über ihre Erfahrungen mit den Instrumenten in 1a.

2 Meteorologie gestern und heute
[Abfolge von Themenaspekten erkennen]

Hier wird, in der Folge von Lektion 4, die Hypothesenbildung weiter geübt, diesmal mit dem Fokus auf den Aufbau eines Hörtextes.

a TN lesen Stichpunkte zu einem Radiointerview über das Thema „Meteorologie" und stellen Vermutungen an, wie die Abfolge der in diesen Stichpunkten notierten Aspekte im Interview sein könnte.

b TN hören das Radiointerview, überprüfen ihre Vermutungen und korrigieren ggf. die Nummerierung in 2a.

3 Wettervorhersagen [strukturierten Notizzettel erstellen und Informationen notieren]

Da das Anfertigen gut strukturierter Notizen eine für Studium und Beruf unabdingbare Kompetenz ist, wird diese Mediationsaktivität in jeder Lektion fortgeführt, hier mit dem Fokus, Stichpunkte zu den bereits bekannten Hauptaspekten aus dem Interview zu notieren.

a TN erstellen zunächst einen strukturierten Notizzettel, auf dem sie in der linken Spalte die Stichpunkte aus Aufgabe 2a eintragen, die sich auf die inhaltliche Abfolge der Themen beziehen. Dann hören sie das Interview noch einmal und machen in der rechten Spalte Notizen. Die Beispielnotizen zeigen wiederum, dass man mit Abkürzungen arbeiten sollte.

b TN beantworten mithilfe der Notizen in 3a 4 Fragen, die die Hauptinhalte des Interviews abfragen.

Alternative: TN arbeiten in Dreiergruppen. Jeder / jede TN hört einen Teil des Interviews (TN 1: Thema „Meteorologie" Track 11, 12; TN 2: Thema „Deutscher Wetterdienst", Track 13; TN 3: Thema „Wettervorhersagen", Track 14, 15) und berichtet dann anhand seiner / ihrer Notizen den anderen über dessen Inhalt. Die anderen machen Notizen zum Gehörten. Da Teil 2 über den deutschen Wetterdienst kürzer ist als die Teile 1 und 3, könnte TN 2 sich auf der Webseite des Deutschen Wetterdienstes (www.dwd.de) unter „Der DWD" kurz über dessen Aufgaben informieren und den anderen davon berichten. Es gibt auf dieser Seite auch unter „DWD – Wir über uns" eine Abbildung mit dem Titel „DWD Kurzporträt". Dort finden Sie ein Video auf YouTube mit einem Kurzporträt des Deutschen Wetterdienstes, das interessant und leicht verständlich ist, und von dem TN die Minute hören könnte, in der die Aufgaben beschrieben werden. Im Anschluss beantwortet die Gruppe gemeinsam die Fragen in 3b.

c TN führen ein Kursgespräch darüber, inwiefern sie sich regelmäßig über das Wetter der nächsten Tage informieren. Im ÜB B2 gibt es dazu eine Übung zu häufigen Nomen-Verb-Verbindungen bei der Tätigkeit von Meteorologen und Meteorologinnen.

4 Grammatik: Konditionale Sätze – Bedingungen ausdrücken

a In dieser Aufgabe werden anhand von 4 Beispielsätzen Alternativen zu Bedingungssätzen mit „wenn" erarbeitet: Sätze 1 und 2: a. Sätze mit „wenn" am Satzanfang, b. Sätze mit dem Verb am Anfang. Sätze 3 und 4: a. Sätze mit „wenn", b. Sätze mit „sollte" am Anfang.

b TN formulieren die Bedingungssätze aus 4a mit dem Verb am Anfang in Sätze mit „sollte" und die Sätze mit „sollte" am Anfang in Sätze mit dem Verb am Satzanfang um. Im ÜB B3 werden die verschiedenen Alternativen, einschließlich der Formulierung mit der Präposition „bei", geübt.

5 Sollte es morgen schön sein, …

In dieser Abschlussaufgabe machen TN einen Klassenspaziergang. Sie gehen mit einem Zettel, auf dem Satzanfänge mit „Sollte …" zum Thema „Wetter" stehen, im Kurs herum und lassen diese von den anderen ergänzen.

Alternative: Der Klassenspaziergang kann auf Zeit gespielt werden, d.h., innerhalb von 5 Minuten müssen die TN so viele Antworten wie möglich auf ihrem Zettel notiert haben.

C Klimawandel

In diesem Teil steht die Fertigkeit „Lesen" im Fokus. Hier wird schrittweise die Kompetenz, „Textaufbau erkennen und strukturierte Notizen machen" trainiert.

1 Der Klimawandel ist da [Textaufbau erkennen und strukturierte Notizen machen]

In dieser Aufgabe wird der Begriff „Textbauplan" eingeführt. TN lernen in dieser und in folgenden Lektionen Schritt für Schritt, wie man einen Textbauplan erstellt und wie man auf diese Weise seine Notizen so sinnvoll strukturieren kann, dass man einen guten Überblick über den Aufbau und den Inhalt eines Textes erhält.

a In diesem Aufgabenteil aktivieren TN ihr Vorwissen zum Thema „Klimawandel". In einem Kursgespräch beziehen sie sich auch auf 8 abgedruckte Begriffe, die in diesem Zusammenhang wichtig sind.

b Hier sind 4 Begriffe vorgegeben, die die inhaltliche Struktur eines Artikels auf der Wissenschaftsseite einer Tageszeitung beschreiben, in dem es um den Klimawandel geht. Dieser Artikel ist auf der rechten Seite abgedruckt. TN stellen Vermutungen an, in welcher Reihenfolge diese Aspekte in dem Artikel vorkommen könnten.

c TN überfliegen zunächst nur den Artikel. In einem Tipp lesen sie, dass es sinnvoll ist, zunächst global zu lesen, um Textabschnitte zu erkennen. Sie überprüfen auf diese Weise, welcher Textabschnitt welchen Aspekt behandelt und ob ihre Vermutungen in 1b richtig waren. Sie übertragen dann den vorgegebenen dreispaltigen Textbauplan in ihr Heft und schreiben die passenden Aspekte in die linke Spalte.

d TN lesen den Artikel und markieren Schlüsselwörter. Diese Technik wurde in Lektion 3 bereits schrittweise erarbeitet. Sie schreiben dann die Hauptaussage jedes Abschnitts in die mittlere Spalte.

e In diesem Aufgabenteil schreiben TN stichpunktartig die wichtigsten Informationen aus jedem Abschnitt in die rechte Spalte. Erinnern Sie Ihre TN daran, auch hier Abkürzungen und Symbole zu verwenden. Denn viele TN sind der Meinung, dass diese Technik nur bei Hörtexten sinnvoll und notwendig ist. Da die vorgegebenen Notizen zum Teil im Nominalstil verfasst sind, gibt es im ÜB C1 Übungen zum Unterschied von Nominal- und Verbalstil sowie eine DSH-Aufgabe in der TN Nebensätze bzw. Hauptsätze mit Informationen aus dem Lesetext ergänzen. Im ÜB C2 werden Übungen zur inhaltlichen Strukturierung von Textbauplänen angeboten. TN reflektieren anhand eines Mustertextes zum Thema „Klimawandel in den Städten", welche Aspekte häufig eher am Anfang, in der Mitte oder am Ende eines Textes stehen. Dies hilft ihnen z. B. in der Prüfung, auf bestimmte Fragen zum Text schneller eine Antwort zu finden.

f TN führen ein Kursgespräch darüber, welche Informationen in dem Artikel neu und welche besonders interessant für sie sind. Hierfür werden Redemittel zur Verfügung gestellt. Ein Tipp fordert TN auf, wichtige oder interessante Textstellen mit bestimmten Symbolen am Rand zu kennzeichnen. Sprechen Sie mit den TN über diese Technik, weil sie ihnen helfen kann, relevante Informationen auf einen Blick im Text wiederzufinden. Regen Sie die TN an, die Redemittel in ihre Redemittelsammlung zu übertragen.

2 Grammatik: Konsekutive Sätze – Folgen ausdrücken

a TN markieren in Sätzen aus dem Zeitungsartikel zum Klimawandel Sätze bzw. Satzteile, die eine Folge ausdrücken.

b TN unterstreichen in den markierten Sätzen bzw. Satzteilen die Nebensatzkonnektoren, Verbindungsadverbien und Präpositionen, die eine Folge ausdrücken, und ordnen sie in eine Tabelle ein.

c TN reflektieren über die 2 Varianten von „sodass" bzw. „so ..., dass". Lesen Sie nach dem Ausfüllen der Regel die Sätze 3, 4 und 6 deutlich betont vor. Fragen Sie anschließend, was den TN in Bezug auf die Betonung aufgefallen ist (Betonung bei Trennung von „sodass" liegt auf „so").

d TN bilden mithilfe der vorgegebenen Ausdrücke konsekutive Sätze bzw. Satzverbindungen. Im ÜB C3 werden die Ursache-Folge-Beziehungen ausführlich trainiert.

3 Folgen und Maßnahmen

In dieser Abschlussaufgabe wenden TN das Gelernte an, indem sie über die Folgen des Klimawandels in ihrem Land berichten, sich in Gruppen Maßnahmen dagegen und deren Begründung überlegen und sich anschließend mit den anderen Gruppen austauschen.

a TN berichten über Folgen des Klimawandels in ihrem Land. Dazu erhalten Sie ein Beispiel, das auch die praktische Verwendung von konsekutiven Konnektoren zeigt. Angedockt an diesen Aufgabenteil, werden im ÜB C4 die systematischen Übungen zur Wortbildung fortgeführt, hier mit der Bildung von Nomen auf „-heit", „-keit" und „-igkeit" von Adjektiven. Passend dazu üben TN auch Nomen im inhaltlichen Kontext des Lesetextes.

Alternative: TN arbeiten – getrennt nach Herkunftsländern – in Kleingruppen zusammen. Sie besprechen in den entsprechenden Kleingruppen, welche Folgen der Klimawandel in ihrem Land hat und was man dagegen tun könnte (Aufgabe 3b).

b TN sammeln in Gruppen, was man gegen den Klimawandel tun könnte, und überlegen sich Maßnahmen und passende Argumente. Dafür werden im ÜB C5 Redemittel zur Verfügung gestellt und im thematischen Zusammenhang geübt. Regen Sie die TN an, die Redemittel in ihre Redemittelsammlung zu übertragen. Indem die TN in Gruppen arbeiten, trainieren sie ein weiteres Mal die Mediationsaktivitäten, in der Gruppe interagieren, dabei gemeinsam Ideen entwickeln und zur Lösungsfindung beitragen. Anschließend tauschen sich die TN mit anderen Kleingruppen aus. Sammeln Sie die Vorschläge am Ende der Aktivität. TN können ihre Argumente als Bedingungssätze formulieren und vertiefen dadurch das in Lektionsteil B vermittelte grammatische Thema.

Alternative: Jede Gruppe wählt eine oder zwei TN aus, die die Gruppenaktivität anleiten, ihr Struktur geben und die Ergebnisse zusammenfassen. Auf diese Weise geben Sie den ausgewählten TN die Möglichkeit, die Interaktion zu organisieren und Gespräche über Konzepte zu fördern.

D Folgen des Klimawandels

In diesem Teil steht die Fertigkeit „Sprechen" im Fokus. Dabei wird die Kompetenz „einen Vortrag halten" in der Folge der Lektionen 2, 3 und 4 weiter trainiert, hier unter besonderer Berücksichtigung des Aufbaus von Vorträgen.

1 Entwicklung des Klimas in Deutschland
[Aufbau von Kurzvortrag reflektieren]

In dieser Aufgabe geht es darum, dass TN sich mit dem Aufbau eines Vortrags beschäftigen, in dem auch auf eine Grafik eingegangen wird. Die Auswertung einer Grafik für einen Vortrag ist eine beliebte Prüfungsaufgabe bei der DSH.

a Hier sind eine Grafik und ein Beispieltext für einen Vortrag, der aus 3 Abschnitten besteht, abgedruckt. TN lesen 3 Leitpunkte, die nicht in der Reihenfolge des Vortragstextes stehen, und den Vortragstext. TN bringen dann die 3 Leitpunkte in die richtige Reihenfolge. Dies soll die Aufmerksamkeit auf den logischen Aufbau des Vortrags lenken.

b TN markieren im Vortrag in 1a Redemittel, die ihnen helfen können, wenn sie selbst einen Vortrag halten. Regen Sie die TN an, die Redemittel in ihre Redemittelsammlung zu übertragen. An diese Aufgabe ist im ÜB D1 der Ausspracheteil dieser Lektion angedockt, in dem es um die Auslautverhärtung geht.

2 Erwärmung in Deutschland
[Kurzvortrag anhand von Vorgaben halten]

Nach der ausführlichen Vorbereitung in Aufgabe 1 und im Übungsbuch halten hier TN selbst einen Vortrag.

a TN schauen sich eine Grafik an und lesen – analog zu Aufgabe 1a bis 3 den Vortrag gliedernde Fragen.

b TN überlegen sich eine Gliederung ihres Vortrags und notieren Ideen in Stichpunkten. Passend dazu werden im ÜB D2 Redemittel, die einen Vortrag strukturieren, aus zwei Teilen zusammengesetzt und anschließend in einen abgedruckten Mustervortrag an passender Stelle eingefügt.

c TN halten den Vortrag mithilfe ihrer Notizen aus 2b, der Redemittel aus 1b und den Übungen im Übungsbuch D2. TN trainieren hier die Mediationsaktivität Informationen aus Grafiken, Schaubildern etc. herauszuarbeiten und anderen zu vermitteln bzw. zu erklären.

Erweiterung – Projekt: TN recherchieren in Kleingruppen im Internet über die Folgen des Klimawandels, wobei sie sich für einen Kontinent entscheiden können. Die Ergebnisse werden auf einem Plakat festgehalten und im Unterrichtsraum aufgehängt. Danach erfolgt ein Klassenspaziergang, d.h., die TN lesen alle Plakate und können bei Unklarheiten einen „Experten" der Autorengruppe befragen. Ein solches Projekt unterstützt die TN im Training der Mediationsaktivitäten „in der Gruppe kooperieren" und „gemeinsam Bedeutung konstruieren".

Lerntagebuch: TN füllen die Kopiervorlage aus, die Fragen zur Reflexion der Kompetenzen und Lerninhalte sowie zur Einschätzung des Lernfortschritts umfasst.

Auf dem Weg zur Prüfung 5

Lesen: Wetter und Gesundheit

1 Wetterfühligkeit [Vorwissen aktivieren]

a-b TN sprechen im Kurs darüber, was Wetterfühligkeit bedeutet und welche körperlichen oder psychischen Beschwerden durch das Wetter verursacht werden können. TN aktivieren so ihr Vorwissen.

 TestDaF
2 Wetterfühligkeit
[Reihenfolge von Textabschnitten erkennen]

An diesem Beispiel zeigt sich wieder deutlich, wie die Kompetenz, die in der Lektion trainiert wurde, in den Prüfungsaufgaben aufgegriffen wird. TN bringen die Textabschnitte eines Zeitungsartikels zum Thema „Wetterfühligkeit" in die richtige Reihenfolge. Damit wenden sie die Kompetenz an, die sie in der Lektion kennengelernt haben, nämlich sich bewusst zu machen, wie ein Text aufgebaut ist. Im Tipp zur Prüfung erhalten sie Hinweise zur Prüfungsaufgabe und Tipps zum Vorgehen in der Prüfung.

3 Reihenfolge von Textabschnitten erkennen
[Vorgehen reflektieren]

In dieser Reflexionsaufgabe markieren TN im Zeitungsartikel in Aufgabe 2 die Wörter und Ausdrücke, die ihnen geholfen haben, die Abschnitte zu ordnen.

Lesen: Umwelt- und Klimaschutz

 GI
1 Meinungen zum Umwelt- und Klimaschutz
[Stellungnahmen verstehen]

In dieser über Klett Augmented angebotenen GI-Prüfungsaufgabe müssen TN 9 Fragen den Stellungnahmen von 4 Personen zuordnen, d.h., die Personen können mehrfach gewählt werden.

a TN markieren in den Fragen Schlüsselwörter. Diese helfen Teilaspekte des Themas zu erkennen. TN wenden damit selbstständig das Verfahren an, das sie in Lektion 3 eingehend geübt haben, nämlich Schlüsselwörter zu erkennen und zu nutzen. Ein Tipp gibt Hinweise zum Prüfungsformat und zur Bearbeitung der Aufgabe.

b TN bearbeiten die Prüfungsaufgabe. Sie lesen in einem Forum, wie Menschen über Umwelt und Klimaschutz denken, und wählen, welche der 9 Fragen auf die Personen A, B, C oder D zutrifft.

Hören: Anpassung an den Klimawandel

 GI
1 Wetter und Klimawandel [kurze Gespräche und Äußerungen global und selektiv hören]

a Da in dieser GI-Prüfungsaufgabe das Thema vor dem Hören nicht genannt wird, müssen TN beim Lesen der Items versuchen, das Thema zu erkennen. Dies wird am Beispiel von zwei Items in dieser Aufgabe geübt. Dazu markieren die TN, wie sie es in Lektion 3 geübt haben, die wichtigen Wörter und Ausdrücke. Der Tipp zur Prüfungsaufgabe weist TN auf diese Voraussetzung der Prüfungsaufgabe hin und gibt ihnen weitere nützliche Hinweise zum Vorgehen.

b TN hören einen Radiobeitrag einmal und wählen die richtigen Alternativen in Aufgabe 1a.

c In dieser Reflexionsaufgabe hören TN den Beitrag noch einmal und überlegen, welche ihrer Markierungen in 1a beim Lösen der Aufgaben nützlich waren.

d TN lesen die Aufgaben 3–10 zu den nächsten vier Radiobeiträgen bzw. Gesprächen. Hier sollten sie vorgehen wie in der Aufgabe 1a und in den Items die Wörter und Ausdrücke markieren, die inhaltlich bedeutend sind.

e Sie hören die 4 Beiträge bzw. Gespräche und lösen die Aufgaben.

Hören: Die Nachrichten des Tages

 telc
1 Radionachrichten [Nachrichten global hören]

In dieser über Klett Augmented angebotenen telc-Prüfungsaufgabe hören TN eine Nachrichtensendung mit 6 Meldungen aus verschiedenen Themenbereichen. Es gibt jedoch nur 5 Items, die sich auf das Gehörte beziehen, d.h., zu einer Meldung passt kein Item.

a TN lesen den Tipp zur Prüfungsaufgabe und die Items 1 bis 5 (hier zum besseren Verständnis durch die TN „Aufgaben" genannt) und markieren Wörter und Ausdrücke, die wichtig sind, um das Thema der jeweiligen Meldung zu verstehen. TN stellen Vermutungen zum Inhalt der Meldung an.

b TN hören die Nachrichtensendung und kreuzen an, ob die Aussagen 1–5 richtig oder falsch sind.

Schreiben: Wer ist wetterfühlig?

DHS
1 Wetter und Gesundheit
[Thema nach Vorgaben schriftlich bearbeiten]

Das Ziel dieser Aufgabe ist es, TN ein strukturiertes Beispiel dafür zu geben, wie sie ein Thema anhand von Leitfragen und einer oder zwei Grafiken schriftlich erörtern können.

a TN lesen die Vorgaben und schauen sich zwei Grafiken an. Sie überlegen sich eine Gliederung für ihren Text und notieren in Stichpunkten Ideen und passenden Wortschatz. Im Folgenden sind als Hilfestellung ein Blatt mit strukturierten Beispielnotizen sowie ein Tipp zum Thema „Grafikbeschreibung" abgedruckt. Weisen Sie die TN darauf hin, dass sie nicht jede Einzelheit einer Grafik beschreiben, sondern nur die Informationen verwenden sollen, die für die Beschreibung oder Interpretation einer bestimmten Situation relevant sind. Dies gilt für alle Grafikbeschreibungen – unabhängig davon, ob diese schriftlich oder mündlich erfolgen.

b TN schreiben einen Text von ca. 250 Wörtern zum Thema „Wetter und Gesundheit" und verwenden dabei die Vorgaben und ihre Notizen aus 1a. Im Tipp zur Prüfungsaufgabe erhalten sie Angaben zu den zeitlichen Vorgaben und zur Verwendung eines einsprachigen Wörterbuches.

Sprechen: Was die Hitze mit uns macht

Die Aufgabensequenz ist analog zum Prüfungsteil „Schreiben" aufgebaut.

DHS
1 Hitze und Folgen für den Menschen
[Kurzvortrag anhand von Vorgaben halten]

a TN lesen die Vorgaben und schauen sich eine zweiteilige Grafik an. Sie überlegen sich eine Gliederung für ihren Vortrag und notieren Ideen und passenden Wortschatz in Stichpunkten. Im Folgenden sind als Hilfestellung ein Blatt mit strukturierten Beispielnotizen abgedruckt sowie ein Tipp dazu, dass beim Sprechen die Inhalte von Grafiken nicht wörtlich übernommen, sondern mit eigenen Worten formuliert werden sollten. Dieser Tipp gilt für alle Grafikbeschreibungen – egal ob schriftlich oder mündlich. Da diese Aufforderung in vielen Prüfungsaufgaben erfolgt, werden im Übungsbuch von Kompass DaF immer wieder Umformulierungs- bzw. Paraphrasierungsübungen angeboten, die die Ausdrucksfähigkeit der Lernenden erweitern.

b TN halten einen Vortrag von ca. 5 Minuten zum Thema „Gesundheitliche Folgen von Hitzewellen" anhand der Vorgaben und ihrer Notizen aus 1a. Der Tipp zur Prüfungsaufgabe weist darauf hin, dass an manchen Hochschulen in der DSH-Prüfung ein einsprachiges Wörterbuch verwendet werden darf.

Lektion 6

Überblick

Thema
In dieser Lektion geht es um das Thema „Berufsausbildung" mit den Aspekten „Vor- und Nachteile der dualen Ausbildung bzw. des duales Studiums", „Neuanfang nach Studienabbruch", „persönliche Erfahrungen während der Ausbildung bzw. des Studiums" und „schriftliche Bitte um Beratung". Im Teil „Auf dem Weg zur Prüfung" wird dieses Themenspektrum durch die Aspekte „Arbeiten in der Zukunft" und „Messe für Ausbildung und Studium" ergänzt.

Fertigkeiten und Kompetenzen
Das in Lektion 5 begonnene Training der Kompetenz, den Aufbau von Lese-, aber auch Hörtexten zu reflektieren und einen entsprechenden Textbauplan zu erstellen, wird hier weiter fortgeführt. In diesem Zusammenhang wird auch das Anfertigen von Notizen trainiert, denn der Textbauplan ist sozusagen eine Variante eines strukturierten Notizzettels. Auch im Lektionsteil „Schreiben" spielt das Trainieren von Textaufbau und -zusammenhang eine Rolle. Beim Sprechen wird die Kompetenz „über Vor- und Nachteile sprechen" geübt und damit die Kompetenz „mündlich Stellung nehmen", die in Lektion 1 und in Lektion 4 anhand des Erklärvideos trainiert wurde, weiter ausgebaut.

Grammatik
Nachdem es in vielen Lektionen durch die Beschäftigung mit Konnektoren um die Verknüpfung von Sätzen ging, beschäftigen sich TN nun hier zusätzlich mit der Textkohäsion. Im Lektionsteil B analysieren TN in einem Informationstext die textverbindenden Wörter (z. B. Pronomen, Konnektoren etc.). Im Lektionsteil C wird das Thema fortgeführt, indem die Funktion von Präpositionaladverbien im Textzusammenhang analysiert und die entsprechenden Erkenntnisse beim Verfassen eines Textes angewendet werden.

Hinweise zu den Lektionen **6**

Aufgabensequenzen

A Berufsausbildung heute

In diesem Lektionsteil liegt der Fokus auf der Fertigkeit „Sprechen" und der Kompetenz „über Vor- und Nachteile von dualer Ausbildung im Vergleich zum Studium zu sprechen". In den Kopiervorlagen 11 und 12 finden Sie kurze Informationstexte zur dualen Ausbildung und zum dualen Studium.

1 Berufe, Berufsausbildung, Studium

Einstieg: TN erstellen in Einzelarbeit ein Assoziogramm zu „Berufsausbildung". Nach ca. 5 Minuten sortieren die TN ihre Notizen in einer Mindmap mit 3 Kategorien: 1. allgemeine Informationen / Aussagen, 2. Berufsausbildung in meinem Herkunftsland oder in anderen Ländern, 3. Berufsausbildung in Deutschland. Anschließend finden sich 3–5 TN zu einer Austauschphase zusammen, die Sie wiederum zeitlich begrenzen können.

a TN aktivieren ihr Vorwissen zur „dualen Ausbildung" (Lehre) und zum „dualen Studium" in Deutschland und tauschen sich im Kurs aus. In einem Tipp werden kurze Definitionen geliefert. Falls hier keine Kenntnisse vorhanden sind, können Sie dazu die oben erwähnten kurzen Informationstexte in den Kopiervorlagen 11 und 12 kopieren und mit den TN besprechen.

Alternative: TN bilden neue Kleingruppen und beantworten gemeinsam die Frage nach der dualen Ausbildung sowie dem dualen Studium in Deutschland. Die im Einstieg erstellte Mindmap, der Austausch mit anderen TN sowie die abgedruckten Texte und Fotos helfen den Gruppen bei der Beantwortung. Indem die Gruppen die Fragen selbstständig beantworten, fördert dies die kooperative Interaktion in der Gruppe und trägt dazu bei, dass die TN gemeinsam die Lösung erarbeiten. Auf diese Weise wird die Mediationsaktivität „Kooperation in einer Gruppe" gefördert.

b Aus einem Schüttelkasten mit Berufsbezeichnungen von gängigen Ausbildungsberufen wählen TN die drei aus, die zu den Auftaktfotos in 1a passen. Falls TN dieses Thema noch nicht aus der Grundstufe kennen, könnten sie eine Webrecherche, beispielsweise auf „Planet Beruf", dazu machen – z. B. dazu, wie viele Ausbildungsberufe es in Deutschland gibt, um sich des Umfangs dieses Angebots bewusst zu werden. Im ÜB A1 werden die Übungen zur Wortbildung zum Thema „Bildung von Komposita" fortgeführt. Im ÜB A2 wird das Wortbildungsthema durch „Bildung von Nomen aus Verben" fortgesetzt. Außerdem werden Wortfamilien geübt, in diesem Fall die Verbindung von Adjektiven auf „-isch" und Nomen auf „-ik", „-iker", da diese Endungen in vielen technischen Begriffen und Berufsbezeichnungen vorkommen.

c TN entscheiden, welche der Anzeigen für eine duale Ausbildung, welche für ein duales Studium wirbt.

2 Ausbildung oder Studium?
[über Vor- und Nachteile sprechen]

Im Zusammenhang mit dieser Überschrift können Sie die TN auf die doppelte Bedeutung des Begriffs „Ausbildung" aufmerksam machen: 1. allgemein für Berufsausbildung, diese kann auch ein Studium beinhalten; 2. vor allem im Ausdruck „eine Ausbildung machen": eine duale Ausbildung (Lehre) absolvieren.

a TN arbeiten in Kleingruppen. Sie lesen die Situation eines unentschlossenen Abiturienten, der sich Notizen zu Vor- und Nachteilen der beiden Ausbildungsmöglichkeiten gemacht hat. Diese Notizen sind abgedruckt und TN sollen sie nach Vor- und Nachteilen ordnen sowie zusätzliche eigene Argumente finden.

Alternative: Fragen Sie die TN, was sie machen, wenn sie eine komplexe, wichtige Entscheidung treffen müssen. Sammeln Sie die Antworten stichpunktartig an der Tafel / am Whiteboard. Erklären Sie, dass die TN sich nun mit einer sehr gängigen Technik beschäftigen werden, nämlich dem Notieren von Vor- und Nachteilen, und teilen Sie die Lernenden in Gruppe A und B ein. Falls Sie eine Gruppe mit vielen TN unterrichten, sollten Sie die Gruppen A und B nochmals in kleinere Gruppen unterteilen. Schildern Sie die Situation von Paul so, dass sich die TN angesprochen fühlen und sich identifizieren können. Erteilen Sie dann die Gruppenaufträge: A notiert die Vorteile einer dualen Ausbildung, Gruppe B die Nachteile. Jedes Argument wird auf ein separates Kärtchen geschrieben. Anschließend werden die Argumente hierarchisch geordnet, d. h., das wichtigste Argument steht ganz oben, gefolgt von dem zweitwichtigsten Argument. Damit eine gemeinsame Rangfolge der Argumente entstehen kann, ist es notwendig, dass die TN argumentieren und überzeugen. Das gleiche Vorgehen – gruppenteiliges Notieren von Vor- bzw. Nachteilen und Argumente in eine Rangfolge bringen – wird dann für die Option „Studium" durchlaufen. Dabei beschäftigt sich die Gruppe A mit den Nachteilen und die Gruppe B mit den Vorteilen. Danach sucht sich jeder TN der Gruppe A einen Partner der Gruppe B und diskutiert über die jeweiligen Vor- und Nachteile (Aufgabe 2b).

b TN wählen aus, für welche Ausbildungsform sie sind, und diskutieren mithilfe der Notizen in 2a und vorgegebener Redemittel mit einem Partner / einer Partnerin, der / die eine gegenteilige Einstellung vertritt. Um die Partnerauswahl lockerer zu gestalten, können Sie dabei auch wie folgt vorgehen: Beschildern Sie zwei gegenüberliegende Ecken des Kursraums mit den Begriffen „Pro Studium" und „Pro Ausbildung". Bitten Sie Ihre Lernenden, sich entsprechend ihrer Meinung zu platzieren. Anschließend sucht sich ein / eine TN aus der Ecke „Pro Ausbildung" einen Diskussionspartner / eine Diskussionspartnerin der Ecke „Pro Studium". Im ÜB A3 werden die Redemittel im inhaltlichen Kontext geübt. Regen Sie die TN an, die Redemittel in ihre Redemittelsammlung zu übertragen. Über die Übung A4 ist hier der Ausspra-

45

teil angedockt, in dem die Aussprache des „ang"-Lauts in „ng" und „nk" geübt wird. Um die Aussprache von „-ng" weiter zu üben, eignet sich die Wiederholung von Stammformen der starken Verben mit „-ng", z. B. singen, klingen, gelingen etc. TN sprechen die Formen sehr schnell hintereinander oder einer sagt „singen", der andere „sang, gesungen" etc. Auf YouTube gibt es gute Videos, wo man deutlich sehen kann, wie der „ang-Laut" „ng" artikuliert wird.

B Neues beginnen

In diesem Lektionsteil steht die Fertigkeit „Lesen" im Fokus. In der Folge von Lektion 5 wird hier die Kompetenz, den Textaufbau beim Lesen zu berücksichtigen, weiter ausgebaut, indem die Erstellung eines Textbauplans geübt wird. Auch das Anfertigen von Notizen sowie deren Weiterverarbeitung im Sinne der sprachlichen Mediationsaktivitäten stehen weiterhin im Mittelpunkt.

1 RESET [Textbauplan erstellen]

RESET ist ein Angebot der Handwerkskammer Aachen, das Studienabbrecher dabei unterstützt, einen passenden Ausbildungsberuf zu finden. Die Handwerkskammern sowie die Industrie- und Handelskammer in Deutschland spielen eine sehr konstruktive Rolle bei der Unterstützung von jungen Leuten in beruflicher Hinsicht.

Aufgabe 1 und Aufgabe 2 werden in Partnerarbeit bearbeitet. Partner A liest den Text in Aufgabe 1 und Partner B den Text in Aufgabe 2. Sie bearbeiten jeweils die Aufgabenteile a und b in Einzelarbeit und geben im Aufgabenteil c den Inhalt des Textes für den Partner wieder, wobei dieser die wichtigsten Informationen notiert.

a TN lesen den Text im Bild von RESET und überfliegen den Informationstext von der Webseite der Handwerkskammer Aachen. Sie erstellen in ihrem Heft einen Textbauplan wie im Kursbuch angedeutet, ordnen die Aspekte aus dem Schüttelkasten den Textabschnitten A–D zu und tragen sie in die linke Spalte des Plans ein.

b TN notieren die Hauptaussage und Stichpunkte zu den wichtigsten Informationen jedes Abschnitts im Textbauplan. Im ÜB B1 und B3 wird Wortschatz aus den beiden Texten in Aufgabe 1 und 2 geübt. Im ÜB B2 wird dafür die Technik „Schlüsselwörter markieren" wieder aufgegriffen. Von vorgegebenen Notizen zum Inhalt eines kurzen Lesetextes zu RESET ausgehend, werden die Schlüsselwörter in dem Text markiert. Anschließend werden Sätze aus den Notizen formuliert. Dieses schrittweise Vorgehen dient der Vorentlastung des Aufgabenteils c.

c TN geben bei geschlossenem Buch anhand ihrer Notizen den Inhalt des Artikels wieder. Ihr Partner / Ihre Partnerin notiert die wichtigsten Informationen. Anschließend werden die Rollen getauscht. In dieser Aufgabensequenz trainieren TN eine für das Studium und den Beruf besonders wichtige Mediationsaktivität, nämlich sich einen Text zu erarbeiten und die Informationen für andere zusammenzufassen. Dies wurde schon in Lektion 2, Lektionsteil B, trainiert. Dort gab es aber viel mehr Vorgaben; hier müssen die TN ihren Text schon sehr viel selbstständiger bearbeiten. Dies wurde dadurch vorbereitet, dass die TN geübt haben, Schlüsselwörter zu erkennen und zu markieren (Lektion 3) und sich mit dem logischen Aufbau eines Textes zu befassen (Lektion 5).

2 Studium + praktische Ausbildung
[Textbauplan erstellen]

Hier geht es um das duale Studium, auch kooperatives Studium genannt, s. dazu den Informationstext in der Kopiervorlage 12. Die Bearbeitung der Aufgabe erfolgt in Partnerarbeit. Der Ablauf ist analog zu Aufgabe 1.

3 Ausbildungswege

Einstieg: Wiederholen Sie mit den TN Regeln und Redemittel für ein konstruktives Feedback. Diese können auch auf einem Plakat, interaktivem Tafelbild oder einer PowerPoint-Folie festgehalten werden, sodass Sie zu späteren Zeitpunkten immer wieder darauf verweisen können. Hilfreiche Regeln sind: 1. Zunächst positive Aspekte hervorheben, 2. Vorsichtige und freundliche Kritik, 3. Persönliche Bewertungen sind tabu, 4. Fragen sind oft besser als Aussagen, 5. Starke Adjektive mit negativer Konnotation vermeiden.

Passende Redemittel könnten sein:

Positives Feedback: Besonders klar / deutlich war für mich … | Sehr verständlich ist … | Ich konnte … (sehr) gut folgen.

Vorsichtige Kritik: Nicht deutlich / klar war mir … | Nicht ganz verstanden habe ich … | Gefehlt hat mir … | Vermisst habe ich … | Gefragt habe ich mich, …

Nachfragen stellen: Wie ist das zu verstehen … | Was hast du damit gemeint? | Könntest du das nochmals erklären? | Weshalb war diese Information nicht so wichtig für dich?

a In diesem Aufgabenteil tauschen sich die Partner von Aufgabe 2 darüber aus, ob der Inhalt der Artikel jeweils richtig wiedergegeben wurde, oder ob man etwas ergänzen sollte. TN vergleichen nun die Notizen, die der Partner / die Partnerin beim Zuhören gemacht hat, mit den eigenen. Dieser Vergleich zwischen den Notizen und die Einstiegsaktivität zum konstruktiven Feedback stellen eine gute Basis für die gegenseitige Rückmeldung zu mündlichen Textwiedergaben dar.

b TN sprechen im Kurs über ihre Ausbildung und ihre Erfahrungen dabei sowie über Ausbildungsmöglichkeiten in ihrem Herkunftsland. Diese Aufgabe kann auch zu Hause vorbereitet werden, indem TN dazu recherchieren und dann im Kurs berichten. In Kursen mit TN aus verschiedenen Herkunftsländern bietet ein solcher Vergleich wieder die Möglichkeit, Ausbildungswege, deren Bedeutung und Wert in den jeweiligen Ländern und alternative Ausbildungswege aus plurikultureller Perspektive zu beleuchten.

Erweiterung – Projekt: TN recherchieren in Gruppen im Netz, wie das aktuelle Studienangebot zum Dualen Studium aussieht. Diese finden Sie auf der Webseite „Wegweiser Duales Studium" (www.wegweiser-duales-studium.de). Verteilen Sie unterschiedliche Rechercheaufgaben an die Gruppen, damit die Informationssuche nicht zu lange dauert und die Präsentationen spannend bleiben. Folgende Aufgaben können gestellt werden: Gruppe 1: Welche Möglichkeiten bietet die Webseite, um duale Studiengänge zu finden und sich darüber zu informieren? Gruppe 2: Wie kann man sich auf einen dualen Studiengang bewerben? Gruppe 3: Welche freien Stellenangebote gibt es aktuell? Informieren Sie sich über 2–3 freie Stellen und Hochschulen. Die Ergebnisse werden der Gesamtgruppe präsentiert, falls dies mittels einer PowerPoint-Präsentation geschieht, kann diese anschließend an alle TN verschickt werden.

4 Grammatik: Textzusammenhang – Wörter, die Texte verknüpfen

Hier wird ein weiterer Schritt im Trainieren der Lesekompetenz gemacht, indem das Thema „Textkohäsion" (ohne es so zu benennen) eingeführt wird. TN analysieren, worauf sich die in einem Text markierten Wörter beziehen, und notieren die entsprechende Textstelle. Der Text stellt eine dritte Variante für einen Ausbildungsweg vor, nämlich zuerst eine duale Ausbildung zu machen und erst danach zu studieren. Textkohärenz und -kohäsion analysieren, erkennen und verwenden sind wichtige Kompetenzen im Bereich der Sprachmittlung: Sie sind sowohl bei der schriftlichen Verarbeitung von Texten gefragt, z. B. bei deren Zusammenfassung oder Straffung, als auch bei der schriftlichen und mündlichen Interaktion, wenn TN an die Äußerungen von anderen anknüpfen und sie zu kohärenten Gedankengängen verknüpfen sollen. Im ÜB B4 werden Elemente, die die Textkohärenz und -kohäsion herstellen, ausführlich geübt.

5 Welcher Ausbildungsweg ist der beste?

In dieser Abschlussaufgabe erstellen TN einen Text aus 5 Aussagen ihres Partners / ihrer Partnerin, indem sie diese Aussagen mithilfe von Kohäsionsmitteln aus Aufgabe 4 verknüpfen. Beide lesen die so entstandenen Texte vor und tauschen sich darüber aus, ob die Meinung des anderen jeweils richtig wiedergegeben wurde.

C Duale Erfahrungen

In diesem Lektionsteil steht die Fertigkeit „Hören" im Fokus. Hier wird die Arbeit an Textaufbau, Textkohärenz und Textkohäsion fortgesetzt und die Kompetenz, strukturierte Notizen zu machen, die weiterverwendbar sind, weiter trainiert.

1 Berufseinsteiger aufgepasst
[thematischen Aufbau von Berichten erkennen]

a TN hören die Einleitung eines Radiofeatures und arbeiten heraus, worum es in dem Feature geht.

b Das Radiofeature besteht aus Einleitung und 3 Teilen, in denen junge Leute über positive und negative Aspekte ihrer Ausbildungswege berichten und am Ende ein Fazit ziehen. Die Berichte stehen im inhaltlichen Zusammenhang mit den Artikeln in Lektionsteil B, sodass es bei diesem komplexen Thema bereits eine inhaltliche Vorentlastung gibt. TN bilden 3 Gruppen. Jede Gruppe wird einen der 3 Berichte hören. Bei einer größeren Gruppe mit z. B. 18 TN können Sie auch 6 Gruppen mit 3 Lernenden bilden. Je 2 Gruppen bearbeiten dann denselben Text. Dies hat den Vorteil, dass für die Austauschphase in Teil f Wirbelgruppen gebildet werden können mit je einem TN aus Gruppe 1, 2 und 3.

c TN hören ihren Bericht in der Gruppe. Sie überlegen, welches der abgebildeten Fotos zu ihrem Bericht passt, und legen einen strukturierten Notizzettel am Beispiel des abgebildeten Modells an, das sich auf ihren Bericht bezieht. In einem Tipp wird auf die Möglichkeit hingewiesen, dass Gruppen über Klett Augmented parallel verschiedene Berichte hören können. Nutzen Sie diese Möglichkeit in Ihren Kursen, denn dadurch wird eine quasi-authentische Situation geschaffen: TN geben Gehörtes weiter, zu dem die anderen keinen Zugang hatten. Es ist wichtig, TN daran zu gewöhnen, dass sie bei dieser Art von Aktivitäten den Ton nicht zu laut stellen, um die anderen nicht zu stören. Die 3 Unteraufgaben der Übung im ÜB C1 beziehen sich jeweils auf einen der 3 Berichte. Es bietet sich dennoch an, dass TN alle 3 Übungen machen, da jeweils Unterschiedliches geübt wird. TN können die Aufgaben, die nicht zur Vorentlastung ihres Feature-Teils dienen, auch später nach dieser Aufgabensequenz oder als Hausaufgabe machen. Im ÜB C1a ergänzen TN einen Lückentext zu Teil 1 des Radiofeatures mithilfe vorgegebener Notizen. Sie trainieren auf diese Weise, Notizen für die Formulierung ganzer Sätze zu nutzen, wie sie es auch schon in der Übung B2 getan haben. In ÜB C1b lesen TN 8 Aussagen, hören Teil 2 des Radiofeatures und kreuzen an, welche Aussage richtig und welche falsch ist. Dies entspricht der Prüfungsaufgabe telc Hören 2. In ÜB C1c lesen die TN einen Text, der sich auf Teil 3 des Features bezieht, und entscheiden, welches der Wörter a–o in die Lücken 1–10 passt. Dies entspricht der Prüfungsaufgabe telc Sprachbausteine Teil 2.

d Die Gruppen hören ihren Bericht ein zweites Mal und jeder / jede notiert auf dem Notizzettel, den er / sie angelegt hatte, von welchen Erfahrungen auf dem jeweiligen Ausbildungsweg die Personen berichten.

e TN vergleichen ihre Notizen und ergänzen sie, wenn nötig.

f TN berichten den anderen Gruppen, was sie gehört haben, und hören die Berichte der anderen. Wie auch schon im Lektionsteil B (Lesen) trainieren die TN so eine für das Studium und den Beruf besonders wichtige Mediationsaktivität, nämlich sich einen Text zu erarbeiten und die wichtigen Informationen an andere weiterzugeben.

2 Ihre Meinungen und Erfahrungen

TN tauschen sich im Kurs darüber aus, welchen Bericht sie besonders interessant fanden und ob sie ähnliche Erfahrungen gemacht haben oder ähnliche Fälle kennen.

Erweiterung – Projekt: TN lesen in Kleingruppen je einen Erfahrungsbericht über ein Auslandssemester (Land ihrer Wahl) von Studierenden der dualen Hochschule Karlsruhe. Anschließend berichten sie im Plenum darüber. TN gehen dafür auf der Webseite der DHWB Karlsruhe unter „International Office" auf den Punkt „Go out – Auslandssemester" (www.karlsruhe.dhbw.de/international-office/go-out-auslandssemester.html) und klicken dort an: „Mit der DHBW Karlsruhe ins Ausland". Dort finden die TN zum einen Angaben zu den Partnerhochschulen als auch Erfahrungsberichte.

3 Grammatik: dabei, daran, … – Präpositionaladverbien

In dieser Aufgabe geht es um Präpositionaladverbien als textverknüpfende sprachliche Mittel.

Einstieg: Notieren Sie 2 Sätze mit Präpositionaladverbien an die Tafel / ans Whiteboard, und zwar einen Satz mit einem Präpositionaladverb mit „r" (z.B „daran" in Satz 1 in 3a) und einen Satz mit einem Präpositionaladverb ohne „r" (z.B „davon" in Sätze in Grammatikregel). Markieren Sie die Präpositionaladverbien und fragen Sie die TN, wie die Präpositionaladverbien gebildet werden. Sammeln Sie weitere Verben mit festen Präpositionen. Verdeutlichen Sie, dass außer Verben auch Adjektive (z. B. froh über → froh sein darüber, dass) und Nomen fest mit Präpositionen (z.B. die Freude über → die Freude darüber, dass) verbunden sein können und leiten Sie dann zu Aufgabe 3 über.

a TN lesen Sätze aus dem Radiofeature und markieren die Präpositionaladverbien. In einem Tipp werden sie darauf hingewiesen, wie Präpositionaladverbien gebildet werden.

b In diesem Aufgabenteil lesen TN die Sätze in 3a noch einmal und notieren, worauf sich die dort markierten Präpositionaladverbien beziehen.

c TN lesen die Regel und kreuzen in zwei Beispielsätzen an, ob es sich dabei um einen Vorwärts- oder einen Rückverweis handelt.

d TN lesen die Sätze in 3a noch einmal und kreuzen in 3b an, ob die Präpositionaladverbien in den Sätzen in 3a eine vorwärtsverweisende oder eine rückverweisende Funktion haben. Im ÜB C2 gibt es eine ausführliche Übungssequenz zum Einsatz von Präpositionaladverbien. In C2f findet man eine Übung zur Umformulierung,

wie sie in ähnlicher Form auch in der DSH-Prüfung vorkommen kann.

4 Sich freuen über … Ich freue mich darüber, dass …

In dieser Abschlussaufgabe machen TN einen Klassenspaziergang: Sie notieren ein Verb mit fester Präposition auf einen Zettel. Sie gehen damit im Kurs herum und geben den Zettel einem Partner / einer Partnerin. Diese formulieren einen Satz mit einem Präpositionaladverb.

Alternative: Führen Sie mit den TN eine Kugellagerübung durch. Dabei bildet die gleiche Anzahl an TN einen Innenkreis und einen Außenkreis. Verteilen Sie zunächst an die TN des Außenkreises je eine Karte mit einem Verb mit fester Präposition. Der Gesprächspartner des Innenkreises hat die Aufgabe, einen Satz mit dem entsprechenden Präpositionaladverb zu formulieren. Der TN im Außenkreis notiert den Satz. Dann bewegt sich der Außenkreis einen Platz weiter im Uhrzeigersinn. Auch der neue Gesprächspartner formuliert einen Satz, der ebenfalls notiert wird. Nach einer Umdrehung erhalten die TN des Innenkreises Karten und die jeweils aktuellen Gesprächspartner des Außenkreises formulieren Sätze, die nun der jeweilige TN des Innenkreises notiert. Am Ende wählt jeder TN den für ihn besten Satz, der dann im Plenum vorgelesen wird.

D Ich brauche Beratung

In diesem Lektionsteil steht die Fertigkeit „Schreiben" im Fokus. Passend zum Thema „Textaufbau" in den Lektionsteilen „Lesen" und „Hören" und Textkohärenz und Textkohäsion in den Grammatikteilen werden in diesem Lektionsteil Textaufbau, Textkohärenz und Textkohäsion reflektiert und somit die Schreibkompetenz weiter ausgebaut.

1 Ich habe folgendes Anliegen
[Aufbau von E-Mails erkennen]

In dieser Aufgabe lesen TN 3 Abschnitte aus einer E-Mail und ordnen diese nach den Gliederungs- und Inhaltspunkten: Einleitung: Kontaktaufnahme, Hauptteil: Beschreibung Ausgangssituation; Schluss: Anliegen.

Binnendifferenzierung (Kopiervorlage 13): TN ordnen paarweise die Abschnitte der E-Mail und entscheiden sich für einen Betreff, einen Dank und eine Gruß- und Abschiedsformel. Dabei können sie sowohl die halbformelle als auch die formelle Variante wählen. Beim Betreff passt nicht „Anliegen", weil der Begriff zu unkonkret ist. Bei der Anrede passen die Anredeformen: „Sehr geehrte Frau … / Sehr geehrter Herr…, Guten Tag Frau/Herr …" (Liebe Frau / Lieber Herr …" können Sie nur verwenden, wenn Sie mit der Person schon Kontakt hatten), beim Gruß passen: „Mit freundlichen Grüßen, Beste Grüße, Viele Grüße"; beim Dank passt am besten: „Vielen Dank im Voraus." Gehen Sie am Ende der Aktivität auf Unterschiede zwischen informeller, halbformeller und formeller E-Mail ein. Stellen Sie für die Aufgabe ausreichend Scheren bereit, so dass TN die Karten selbst ausschneiden können.

2 Schlecht und gut geschriebene E-Mails
[Verweisformen verwenden]

a TN lesen eine E-Mail mit zu vielen Wiederholungen. Sie ersetzen die entsprechenden Textstellen, die markiert sind, durch die Verweisformen im Schüttelkasten.

b Nach der Vorbereitung in Aufgabe 1 schreiben TN nun selbst eine formelle E-Mail nach Inhaltspunkten. Zu den Berufen „Sportfachmann/-frau", „Sportassistent/in" und „Sportlehrer/in mit einer Fachschulausbildung" sowie zur Schulform „Berufsfachschule" finden Sie einen kurzen Informationstext in der Kopiervorlage 14. Da es wichtig ist, dass TN ihre Texte am Ende noch einmal überprüfen, wird im ÜB D1 eine Übungssequenz zur Fehlerkorrektur angeboten.

Erweiterung – gegenseitige Fehlerkorrektur: TN korrigieren sich gegenseitig ihre E-Mails. Wiederholen Sie gemeinsam mit den TN, auf welche Aspekte besonders zu achten ist. Verdeutlichen Sie ein weiteres Mal, dass zunächst auf die Form, das Register sowie die Vollständigkeit der Leitpunkte / Inhaltspunkte zu achten ist. Beim zweiten Lesevorgang sollte die Konzentration auf den Verben – Endungen und Zeiten – sowie auf der Syntax (Wortstellung) liegen. Beim dritten Lesevorgang sollten Rechtschreibung und Interpunktion beachtet werden. Siehe dazu auch im ÜB D1 die „Checkliste: Formelle Schreiben" zum Korrekturlesen.

Erweiterung – Spiel (Kopiervorlage 15): TN spielen in Kleingruppen mit 3–5 TN. KL nennt eine der Kategorien, die Kleingruppen notieren 60 bzw. 90 Sekunden lang alle Wörter / Ausdrücke, die ihnen zu der Kategorie einfallen. Danach lesen die TN ihre Wörter / Ausdrücke vor, während der KL Punkte an die Gruppen vergibt. Für jedes Wort / jeden Ausdruck, das / der auch auf der Originalkarte notiert ist, erhält die Gruppe einen Punkt, für Begriffe, die nicht auf der Originalkarte stehen, sollten Sie die TN loben. Sieger ist, wer die meisten Punkte sammeln konnte.

Lerntagebuch: TN füllen die Kopiervorlage aus, die Fragen zur Reflexion der Kompetenzen und Lerninhalte sowie zur Einschätzung des Lernfortschritts umfasst.

Auf dem Weg zur Prüfung 6

Lesen: Arbeiten in der Zukunft?

1 Wie sehen unsere Jobs in Zukunft aus?
[Vorwissen aktivieren]

a TN stellen Hypothesen darüber auf, was in einem Artikel zu diesem Thema stehen könnte.

b TN überfliegen den Artikel aus einer Wirtschaftszeitung über Aspekte der Digitalisierung in der Arbeitswelt und überprüfen ihre Hypothesen aus 1a.

 GI

2 Arbeitswelt 4.0 [detailliert lesen und inhaltlich passende Sätze erkennen]

Bei dieser GI-Prüfungsaufgabe lesen TN den Artikel in 1b und 8 Sätze (A–H). Sie überlegen, welche Sätze in die Lücken 1 bis 6 im Text in 1b passen, und notieren die Nummern in einer Tabelle. Satz 0 ist das Beispiel. Im Tipp zur Prüfungsaufgabe erhalten TN Hinweise zum Vorgehen und zum Ablauf der Prüfung. Passend zum Thema „Textkohärenz und -kohäsion" wird darauf hingewiesen, dass außer auf inhaltliche Aspekte auch auf die logischen Zusammenhänge des Textes geachtet werden muss.

3 Detailliert lesen [Vorgehen reflektieren]

TN tauschen sich darüber aus, wie sie herausgefunden haben, welcher Satz in welche Lücke gehört. Eine Beispielantwort dient als Orientierung.

 DSH

4 Arbeitswelt 4.0
[Wörter im Textzusammenhang erkennen]

In dieser Aufgabe werden drei unterschiedliche Aufgabenformate geübt, die in DSH-Prüfungen vorkommen können. Der Titel dieser und der Aufgabe 4 ist identisch, weil sie sich auf denselben Artikel beziehen. Dies gilt für alle Aufgaben in den Teilen „Auf dem Weg zur Prüfung", wenn sich Aufgaben auf denselben Lese- oder auch Hörtext beziehen.

a TN lesen den Artikel in 1b noch einmal und notieren, worauf sich die jeweiligen Pronomen bzw. Präpositionaladverbien dort beziehen. Nachdem TN diese Grammatikthemen in der Lektion 6 geübt haben, werden sie nun unter Prüfungsbedingungen abgefragt.

b TN finden heraus, welche Bedeutung (a, b, c, oder d) 4 Wörter im Text in 1b haben.

c TN sollen einen Satz, der eine Redewendung enthält, mit eigenen Worten umformulieren, sodass seine Bedeutung im Artikel klar wird.

Lesen: Berufsausbildungsvertrag

 GI

1 Was steht im Ausbildungsvertrag?
[Vertrag selektiv und detailliert lesen]

Diese GI-Prüfungsaufgabe wird über Klett Augmented angeboten. Die TN lesen 4 Abschnitte aus einem Ausbildungsvertrag und 8 Überschriften. Von diesen Überschriften müssen die TN 3 Überschriften den 3 Vertragsabschnitten zuordnen (der Abschnitt 0 und eine Überschrift dienen als Beispiel). Der Tipp zur Prüfungsaufgabe informiert über den Ablauf der Prüfungsaufgabe und gibt Hinweise zum Vorgehen.

6 Hinweise zu den Lektionen

Hören: Messe für Ausbildung und Studium

 TestDaF

1 Messebesuch planen
[selektiv hören und Informationen in Plan ergänzen]

Bei dieser TestDaF-Prüfungsaufgabe hören TN das Gespräch von zwei Studierenden zum Thema „Messe für Ausbildung und Studium". Sie hören das Gespräch nur einmal und ergänzen beim Hören in einem Messeplan 5 leere Felder mit jeweils maximal 2 Wörtern. TN können dafür auch zuerst Stichwörter notieren, die sie dann in den Plan übertragen. Im Tipp zur Prüfungsaufgabe stehen Hinweise zum zeitlichen Ablauf der Prüfungsaufgabe. Da die Zeit sehr kurz bemessen ist, sollten TN unbedingt vorher Testaufgaben am Computer machen, denn falls sie nicht schnell tippen können, müssen sie die Antworten ggf. direkt am Computer eingeben, ohne vorher Notizen zu machen.

Schreiben: Sehr geehrte/r ...

Auf dieser Seite werden die im Kursbuch trainierten schriftlichen Kompetenzen angewendet. Sie können hier zwischen zwei schriftlichen Prüfungsaufgaben auswählen oder TN beide bearbeiten lassen, da die E-Mails unterschiedliche inhaltliche Schwerpunkte haben.

 GI

1 Eine Nachricht an den Vermieter
[persönliche Mitteilung schreiben]

Das Anliegen dieser E-Mail ist es, ein Problem zu lösen. TN lesen eine Situation und vier Inhaltspunkte und schreiben eine passende E-Mail, wobei sie die 4 Vorgaben berücksichtigen müssen. Auch hier ist es wieder wichtig, dass TN genau arbeiten, d.h. die Situation gründlich lesen, die Vorgaben berücksichtigen, die Sätze und Abschnitte gut verknüpfen und auf sprachliche Korrektheit achten. Daher sollte im Unterricht, wenn immer möglich, Zeit für (gemeinsame) Korrekturphasen eingeräumt werden. TN müssen mindestens 100 Wörter schreiben und haben 25 Minuten Zeit für die Aufgabe.

 telc

2 Ein Sprachkurs
[schriftlich um Informationen bitten]

Wie die Kompetenzbeschreibung zeigt, geht es hier um eine Bitte um Informationen. TN lesen die Situation. Sie lesen eine passende Anzeige und verfassen eine E-Mail, in der sie um zusätzliche Informationen bitten. Dabei müssen sie entweder drei von vier vorgegebenen Punkten behandeln oder zwei von den vier vorgegebenen Punkten und einen zusätzlichen Punkt ihrer Wahl (Länge: mindestens 150 Wörter). Weisen Sie TN darauf hin, dass es bei dieser Aufgabe wichtig ist, die Punkte in eine sinnvolle Reihenfolge zu bringen, sodass die E-Mail gut gegliedert ist. Im Tipp zur Prüfungsaufgabe erhalten TN Informationen zur Bearbeitungszeit und darüber, wie eine E-Mail aufgebaut sein sollte.

Schreiben: Ausbildungsmöglichkeiten nach dem Abitur

 TestDaF

1 Beitrag für eine Lernplattform
[schriftlich Stellung nehmen]

Bei dieser über Klett Augmented angebotenen TestDaF-Prüfungsaufgabe schreiben TN einen Beitrag für eine Lernplattform zum Thema „Was ist die bessere Alternative nach der Schule: Ein Studium an einer Hochschule oder eine duale Ausbildung?" Im Tipp zur Prüfungsaufgabe erhalten TN Hinweise zum Vorgehen. Auch hier wird wieder hervorgehoben, wie wichtig eine klare Struktur des Textes, seine gute Verknüpfung und die Kontrolle am Ende auf sprachliche Korrektheit hin sind. TN müssen mindestens 200 Wörter schreiben. Für diese Aufgabe wurde in der Lektion eine sehr solide Grundlage gelegt: In A2 diskutieren TN über Vor- und Nachteile der beiden Ausbildungsformen, in B5 schreiben sie Sätze zum Thema, in denen sie besonders auf die Verknüpfungen achten, in den Berichten in C erhalten sie zusätzlichen inhaltlichen Input.

Zusatzanmerkung: Ausnahmsweise ist in dieser Lektion – im Gegensatz zu allen anderen – im Teil „Auf dem Weg zur Prüfung" die Fertigkeit „Sprechen" bei den Prüfungsaufgaben nicht berücksichtigt, weil das Kompetenztraining (Textaufbau, Textkohärenz, Textkohäsion) am besten im Rahmen der Fertigkeiten Lesen, Hören, Schreiben angewendet und abgeprüft werden kann.

Film 3: Duale Ausbildung oder Studium?

In diesem Film wird die Thematik „Duale Ausbildung oder Studium?" der Lektion noch einmal am authentischen Beispiel eines Tischlers aufgegriffen. Das Hör-Sehverstehen wird hier durch die kleinschrittige Abfolge von Aufgaben unterstützt und TN erhalten interessante Zusatzinformationen. Bei der Abschlussaufgabe 2g bietet es sich an, dass TN die Aufgabe zuerst in Kleingruppen besprechen, bevor die Antworten im Plenum verglichen werden. Denn die Gruppenarbeit gibt TN die Möglichkeit, sich intensiver auszutauschen und die voraussichtlich unterschiedlichen Perspektiven besser darzulegen und zu vergleichen. Dies ermöglicht es, von den möglicherweise abweichenden Sichtweisen der anderen TN zu erfahren und sich so in plurikultureller Hinsicht besser kennenzulernen.

Hinweise zu den Lektionen

Lektion 7

Überblick

Thema
In dieser Lektion geht es um das Thema „Ernährung" mit den Aspekten „Kochen und Essen", „Ernährungskonzepte", „Ernährung und Gesundheit" und „Lebensmittelverschwendung". Dieses Themenspektrum wird im Teil „Auf dem Weg zur Prüfung" durch „Ernährung in der Zukunft" und „Landwirtschaft unter Druck" ergänzt.

Fertigkeiten und Kompetenzen
Nachdem TN sich in Lektion 5 und 6 mit dem Aufbau von Lese- und Hörtexten beschäftigt haben, wird dies im Lektionsteil „Lesen" dadurch erweitert, dass TN hier die Argumentationsstruktur eines Artikels analysieren und einen argumentativen Textbauplan erstellen. In diesem Zusammenhang wird auch das Anfertigen von Notizen weiter trainiert, da der Textbauplan eine Variante eines strukturierten Notizzettels darstellt. Die Hörkompetenz wird weiter entwickelt, indem TN die unterschiedlichen Standpunkte der Personen in einem Radiofeature herausarbeiten.

Im Lektionsteil „Sprechen" wird die Kompetenz „Stellung nehmen" in der Folge der Lektionen 2, 3, 4 und 5 weiter trainiert, indem TN in einem Kurzvortrag Informationen über die Esskultur in Deutschland kommentieren. Dies geschieht unter Einbeziehung einer Grafik, was bereits in Lektion 3 und 5 geübt wurde. Im Lektionsteil „Schreiben" wird ebenfalls die Kompetenz „Grafiken interpretieren" in der Folge der Lektionen 3 und 5 weiter aufgebaut.

Grammatik
Thema dieser Lektion ist die Redewiedergabe: im Lektionsteil B durch „sollen" in subjektiver Bedeutung zum Ausdruck der Distanzierung und im Lektionsteil C durch die indirekte Rede im Indikativ und im Konjunktiv I.

Aufgabensequenzen

A Aspekte unserer Ernährung

In diesem Lektionsteil liegt der Fokus auf der Fertigkeit „Sprechen" und auf der Kompetenz, Informationen aus einer Grafik und einem Text zu vergleichen und zu kommentieren. Die Kompetenz „mündlich kommentieren" wird auf diese Weise weiter ausgebaut.

1 Ernährung: Viel mehr als Essen

Einstieg: TN führen ein Partnerinterview mit folgenden Fragen durch:
- Welche Bedeutung hat für dich Essen?
- Was isst du besonders gern?
- Worauf achtest du beim Einkauf von Lebensmitteln?
- Kochst du regelmäßig und gerne?
- Welche Unterschiede gibt es zwischen der Esskultur in deinem Herkunftsland und der in Deutschland?

Danach berichten die Paare im Kurs, über ein oder zwei Punkte, die ihnen besonders aufgefallen sind.

a TN betrachten Fotos und ordnen sie in einem Kursgespräch Begriffen aus einer Mindmap zu.

b TN ordnen Wörter den Hauptbegriffen in der Mindmap in 1a zu und vergleichen die Zuordnung im Kurs. Im ÜB, A1a und b, wird die Kompositabildung von Nomen aus dem Themenbereich „Ernährung" geübt und damit das systematische Training der Wortbildung fortgesetzt. Im ÜB A1c folgt die Prüfungsaufgabe telc Sprachbausteine, Teil 1: Lücken mit dem passenden Wort aus einer Auswahl von je 3 Alternativen füllen.

Alternative: TN arbeiten mit einem Wörterbuch. Nach der Zuordnung der Begriffe findet ein Austausch in 5 Kleingruppen (s. Anzahl der Kategorien) statt. In der sich anschließenden Plenumsphase wird jeder Kleingruppe eine Kategorie der Mindmap zugeteilt. Die jeweilige Kleingruppe notiert die entsprechenden Begriffe an der Tafel / am Whiteboard. Indem sich die TN in der Gruppenarbeit auf die Zuordnung der Begriffe auf die Mindmap einigen müssen, lösen die TN im Team eine Aufgabe und trainieren die Mediationsaktivität „gemeinsam Bedeutung konstruieren".

c TN tauschen sich darüber aus, welche Aspekte in der Mindmap für sie besonders wichtig sind. Die Aufgabensequenz 1a–c dient der Aktivierung des Vorwissens und der Vorentlastung von wichtigem Wortschatz in der Lektion.

2 Kochen und Essen in Deutschland
[Informationen vergleichen und kommentieren]

In dieser Aufgabe trainieren TN die Kompetenz, einen mündlichen Kommentar vorzutragen. Dafür werden sie Schritt für Schritt von der Aufnahme von grafischen und textlichen Informationen, über deren Analyse und Diskussion, über das Notieren der wichtigsten Punkte für einen Kommentar bis zu dessen Vortrag vor Dritten und der darauffolgenden Diskussion geführt.

Einstieg: Sammeln Sie die Antworten auf die Frage „Welche Unterschiede gibt es zwischen der Esskultur in deinem Herkunftsland und der in Deutschland?" im Lektionseinstieg und leiten Sie dann zum Thema „Kochen und Essen in Deutschland" über.

a TN arbeiten zu zweit. In der Aufgabe sind 2 Grafiken, A und B, in denen es um den zeitlichen Aufwand für das Kochen bzw. um Hürden für eine gesunde Ernährung geht. Unter den Grafiken ist jeweils die Aussage eines Ernährungsspezialisten abgedruckt. Jeder Partner / Jede Partnerin wählt eine Grafik und macht anhand von zwei Leitfragen Notizen. Hier wird das für Studium und Beruf relevante Notizenmachen zur Weiterverarbeitung erneut geübt. Die Grafiken finden Sie in der Kopiervorlage 16 auch in vergrößerter Form.

51

Hinweise zu den Lektionen

b TN stellen Fragen zur Grafik und zum Text des Partners / der Partnerin. Die Leitfragen in 2a können ihnen dabei helfen. Wegen dieser Aufgabe steht die rechte Grafik auf dem Kopf, damit der / die Fragende die Antworten nicht direkt selbst lesen kann und so eine semi-authentische Situation erzeugt wird. Mithilfe der Kopiervorlage 16 können Sie die TN die Aufgaben auch bei geschlossenem Buch bearbeiten lassen. Weisen Sie darauf hin, dass TN im Sinne der Mediationsaktivität „spezifische Informationen weitergeben" nicht einfach die Grafiken beschreiben und die Zitate vorlesen sollen, sondern sich bei der Interpretation ganz klar auf die Fragen in 2a konzentrieren und nur die für die TN bedeutsamen Informationen herausarbeiten und weitergeben sollen.

c TN tauschen sich über die Informationen der Grafiken A und B aus und führen die Informationen zusammen. Sie überlegen gemeinsam, welche zusätzlichen Informationen sie gerne hätten.

d TN schreiben in Partnerarbeit einen Zettel mit Stichpunkten für einen kurzen Kommentar zu ihren Eindrücken von der Koch- und Esskultur in Deutschland, den sie im Kurs abgeben werden. TN sollen in den Kommentar auch die Aspekte einbauen, zu denen sie gerne weitere Informationen hätten (Aufgabe 2c). TN führen hier fort, was in den Lektionen 1 und 5 schon trainiert wurde, nämlich Stellung zu einem Thema zu beziehen und die Stellungnahme in einem Kommentar zu verarbeiten. Erweitert wird diese Kompetenz hier noch dadurch, dass die TN sich gemeinsam auf eine Meinung zum Thema und damit auf einen Kommentar einigen müssen. Geben Sie TN Zeit für diese gemeinsame Konstruktion von Bedeutung, denn diese Mediationsaktivität spielt ja auch in Studium und Beruf eine große Rolle.

e TN tragen ihren Kommentar mithilfe von Redemitteln in einem Schüttelkasten im Kurs vor. Regen Sie die TN an, die Redemittel in ihre Redemittelsammlung zu übertragen. Im ÜB A2 ist an diese Aufgabe der Ausspracheteil „Wechsel des Satzakzents in kürzeren Sätzen" angebunden, was ja gerade beim freien Sprechen und Kommentieren wichtig ist.

f TN vergleichen die Kommentare im Kurs, sammeln die offenen Fragen, die in den Kommentaren genannt werden, und versuchen im Anschluss gemeinsam Antworten auf die Fragen zu finden. Es ist zu vermuten, dass die Kommentare und Fragen in einem Kurs mit TN aus unterschiedlichen Ländern sehr unterschiedlich ausfallen werden. Dies ermöglicht es, ein Thema aus interkulturell unterschiedlicher Perspektive zu beleuchten und möglicherweise verschiedene Weltsichten und Bewertungen zu erfahren und vergleichen zu können.

g TN berichten über die Koch- und Esskultur in ihren Herkunftsländern. Auch hier können die TN auf ihre Antworten auf die Frage „Welche Unterschiede gibt es zwischen der Esskultur in deinem Herkunftsland und der in Deutschland?" im Lektionseinstieg zurückgreifen.

B Ernährungsindividualisten

In diesem Lektionsteil steht die Fertigkeit „Hören" im Fokus. Dabei geht es um die Kompetenz „Positionen von Personen in einem Radiofeature verstehen".

1 Besondere Ernährungskonzepte
[Positionen in Radiofeature verstehen]

Einstieg: Fragen Sie die TN, welche speziellen Ernährungsformen sie kennen und was darunter zu verstehen ist.

a Anhand von vorgegebenem Wortmaterial zu Ernährungsformen aktivieren TN ihre Vorkenntnisse zum Thema „Ernährungskonzepte".

Alternative: Lassen Sie paarweise je einen der aufgelisteten Begriffe recherchieren und anschließend im Plenum mit Angabe der Quelle definieren. In diesem Zusammenhang wird im ÜB die Übung B1a angeboten, in der neben dem Wortschatz typische Redemittel für Definitionen bzw. Beschreibungen von Begriffen geübt werden.

b TN stellen anhand des Titels des Radiofeatures Hypothesen über den Inhalt des Features auf.

c TN hören den ersten Teil der Sendung und kreuzen an, welche (Haupt-)Aspekte (a, b oder c) genannt werden.

d Sie hören den ersten Teil noch einmal und notieren in einer strukturierten Tabelle, was zwei Personen in der Sendung zu den in 1c angekreuzten Aspekten sagen. Die Tabelle liefert TN ein weiteres Beispiel dafür, wie man einen Notizzettel nach Inhaltsaspekten strukturieren kann, hier z.B. nach Auswahl, Grund dafür, positiver Effekt, grundsätzlicher Nachteil.

e TN hören den zweiten Teil der Sendung. Sie notieren anhand der Erklärungen einer Expertin die Gründe, die Menschen für ihre besondere Form der Ernährung nennen, und Gründe, die die Expertin selbst sieht. Danach hören TN den Teil 2 noch einmal und überprüfen ihre Stichpunkte.

Im Übungsbuch B1b können TN die Goethe-Prüfungsaufgabe Hören Teil 2 „richtige Aussage a, b oder c ankreuzen" zu Teil 2 des Radiofeatures lösen.

f TN lesen zwei Kurzfassungen des Radiofeatures und prüfen mithilfe ihrer Notizen in 1d und 1e, welcher der beiden Texte inhaltlich korrekt ist. Diese Aufgabe kann als Vorbereitung der Prüfungsaufgabe im TestDaF dienen, in dem TN gehörte Informationen mit einer schriftlichen Zusammenfassung abgleichen müssen.

Alternative: Aufgabe 1c lösen TN gemeinsam in Partnerarbeit. In Aufgabe 1d arbeiten TN getrennt: Partner / Partnerin 1 macht Notizen, zu dem, was Frau Biel sagt, Partner / Partnerin 2 zu dem, was Herr Wolff sagt. Dann berichten sie sich gegenseitig und der Zuhörende macht Notizen. Danach überprüfen sie gemeinsam, ob diese Notizen dem Gehörten entsprechen und lösen auch die Aufgabe 1f wieder gemeinsam. Das simultane Hören per

Smartphone kann über Klett Augmented erfolgen und ermöglicht so auf praktische Weise die Mediationsaktivität „spezifische Informationen mündlich weitergeben".

g In einem Kursgespräch tauschen sich TN darüber aus, welche Aussagen im Radiofeature sie überzeugend fanden, welche nicht und warum. Dafür werden Redemittel zur Verfügung gestellt. Regen Sie an, die Ausdrücke in die Redemittelsammlung zu übertragen.

2 Grammatik: Was andere behaupten – „sollen" zum Ausdruck der Distanzierung

a TN analysieren zunächst anhand von Sätzen aus dem Radiofeature die Bedeutung von „sollen".

b TN kreuzen die passende Erklärung in der Regel an, in der die subjektive Bedeutung „Distanzierung" mit der bekannten objektiven Bedeutung „Aufforderung" kontrastiert wird. Dies wird im ÜB B3a noch einmal geübt.

c TN formulieren Sätze mit Satzeinleitungen wie „man sagt", „ich habe gehört" oder „angeblich" in Sätze mit „sollen" um. Diese Satzeinleitungen werden auch im ÜB B3b geübt.

d Sie wenden „sollen" als Mittel der Distanzierung an, indem sie in Gruppen nicht-wissenschaftliche Behauptungen über Nahrungsmittel oder Ernährungsstile sammeln, die sie schon einmal gehört haben und diese dann mit „sollen" wiedergeben. Zum Schluss wählen sie gemeinsam die erstaunlichste Behauptung.

Alternative: Suchen Sie im Netz nach Mythen des Alltags bzw. nach gängigen Meinungen zum Thema „Gesundheit" und notieren Sie sie auf Zettel oder Kärtchen, die Sie an die TN verteilen. TN 1 formuliert seinen Alltagsmythos in einen Satz mit „sollen" um; die anderen TN raten, ob dieser Satz wahr oder falsch ist. Dann kommt TN 2 an die Reihe etc.

3 Essen zwischen physischen und psychischen Bedürfnissen

In dieser Abschlussaufgabe sprechen TN über die Bedeutung eines Zitats von Matthias Claudius und nennen Beispiele oder Beobachtungen zur Aktualität des Zitats. Bei Interesse können TN recherchieren, wer Matthias Claudius war und wann er gelebt hat.

Alternative: TN tauschen sich für ca. 5 Minuten in Kleingruppen aus. Danach werden die Interpretationen im Plenum gesammelt.

C Ernährung – nur Privatsache?

In diesem Aufgabenteil liegt der Fokus auf der Fertigkeit „Lesen" sowie auf der Kompetenz, zusätzlich zur Textstruktur auch die Art des Textes und den Argumentationsaufbau des Textes zu erkennen. Dafür werden in der Folge der Lektionen 5 und 6 die Aufgaben zum Textbauplan fortgeführt – hier mit dem Ziel, dass TN die Argumentationsstruktur des Textes vor Augen haben und so ihre Stichpunkte zu den wichtigsten Informationen in einem sinnvollen Zusammenhang darstellen. Dies wiederum bildet die Basis für die Mediationsaktivität, die Argumentation schriftlich in eigenen Worten wiederzugeben.

1 Ernährung als Gefahr für die Gesundheit

Einstieg: Zählen Sie nochmals einige der Ernährungsformen von Lektionsteil B auf und sagen Sie, dass jeder Mensch unserer Gesellschaft entscheiden kann, wie er sich ernährt. Besprechen Sie zudem, dass das Thema „Ernährung" seit einigen Jahren allerdings stark in der öffentlichen Diskussion ist und es Beschränkungen bis hin zu Sanktionen für bestimmtes Ernährungsverhalten gibt (z. B. erheben manche privaten Krankenversicherungen Risikozuschläge für Übergewichtige oder lehnen gar eine Mitgliedschaft ab). Leiten Sie dann zum Titel des Zeitungsartikels, den Sie am besten an der Tafel oder am Whiteboard notieren, sowie der Aufgabenstellung über.

a TN aktivieren anhand der Überschrift und Unterüberschrift des Artikels ihr Vorwissen, indem sie sich über einen relevanten inhaltlichen Aspekt im Text austauschen.

b TN überfliegen den Text und wählen aus 3 Alternativen die passende Bezeichnung für die Art des Lesetextes aus. Die Diskussion im Kurs über die Begründung für die Auswahl bringt TN dazu, sich intensiver mit der Textart auseinanderzusetzen. Im ÜB C1a und 1b gibt es eine Übung, die den Wortschatz im Artikel erweitert, sowie eine weitere Übung zur Wortfamilie „sprechen", die auch zur Vorentlastung des Artikels dienen kann. Im ÜB C1c werden die systematischen Übungen zum Wortschatz mit der Bildung von Adjektiven aus Nomen + Adjektiv (arm, frei, reich) bzw. Nomen + Endung („-haltig") fortgesetzt.

2 Pro und contra Sondersteuer
[Argumentationsaufbau erkennen]

a TN lesen den Artikel in 1a noch einmal und arbeiten dabei den Argumentationsaufbau heraus, indem sie markieren, an welcher Stelle des Textes ein neuer logischer Abschnitt beginnt, z. B. Einleitung → Pro-Argument → Pro-Beispiel etc. Diese Strukturbezeichnungen sind in einem Schüttelkasten vorgegeben. TN notieren die jeweils passende Bezeichnung und die Zeilennummern in einem horizontalen Textbauplan.

b In dieser Reflexionsaufgabe markieren TN im Artikel die Ausdrücke und Wörter, an denen sie erkannt haben, dass ein neuer logischer Abschnitt beginnt. Sammeln Sie ggf. die Wörter gemeinsam mit den TN und regen Sie die TN an, die Ausdrücke in ihre Redemittelsammlung zu übertragen.

c TN erstellen einen Textbauplan; in einem Tipp wird ihnen noch einmal der Sinn dieser Maßnahme deutlich gemacht. Sie notieren in der linken Spalte die Strukturbezeichnungen aus 2a und notieren dazu die wichtigsten Informationen. Da Lernende häufig dazu tendieren, sich nicht auf das Wichtigste zu beschränken und zu viel notieren, gibt es die Vorgabe, dass sie maximal zwei Informationen zu jedem Textteil notieren dürfen. Die vorgegebenen Spiegelstriche helfen, diese Vorgabe einzuhalten.

Erweiterung – Textbauplan: TN schreiben die Begriffe für den Textbauplan (Einleitung, Pro-Argument etc.) auf separate Kärtchen und überlegen zu zweit, welche sinnvollen Alternativen sie noch zum abgedruckten Textaufbau finden können. Denkbar wäre z. B. die Contra-Argumente vor die Pro-Argumente zu setzen. Mit diesem Verfahren können die Lernenden die Kärtchen hin- und herschieben, bis sie zu einer Lösung gelangen.

d TN geben mithilfe des Textbauplans die Argumentation des Artikels in eigenen Worten wieder. Ihr Text soll zwischen 150 und 180 Wörter umfassen. Diese Vorgabe ist deshalb wichtig, damit ihnen klar wird, dass eine solche Zusammenfassung wesentlich kürzer als der Originaltext sein muss. Im ÜB C2 gibt es hierzu eine Übung, die die Rolle von Synonymen und unterschiedlichen Satzbaumodellen beim Formulieren mit eigenen Worten zeigt und dies im Zusammenhang mit dem Artikel trainiert.

e TN hängen ihre Texte im Kursraum auf, lesen die Texte der anderen und tauschen sich darüber aus, welche Texte sie besonders gelungen finden und warum. Indem sich TN auf eine Auswahl von Texten einigen und diese Auswahl begründen, trainieren sie hier erneut die Mediationsaktivität, gemeinsam Bedeutung zu konstruieren.

Erweiterung – interkultureller Austausch: TN tauschen sich in Kleingruppen darüber aus, welche Rolle der Staat in Fragen der Ernährung in ihrem Herkunftsland spielt, ob es z. B. Vorschriften oder Sondersteuern gibt. Sie haben dabei zwei Möglichkeiten der Kleingruppenbildung. 1. Gruppen mit TN aus dem gleichen Herkunftsland, die zunächst gemeinsam sammeln und anschließend im Plenum über die Situation in ihrem Herkunftsland berichten oder 2. Gruppen mit TN aus verschiedenen Herkunftsländern, sodass Unterschiede herausgearbeitet werden können.

3 Grammatik: Was andere behaupten – indirekte Rede und Konjunktiv I

a Anhand von zwei Beispielsätzen analysieren TN zunächst den Unterschied zwischen direkter und indirekter Rede.

b Anhand von zwei weiteren Beispielsätzen in indirekter Rede, einem im Indikativ und dem anderen im Konjunktiv I, analysieren TN, in welchem Satz der Sprecher eine Distanzierung zu dem zeigt, was er wiedergibt. Diese beiden Aufgabentypen sollen TN dafür sensibilisieren, dass es die indirekte Rede sowohl im Indikativ als auch im Konjunktiv I gibt und was die Bedeutungsunterschiede sind.

c TN suchen zu vorgegebenen Sätzen im Indikativ die passende Formulierung im Artikel in 1a und ergänzen die Formen des Konjunktivs I.

d TN ergänzen die in 3c herausgearbeiteten Formen des Konjunktivs I in der Tabelle.

e TN lesen 4 Sätze, in denen die Verben im Konjunktiv I markiert sind, und achten auf die Formen.

f TN schauen sich die Verbformen in 3d und 3e an und ergänzen die Regeln, in denen es um Funktion und Formen des Konjunktivs I geht. Im ÜB C3 wird der Konjunktiv I in der indirekten Rede ausführlich geübt, einschließlich der Verwendung des Konjunktivs II in diesem Zusammenhang und dem Perspektivwechsel bei der Umformulierung von der direkten in die indirekte Rede. Daran ist eine für die DSH typische Umformungsaufgabe angeknüpft. Passend hierzu wird im ÜB C4 die Redewiedergabe mit der Präposition „laut" geübt.

g In dieser Abschlussaufgabe machen TN einen Kursspaziergang, dabei tauschen sie untereinander Zettel mit einer Aussage zur Sondersteuer und geben diese mündlich mithilfe der indirekten Rede wieder.

Erweiterung 1 – indirekte Rede: Zu zweit verfassen die TN einen Forumsbeitrag zum Thema: „Essensangebote an unserer Institution / Schule / in unserem Unternehmen", der 4–6 Sätze umfassen soll. Jedes Paar muss sich außerdem einen Namen überlegen, sodass andere Lernende nicht wissen, wer die Autoren / Autorinnen des Forumsbeitrags sind. Alle Beiträge werden eingesammelt. TN1 zieht einen Beitrag und trägt diesen vor, indem er / sie die indirekte Rede verwendet, z. B. „Veggie 2 meint, es sei …" usw. Die anderen TN raten, wer den Beitrag geschrieben hat. Danach zieht TN 2 einen Beitrag und liest ihn vor.

Erweiterung 2 – indirekte Rede (Kopiervorlage 17): TN arbeiten paarweise und erhalten unterschiedliche Arbeitsblätter A und B. Zunächst formuliert Partner / Partnerin A alle Meinungen der befragten Personen zum Thema „Ernährung" mündlich in indirekte Rede um. Partner / Partnerin B notiert bei jeder Person, welcher Aspekt angesprochen wird und welche Meinung der Befragte / die Befragte dazu hat. Danach werden die Rollen getauscht und Partner / Partnerin B übermittelt die Aussagen an A, der / die Notizen dazu anfertigt.

D Das Problem mit den Resten

In diesem Lektionsteil geht es um die Fertigkeit „Schreiben". Dabei wird die Kompetenz, ein Thema zu erörtern, indem man eine Grafik interpretiert weiter ausgebaut.

1 Essen in die Mülltonne? [Grafiken interpretieren]

Einstieg: Lassen Sie die TN bei geschlossenen Büchern schätzen, wie viele Tonnen Lebensmittel pro Jahr in Deutschland in Mülltonnen landen und wie viel Kilo jeder einzelne wegwirft.

a TN betrachten die Grafik und machen sich Gedanken darüber, in welchen Situationen sie selbst schon einmal Lebensmittel weggeworfen haben.

b TN diskutieren im Kurs, welche Folgen die Lebensmittelverschwendung für bestimmte Bereiche hat, und machen sich Notizen über wichtige Aspekte und Informationen aus der Diskussion. Angedockt an 1d gibt es im Übungsbuch die Übung D1a, die Sie auch vorziehen könnten, um wichtigen Wortschatz vorzuentlasten.

Alternative: TN diskutieren in Kleingruppen und fassen die Ergebnisse auf einem Plakat zusammen. Jeweils ein TN aus jeder Gruppe präsentiert dann die Ergebnisse im Kurs.

c In diesem Aufgabenteil wird das Thema „Textaufbau in inhaltlicher Hinsicht" wieder aufgegriffen. TN schreiben Informationen aus der Grafik und aus ihren Notizen aus 1b in Stichpunkten in einen vorstrukturierten Notizzettel. Die Strukturpunkte (Problembeschreibung, Ursachen, Folgen) und deren entsprechende Unterthemen bzw. Beispiele sind bereits vorgegeben, damit TN ein weiteres Beispiel dafür haben, wie ein strukturierter Notizzettel zur Vorbereitung einer schriftlichen Textproduktion aussehen kann. Da TN zudem dazu neigen, Grafiken in allen Details zu beschreiben, anstatt sich auf die wesentlichen Informationen zu konzentrieren, trainieren sie anhand dieses Beispielzettels auch, sich auf das Wesentliche zu fokussieren.

d TN schreiben mithilfe des Schemas in 1c eine Grafikinterpretation. Sie ergänzen einen Einleitungs- und einen Schlusssatz. Im ÜB D1a wird wichtiger Wortschatz geübt. Außerdem wird in diesem Zusammenhang in D1b das Training der Wortbildung mit einer Übung zum Suffix „-bar" fortgesetzt. Im ÜB D2 werden Redemittel zur Interpretation von Grafiken und ihre Zuordnung zu den Strukturteilen des Textes geübt.

e TN korrigieren bzw. ergänzen ihren Text unter den Gesichtspunkten Textaufbau und Textzusammenhang.

Erweiterung – Textkorrektur: TN tauschen ihren Text mit einem Partner / einer Partnerin, der / die diesen auf sprachliche Aspekte hin korrigiert (1. Satzverbindungen, Satzbau und Zeiten; 2. Rechtschreibung (u.a. Groß- und Kleinschreibung); 3. Interpunktion) und den Textaufbau und damit den Einsatz von Absätzen überprüft.

Erweiterung – Projekt: TN entscheiden sich für ein Thema. Sie recherchieren in Kleingruppen die Antworten zu den unten aufgelisteten Fragen. Die Ergebnisse werden entweder mittels eines Plakats oder mittels PowerPoint-Folien präsentiert.

Thema 1: Containern:
1. Was bedeutet „containern"?
2. Seit wann gibt es dieses Phänomen in Deutschland?
3. Welche Beweggründe haben Menschen, Lebensmittel aus Supermarkttonnen zu retten?
4. Wie sieht die rechtliche Lage des „Containerns" aus?

Thema 2: Tafeln:
1. Was sind die Tafeln?
2. Seit wann existieren sie?
3. Wer arbeitet dort und woher kommen die Waren?
4. Wer ist berechtigt, Lebensmittel von den Tafeln zu beziehen?

Thema 3: Haltbarkeitsdatum in Deutschland
1. Was ist das Haltbarkeitsdatum und wann wurde es in Deutschland eingeführt?
2. Weshalb wird so viel darüber diskutiert?
3. Was denken Experten über das Haltbarkeitsdatum?
4. Was denken Verbraucher darüber?

Eine solche Projektaufgabe fördert die Kooperation in der Gruppe und bietet den Raum, zusammen eine Aufgabe zu lösen und damit gemeinsam Bedeutung im Sinne der Mediationsaktivitäten zu konstruieren. Falls Sie die Gruppen zudem noch auffordern, pro Gruppe ein oder zwei TN zu bestimmen, die die Gruppenarbeit organisieren und anleiten, die Ergebnisse zu den einzelnen Fragen zusammenfassen und das Ergebnis am Ende im Kurs präsentieren, dann schaffen Sie auch die Möglichkeit, dass die entsprechenden TN trainieren, die Interaktion im Team zu organisieren.

Lerntagebuch: TN füllen die Kopiervorlage aus, die Fragen zur Reflexion der Kompetenzen und Lerninhalte sowie zur Einschätzung des Lernfortschritts umfasst.

Auf dem Weg zur Prüfung 7

Lesen: Ernährung in der Zukunft

1 Globale Ernährung [Vorwissen aktivieren]

TN aktivieren ihr Vorwissen, indem sie die Überschrift eines Magazinartikels lesen.

 TestDaF
2 Globale Ernährung
[Argumentationsstruktur erkennen]

In dieser TestDaF-Prüfungsaufgabe lesen TN einen Artikel und 8 Aussagen. Sie entscheiden, welche vier Aussagen richtig sind, und ordnen diese einem Strukturpaar zu, hier dem Paar „Problem – Lösung".

3 Argumentationsstruktur erkennen
[Vorgehen reflektieren]

TN markieren im Artikel die Ausdrücke, an denen sie erkannt haben, welche Punkte zum Aspekt „Problem", welche zu „Lösung" gehören. Im Tipp zur Prüfung erhalten sie Erläuterungen zu den Besonderheiten der Prüfungsaufgabe in Aufgabe 2 und zum Vorgehen beim Lösen der Aufgabe.

Hinweise zu den Lektionen

 DSH
4 Globale Ernährung [passende Textstellen identifizieren, um Fragen zu beantworten]

Bei dieser und der folgenden DSH-Aufgabe ist es wichtig, dass TN die Inhalte aus dem Artikel mit eigenen Worten formulieren. Einzelne Wörter können übernommen werden, aber keine ganzen Ausdrücke bzw. Passagen aus dem Text. Das Paraphrasieren (Umformulieren) muss also immer wieder geübt werden, was daher auch häufig im Übungsbuch geschieht.

a TN ergänzen einen Satz mit Informationen aus dem Artikel in Aufgabe 2.

b TN lesen die Frage „Haben Algen in der Ernährung der Zukunft eine Perspektive?" und erklären, welche Argumente dafür bzw. dagegen sprechen.

 DSH
5 Globale Ernährung
[Ausdrücke im Kontext verstehen]

TN formulieren Sätze aus dem Artikel um, indem sie die markierten Ausdrücke durch eigene Formulierungen ersetzen.

 DSH
6 Globale Ernährung [Aussagen im Detail verstehen]

TN lesen den Artikel noch einmal sowie verschiedene Aussagen dazu. Sie entscheiden, welche Aussagen richtig bzw. falsch sind.

GI, telc
7 Globale Ernährung [Artikel detailliert lesen]

Diese Aufgabe wird über Klett Augmented angeboten. TN lesen den Artikel noch einmal und entscheiden bei 4 Items mit je drei Auswahlmöglichkeiten, welche Lösung die richtige ist, a, b oder c? Im Tipp zur Prüfungsaufgabe erfahren sie die genaue Anzahl der Items bei den Prüfungsaufgaben von Goethe-Zertifikat B2 und telc B2.

Hören: Landwirtschaft unter Druck

1 Milchbauern diskutieren über ihre Lage
[Vorwissen aktivieren]

Diese Aufgabe dient der Vorbereitung auf die folgende TestDaF-Prüfungsaufgabe. TN werden eine Diskussion zum Thema „Die Situation von Milchbauern in Deutschland" hören. Sie schauen sich vor dem Hören kurz eine Tabelle mit den Namen der zwei Diskutanten und den Argumentationsaspekten „Problem" und „Forderung" an. Sie überlegen anhand dieser Aspekte, worum es in der Diskussion gehen könnte. Auf diese Weise aktivieren sie ihr Vorwissen. Im Tipp zur Prüfungsaufgabe erhalten TN Erläuterungen zu diesem Vorgehen.

 TestDaF
2 Milchbauern diskutieren über ihre Lage
[Zusammenhang von Aussagen erkennen]

TN hören die Diskussion und notieren Stichpunkte dazu, welches Problem und welche Forderung die beiden Diskutanten jeweils nennen, wobei hervorzuheben ist, dass pro Person immer nur ein Aspekt notiert werden soll. Danach übertragen sie die Lösung in die Tabelle in Aufgabe 1. Im Tipp zur Prüfungsaufgabe erhalten die TN Erläuterungen zum Vorgehen bei der Prüfung. Diesen Tipp sollten sie unbedingt mit den TN besprechen und, wenn möglich, ähnliche Aufgaben am PC simulieren, da man in der Prüfung sehr schnell tippen muss und bei Vertippen oder Ähnlichem so irritiert sein kann, dass es schwierig wird, die Aufgabe zu lösen.

 DSH
3 Milchbauern diskutieren über ihre Lage
[Diskussion im Detail verstehen]

TN hören die Diskussion in 2 noch einmal und beantworten die Fragen dazu. Bei dieser Aufgabe reichen als Antwort Stichpunkte bzw. Zahlen. Weisen Sie TN darauf hin, dass die Stichpunkte so aussagekräftig sein müssen, dass die Antworten verständlich sind.

Schreiben: Ich muss mich beschweren!

 telc
1 Unzufrieden mit der Dienstleistung
[Beschwerden schriftlich äußern]

In Lektion 3 Kursbuch C wurde bereits das Thema „Beschwerde schreiben" behandelt und geübt. Vorbereitend kann hier darauf rekurriert werden.

a Diese Aufgabe dient der Vorbereitung der telc-Prüfungsaufgabe „eine Beschwerdemail schreiben". TN lesen die Werbeanzeige einer Cateringfirma, der sie einen Auftrag erteilt hatten. Die Leistung entsprach nicht dem in der Anzeige Versprochenen. TN notieren Ideen zu den Mängeln der Leistung.

b TN schreiben eine Beschwerde-E-Mail anhand von drei der vier vorgegebenen Punkte. Oder sie wählen zwei der vorgegebenen Punkte und ergänzen einen eigenen Aspekt. Wichtig hierbei ist, dass TN die E-Mail sinnvoll gliedern und die Formalia, wie Anrede, Einleitung und Schlusssatz nicht vergessen. Umfang: mindestens 150 Wörter. Im Tipp zur Prüfungsaufgabe erhalten TN Informationen zum Prüfungsformat.

2 Beschwerden schriftlich äußern
[Vorgehen reflektieren]

TN überprüfen ihre Texte anhand von 3 Leitfragen zu Inhalt, Stil und Redemitteln und gleichen die Texte ggf. mit dem Modelltext im Kursbuch, Lektion 3C ab. Falls TN die

Aufgabe im Selbststudium bearbeiten, können sie ihren Text auch mit der Musterlösung im Lösungsschlüssel vergleichen.

Sprechen: Essensangebot in der Cafeteria

🎧 TestDaF

1 Kritik am Essensangebot [mündlich Stellung nehmen und Alternative vorschlagen]

Die Fertigkeit Sprechen wird mit einer Test-DaF-Prüfungsaufgabe über Klett Augmented abgedeckt. TN äußern Kritik an einer Angebotsänderung der Mensa ihrer Hochschule.

a TN lesen einen Informationstext der Mensa zur Angebotsänderung und machen Notizen dazu, was sie an dem Vorhaben schlecht finden und welches Angebot sich ihre Kommilitonen wünschen. Hier ist es besonders wichtig, dass TN keine ganzen Sätze notieren, sondern nur Stichpunkte, da sie in der mündlichen Prüfung frei sprechen müssen. Im Tipp zur Prüfungsaufgabe erhalten TN Hinweise zum Vorgehen in der Prüfung.

b TN äußern und begründen ihre Kritik an der Maßnahme und sagen, welches Angebot sich die Studierenden wünschen. Sie nehmen dabei ihre Äußerung mit dem Smartphone auf.

c TN besprechen die Aufnahme mit KL oder mit einem Partner / einer Partnerin. Schreiben Sie vor dieser Aufgabe folgende Fragen an die Tafel / ans Whiteboard:
- Ist die Sprache deutlich, verständlich und flüssig?
- Wurde die Sprechzeit (1:30 Minuten) eingehalten?
- Gibt es eine Einleitung und einen Schluss mit einem Lösungsvorschlag?
- Wird die persönliche Meinung gut / logisch dargelegt und ausreichend begründet?

Weisen Sie die TN auch nochmals auf die Regeln des Feedbacks hin, denn diese sind für das Gelingen dieser Mediationsaktivität, „Interaktion organisieren", besonders wichtig:
- Zunächst positive Aspekte hervorheben
- Freundliche und konstruktive Kritik geben

Falls TN diese Aufgabe alleine im Selbststudium lösen, ist das Aufnehmen auf dem Smartphone ebenfalls sinnvoll, denn im digitalen TestDaF „sprechen" TN mit dem Computer und auf diese Weise können sie ihre mündliche Äußerung noch einmal selbst überprüfen.

Lektion 8

Überblick

Thema
In dieser Lektion geht es um das Thema „Trends im Sport" mit den Aspekten „alte und neue Sportarten", „Inklusion im Sport", „neue Sportarten bei Olympia", „Gesundheit digital" und „Selbstoptimierung" sowie „Krankenversicherung". Dieses Themenspektrum wird in „Auf dem Weg zur Prüfung" ergänzt durch „Gesundheitsdaten und Datenschutz", „E-Sport" und „Jugendliche und Leistungssport".

Fertigkeiten und Kompetenzen
In dieser Lektion wird die Lese- und Hörkompetenz weiter aufgebaut, indem, folgend auf die Lektionen 5, 6 und 7, die Bereiche „Textkohärenz" und „logische Struktur eines Textes" im Mittelpunkt stehen. Dabei geht es um das Erkennen der Verbindungen von Textabschnitten und deren Hauptinformationen sowie um die Kompetenz, zwischen Tatsachen und Meinungen zu unterscheiden und dabei auch implizite Meinungen des Autors zu erkennen. Die Hörkompetenz wird ebenfalls mit dem Fokus darauf trainiert, Tatsachen und Meinungen sowie die Argumentation zu erkennen und darüber hinaus spezifische Informationen mündlich weiterzugeben. In den produktiven Lektionsteilen wird die Kompetenz „Stellung beziehen" weiter ausgebaut, indem TN im Teil „Schreiben" schriftlich ein Thema erörtern und im Teil „Sprechen" miteinander diskutieren und dabei Stellung zu den Aussagen der Mitdiskutanten beziehen. TN können dabei auf das rekurrieren, was in Lektion 1, 4, 5, 6 und 7 trainiert wurde.

Grammatik
Im Lektionsteil A steht die Verwendung der Modalverben „müssen, dürfen und können" in ihrer subjektiven Bedeutung „Vermutung ausdrücken" im Mittelpunkt. Gleichzeitig werden modale Adverbien, mit denen eine Vermutung ausgedrückt werden kann, und deren Bedeutungsähnlichkeit mit einem bestimmten Modalverb geübt. In Aufgabenteil B werden die modalen Nebensatzkonnektoren, Verbindungsadverbien und Präpositionen eingeführt.

Aufgabensequenzen

A Trends im Sport

Der Fokus liegt auf der Fertigkeit „Lesen" und der Kompetenz, die Kohärenz eines Textes zu analysieren. Darauf aufbauend wird, in der Folge der Lektionen 6 und 7, der Aspekt der argumentativen Struktur in Texten weiter in den Blick genommen, indem TN unterscheiden, ob es sich bei den Informationen um Meinungen oder Tatsachen handelt, erweitert um einen weiteren Schritt, bei dem TN auch implizite Meinungen herausarbeiten.

1 Alte und neue Sportarten

Einstieg (Kopiervorlage 18): Verteilen Sie an jeden TN einen Papierstreifen von der Kopiervorlage. Die TN stellen sich gegenseitig ihre Fragen und tauschen, bevor sie sich einen neuen Partner / eine neue Partnerin suchen, ihre Papierstreifen. Beenden Sie den Kursspaziergang nach ca. 10 Minuten. Die Fragen führen in das Lektionsthema ein, indem TN ihre persönliche Meinungen und Erfahrungen mit dem Thema „Sport" austauschen. Einige Antworten der TN können Sie am Ende sammeln, indem Sie die TN nacheinander die Frage auf ihrem Papierstreifen vorlesen lassen und nach der Antwort ihres letzten Gesprächspartners oder ihrer letzten Gesprächspartnerin fragen.

a TN aktivieren ihr Vorwissen, indem sie die auf Piktogrammen abgebildeten Sportarten benennen und notieren. Hierbei können sie auch mit einem Wörterbuch arbeiten.

Erweiterung – Sportarten: Bilden Sie Gruppen mit TN gleicher Herkunftssprache. Die Lernenden sollen mithilfe eines Wörterbuchs die Sportarten in ihre Herkunftssprache übertragen. Sammeln Sie die einzelnen Begriffe in einer Tabelle an der Tafel / am Whiteboard, sodass ersichtlich wird, wie viele davon in den einzelnen Sprachen aus dem Englischen stammen.

b TN ordnen die Sportarten aus 1a den Kategorien „traditionelle Sportarten" bzw. „Trendsportarten" zu und tauschen sich im Kurs aus.

c TN machen in Partnerarbeit anhand von Leitfragen eine Webrecherche zu einer der Sportarten in 1a und notieren dazu Stichpunkte. Im Zusammenhang mit dieser Aufgabe werden im ÜB A1a die Übungen zur Wortbildung fortgesetzt, hier mit Komposita mit dem Grund- bzw. Bestimmungswort „Sport". Weiterhin werden im ÜB A2 Nomen geübt, die von einer Stammform des Verbs abgeleitet sind.

d TN nutzen ihre in 1c recherchierten Informationen, indem sie einen Vorschlag für die Erweiterung des Sportprogramms an ihrer Hochschule erstellen und „ihre" Sportart in einer zweiminütigen Präsentation im Kurs vorstellen. Indem TN den Vortrag in Teams erstellen, wird die gemeinsame Konstruktion von Bedeutung weiter geübt. Machen Sie, bevor TN mit der Aufgabe 1d beginnen, deutlich, für welche Zielgruppe – nämlich Studierende – das Sportangebot sein soll und bitten Sie die TN, ihre Präsentation daraufhin auszurichten. Dies kann z. B. dadurch erreicht werden, dass die Vorteile des Sports für die Zielgruppe herausgestellt werden bzw. auf diese verwiesen wird. Notieren Sie einige nützliche Redemittel an der Tafel / am Whiteboard, z. B.: Gerade / Besonders / Insbesondere für Studierende / junge Leute …, Vorteile für Studierende sind …, Diese Sportart ist besonders geeignet / gut für …, weil … Achten Sie darauf, dass die Präsentation nicht nur von einem TN des Teams durchgeführt wird, sondern zu ungefähr gleichen Teilen von beiden TN. Im ÜB A3 finden TN eine Wortschatzübung auf der Basis eines Beispieltexts für die Präsentation einer Sportart. Diese Aufgabe kann auch zur Vorentlastung dienen.

e Im Kurs wird eine Punkteabstimmung durchgeführt, welche Sportart neu aufgenommen werden soll. Notieren Sie dafür die präsentierten Sportarten untereinander an der Tafel / am Whiteboard und teilen Sie 3 Klebepunkte an jeden TN aus. Die Punkte dienen zur Abstimmung und können nach Belieben verteilt werden, d. h. alle 3 Punkte können z. B. an eine Sportart vergeben werden. Die TN können ihre Punkte jedoch auch hinter verschiedene Sportarten kleben. Die Sportart mit den meisten Punkten wird ins Hochschulprogramm aufgenommen.

2 Leistungssport für alle
[Verbindung zwischen Textabschnitten erkennen]

In dieser Aufgabe analysieren TN schrittweise, wie die Abschnitte eines Textes verknüpft sind und bringen die verwürfelten Abschnitte in eine logische Reihenfolge. Dafür sind jeweils Textstellen markiert und TN müssen herausfinden, welche Wörter in den ersten Sätzen jedes Abschnitts sich auf die markierte Stelle beziehen. Diese Vorgehensweise hilft ihnen, die inhaltliche Kohärenz des Textes zu erkennen. In der Kopiervorlage 19 finden Sie den Text, sodass TN die Möglichkeit haben, die Textabschnitte zu bewegen und hintereinander zu legen.

3 Das ist wichtig
[Hauptinformationen in Texten erkennen]

a TN lesen den Artikel noch einmal in der richtigen Reihenfolge, vgl. dazu die Kopiervorlage 19, und notieren in Stichpunkten ihre Antworten auf die Fragen zu den einzelnen Textabschnitten. Im ÜB A4a ist an diese Aufgabe eine Übungssequenz zur Paraphrasierung angedockt. Da dies speziell in der DSH abgefragt wird, findet sich dazu unter A4b auch eine DSH-Prüfungsaufgabe.

b Sammeln Sie zur Vorbereitung auf dieses Thema gemeinsam mit den TN Wörter und Redemittel, um Meinungen auszudrücken, und anschließend Redemittel, um Tatsachen auszudrücken. TN vergleichen ihre Antworten im Kurs und besprechen, ob es sich bei den Informationen um Meinungen oder Tatsachen handelt. Wichtig ist, dass sie dabei ihre Einschätzung begründen. Denn dadurch ergibt sich ein Gespräch darüber, an welchen sprachlichen Elementen man erkennt, dass es sich um das eine bzw. das andere handelt.

4 Ist das fair? [in Texten Haltungen erkennen]

In dieser Aufgabe wird das Training der argumentativen Strukturen des Textes vertieft, indem TN lernen, die Haltung eines Autors herauszufinden. Zwischen Aussagen über Tatsachen und Meinungsäußerungen eines Autors / einer Autorin unterscheiden zu können bzw. die Haltung eines Autors / einer Autorin herausarbeiten zu können, ist eine wichtige Lesekompetenz, die deshalb auch in einer TestDaF-Prüfungsaufgabe abgeprüft wird.

a TN lesen 3 Sätze aus dem Artikel und entscheiden anhand von 2 Leitfragen (a und b), welche Haltung der Verfasser jeweils zu einem bestimmten Aspekt einnimmt.

b TN entscheiden zwischen zwei Wahlmöglichkeiten, woran sie die Haltung des Autors in den Sätzen in 4a erkannt haben und reflektieren auf diese Weise ihr Vorgehen. Die Wahlmöglichkeiten enthalten typische Mitteilungsabsichten in einem Text, z. B. etwas erklären, werten, neutral berichten, beschreiben etc. Im ÜB A5 wird dazu eine Wortschatzübung angeboten sowie ein Text, an dem noch einmal geübt wird, wie man erkennt, dass es sich um die Textsorte „Kommentar" handelt.

c TN lesen vier Kommentare aus dem Leserforum einer Onlinezeitung und arbeiten heraus, welche Meinung die Autoren zum Thema „Inklusion im Leistungssport" haben (pro, contra oder keine von beiden).

5 Grammatik: Mit Modalverben Vermutungen ausdrücken

In Lektion 7 ging es um die subjektive Bedeutung von „sollen". Darauf folgend, wird hier nun schrittweise die subjektive Bedeutung der Modalverben „müssen, dürfen und können" im Zusammenhang mit Adverbien, die eine Vermutung ausdrücken, erarbeitet und geübt.

a TN markieren in Sätzen aus den Forumsbeiträgen in 4c die Adverbien, die eine Vermutung ausdrücken.

b Sie ergänzen daraufhin die entsprechenden Modalverben aus den Forumsbeiträgen.

c TN tragen diese Modalverben in ein Schema ein und erarbeiten sich so, in welchem Verhältnis die Modalverben und die Adverbien der Vermutung zueinander stehen.

d Sie markieren in weiteren Sätzen Adverbien der Vermutung und tragen diese in das Schema in 5c ein.

e TN formulieren die Sätze aus 5d mithilfe von Modalverben der Vermutung. Im ÜB A6 wird ausführlich der Unterschied zwischen objektiver und subjektiver Bedeutung der Modalverben sowie die Bedeutung modaler Adverbien geübt. In 6f gibt es eine DSH-Prüfungsaufgabe, in der geübt wird, Sätze mit Modalverben in Sätze mit modalen Adverbien und umgekehrt umzuformulieren. Im ÜB A7 wird dies ergänzt durch „mögen" in der Bedeutung „auf Argumente von anderen reagieren" und dann „mit ‚aber' einen Einwand zu formulieren", wie in dem Beispiel „Die Ausrüstung mag eine große Rolle spielen, aber entscheidend ist die Leistung der Sportler und Sportlerinnen."

Erweiterung – Kreuzfeuerübung (Kopiervorlage 20): Verteilen Sie die Fragen an die TN. Die TN sitzen oder stehen sich in 2 Reihen gegenüber. TN 1 liest seinen Satz, TN 2 auf der gegenüberliegenden Seite formuliert den Satz um und verwendet dabei das entsprechende Modalverb. Dann ist TN 2 mit dem Vorlesen seines Satzes an der Reihe, TN 3 formuliert um usw. Wenn Sie TN auch die Lösungen geben, können sich die Paare gleich selbst kontrollieren und entweder sich als Paar oder dem jeweiligen TN für jede richtige Lösung einen Punkt geben.

6 Diskutieren Sie im Forum mit

a TN schreiben in dieser Abschlussaufgabe ihre Meinung zum Thema „Sollen nicht behinderte und behinderte Leistungssportler an gemeinsamen Wettkämpfen teilnehmen?" Dabei beziehen sie Informationen aus dem Artikel in Aufgabe 2 in ihre Argumentation mit ein.

b TN tauschen ihre Kommentare mit einem Partner / einer Partnerin und geben dessen / deren Standpunkt mit eigenen Worten wieder. Diese Aufgabe dient der Vorbereitung von Prüfungsaufgaben, bei denen TN auf den Standpunkt ihres Gesprächspartners oder ihrer Gesprächspartnerin eingehen müssen. Bei der Wiedergabe des Kommentars, kann die indirekte Rede (s. Lektion 7) weiter vertieft werden.

B Fünf Ringe für Skaten und Surfen

In diesem Lektionsteil steht die Fertigkeit „Hören" im Fokus. Dabei geht es in der Folge von Lektion 7 um die Kompetenz, in Diskussionen den argumentativen Zusammenhang zu verstehen, sodass man ihn mündlich weitergeben kann.

1 Ein Lifestyle wird olympisch [in Diskussion Tatsachen, Meinungen und Argumentation erkennen]

In dieser Aufgabe werden TN noch einmal durch die wichtigen Schritte geführt: Vorwissen aktivieren, Hauptpunkte verstehen, Meinungen herausarbeiten, Argumentationsschritte nachvollziehen.

Einstieg: Zeigen Sie ein Foto mit dem Symbol der olympischen Spiele und fragen Sie, ob die Lernenden Sportarten kennen, die erst in den letzten Jahren zu einer olympischen Disziplin wurden.

a TN stellen zu zweit anhand von Fotos und der Aufgabenüberschrift Hypothesen über das Thema der Talkshow auf.

Hinweise zu den Lektionen

b TN hören den ersten Teil der Talkshow und überprüfen ihre Vermutungen, die sie im Kurs besprechen.

Erweiterung – Sammlung von Argumenten: TN sammeln eigene Argumente für und gegen die Teilnahme von Surfern und Skatern an den olympischen Spielen.

c TN hören den zweiten Teil der Talkshow. Hierbei notieren sie Stichpunkte zu folgenden Fragen: „Ziele?", „Hauptgrund für Veränderungen?", „Bei der Entscheidung für eine Sportart wichtig?". Diese Fragen haben auch den Hintergrund, TN noch einmal daran zu erinnern, ihre Notizen nach Hauptpunkten zu strukturieren.

d TN vergleichen ihre Notizen mit einem Partner / einer Partnerin und hören ggf. noch einmal.

e TN hören den dritten Teil der Talkshow und entscheiden, ob die Haltung einer der Teilnehmer positiv oder kritisch ist.

f TN lesen 5 Aussagen und hören Teil 3 der Talkshow noch einmal. Sie ordnen die Aussagen den Argumentationspunkten „Tatsache, Folge, Behauptung, Beispiel, Fazit" zu.

g TN hören den vierten Teil der Talkshow und notieren auf einem Notizzettel die vorgegebenen Argumentationsschritte in der richtigen Reihenfolge. Die Wortschatzübung zu Bedeutungsvarianten im ÜB B1 kann der Vorentlastung dienen.

Binnendifferenzierung: Teilen Sie an schwächere TN folgende Liste mit Stichpunkten aus: 1. Für Skater-Szene in Städten weniger Geld; 2. ein Teil des Geldes kommt von großen Unternehmen; 3. ein Sponsor findet es attraktiver, ein Olympiateam mit zu finanzieren als eine Skaterhalle in irgendeiner Stadt; 4. hohe Kosten für Skateranlagen; 5. durch Olympia wird finanzielle Unterstützung für normalen Skater viel geringer. Während des Hörens nummerieren die TN diese und ordnen die Argumentationsschritte zu: 1. Fazit; 2. Tatsache 2; 3. Begründung; 4. Tatsache 1; 5. Meinung.

h TN hören Teil 4 der Talkshow noch einmal und notieren Stichpunkte zu den Argumentationsschritten in 1g, die sie dann mit einem Partner / einer Partnerin vergleichen.

2 Was meint Herr Gräf? [Argumentation wiedergeben]

TN arbeiten zu zweit. Partner/in A gibt die Argumentation aus Aufgabe 1f wieder, Partner/in B die aus 1g. Für beide Argumentationsstränge werden Redemittel angeboten, die TN beim Sprechen verwenden können. Danach sprechen TN darüber, ob ihr Partner / ihre Partnerin die Argumentation gut wiedergegeben hat. TN trainieren in dieser Aufgabe die Mediationskompetenz „spezifische Informationen weitergeben" unter dem Blickwinkel die Argumentation einer Person zu erfassen und sie wiederzugeben. Im ÜB B2 üben TN am Beispiel der Argumente von Georg Reinke im Teil 2 der Talkshow und mithilfe vorgegebener Redemittel, wie man die Argumentation eines Dritten wiedergeben kann. Diese Übung kann daher auch zur Vorentlastung dienen. Regen Sie danach die TN an, die Redemittel in ihre Redemittelsammlung zu übertragen.

Binnendifferenzierung: TN, die bei der mündlichen Argumentation noch unsicher sind, können die Übung auch schriftlich durchführen. Anschließend sollten die Lernenden den Text mehrmals durchlesen, bis sie ihn ohne schriftliche Vorlage vortragen können.

3 Grammatik: Modale Sätze – erklären, wie etwas geschieht

In dieser Aufgabe werden modale Haupt- und Nebensätze eingeführt und geübt.

a TN verbinden Haupt- und Nebensätze zu einem modalen Satzgefüge.

b Sie markieren die Konnektoren in 3a und formulieren die Sätze in 3a um, indem sie andere Konnektoren verwenden als im Ausgangssatz.

c TN lesen zwei Sätze, die durch die markierten modalen Verbindungsadverbien „dadurch" bzw. „damit" im 2. Satz verbunden sind. TN analysieren, auf welches Nomen bzw. welchen Ausdruck des ersten Satzes sich diese beziehen.

d Sie formulieren die Sätze aus 3c neu, indem Sie die Präpositionen „durch" und „mit" verwenden.

Im ÜB B3a–e üben TN die Konnektoren und Präpositionen, worauf in 3f eine DSH-Prüfungsaufgabe folgt, in der TN einen Text lesen, in dem verschiedene modale Verbindungen vorkommen. TN ergänzen mit den Informationen aus dem Text Lücken in vorgegebenen Sätzen. Dabei darf sich der Sinn des Ausgangstextes nicht verändern. Bei dieser Aufgabe sind Umformulierungen von Nebensätzen in Sätze mit modalen Angaben oder umgekehrt gefragt.

4 Nicht nur für Olympia fit

In dieser Aufgabe notieren und sammeln TN im Kurs Tipps, wie man fitter werden kann, und wenden dabei die modalen Konnektoren und Präpositionen an.

Alternative: TN notieren zunächst in Einzelarbeit Tipps, um fitter zu werden. Anschließend erstellen sie zu zweit eine gemeinsame Liste. Dann tun sich 2 Paare zusammen und formulieren die Stichpunkte ihrer beider Listen aus.

Hinweise zu den Lektionen

C Fit genug? Check deine Werte!

In diesem Lektionsteil liegt der Fokus auf der Fertigkeit „Schreiben" sowie auf der Kompetenz, eine strukturierte Stellungnahme zu schreiben. Diese Kompetenz wurde bereits in den Lektionen 1, 4, 5, und 7 trainiert.

1 Gesünder mit Smartwatch und Apps?

TN aktivieren ihr Vorwissen, indem sie sich über ihre Erfahrungen mit Smartwatches und entsprechenden Apps austauschen. Um auf das Thema zu kommen, können Sie Ihre TN zum Einstieg auch fragen, wann und wie sie wissen, ob sie ausreichend fit sind.

Alternative: TN führen eine Kursstatistik durch. Sie wählen einen Moderator / eine Moderatorin sowie einen Assistenten / eine Assistentin für die Dokumentation der Ergebnisse. Der Moderator / die Moderatorin fragt zunächst ab, wie viele TN eine Smartwatch nutzen; danach wird die Frage nach der App gestellt. Die Ergebnisse werden an der Tafel / am Whiteboard notiert. Anschließend werden die Gründe für den Einsatz der Smartwatch sowie die Namen der Apps erfragt und dokumentiert. Dabei sollen die Gründe möglichst in einem Stichwort notiert werden. Die Gruppe kann dem Assistenten / der Assistentin dazu Vorschläge machen. Damit auch die TN zu Wort kommen, die keine Smartwatch und keine App nutzen, werden diese nach ihren Gründen gefragt, weshalb sie diese Hilfsmittel nicht einsetzen. Durch eine solche Vorgehensweise geben Sie den Moderatoren die Möglichkeit, die Mediationsaktivitäten, die Interaktion in der Gruppe zu organisieren und Gespräche über Konzepte zu führen, zu fördern.

2 Fitness und Gesundheit digital
[strukturierte Stellungnahme schreiben]

a Dieser und die folgenden beiden Aufgabenteile dienen hauptsächlich der inhaltlichen Vorbereitung der schriftlichen Stellungnahme zum Thema „Digitale Fitness und Gesundheit". TN betrachten zwei Fotos und eine Liste mit Unterthemen einer möglichen Stellungnahme, ordnen die Unterthemen den Fotos zu und sprechen über ihre Zuordnung im Kurs.

b TN machen sich Notizen zu zwei Leitfragen zum Thema, wählen in diesem Zusammenhang zwei Unterthemen aus 2a aus, nennen positive und negative Aspekte und begründen ihre Meinung. Im ÜB C1 werden Übungen hierzu angeboten, die helfen, die Aufgabe 2c vorzuentlasten.

c TN tragen im Kurs alle Aspekte zu den gewählten Unterthemen zusammen.

Alternative: TN, die dasselbe Unterthema bearbeitet haben, finden sich zu einer Gruppe zusammen, tauschen sich aus und notieren alle Argumente auf einem Plakat. Die meisten TN werden demzufolge in zwei verschiede-

nen Gruppen arbeiten, sodass Bewegung im Kurs entsteht. Anschließend werden die Plakate im Unterrichtsraum aufgehängt und die TN informieren sich mittels eines Klassenspaziergangs über die Gruppenergebnisse. Rückfragen an die Autorengruppen sind selbstverständlich willkommen.

d TN schreiben anhand von Leitpunkten ihren Beitrag für die Lernplattform. Zur Unterstützung werden zusätzlich Redemittel angeboten. Regen Sie die TN an, diese Redemittel in ihre Redemittelsammlung zu übertragen.

e TN tauschen ihren Beitrag mit einem Partner / einer Partnerin und geben ein kurzes Feedback zum logischen Aufbau und den Textverknüpfungen. TN können sich dabei an den Regeln zum Feedback-Geben orientieren, die bereits in Lektion 6B, Aufgabe 3 aufgelistet wurden.

D Krankenversicherung individuell?

In diesem Lektionsteil geht es um die Fertigkeit „Sprechen". Die Kompetenz, zu einem Thema mündlich Stellung zu nehmen bzw. ein Thema zu erörtern, wird hier in der Folge von Lektion 1, 4, 6 und 7 weiter aufgebaut, indem Standpunkte formuliert und auf die Redebeiträge von anderen eingegangen wird. Dies wird in Lektion 9 weitergeführt. Darüber hinaus werden erste Schritte zur Lenkung und Moderation einer Diskussion geübt.

1 Wie stehen Sie dazu?
[in Diskussionen auf Redebeiträge eingehen]

Diese Aufgabe bereitet TN schrittweise auf die aktive Teilnahme an einer Diskussion vor.

Einstieg: Fragen Sie die TN, wer von ihnen darauf achtet, gesund zu leben, und wie er / sie das tut. Sammeln Sie die Antworten der TN und leiten Sie dann zu Aufgabe 1 über.

a Dieser und die folgenden beiden Aufgabenteile dienen hauptsächlich der inhaltlichen Vorbereitung des Diskussionsthemas. TN lesen den Ausschnitt von der Webseite einer Versicherung, in dem es um Vergünstigungen für Versicherte geht, wenn sie ihre Fitnessbemühungen per Smartwatch kontrollieren und die Ergebnisse der Versicherung übermitteln.

b TN arbeiten in Kleingruppen, notieren jeweils zwei Argumente für und gegen das Angebot der Versicherung und sammeln die Argumente im Kurs.

c Sie hören einen Gesprächsbeitrag aus einer Diskussion über Bonusprogramme bei Krankenversicherungen und machen sich Notizen dazu.

d TN geben die Aussagen aus 1c mit eigenen Worten wieder und gehen darauf ein. Sie tragen ihren Redebeitrag einem Partner / einer Partnerin vor. Das Redemittelangebot hilft, den Beitrag zu strukturieren. Regen Sie die TN an, diese Redemittel in ihre Redemittelsammlung zu übertragen. Den Beitrag eines Co-Diskutanten in eigenen

Worten wiederzugeben und Stellung zu diesem Diskussionsbeitrag zu beziehen, ist sowohl im universitären wie auch im beruflichen Kontext eine wichtige Kompetenz. Deshalb wird diese hier so kleinschrittig geübt. Zudem bereitet diese Aufgabensequenz auf eine TestDaF-Prüfungsaufgabe im Teil „Sprechen" vor.

e Sie hören eine Gegenrede zum Beitrag in 1c, achten auf die Argumente der Sprecherin und machen sich Notizen zum Inhalt. Anschließend tauschen Sie sich zu zweit darüber aus, inwiefern sie das Argument überzeugend finden oder nicht.

2 Belohnung für gesunden Lebensstil?
[Diskussion führen]

TN diskutieren zu viert über die Frage, ob Krankenversicherungen einen gesunden Lebensstil mit günstigen Beiträgen belohnen sollen. Dabei nimmt jede Person eine Rolle ein: TN 1: Diskussionseröffnung und Klärung der Fragestellung, TN 2: Standpunkt formulieren und begründen, TN 3: Standpunkt von TN 2 wiedergeben und darauf reagieren, TN 4: Argumente notieren und Diskussion zusammenfassen. Im ÜB D1 ergänzen TN in abgedruckten Redebeiträgen Redemittel für eine Diskussion. Außerdem ist im ÜB D2 der Ausspracheteil der Lektion angedockt, in dem es um den Satzakzent in längeren Sätzen geht, was gerade auch in kontroversen Diskussionen eine wichtige Rolle spielt.

Erweiterung – Diskussion: Teilen Sie nach Klärung der Rollen entsprechende Redemittel an die TN aus, damit die Diskussion nicht ins Stocken gerät. Legen Sie eine Zeit fest, wie lange die Diskussionsrunde dauern soll (z. B. 10–12 Min.). Erklären Sie den TN, dass sie nach der ersten Runde in der vorgegebenen Form weiter diskutieren sollen, also dass TN 1 nun den Standpunkt von TN 3 wiedergibt und darauf reagiert, dann TN 2 den Standpunkt von TN 1 usw. Wenn Sie auch ein Feedback zu den Diskussionsrunden einbauen möchten, können diese mit dem Handy aufgenommen werden. Fragen Sie die TN nach der Diskussion zunächst nach ihrer Selbsteinschätzung. „Wie haben Sie sich in Ihrer Rolle gefühlt? Was hat gut geklappt? Was war eher schwierig?" Anschließend werden die Handyaufnahmen an eine andere Gruppe übergeben, die sich die Aufnahme anhört, um anschließend ein Feedback zu geben.

Lerntagebuch: TN füllen die Kopiervorlage aus, die Fragen zur Reflexion der Kompetenzen und Lerninhalte sowie zur Einschätzung des Lernfortschritts umfasst.

Auf dem Weg zur Prüfung 8

Lesen: Und der Datenschutz?

1 Was geschieht mit den Gesundheitsdaten?
[Vorwissen aktivieren]

a TN aktivieren ihr Vorwissen, indem sie die Überschrift eines Kommentars zum Umgang mit Gesundheitsdaten lesen und anhand von drei vorgegebenen Möglichkeiten Vermutungen zur Einstellung des Autors in Bezug auf die Frage anstellen.

b TN überfliegen den Kommentar und prüfen, ob ihre Vermutung richtig war. Weisen Sie TN immer wieder einmal darauf hin, dass es nicht wichtig ist, ob sie richtig oder falsch vermutet haben – das Wichtige ist, dass ihnen der Sinn der Hypothesenbildung, nämlich leichter in ein Thema einzusteigen, bewusst ist.

TestDaF
2 Umgang mit Gesundheitsdaten
[Haltungen in Texten erkennen]

Einstieg (Kopiervorlage 21): TN ordnen in Kleingruppen die Redemittelkarten den Mitteilungsabsichten zu und einigen sich im Sinne der Mediationsaktivität „gemeinsam Bedeutung konstruieren" auf eine Lösung. Die Lösungen werden dann im Kurs besprochen.

TN lesen den Kommentar in 1b noch einmal, in dem 4 Textstellen nummeriert sind. Die Zahlen im Text beziehen sich immer auf den nachfolgenden Satz. TN erhalten 8 Aussagen, die Mitteilungsabsichten beschreiben. Sie müssen wie in der TestDaF-Prüfung 4 der 8 Mitteilungsabsichten den Textstellen 1–4 zuordnen. Im Tipp zur Prüfungsaufgabe erhalten sie Hinweise dazu. Mitteilungsabsichten erkennen spielt auch in DSH-Prüfungen eine wichtige Rolle, daher lohnt es sich, darüber zu sprechen, welche Mitteilungsabsichten es in einem Text geben kann und dies auch öfter zu üben.

3 Haltungen in Texten erkennen [Vorgehen überprüfen]

TN formulieren die Haltungen in 1–4 noch einmal in einem Satz und verwenden dabei die Verben aus Aufgabe 2. Sie vergleichen ihre Sätze mit einem Partner / einer Partnerin. Falls sie die Aufgabe zu Hause machen, können sie die Sätze mit dem Lösungsschlüssel abgleichen.

Schreiben: Gesundheitsdaten teilen

1 Weitergabe von Gesundheitsdaten
[Grafiken für Textproduktion auswerten]

a Diese Aufgabe dient der kleinschrittigen Vorbereitung der DSH-Prüfungsaufgabe „vorgabenorientierte Textproduktion". TN betrachten eine zweiteilige Grafik und vergleichen die Zahlenwerte des linken und des rechten Teils.

b TN fassen den linken Teil der Grafik in einem Satz schriftlich zusammen, indem sie den Satzanfang ergänzen.

c TN betrachten den rechten Teil der Grafik und geben die Hauptinformation wieder, indem sie vorgegebene Satzteile mit den passenden Informationen ergänzen.

d Anhand von zwei Fragen notieren TN, welche zusätzlichen Informationen die Grafik enthält. Da TN immer in eigenen Worten formulieren müssen, erhalten sie in einem Tipp Hinweise zur Formulierung von Prozentzahlen.

 DSH
2 Weitergabe von Gesundheitsdaten
[Thema nach Vorgaben schriftlich bearbeiten]

TN schreiben einen Text von ca. 250 Wörtern Länge zum Thema „Wer profitiert von Gesundheitsdaten?" TN berücksichtigen dafür die Grafik in 1 und gehen auf die Aspekte in 3 Vorgaben ein. Im Tipp zur Prüfungsaufgabe erhalten sie Hinweise zu Inhalt und Struktur des zu verfassenden Textes.

Hören: Videogames als Sport?

1 E-Sport, was ist das? [Vorwissen aktivieren]

a TN werden ein Video über eine Podiumsdiskussion zum Thema „E-Sport" sehen. Zur Aktivierung des Vorwissens überlegen sie, was sie schon über das Thema wissen.

b TN überlegen, welche unterschiedlichen Standpunkte zu Computer- und Videospielen sie kennen und notieren Stichpunkte dazu, die sie dann mit denen eines Partners / einer Partnerin vergleichen.

 TestDaF
2 Vom Videogame zum Sportevent
[Aussagen inhaltlich passend zuordnen]

TN sehen den Film (Film P8) über eine Podiumsdiskussion zum Thema „E-Sport" und kreuzen an, zu welchem der beiden Diskutanten die Aussagen 1–6 passen bzw. ob sie zu beiden oder zu keinem von beiden passen. Wichtig dabei ist, dass es für jede Aussage immer nur eine richtige Lösung gibt. Der Tipp zur Prüfungsaufgabe weist darauf hin, dass TN in der Prüfung ebenfalls 6 Items lösen müssen und den Film nur einmal sehen. Falls es für TN aus technischen oder anderen Gründen nicht möglich ist, den Film zu sehen, können sie die Diskussion auch nur hören, s. Trackangabe in der Arbeitsanweisung.

 telc
3 Vom Videogame zum Sportevent
[Diskussion selektiv und detailliert hören]

TN hören die Podiumsdiskussion in Aufgabe 2 noch einmal und entscheiden beim Hören, ob die Aussagen 1–10 richtig oder falsch sind. Der Tipp zur Prüfungsaufgabe weist darauf hin, dass sie in der Prüfung ebenfalls 10 Items lösen müssen und das Gespräch nur einmal hören.

Hören: Digitale Messgeräte

 GI
1 Wer sagt was?
[Aussagen inhaltlich passend zuordnen]

Diese Aufgabe wird über Klett Augmented angeboten.

a TN werden ein Gespräch mit drei Personen hören. Sie lesen 6 Items (wie in der Prüfung) und markieren zunächst in den Items die Schlüsselwörter. Im Tipp zur Prüfungsaufgabe gibt es Hinweise dazu, dass die Schlüsselwörter im Hörtext anders ausgedrückt sein können und TN daher auf alternative Formulierungen achten sollen. TN hören das Gespräch nur einmal.

b TN hören das Gespräch und kreuzen bei jedem Item an, welche Person (a, b oder c) was sagt.

Sprechen: Jugend und Sport

 GI
1 Leistungssport für Jugendliche? [in Diskussion Standpunkte und Argumente austauschen]

a Die Aufgabenteile 1a und 1b dienen der Aktivierung des Vorwissens und der inhaltlichen Vorbereitung der Diskussion. Der Ablauf entspricht der Prüfung, denn dort haben TN ebenfalls Zeit, sich auf die Aufgabe vorzubereiten. TN lesen die Diskussionsfrage „Sollen Jugendliche Leistungssport machen?", betrachten zwei Fotos und überlegen, was sie schon über das Thema wissen.

b TN sollen mit einem Partner / einer Partnerin über die Frage in 1a diskutieren. Dafür lesen sie zuerst die Aufgabe und die Stichpunkte auf dem Notizzettel rechts.

c TN machen Notizen zu ihren Argumenten und zu möglichen Einwänden ihres Partners / ihrer Partnerin dagegen, außerdem sollen TN sich Notizen dazu machen, was sie auf die möglichen Einwände antworten können. Sie müssen wieder darauf achten, dass sie keine ganzen Sätze notieren, sondern nur Stichpunkte machen, da sie in der Prüfung frei sprechen müssen. In einem Tipp werden sie darauf hingewiesen, dass es wichtig ist, sich auf das, was ihr Gesprächspartner sagt, zu beziehen und dabei auch nachzufragen und um Erklärung zu bitten.

d TN führen die Diskussion durch.

 TestDaF
2 Sportinternate für Jugendliche?
[auf Diskussionsbeitrag reagieren]

a TN lesen die Prüfungsaufgabe, bei der sie Stellung zur Äußerung eines Kommilitonen nehmen müssen, und unterstreichen die wichtigsten Punkte. Im Tipp zur Prüfungsaufgabe erhalten TN Hinweise zum Ablauf der Prüfung und zum Vorgehen. Besonders wichtig ist es hier wieder, dass TN, wenn sie sich auf die Äußerung des Kommilitonen beziehen, dessen Aussagen nicht wörtlich wiedergeben, sondern in eigenen Worten formulieren. Wichtig ist zudem, dass die TN der gehörten Stellungnahme nicht einfach zustimmen, sondern einen eigenen

Standpunkt entwickeln, also Einwände und Gegenargumente formulieren. Wenn diese Aufgabe im Unterricht gemacht wird, wäre es gut, dies vorher noch einmal mit TN zu besprechen.

b TN hören die Äußerung eines Kommilitonen und machen sich dazu Notizen.

c Es wird geraten, die Stellungnahme mit dem Smartphone aufzunehmen, damit die TN üben, wie in der Prüfung mit einem Computer zu „sprechen". Darüber hinaus kann man auf diese Weise den eigenen Beitrag leichter kontrollieren und sich klar werden, was man verbessern könnte.

Sprechen: Eine Sportveranstaltung

 telc
1 Ein Sportereignis [Kurzpräsentation halten]

Diese Aufgabe wird über Klett Augmented angeboten.

a TN präsentieren einem Partner/einer Partnerin ein Sportereignis, das sie besucht haben. Sie machen zuerst Notizen zu dem, was sie sagen möchten. Einige vorgegebene Stichpunkte, die sie noch ergänzen können, helfen ihnen inhaltlich. Die Präsentation soll ca. 2 Minuten lang sein. Der Tipp zur Prüfungsaufgabe gibt Hinweise zu möglichen Inhalten der Originalprüfungsaufgabe.

b TN halten die Präsentation.

c Der Partner/Die Partnerin hört zu und notiert Fragen, die er/sie gerne stellen möchte.

d Der Partner/Die Partnerin stellt seine/ihre Fragen und TN antworten darauf.

e Im Anschluss werden die Rollen getauscht: Der Partner/Die Partnerin präsentiert und TN stellt Fragen.

Film 4: Das Geschäft mit dem Sport

In diesem Film geht es um die Aspekte „Sport als Wirtschaftsfaktor" bzw. „Kommerzialisierung im Sport". Dadurch wird das Themenspektrum der Lektion noch zusätzlich erweitert, was eine gute Grundlage für eine weitere Diskussion im Kurs bietet, in der die erarbeitete Diskussionskompetenz noch einmal trainiert werden kann. Bei der Abschlussaufgabe 2c bietet es sich an, dass TN die Frage zuerst in Kleingruppen diskutieren, bevor sie Antworten im Plenum vergleichen. Denn die Gruppenarbeit gibt TN die Möglichkeit, sich intensiver auszutauschen und die voraussichtlich unterschiedlichen Perspektiven besser darzulegen und zu vergleichen. Dies ermöglicht es, von den möglicherweise abweichenden Sichtweisen der anderen TN zu erfahren und sich auf diese Weise in plurikultureller Hinsicht besser kennenzulernen.

Lektion 9

Überblick

Thema
In dieser Lektion geht es um das Thema „Motivation" mit den Aspekten „Motivation am Arbeitsplatz", „Loben" und „Führungsstile", ergänzt in „Auf dem Weg zur Prüfung" durch „Zufriedenheit am Arbeitsplatz", „Motivationsforschung", „Im Flow arbeiten" und „Hausaufgaben – ein Problem?".

Fertigkeiten und Kompetenzen
Hier erweitern TN ihre Lesekompetenz, indem sie W-Fragen an einen Lesetext stellen, um dem Text wichtige Informationen zu entnehmen, die sie für eine Zusammenfassung des Textes brauchen. Sie lernen Regeln für eine gute Zusammenfassung kennen und wenden diese an. Im Bereich „Hören" trainieren TN, anhand von Leitfragen (W-Fragen) wichtige Informationen zu notieren und diese mündlich und schriftlich zusammenzufassen. Damit bauen die TN in den Bereichen „Lesen" und „Hören" die Kompetenz, den Inhalt von Texten weiterzugeben, aus, was bereits in Lektion 2, 6, 7 und 8 trainiert wurde. Im Fertigkeitsbereich „Schreiben" trainieren TN ebenfalls, eine Zusammenfassung zu schreiben. Hier, indem sie einen Textbauplan erstellen, was bereits in den Lektionen 5, 6 und 7 geübt wurde. Im Bereich „Sprechen" wird, in der Folge von Lektion 8, die Kompetenz „Diskussionen führen" weiter trainiert.

Grammatik
Im Lektionsteil A werden Partizipien als Adjektive in ihrer Funktion, Bedeutung und Verwendung und ihre Umformulierung in Relativsätze behandelt. In Aufgabenteil B geht es um Form und Bedeutung der Ersatzformen für das Passiv „sich lassen", „sein + zu + Infinitiv" und „sein + Verb + -bar" und deren Umformulierung mit den Modalverben „können" bzw. „müssen".

Hinweise zu den Lektionen

Aufgabensequenzen

A Das motiviert mich!

In diesem Lektionsteil wird die Lesekompetenz weiter ausgebaut, indem TN W-Fragen an einen Lesetext stellen, um diesem wichtige Informationen zu entnehmen. Darauf aufbauend, folgen Schritte, anhand derer TN die Kompetenz erwerben, eine sinnvolle Zusammenfassung eines Textes zu erstellen.

1 Motivation

Einstieg: Nennen Sie das Thema der Lektion und bilden Sie Kleingruppen, die unterschiedliche Fragen zum Lektionsthema erhalten. Gruppe 1: Wie definieren Sie Motivation?, Gruppe 2: Wann bzw. in welchen Situationen sind Sie motiviert?, Gruppe 3: Wer oder was motiviert Sie?, Gruppe 4: Wie äußert sich Motivation bei Ihnen? Bilden Sie anschließend neue Gruppen, in denen je ein TN aus allen Anfangsgruppen vertreten ist, sodass sich die Lernenden über die Antworten zu den 4 Ausgangsfragen austauschen können.

a TN sprechen, angeregt durch das Foto, darüber, was sie motivieren könnte „einen Sprung von Felsen zu Felsen" zu machen. Dies zielt darauf, dass TN überlegen, was sie motivieren könnte, auch eine schwierige oder gefährliche Situation zu meistern.

b In einem Schüttelkasten sind verschiedene Gründe für Motivation aufgeführt. TN überlegen, um welche Art der Motivation es in den Zitaten geht, die auf dem Foto angeordnet sind, und ordnen die Gründe diesen Zitaten zu. Im Übungsbuch A1 wird der entsprechende Wortschatz geübt.

c TN hören eine Stellungnahme einer Studentin zum Thema „Das motiviert mich!" und überlegen, welches der Zitate die Studentin für ihren Bericht ausgewählt haben könnte.

d TN wählen selbst ein Zitat aus und bereiten eine kurze Stellungnahme mit einem Beispiel aus ihrer eigenen Erfahrung vor. Wichtig ist hier, dass sie vorher nicht sagen, welches Zitat sie gewählt haben, denn die anderen sollen später (in 1e) raten, um welches Zitat es ging. Der/Die Vortragende darf aber am Ende seines/ihres Vortrags einen kleinen Tipp geben. Damit diese Aufgabe Spaß macht, sollten Sie die Arbeitsanweisung vorher mit den TN besprechen.

Alternative: Bei Gruppen mit vielen TN bietet es sich aus Zeitgründen an, 5 Gruppen zu bilden und jeder Kleingruppe ein Zitat zuzuweisen. Die Lernenden bereiten dann gemeinsam eine kurze Interpretation sowie einen persönlichen Bericht oder eine persönliche Stellungnahme zu dem Zitat vor. Die anderen TN raten, auf welches Zitat sich die Stellungnahme bezieht.

e TN berichten im Kurs. Die anderen raten, um welches Zitat es sich handelt.

2 Motivation am Arbeitsplatz
[Text mithilfe von Fragen verstehen]

a TN besprechen, welche Formen der Motivationsförderung in Unternehmen die Fotos zeigen, und sammeln im Kurs weitere Formen, die Motivation zu fördern.

b Sie lesen den Bericht über eine Untersuchung zum Thema „Motivation" und formulieren zu jedem Abschnitt eine W-Frage. Wichtig ist hier, mit TN zu besprechen, dass die W-Frage sich auf den wichtigsten Inhalt/die wichtigsten Informationen des Abschnitts beziehen sollte. Hier sind zwei Fragen abgedruckt, die zeigen, dass es unterschiedliche W-Fragen geben kann, die auf denselben Abschnitt abzielen.

Alternative: TN formulieren in Kleingruppen zu allen Abschnitten je 2 W-Fragen auf einem separaten Blatt. Die Blätter werden dann an die nächste Gruppe weitergegeben, die diese beantworten muss.

c TN arbeiten in Gruppen, stellen sich gegenseitig ihre Fragen aus 2b und beantworten sie. Diese Aufgabe dient der Vorbereitung der folgenden Aufgabensequenz zu dem für viele Lernende schwierigen Thema „eine Zusammenfassung schreiben". Im ÜB A2 werden wichtige Nomen-Verb-Verbindungen sowie Nomen und Verben mit Präpositionen aus dem Bericht geübt. Außerdem wird dazu ein Vorschlag zum Lernen mit Lernkarten bzw. einer Vokabel-App gemacht.

d TN lesen zwei Zusammenfassungen und sollen in jeder Zusammenfassung einen inhaltlichen Fehler finden. Dieser Aufgabenteil dient dazu, die Aufmerksamkeit der TN darauf zu lenken, dass sie darauf achten müssen, bei Zusammenfassungen inhaltliche Fehler zu vermeiden. Die Fehler in den Zusammenfassungen sind: *Zusammenfassung 1:* Fehler: Bewertung der Belohnungsmittel falsch. *Zusammenfassung 2:* Schlusssatz falsch, da dieser Punkt im letzten Abschnitt des Ausgangstextes relativiert wurde. Dies ist ein wichtiger Punkt, da es in vielen Lesetexten vorkommt, dass Aussagen, die zunächst klar in eine Richtung zu gehen scheinen, an einer anderen Textstelle relativiert werden, und TN sich dadurch in die Irre führen lassen.

Alternative: Das Erkennen der inhaltlichen Fehler kann auch auf Zeit – als Wettspiel – gestaltet werden. TN, die die Fehler entdeckt haben, melden sich bei der Kursleitung. Die Ergebnisse können Sie im Zweiergespräch kontrollieren und die Namen der TN notieren. Damit die anderen Lernenden beim detaillierten Lesen nicht gestört werden, sollte die gemeinsame Kontrolle im Plenum erst erfolgen, wenn alle TN den Lesevorgang abgeschlossen haben.

3 Die gute Zusammenfassung
[Regeln für Zusammenfassung kennen und anwenden]

a TN ordnen Regeln für eine Zusammenfassung erläuternden Sätzen zu. In diesem Aufgabenteil gibt es auf den ersten Blick eine gewisse Dopplung der Regeln 1–7 und der Sätze A–G. Dies ist Absicht. Da die Regeln naturgemäß eher abstrakt gehalten sind, sollen die Sätze noch einmal eine ausführlichere Erläuterung zu jeder Regel bieten, sodass TN sich durch die Zuordnungsaufgabe intensiver mit dem Inhalt der Regeln auseinandersetzen. In einem Tipp erfahren TN, was sie beim Schreiben der Einleitung zu einer Zusammenfassung beachten müssen.

b TN lesen die Zusammenfassungen in 2d noch einmal und beurteilen sie anhand der Regeln in 3a. In beiden Zusammenfassungen wurden je zwei Regeln nicht beachtet. TN erläutern ihre Beurteilung mithilfe von Beispielen aus den Texten.
Die Lösung dieser Aufgabe ist folgende: *Zusammenfassung 1:* 1. Verstoß gegen Regel 3: „Für die Studie wurden den Mitarbeitern einer Fabrik für Computerchips verschiedene Anreize geboten, die die Motivation der Mitarbeiter verstärken sollten." (Diese Information gehört vor die Beschreibung des Ergebnisses.) 2. Verstoß gegen Regel 4: „Dieses Ergebnis ist für mich sehr überraschend." (keine sachliche Darstellung).
Zusammenfassung 2: 1. Verstoß gegen Regel 2: „Er stellt eine Studie von Ariely vor, der durch seine TED-Talks weltweit bekannt geworden ist." (Diese Information steht nicht im Text.) 2. Verstoß gegen Regel 7: Im Bericht geht es darum, dass jedes Unternehmen ein großes Interesse daran hat, die Mitarbeiter „bei Laune" zu halten. (wörtliche Übernahme eines Satzes)

c TN schreiben die Zusammenfassung 1 in 2d neu, indem sie die Regeln aus 3a anwenden und den inhaltlichen Fehler korrigieren. Im ÜB A3 wird eine DSH-Aufgabe zum Formulieren von Satzvarianten angeboten.

d In dieser Aufgabe diskutieren TN in Kleingruppen über die Ergebnisse der Studie und darüber, ob die Studienergebnisse auf sie selbst zutreffen bzw. welche weiteren „kleinen Dinge" die Motivation steigern könnten.

4 Grammatik: Partizipien als Adjektive

In dieser Aufgabensequenz werden die als Adjektiv verwendeten Partizipien I und II in ihrer Bildung, Funktion und Bedeutung geübt. Es wurde hier darauf verzichtet, von „Partizip als Attribut" zu sprechen, um, wie auch in anderen Fällen, eine kompliziertere Grammatikterminologie zu vermeiden.

a TN ergänzen die Lücken in Sätzen mit den Partizipien aus dem Bericht in 2b.

b TN analysieren die Funktion der Partizipien in 4a und kreuzen die richtige von zwei vorgegebenen Lösungen an.

c TN schreiben die Partizipien aus 4a in die richtige Spalte (Partizip I oder Partizip II) und markieren die Adjektivendung.

d TN lesen die Grammatikregeln und formen die Partizipien aus 4a in Relativsätze um. Sie notieren anhand dessen die Bedeutung des jeweiligen Partizips. Im ÜB A4 gibt es dazu eine bildgestützte Übung.

5 Eine motivierende Chefin – Partizipien und Relativsätze

a Zur weiteren Übung der Bedeutungsunterschiede formen TN die Partizipien in Relativsätze um.

b TN formen nun umgekehrt Relativsätze in Partizipien um. Im ÜB A5 wird dies weiter unterstützt. Diese Art von Umformulierungen spielt in vielen DSH-Prüfungen eine Rolle. Im ÜB A6 wird TN noch einmal bewusst gemacht, dass es auch Nomen aus Partizipien gibt, solche kennen TN seit der Grundstufe, z. B. der/die Angestellte.

Erweiterung – Spiel (Kopiervorlage 22): Erstellen Sie Kartensets für Gruppen mit 3–4 TN. Die Sets werden verdeckt in die Tischmitte gelegt. TN 1 beginnt die erste Karte vorzulesen und kontrolliert die Antwort (s. Antwort in Klammern) von TN 2. Dann ist die Reihe an TN 2, TN 3 antwortet usw.

c TN ergänzen die umformulierten Satzanfänge aus 5b zu einem ganzen Satz, tauschen sich in Gruppen über die Sätze aus und wählen daraus einen Favoriten.

B Lob ist nicht gleich Lob

In diesem Lektionsteil steht die Fertigkeit „Schreiben" im Fokus. Dabei geht es wiederum um das zentrale Thema „Zusammenfassung", hier die Kompetenz, eine Zusammenfassung zu schreiben.

1 Richtig loben [Artikel schriftlich zusammenfassen]

a Zum Einstieg ins Thema überlegen TN, wann sie gelobt werden und über welches Lob sie sich besonders freuen. Um an den Lektionsteil A anzuknüpfen, können Sie auf den Zusammenhang zwischen Motivation und Lob eingehen.

b TN lesen den Artikel aus einer Zeitschrift für Psychologie und fassen das Thema in einem Satz zusammen.

c TN wenden hier ihre in den vorangegangenen Lektionen erworbenen Kenntnisse über den Aufbau von Texten an und erstellen zu zweit einen Textbauplan, wie er bereits in der Aufgabe angedeutet ist. Auf diese Weise strukturieren sie ihre Notizen zu den Informationen aus dem Artikel in 1b und bereiten so implizit einen logischen inhaltlichen Aufbau der Zusammenfassung vor. Da im ersten Abschnitt des Artikels mehrere nominalisierte Infinitive vorkommen, ist im ÜB B1 im Kontext der systematischen Wortbildungsaufgaben eine Übung zu den Infinitiven als Nomen angedockt. Diese Übung stellt zudem eine Vorentlastung für die Formulierung der Zusammenfassung dar, da die Konstruktion nominalisierter Infinitiv + Genitiv in Zusammenfassungen häufig vorkommt.

d Anhand von Vorgaben planen TN zusammen eine Zusammenfassung des Artikels in 1b, wobei sie den Textbauplan berücksichtigen, und schreiben dann, jeder für sich, eine Zusammenfassung. Diese Mediationskompetenz ist über die gesamten Lektionen hinweg vorbereitet worden, indem TN immer wieder geübt haben, strukturierte Notizen zu erstellen, den Aufbau von Texten zu analysieren und nun im Lektionsteil A noch die Regeln für eine gute Zusammenfassung kennengelernt haben. In ÜB B2 werden dafür wichtige, eine Zusammenfassung strukturierende Redemittel geübt.

e Die Partner tauschen ihre Zusammenfassungen und beurteilen sie anhand der Kriterien für eine Zusammenfassung in Lektionsteil A, Aufgabe 3.

Erweiterung – Beurteilung Zusammenfassung: Kopieren Sie für jeden TN die Sätze A–G aus A3a und fügen Sie nach jedem Satz 3 Kästchen zum Ankreuzen für die Beurteilung ein. Rubriken / Überschriften sind: erfüllt / teilweise erfüllt / nicht erfüllt. Das macht es für die TN leichter, sich über die jeweilige Beurteilung der Zusammenfassung auszutauschen. Da sich Lektionsteil B mit dem Aspekt „Lob" beschäftigt, können sich die Partner auch gegenseitig loben und kurz darüber diskutieren, ob dies angenehm und motivierend für sie ist oder ob sie sich z. B. eher von der Kursleitung ein Lob wünschen.

C Lob – pro und contra

In diesem Lektionsteil steht die Fertigkeit „Sprechen" im Fokus. Dabei geht es, in der Folge von Lektion 8, um die Kompetenz, eine strukturierte Diskussion zu führen und die Ergebnisse zusammenzufassen.

1 Was halten Sie vom Loben?

Einstieg: Bereiten Sie den Unterrichtsraum für einen Dreieckenaustausch vor, indem Sie die Plakate „Ich stimme zu" / „Ich stimme teilweise zu" / „Ich stimme ganz und gar nicht zu" aufhängen. Lesen Sie dann die erste Aussage von 1a vor und bitten Sie die TN, sich je nach ihrer persönlichen Meinung in der entsprechenden Ecke zu platzieren. Geben Sie den Lernenden 5 Minuten Zeit, sich auszutauschen und über ihre Erfahrungen zu berichten. Verfahren Sie mit den weiteren Aussagen ebenso.

a Die Aufgabenteile 1a und 1b dienen neben dem Lektionsteil B dem inhaltlichen Input für die Diskussion. TN lesen 4 Sätze und die Aussagen von 4 Personen zum Thema „Loben". Sie ordnen die Aussagen den Personen zu.

b TN arbeiten die Begründungen der jeweiligen Person für ihre Position heraus und notieren sie. Im ÜB C1 wird Wortschatz aus den Aussagen geübt.

2 Loben oder nicht? [Diskussion führen]

a TN bilden Vierergruppen. Jede Gruppe wählt eine der Aussagen aus 1a. In den Gruppen wählt je ein Paar Argumente für die Aussage und das andere Paar Argumente dagegen und notiert diese auf Kärtchen. An diese Aufgabe ist im ÜB C2 das Aussprachethema „Pausen in längeren Sätzen" angedockt. Denn gerade falsch gesetzte Pausen können in Diskussionen oder Vorträgen die Kommunikation erheblich stören.

b Jedes Paar überlegt sich auch, welche Einwände ihre Diskussionspartner / Diskussionspartnerinnen bringen könnten und wie sie selbst darauf reagieren können. Diese Reaktionen notieren sie ebenfalls auf Kärtchen. Passend dazu werden im ÜB C3 Redemittel zum Führen von Diskussionen im inhaltlichen Kontext geübt. Diese Aufgabe hilft dabei, dass die Diskussion nicht allzu leicht ins Stocken gerät, da die TN bereits auf Argumente der Diskussionspartner / -partnerinnen vorbereitet sind.

c TN notieren 2 bis 3 Redemittel der Meinungsäußerung, die sie verwenden möchten.

d TN diskutieren zu viert.

e Sie berichten im Kurs über Verlauf und Ergebnis ihrer Diskussion. Hierbei ist es wichtig, dass TN es nicht als Misserfolg werten, wenn es in der Diskussion nicht zu einer allgemeinen Übereinstimmung kam. Es kann auch sehr produktiv sein zu wissen, wie man auf seinem Standpunkt beharrt, ohne dass dies Streit bedeuten muss. Entsprechende Redemittel helfen. Regen Sie die TN an, die Redemittel in ihre Redemittelsammlung zu übertragen.

Erweiterung – Diskussionszusammenfassung: Um die Mediationsaktivität „Kooperation in der Gruppe" zu fördern, bietet sich folgendes Vorgehen an: Nehmen Sie nochmals Bezug zu der Eingangsaktivität „Dreieckenaustausch", indem Sie fragen, wer sich bei der ersten Aussage bei „Ich stimme zu" und wer bei „Ich stimme ganz und gar nicht zu" positioniert hatte. Sammeln Sie 1–2 Argumente für pro und contra. Bilden Sie Kleingruppen und vergeben Sie den Auftrag, eine Zusammenfassung der unterschiedlichen Meinungen in Stichpunkten vorzubereiten. Dabei sollten vor allem Redemittel notiert werden, die sachlich oder respektvoll zum Ausdruck bringen, dass die Aussage kontrovers beurteilt wird. Anschließend trägt jede Gruppe ihre kurze Zusammenfassung vor; die Zuhörer geben Feedback. Am Ende werden die Unterschiede der Zusammenfassungen angesprochen und ggf. neue Redemittel in die Redemittelsammlung eingetragen.

D Gute Chefs und Chefinnen

In diesem Lektionsteil geht es um die Fertigkeit „Hören". Die Kompetenz, Informationen zusammenzufassen, wird hier erweitert, indem TN zu gehörten Informationen Notizen machen, darüber berichten und sie schließlich im Zusammenhang zusammenfassen, d.h., hier werden gleich mehrere Mediationsaktivitäten, die TN über die Lektionen hinweg trainiert haben, miteinander verknüpft: Notizen machen, Informationen weitergeben und einen Text verarbeiten, indem man ihn zusammenfasst.

Einstieg: TN tauschen sich in Kleingruppen darüber aus, was für sie persönlich einen guten Chef / eine gute Chefin ausmacht.

1 Führungskräfte und ihre Mitarbeiter [anhand von Leitfragen Informationen beim Hören notieren]

a TN sehen sich 2 Fotos an, klären – ggf. mit einem Wörterbuch – die Bedeutung von Begriffen im Schüttelkasten, die bestimmte Führungsstile bezeichnen, und sammeln Vermutungen zu 3 Fragen, die sich auf die Fotos, auf Formen der Motivation durch Vorgesetzte und auf die Führungsstile beziehen. Im ÜB D1 wird eine Zuordnungsübung dieser Begriffe zu Worterklärungen angeboten, die den Hintergrund der Führungsstile zusätzlich klar macht.

Erweiterung – Arbeit mit Wörterbuch: Fragen Sie die TN, welche einsprachigen Online-Wörterbücher sie nutzen. Bilden Sie dann Gruppen, die die Adjektive aus 1a in unterschiedlichen Wörterbüchern nachschlagen. Vergleichen Sie am Ende der Recherche die Definitionen und Beispiele.

b TN hören die Einleitung eines Radiointerviews und machen Notizen zum Thema der Sendung und zu den Interviewpartnern (zwei Arbeitgeber mit unterschiedlichen Führungsstilen). TN tauschen sich dann im Kurs aus.

c TN hören in zwei Gruppen. Gruppe A hört die Aussage der einen Führungskraft, Gruppe B die der anderen zum jeweiligen Führungsstil und notiert Informationen zu 3 vorgegebenen Fragegruppen. Das gleichzeitige Hören von verschiedenen Hörtexten lässt sich gut über Klett Augmented organisieren. Dies hat den Vorteil, dass sich für die Mediationsaktivität eine semi-authentische Situation ergibt, wenn später eine Gruppe der anderen über den Inhalt ihres Hörtextes berichtet, da die Inhalte ja für die andere wirklich neu sind.

d TN hören „ihr" Interview noch einmal und machen Notizen dazu, wie die jeweilige Führungskraft ihre Mitarbeiter und Mitarbeiterinnen motiviert.

2 Verschiedene Führungsstile
[hören und Inhalte zusammenfassen]

a TN bilden Viergruppen. Je zwei TN aus Gruppe A und zwei TN aus Gruppe B bilden eine Gruppe. Die Paare informieren sich gegenseitig anhand ihrer Notizen aus 1c und 1d über ihre Person. Das Paar, das jeweils zuhört, macht Notizen.

b Jede Viergruppe schreibt als Team eine Zusammenfassung des gesamten Interviews. Indem die TN auf diese Weise ihre Notizen vergleichen, zusammenführen und gemeinsam ihre Zusammenfassung erstellen, trainieren sie wiederum, gemeinsam Bedeutung zu konstruieren.

Erweiterung – Fehlersuche: Jede Gruppe gibt ihre Zusammenfassung zur Korrektur an die nächste Gruppe weiter. Sammeln Sie die Texte danach ein und lesen Sie diese zu Hause. Erstellen Sie zu häufig auftretenden Fehlern ein Arbeitsblatt mit Suchaufträgen, indem Sie einige fehlerhafte Sätze der TN notieren. Damit die Suche für die TN nicht allzu schwierig wird, können die Fehlerstellen auch markiert werden. Aufgabe der TN ist, in Partnerarbeit die Fehlerquelle zu benennen (z.B. falsche Satzstellung im Nebensatz) und die entsprechende Korrektur vorzunehmen. Dieses Vorgehen zeigt Ihnen, inwieweit die Gruppe in der Lage ist, Fehler zu erkennen (Korrektur des Partnertextes und Erkennen der Fehler auf dem Arbeitsblatt) und selbst zu korrigieren (Verbesserung der Fehler auf dem Arbeitsblatt).

3 Grammatik: Ersatzformen für das Passiv

In dieser Aufgabe werden Passiversatzformen in Sätzen aus dem Radiointerview analysiert und ihre Bedeutung im Zusammenhang mit den Modalverben „müssen" und „können" geübt.

a TN lesen die Sätze aus dem Radiointerview und analysieren, welchem der beiden vorgegebenen Sätze sie entsprechen.

b TN lesen die Sätze aus 3a noch einmal und ergänzen die Tabelle.

c Sie formulieren Sätze mit den Modalverben „können" bzw. „müssen" in Sätze mit der Struktur „sein + zu + Infinitiv" um. Im ÜB D2 wird der Zusammenhang zwischen den Ausdrucksvarianten noch einmal geübt. TN werden dabei darauf hingewiesen, dass allein der Kontext bestimmt, welche Bedeutung die Passiversatzform „sein + zu + Infinitiv" hat.

d TN markieren in den Sätzen in 3c die Modalverben, überlegen, welche Sätze man auch mit „sich lassen + Infinitiv" formulieren kann, und schreiben diese auf. Im ÜB D3 werden Umformulierungen von Sätzen mit „sich lassen" in Passivsätze mit „können" geübt.

e TN formulieren 3 Sätze aus 3c mit „sein + Adjektiv" (Verbstamm + „-bar") um. Im ÜB D4 folgt darauf eine in diesen Kontext passende Wortbildungsübung zu Adjektiven mit den Endungen „-bar" und „-abel". Im ÜB D5 werden alle Umformulierungsmöglichkeiten geübt.

Hinweise zu den Lektionen

4 Was für eine Chef / eine Chefin wären Sie?

Einstieg: Schaffen Sie einen kurzen Übergang zu dieser Aktivität, indem Sie sagen, dass die TN bis jetzt verschiedene Aspekte der Motivation aus Mitarbeiterperspektive betrachtet haben. In Aufgabe 4 geht es nun darum, einen Perspektivwechsel vorzunehmen und die Chefperspektive einzunehmen.

a TN überlegen sich ein Unternehmen, in dem sie Chef / Chefin sind, und notieren Informationen zum Bereich, in dem das Unternehmen arbeitet, zur Anzahl der Mitarbeitenden, zum Führungsstil, sowie dazu, wie sie ihre Mitarbeiter und Mitarbeiterinnen motivieren oder loben bzw. kritisieren. Im ÜB D6 werden in diesem Kontext irreale Sätze mit dem Konjunktiv II geübt.

b TN machen einen Klassenspaziergang und sprechen über die Fragen in 4a. Sie berichten dann im Kurs darüber, bei welchem „Chef", welcher „Chefin" sie gern arbeiten würden.

Erweiterung – Kursstatistik: TN sammeln im Kurs, welche Chef- bzw. Chefinnenrolle die TN jeweils ausgewählt haben und erstellen eine Kursstatistik. Bei Kursen mit TN aus unterschiedlichen Herkunftsländern kann man ggf. noch herausarbeiten, ob die TN aus gleichen Ländern gleiche bzw. ähnliche Chefrollen ausgewählt haben und warum.

Lerntagebuch: TN füllen die Kopiervorlage aus, die Fragen zur Reflexion der Kompetenzen und Lerninhalte sowie zur Einschätzung des Lernfortschritts umfasst.

Auf dem Weg zur Prüfung 9

In diesem Prüfungsteil bezieht sich alles auf das „große" Thema „Zusammenfassung", das auch in Lektion 10 sowie in C1 eine große Rolle spielen wird, weil es viele der bisher trainierten Kompetenzen erfordert und man sowohl im Studium als auch im beruflichen Umfeld immer wieder in die Lage kommt, Informationen aus Lese- oder Hörtexten für andere zusammenzufassen bzw. im wissenschaftlichen Kontext eine Textzusammenfassung zu verfassen. Dies ist auch der Grund dafür, dass die Kompetenz „Informationen zusammenfassen" in verschiedenen Prüfungen abgefragt wird.

Lesen: Zufrieden bei der Arbeit?

 TestDaF

1 Zufriedenheit am Arbeitsplatz
[Hauptaussagen erkennen, notieren und vergleichen]

Dies ist eine relativ komplexe TestDaF-Prüfungsaufgabe. Denn TN müssen dabei einen Lesetext und eine Grafik analysieren und dann eine Zusammenfassung des Textes lesen, die sowohl den Lesetext als auch die Grafik berücksichtigt und zudem 3 Fehler enthält. Es können zwei Fehler aus dem Text sein und einer aus der Grafik oder auch umgekehrt. Dies wird im Tipp zur Prüfungsaufgabe er-

klärt. Zu beachten ist noch, dass die Zusammenfassung nicht dem Textverlauf folgt. Dies sollten sie mit TN besprechen, da es ja oft sinnvoll ist, Informationen in einer Zusammenfassung inhaltlich zu bündeln, statt die Reihenfolge im Ausgangstext beizubehalten. Aber gerade dies fällt TN häufig schwer, wenn sie einen Text zusammenfassen sollen. TN markieren die Sätze in der Zusammenfassung, die falsche Informationen enthalten.

 GI

2 Zufriedenheit am Arbeitsplatz [detailliert lesen und inhaltlich passende Sätze erkennen]

Diese Aufgabe wird über Klett Augmented angeboten. TN lesen eine Variante des Artikels „Zufriedenheit am Arbeitsplatz", der hier mit Lücken abgedruckt ist, und entscheiden, welche der vorgegebenen Sätze A–H in die Lücken 1–6 passen. Im Tipp zur Prüfungsaufgabe erhalten die TN Hinweise dazu, wie sie am besten vorgehen und wie die Bedingungen in der Prüfungsaufgabe sind.

Hören: Motivationsforschung

1 Motivationsforschung – Vorbereitung

Diese Aufgabe dient der Vorentlastung der Vorlesung in 2a, indem sie den TN hilft, die Bedeutung von „explizit" bzw. „implizit" im Kontext der Vorlesung zu verstehen.

 DSH

2 Motivationsforschung
[anhand von Leitfragen Informationen heraushören]

Im Tipp zur Prüfungsaufgabe erhalten TN Informationen zu den Besonderheiten dieser Prüfungsaufgabe und Hilfestellungen für das Vorgehen beim Lösen der Aufgaben. Falls TN die Aufgabe als Hausaufgabe machen, wäre es gut, diesen Tipp vorher ausführlich mit ihnen zu besprechen.

a Da TN an manchen Universitäten den Vortrag zuerst ohne Aufgaben hören müssen, wird hier vorgeschlagen, dass sie zunächst die folgenden Aufgabenteile abdecken und ganz frei ohne Leitfragen Notizen machen. Als Hilfestellung sollten Sie den TN raten, dass sie sich bei den Notizen auf das zentrale Thema der Vorlesung, hier Motivationsforschung konzentrieren.

b TN „erhalten" erst jetzt die Aufgaben 1–3 in 2c und gleichen vor dem zweiten Hören ihre Notizen aus 2a mit diesen Aufgaben ab. Dies entspricht dem in 2a erwähnten Vorgehen an manchen Universitäten, wo die Aufgaben erst vor dem zweiten Hören an TN ausgeteilt werden, die dann 10 Minuten Zeit haben, um ihre Notizen aus dem ersten Hören mit den Aufgaben abzugleichen. Auch hier ist der Tipp hilfreich, da er Vorschläge enthält, wie TN dabei vorgehen können.

c TN hören die Vorlesung ein zweites Mal und machen Notizen zu den Aufgaben 1–3. Hierbei ist besonders die Aufgabe zu beachten, wo TN den Ablauf eines im Vortrag beschriebenen Tests zusammenfassen. Wichtig ist hierbei auch, dass – wie im Tipp erwähnt – nach der neuen Musterprüfungsordnung der DSH die sprachliche Form der Antwort nicht mehr bewertet wird, sondern nur die inhaltliche Angemessenheit und Verständlichkeit. Es wäre zu empfehlen, dass Sie dies mit den TN ausführlich besprechen, und erläutern, was „inhaltliche Angemessenheit" und „Verständlichkeit" in praktischer Hinsicht bedeuten.

TestDaF
3 Motivationsforschung [Vortrag detailliert hören]

In dieser über Klett Augmented angebotenen Test-DaF-Prüfungsaufgabe müssen TN, während sie einen Hörtext hören, einen kurzen schriftlichen Text mitlesen und dabei 4 Wörter im Text markieren, die sich vom Gehörten unterscheiden. Sie hören den Text nur einmal. In diesem Fall ist es ein Auszug aus der Vorlesung zum Thema „Motivationsforschung" aus Aufgabe 2c, Unteraufgabe 1.

Schreiben: In den Flow kommen

1 Wann arbeiten Sie gut und erfolgreich?
[Vorwissen aktivieren]

Diese Aufgabe bereitet auf die TestDaF-Prüfungsaufgabe im Teil „Schreiben" vor, in der TN eine Zusammenfassung schreiben müssen. TN sammeln Bedingungen, unter denen sie gut und effektiv arbeiten können und beschreiben Situationen, in denen sie besonders angenehm und erfolgreich gearbeitet haben. Falls die Aufgabe im Kurs gemacht wird, tauschen TN sich mit einem Partner/einer Partnerin darüber aus.

TestDaF
2 Im Flow arbeiten [Informationen aus Text und Grafik abgleichen und zusammenfassen]

In einem Seminar zur Motivationspsychologie schreiben TN eine Hausarbeit zum Thema „Der Flow-Zustand und seine Wirkungen". Dafür fassen sie Informationen aus einem Artikel und einer Grafik zusammen und setzen die beiden zueinander in Beziehung. Im Tipp zur Prüfungsaufgabe wird darauf hingewiesen, dass TN auf keinen Fall Sätze oder Textteile aus dem Text übernehmen dürfen, sondern alles in eigenen Worten formulieren sollen. Natürlich dürfen einzelne Wörter bzw. Ausdrücke übernommen werden, wie hier z. B. „Flow-Zustand", aber dies ist auf wichtige Ausnahmen begrenzt. TN schreiben ca. 100 bis 150 Wörter und haben 30 Minuten Zeit für diese Aufgabe.

Sprechen: Sind Hausaufgaben ein Problem?

Zu diesem Thema gibt es zwei unterschiedliche Prüfungsaufgaben, zwischen denen Sie bzw. die TN je nach Prüfungsziel auswählen können. Es ist aber durchaus sinnvoll, beide Aufgaben zu machen, da die Aufgabe 1 auch als Vorbereitung für die Aufgabe 2 dienen kann: In 1 konzentrieren sich TN auf ihre eigene Stellungnahme, in 2 wird dies dadurch erweitert, dass TN auf die Meinungen eines Partners/einer Partnerin eingehen und ggf. nachfragen oder um Erklärung bitten müssen. Dafür können sie auf die Redemittelsammlung am Ende des Kursbuchs bzw. auf entsprechende Redemittel in ihrer eigenen Redemittelsammlung zurückgreifen.

DSH
1 Hausaufgaben [Text mündlich zusammenfassen und Stellung beziehen]

a TN lesen einen Kommentar und notieren die zentralen Punkte. Hier handelt es sich um einen Einerseits-Andererseits-Kommentar, der das Für und Wider darstellt, ohne unbedingt zu einem Ergebnis zu gelangen. Dieser Kommentarstil eignet sich hier gut, da TN nicht einfach eine vorgegebene Meinung reproduzieren, sondern ihre eigene Meinung äußern sollen. TN machen Notizen dazu, wie ihre Meinung zu dem Thema ist. Im Tipp zur Prüfungsaufgabe werden sie wiederum darauf hingewiesen, dass sie keine ganzen Sätze notieren sollen, sondern nur Stichpunkte, da sie in der Prüfung frei sprechen müssen und nur eigene Formulierungen verwenden dürfen. In der Prüfung haben sie Zeit für diese Vorbereitung.

b TN fassen den Kommentar anhand ihrer Notizen mit eigenen Worten zusammen und nehmen zum Thema Stellung. Dafür sind ca. 5 Minuten vorgesehen.

telc
2 Hausaufgaben [über strittiges Thema diskutieren]

a TN sollen mit einem Partner/einer Partnerin über den Kommentar in 1a diskutieren. Sie notieren dafür, genau wie in 1a, nur Stichpunkte, also keine ganzen Sätze, da sie in der Diskussion frei sprechen müssen.

b TN diskutieren mit einem Partner/einer Partnerin über den Inhalt des Ratgebertextes, bringen eigene Erfahrungen ein, äußern und begründen ihre Meinung. Dabei gehen sie auch auf die Argumente ihres Gesprächspartners/ihrer Gesprächspartnerin ein, fragen ggf. nach oder bitten um Erklärung und sprechen über mögliche Lösungen. Im Tipp zur Prüfungsaufgabe finden sie praktische Erläuterungen zum Vorgehen in der Prüfung.

Erweiterung – gesteuertes Feedback (Kopiervorlage 23): Falls Sie diese Aufgabe im Unterricht machen, könnten Sie die Aufgabe in Dreiergruppen machen lassen, um auf diese Weise die Mediationshandlungen „Kooperieren in der Gruppe" auszuführen. Zwei TN diskutieren, der/die dritte ist Beobachter und macht mithilfe der Kopiervorlage 23 Notizen zu den mündlichen Beiträgen von TN 1 und TN 2. Anhand der Notizen von TN 3 können die TN im Anschluss reflektieren, wie sie ihre Diskussionsfähigkeit verbessern könnten.

Lektion 10

Überblick

Thema
In dieser Lektion geht es um das Thema „Kommunikation" mit den Aspekten „mündlich und schriftlich angemessen kommunizieren", „interkulturelle Kompetenz", „erfolgreiche Beschwerden" sowie „Aggressivität und Hass im Netz". Das Spektrum wird in „Auf dem Weg zur Prüfung" erweitert um „Kommunizieren im Ausland", „Lästern und Tratschen" und „Kritik äußern und annehmen".

Fertigkeiten und Kompetenzen
Nachdem das Schreiben formeller E-Mails bereits in den Lektionen 3, 6 und 7 („Auf dem Weg zur Prüfung") geübt wurde, wird es im Lektionsteil A noch einmal ausführlich trainiert. Denn formelle E-Mails in einem angemessenen Stil zu verfassen, ist eine Kompetenz, die für TN in Studium und Beruf unabdingbar ist. In den Fertigkeitsbereichen „Lesen", „Hören" und „Sprechen" dreht sich hier, zum Abschluss von B2, alles noch einmal um die wichtige Kompetenz „schriftliche oder mündliche Texte zusammenfassen".

Grammatik
In dieser Lektion steht der Konjunktiv II im Fokus: Im Lektionsteil B werden irreale Bedingungssätze in Gegenwart und Vergangenheit in ihrer Form und Bedeutung trainiert. Im Lektionsteil C geht es um Form und Bedeutung von irrealen Vergleichssätzen mit „als ob", „als wenn" und „als". Dabei werden auch Redemittel geübt, die irreale Vergleichssätze einleiten.

Aufgabensequenzen

A Kommunikation – aber wie?

In diesem Lektionsteil liegt der Fokus auf der Fertigkeit „Schreiben". Die Kompetenz, mündlich bzw. schriftlich angemessen und erfolgreich zu kommunizieren, soll hier trainiert werden.

1 Angemessen mündlich kommunizieren

Einstieg: Fragen Sie die TN, ob sie bereits einmal eine Situation erlebt haben, in der die Kommunikation sehr schlecht funktioniert hat oder sogar ganz gescheitert ist. Lassen Sie die TN erzählen, ohne ihre Beiträge zu kommentieren. Die persönlichen Erfahrungen der TN sollen diese auf das Lektionsthema einstimmen. Außerdem können Sie auf die geschilderten Situationen an späterer Stelle (1c) zurückgreifen, wenn die Gründe für das Nichtgelingen der Kommunikation überlegt werden sollen.

a Zum Einstieg schauen sich TN zu zweit Illustrationen an, auf denen Situationen dargestellt sind, in denen die Kommunikation aus unterschiedlichen Gründen nicht funktioniert, und überlegen, was jeweils das Problem ist und was man in einer solchen Situation sagen sollte, damit das Gespräch gelingt.

b Sie spielen mit einem Partner / einer Partnerin vor, wie sie in einer der Situationen in 1a handeln würden.

c TN berichten im Kurs über Situationen, in denen die Kommunikation nicht funktioniert hat, und stellen Vermutungen an, woran das gelegen haben könnte.

Erweiterung – misslingende Kommunikation: TN überlegen zunächst in Kleingruppen, welche Ursachen es haben könnte, dass die Kommunikation in den im Einstieg geschilderten Situationen nicht funktioniert hat. Sammeln Sie die Vermutungen der Gruppen im Plenum und notieren Sie Stichworte bzw. Kategorien wie: Register, Wortschatz, Grammatik, interkulturelle Missverständnisse usw. an der Tafel / am Whiteboard.

Erweiterung – Rollenspiel (Kopiervorlage 24): TN erarbeiten zu zweit einen kurzen Dialog für eine der Situationen (s. Rollenkarten), der anschließend im Plenum vorgespielt wird. Die Zuhörer geben Feedback darüber, ob die Reaktionen ihrer Meinung nach angemessen waren oder nicht.

2 Erfolgreich schriftlich kommunizieren
[formelle E-Mails verfassen]

In der Folge der Lektionen 3, 6 und 7 („Auf dem Weg zur Prüfung") wird das Schreiben formeller E-Mails weiter trainiert, hier im universitären Kontext.

Einstieg: Fassen Sie nochmals die Aspekte von nicht gelungener Kommunikation zusammen, indem Sie auf die an der Tafel / am Whiteboard notierten Stichpunkte (s. 1c) mit Beispielen eingehen. Verdeutlichen Sie, dass diese die mündliche Kommunikation betreffen, dass es jedoch sehr wohl auch bei schriftlicher Kommunikation zu Missverständnissen, Regelverletzungen bis hin zu Nichtverstehen kommen kann. Dies wird nun in den folgenden Aufgaben vermittelt.

a TN nennen Situationen, in denen sie formelle E-Mails schreiben, und überlegen, was diese von privaten Mails oder Nachrichten über Messenger-Dienste unterscheidet. Notieren Sie die beiden Kategorien: „formelle schriftliche Kommunikation" und „informelle schriftliche Kommunikation" – am besten in Tabellenform – an der Tafel / am Whiteboard und sammeln Sie die von den TN genannten Charakteristika.

b TN lesen in Einzelarbeit zuerst die Tipps in einem Ratgeber für formelle E-Mails und danach die E-Mails an einen Professor / eine Professorin. Sie markieren in den E-Mails die Punkte, die nicht angemessen sind, und überlegen, welche Tipps nicht befolgt wurden. Anschließend vergleichen die TN in Kleingruppen die Ergebnisse und diskutieren darüber. Im ÜB A1a und 1b gibt es dazu passende Übungen. In A1c formulieren TN eine private in eine formelle E-Mail um.

Erweiterung – Umformulierung: TN überlegen zu zweit Umformulierungen für die sprachlich „kritischen Stellen" der Mails.

c TN schreiben eine formelle E-Mail mithilfe der Tipps im Ratgeber in 2b. Dabei können sie zwischen zwei Situierungen wählen: E-Mail im universitären Bereich oder E-Mail im Dienstleistungsbereich. Wenn Sie die E-Mails auf dem Handy, Tablet oder PC schreiben lassen, schaffen Sie eine realistischere Situation. Außerdem zeigt das Rechtschreibprogramm Fehler an, sodass die TN zur Korrektur angeregt werden.

Binnendifferenzierung: Schwächere TN schreiben eine E-Mail zu Situation 2, zu der es im ÜB ein Modell gibt.

B Interkulturelle Kompetenz

In diesem Lektionsteil steht die Fertigkeit „Lesen" im Fokus. Dabei wird die Kompetenz „eine Zusammenfassung schreiben" hier noch einmal ausgebaut, indem die TN weitgehend ungesteuert das anwenden, was sie in den Lektionen 5, 6, 7 und 9 bereits geübt haben.

1 Wie kann interkulturelle Kommunikation gelingen?
[Zusammenfassung mithilfe von Textbauplan schreiben]

a TN überlegen, was sie mit dem Begriff „interkulturelle Kompetenz" verbinden. Um den Einstieg zu erleichtern, können Sie Beispiele für Bereiche und Fähigkeiten, die für interkulturelle Kompetenz relevant sind, an der Tafel / am Whiteboard notieren, z. B.: Toleranz, Wissen über die fremde Kultur, Fähigkeit zum Perspektivwechsel, Fähigkeit, mit unklaren Situationen umzugehen. TN sammeln im Anschluss andere Beispiele. Bei schwächeren Gruppen können Sie eine Reihe von Begriffen vorgeben und TN entscheiden lassen, welche zur Definition von „interkulturelle Kompetenz" passen.

b TN überfliegen ein Vortragsskript zum Thema „Internationale Handlungsfähigkeit", das auf der rechten Seite abgedruckt ist, und notieren die Hauptaussage jedes Abschnitts in der linken Spalte des Textbauplans. Im ÜB B1 wird relevanter Wortschatz geübt. Im ÜB B2a wird eine Übung zum Erkennen von Hauptaussagen angeboten.

c TN lesen das Vortragsskript noch einmal abschnittsweise und notieren die Detailinformationen in der rechten Spalte des Textbauplans. Passend dazu üben TN im ÜB B2b die Erstellung sinnvoller Notizen zu Detailinformationen, indem sie in einem vorgegebenen Notizzettel Stichpunkte streichen, die für das Verfassen der Zusammenfassung unwichtig oder überflüssig sind. Dies zu üben, ist wichtig, da TN erfahrungsgemäß auch noch auf B2 häufig Schwierigkeiten haben, Wichtiges von Unwichtigem zu unterscheiden.

d Mithilfe ihrer Notizen verfassen TN eine Zusammenfassung des Vortrags. TN wenden damit die Mediationsaktivität „Texte verarbeiten", indem man sie zusammenfasst, komplett eigenständig an einem komplexen wissenschaftlichen Text an, nachdem die dafür notwendigen Kompetenzen über die Lektionen 2, 3, 5, 6, 7, 8 und 9 schrittweise trainiert und aufgebaut wurden. Helfen können dabei auch die Tipps in Lektion 9A, 3a. Zur Vorentlastung kann die Übung im ÜB B2c dienen. Dort lesen TN die Abschnitte einer Zusammenfassung, ergänzen passende Redemittel aus einem Schüttelkasten, die die Zusammenfassung gliedern, und bringen die Abschnitte in eine sinnvolle Reihenfolge. Regen Sie die TN an, diese Redemittel in ihre Redemittelsammlung zu übertragen. Im ÜB B2d führen TN das systematische Wortbildungstraining fort; in dem Fall geht es um die passenden Verben zu Nomen mit der Endung „-ion"/„-(a)tion".

Erweiterung – Beurteilung Zusammenfassung: TN tauschen ihre Zusammenfassungen mit einem Partner / einer Partnerin, der / die diese mithilfe des erweiterten Beurteilungsbogens zum Ankreuzen bewertet (s. Erweiterungsvorschlag zu Lektion 9 B1e).

2 Critical Incidents – Was lief da schief?

TN berichten über ihre Erfahrungen mit „Critical Incidents". Die anderen vermuten, warum es zu den Missverständnissen kam, und TN gleichen diese Vermutungen mit ihrer eigenen Interpretation der Situation ab.

Erweiterung – Critical Incidents (Kopiervorlage 25): Verteilen Sie an jede Kleingruppe eine Situationskarte. Die Gruppenmitglieder sprechen über mögliche Gründe für die Missverständnisse und überlegen außerdem, wie man diese vermeiden oder lösen könnte. Indem die TN sich in Gruppen die Gründe für die Missverständnisse und mögliche Lösungen erarbeiten, konstruieren sie gemeinsam Bedeutung und trainieren so die Mediation von Konzepten. Anschließend stellen die Gruppen im Plenum ihre Ergebnisse vor und besprechen sie im Plenum.

Erläuterung zu Situation 1: Zu 1: In Spanien gelten andere Beratungsregeln als in Deutschland. Sprechstunden mit festen Terminen sind Felipe nicht vertraut. Da der Dozent alleine in seinem Büro ist, interpretiert er die Situation aufgrund seines kulturellen Hintergrundes als Möglichkeit, mit dem Dozenten zu sprechen und ihn um Rat zu bitten. Dessen Reaktion und sein Hinweis, er möge sich für seine Sprechstunde anmelden, ist für Felipe unfreundlich und abweisend. Zu 2: An deutschen Universitäten bieten Dozenten regelmäßige Sprechstunden an, um Fragen der Studierenden gemeinsam zu klären. Oft ist es erforderlich, dass sich die Studierenden schriftlich anmelden und möglichst kurz schildern, welche Anliegen sie haben. Die Sprechstundenregelung hat den Vorteil, dass die Dozenten ihren zahlreichen Aufgaben im Hochschulalltag besser nachkommen können.

Erläuterung zu Situation 2: Zu 1: Essen und Trinken ist in marokkanischen Hörsälen, die Orte der Würde verkörpern, untersagt. Dafür stehen die Pausen zur Verfügung. Außerdem sind Professoren und Dozenten in Marokko Respektspersonen, das heißt ihnen gebührt volle Aufmerksamkeit, die nicht durch die Aufnahme von Lebensmitteln gestört werden sollte. Zu 2: Die Hausordnung an deutschen Universitäten untersagt das Mitbringen von Lebensmitteln in die Hörsäle nicht. Studierende haben viele Freiheiten und sind für ihr Verhalten selbst verantwortlich. Wichtig dabei ist, dass sie andere Personen, die der Vorlesung folgen wollen, nicht stören.

Erläuterung zu Situation 3: Zu 1: An Technischen Hochschulen in Deutschland haben praktische Kenntnisse und Fertigkeiten einen hohen Stellenwert. Um die Theorie in der Praxis anzuwenden, arbeiten insbesondere Studierende der Aufbaustudiengänge an Projekten in Werkstattlaboren. Zu 2: In China sind die Studiengänge anders organisiert als in Deutschland. Dort werden die praktischen Fertigkeiten im Grundstudium gelernt, während im Aufbaustudium die Theorie und Forschungsfragen im Vordergrund stehen. Deshalb fühlt sich die Chinesin „degradiert" und möchte keine praktischen Aufgaben mehr durchführen. Dass auch die Forschung eng mit der Praxis verknüpft ist, ist der Chinesin nicht bewusst.

3 Grammatik: Irreale Bedingungen mit dem Konjunktiv II

In diesem Kontext werden Bedeutung, Funktion und Bildung des Konjunktivs II in der Gegenwart und Vergangenheit analysiert, geübt und in einer Kursaktivität angewendet.

a TN lesen irreale Bedingungssätze in der Gegenwart und in der Vergangenheit und schreiben, wie es wirklich ist oder war. Dieser Aufgabenteil dient dazu, die Bedeutung von irrealen Bedingungssätzen zu verstehen.

b Hier analysieren TN die Formen des Konjunktivs in irrealen Sätzen, indem sie die in den Sätzen in 3a markierten Verbformen anschauen und die Regel ergänzen. Im ÜB B3a und 3b werden die Veränderungen analysiert und geübt, die sich beim Vergleich von Realität und Irrealität ergeben. Außerdem wird im ÜB B3c eine Übung zum Sprachvergleich bei der Nutzung des Konjunktivs II angeboten, was im Sinne der Plurilingualität bei Fremdsprachenlernenden besonders wichtig ist, denn die Verwendung des Konjunktivs oder äquivalenter Formen variiert ja von Sprache zu Sprache sehr, was man am vorgegebenen Beispiel des Englischen sieht. Daher lesen TN im ÜB B3d die Sätze noch einmal, sodass sie sich dann anhand der Regel noch einmal bewusst machen können, dass der Konjunktiv II in einem Satzgefüge im Deutschen sowohl im Haupt- als auch im Nebensatz steht. Im Anschluss erhalten TN verschiedene Übungen zur Formulierung von irrealen Bedingungssätzen (3e–3g). Die Aufgabensequenz endet mit einer typischen DSH-Prüfungsaufgabe (3h), in der aus realen Ausgangssätzen irreale Bedingungssätze formuliert werden müssen und umgekehrt.

c TN formulieren Sätze in irreale Bedingungssätze in der Vergangenheit um.

d TN schreiben je 2 Fragen auf eine Karte. Ein Partner / Eine Partnerin beantwortet die Fragen und stellt selbst welche.

Erweiterung – Kursspaziergang (Kopiervorlage 26): Verteilen Sie die Satzanfänge von der Kopiervorlage an die TN. Jeder TN sucht sich einen Partner / eine Partnerin. Partner/in A liest seinen Satzanfang vor, B vervollständigt den Satz. Dann liest Partner/in B vor, A vervollständigt. Die Satzanfänge werden getauscht und jeder TN sucht sich einen neuen Partner / eine neue Partnerin.

C Sich beschweren – wie geht das?

In diesem Lektionsteil steht die Fertigkeit „Hören" im Fokus. Hier wird die Kompetenz, einen Vortrag zu hören und dazu Notizen zu machen, dahingehend erweitert, dass die TN ihre Notizen mit einer schriftlichen Zusammenfassung des Vortrags abgleichen müssen.

1 Sich erfolgreich beschweren [Hauptaussagen erkennen, notieren und vergleichen]

Einstieg: Leiten Sie zu Lektionsteil C über, indem Sie die TN fragen, welche Erfahrungen sie mit Beschwerden im öffentlichen bzw. beruflichen Bereich oder im Bildungswesen gemacht haben. Wann, bei wem und wie sie sich beschwert haben. Fragen Sie auch danach, ob es nach Meinung der TN bei der Art, wie man sich beschwert, Unterschiede zwischen ihrem Herkunftsland und Deutschland gibt.

a TN aktivieren ihr Vorwissen, indem sie Hypothesen darüber aufstellen, welche Tipps eine Konfliktberaterin in einem Vortrag mit dem Titel „Wie beschwert man sich erfolgreich?" geben könnte. Im ÜB C1 werden häufige Nomen-Verb-Verbindungen sowie Verben aus dem Bereich „sich beschweren" geübt.

b TN hören den Vortrag der Konfliktberaterin und machen Notizen. Im ÜB C2 wird eine Übung angeboten, in der TN zwei Notizzettel zum Vortrag analysieren und sinnvolle Notizen von weniger sinnvollen unterscheiden müssen. Dies dient dazu, bestimmte Strategien des Notizenmachens noch einmal bewusst zu machen. Regen Sie im Anschluss einen Austausch im Kurs oder in Kleingruppen darüber an, inwiefern Erwartungen der TN in 1a mit dem in 1b Gehörten übereinstimmen.

c TN vergleichen die abgedruckte schriftliche Zusammenfassung mit ihren Notizen und markieren in der Zusammenfassung zwei inhaltliche Fehler. Diese sind folgende: 1. Es ist immer ratsam, selbst wenn man unter Zeitdruck steht, sich nicht sofort zu beschweren. (In bestimmten Fällen ist es ratsam, sich auch gleich zu beschweren.) 2. Beschwerden funktionieren dann am besten, wenn Sie mithilfe von „Ich-Botschaften" das Verhalten des anderen bewerten. (Man formuliert Ich-Botschaften, ohne den anderen zu bewerten.)

d TN hören ein Telefongespräch zwischen zwei Kollegen und beantworten Fragen nach dem Thema des Gesprächs und danach, welche Tipps aus dem Vortrag in 1b nicht beachtet wurden. Diese Aufgabe kann auch in Partnerarbeit gemacht werden: Jeder TN beantwortet zunächst die Fragen allein, dann vergleichen die Partner die Antworten miteinander.

e TN überlegen, wie das Gespräch erfolgreich verlaufen könnte, wobei ihnen die Tipps der Konfliktberaterin in 1b helfen, und spielen dann das Gespräch mit einem Partner/einer Partnerin. Schlagen Sie TN vor, die Gespräche mit dem Handy aufzunehmen. Denn dadurch können die TN den Vergleich mit der Gesprächsvariante in 1f besser durchführen.

f TN hören eine Variante der Beschwerde (hier in angemessener Form) in 1d und vergleichen sie mit ihrer eigenen Version in 1e.

g TN spielen mit einem Partner/einer Partnerin eine Situation, in der sie sich über einen Kommilitonen/eine Kommilitonin bzw. einen Kollegen/eine Kollegin beschweren. Dadurch dass TN die Beschwerdegespräche in Partnerarbeit erstellen, bauen sie ihre Kompetenz aus, gemeinsam Bedeutung zu konstruieren.

Erweiterung – Rollenspiele: TN überlegen sich jeweils eine Konfliktsituation im Bildungswesen oder im beruflichen Bereich und notieren diese auf Karten. Sammeln Sie die Karten ein und mischen sie diese. Gehen Sie zu einem TN, der zieht eine Karte, liest die Situation vor und wählt einen Partner/eine Partnerin für das Rollenspiel. Verfahren Sie mit den anderen Karten ebenso und achten Sie darauf, dass möglichst viele TN einen Dialog vorspielen.

h TN tauschen sich im Kurs darüber aus, was man in der jeweiligen Kultur beachten muss, wenn man Kritik äußert. Im Anschluss können TN im Kurs sammeln, welche Gemeinsamkeiten und Unterschiede es beim „Beschwerden äußern" in ihren Herkunftsländern gibt. Durch diesen Austausch können TN ihr plurikulturelles Bewusstsein durch neue Erkenntnisse erweitern.

2 Grammatik: Irreale Vergleichssätze mit dem Konjunktiv II

In diesem Kontext werden Bedeutung, Funktion und Bildung von irrealen Vergleichssätzen analysiert, geübt und in einer Kursaktivität angewendet.

a TN lesen Vergleichssätze und analysieren, welche Sätze irreale Vergleiche enthalten.

b TN markieren die Verben in den irrealen Vergleichssätzen in 2a und ergänzen die Regeln, in denen es um Bedeutung, Konstruktion und Wortstellung geht.

c TN lesen irreale Vergleichssätze in Gegenwart und Vergangenheit und notieren, wie es wirklich ist bzw. war.

d Sie lesen Sätze, die eine reale Situation beschreiben, und formulieren sie in irreale Vergleichssätze um. Im ÜB C3 werden dazu Übungen angeboten.

e TN notieren 5 Sätze dazu, was sie am Verhalten von Kollegen oder Kommilitonen stört. Sie tauschen ihre Sätze mit denen eines Partners/einer Partnerin und formulieren dazu irreale Vergleichssätze mithilfe von angebotenen Redemitteln.

Erweiterung – irreale Vergleichssätze: TN notieren in Einzelarbeit auf Karten Aussagesätze zu störenden Verhaltensweisen von Bekannten, Freunden/Freundinnen, Kollegen/Kolleginnen etc. Sammeln Sie die Karten ein und verteilen Sie diese gleichmäßig auf Stühle/Tische in den 4 Ecken des Unterrichtsraums. Notieren Sie die im Buch abgedruckten Redemittel zeilenweise auf Plakate und pinnen Sie diese an die Eckenwände. Die TN verteilen sich auf die 4 Ecken und arbeiten paarweise zusammen. Partner/in A nimmt eine Karte auf, liest vor, Partner/in B formuliert mit einem der Redemittel einen irrealen Vergleichssatz. Dann nimmt Partner/in B eine Karte auf und Partner/in A formuliert. Wenn die TN alle dort liegenden Karten bearbeitet haben, wandern sie zur nächsten Ecke und formulieren weitere Aussagesätze um. Die Aktivität endet, wenn die TN alle Raumecken durchlaufen haben.

D Aggressivität und Hass im Netz

In diesem Lektionsteil geht es um die Fertigkeit „Sprechen". Wie im Lektionsteil „Lesen" wird hier die Kompetenz, zentrale Inhalte eines Lesetextes so strukturiert zu notieren, dass man alle wichtigen Informationen zusammenfassen kann, trainiert. Während es im Lektionsteil „Lesen" aber um die schriftliche Zusammenfassung ging, steht hier die mündliche Zusammenfassung im Fokus.

1 Hasskommentare im Netz
[Artikel mündlich zusammenfassen]

a TN lesen zunächst nur die Überschrift eines Artikels und tauschen sich darüber aus, was ihnen zu „Hate Speech" einfällt und welche eigenen Erfahrungen sie damit haben.

Alternative: Fassen Sie die wichtigsten Informationen aus Lektionsteil C zur (kulturell) angemessenen Form einer Beschwerde im öffentlichen Bereich zusammen. Schaffen Sie danach einen Übergang zu unangemessenem Verhalten bei Beschwerden im öffentlichen Bereich, indem Sie die TN fragen, was sie über Hassreden wissen und ob sie bereits in Kontakt damit gekommen sind.

b TN lesen den Artikel und notieren die zentralen Inhalte des Artikels so deutlich, dass sie sie ohne Schwierigkeiten für eine mündliche Zusammenfassung verwenden können. In einem Tipp werden die TN ebenfalls darauf hingewiesen, Informationen so zu notieren, dass man sie zu einem späteren Zeitpunkt noch lesen und verstehen kann. Es empfiehlt sich auch, dies mit TN immer wieder zu besprechen oder sie kleine Aktivitäten dazu machen zu lassen. Hier könnten sie z. B. ihre Notizen mit einem Partner/einer Partnerin tauschen und versuchen, den Artikel mithilfe dieser Notizen zusammenzufassen. Dem kann ein Austausch darüber folgen, ob die Notizen dazu geeignet waren, und was man vielleicht verbessern könnte.

c TN schließen das Buch und fassen den Artikel mithilfe ihrer Notizen in 1b mündlich zusammen. Sie trainieren damit die Mediationskompetenz „Texte verarbeiten" auch mündlich, nachdem sie sie im Lektionsteil „Lesen" schriftlich angewendet haben. Ein Partner/Eine Partnerin kontrolliert mithilfe seiner/ihrer Notizen, ob die Zusammenfassung alle wichtigen Informationen enthält. Im ÜB D1a wird relevanter Wortschatz geübt, der in ÜB D1b für die Ergänzung von Lücken in einer Musterzusammenfassung verwendet wird. Auf diese Weise haben TN, die noch unsicher beim Zusammenfassen sind, ein Beispiel.

Binnendifferenzierung: Schwächere TN können in dem Text im ÜB D1b die Redemittel markieren, die für eine Zusammenfassung wichtig sind. TN können diese dann für ihre mündliche Zusammenfassung des Artikels „Hate Speech" verwenden. Regen Sie die TN an, die Redemittel in ihre Redemittelsammlung zu übernehmen.

d TN tauschen sich darüber aus, ob sie oder eine Person, die sie kennen, bereits Erfahrungen mit Hasskommentaren gemacht hat und wie sie oder die Person darauf reagiert hat.

Alternative: TN tauschen sich in Kleingruppen aus. In jeder Kleingruppe sollte ein TN mit einschlägigen Erfahrungen vertreten sein. Der/Die Betroffene schildert kurz die Situation und berichtet über seine/ihre Reaktionen auf die Hassreden. Anschließend diskutieren die anderen Gruppenmitglieder, wie sie in einer solchen Situation reagieren würden.

e TN sprechen im Kurs über verschiedene Möglichkeiten, wie man auf Hasskommentare reagieren kann. Im ÜB D2a werden bestimmte Reaktionsweisen angeboten, denen TN vorgegebene Begründungen zuordnen. In 2b formulieren sie ihre persönliche Meinung mithilfe der Vorschläge in 2a. In diesem Zusammenhang wird im ÜB D3 die Satzmelodie in längeren Sätzen am Beispiel von Meinungsäußerungen zur Reaktion auf Hasskommentare analysiert und geübt. Beide Übungen können auch zur Vorentlastung des Kursgesprächs in 1e dienen.

Erweiterung – Projekt: TN recherchieren in Kleingruppen, welche rechtlichen Konsequenzen Hassreden im Netz haben und was dabei strafbar ist. Die Gruppen präsentieren die Ergebnisse dann im Kurs. In Kursen mit TN aus verschiedenen Herkunftsländern bietet es sich an, dass TN sich in Gruppen nach Herkunftsland zusammentun und die Situation in ihrem Herkunftsland recherchieren. Indem sie die TN Aufgaben immer wieder in Kleingruppen erarbeiten lassen, trainieren die TN im Sinne der Mediation von Konzepten die Fähigkeit, in Gruppen zu interagieren, sich gemeinsam zu organisieren und im Team eine Aufgabe zu erarbeiten.

Lerntagebuch: TN füllen die Kopiervorlage aus, die Fragen zur Reflexion der Kompetenzen und Lerninhalte sowie zur Einschätzung des Lernfortschritts umfasst.

Auf dem Weg zur Prüfung 10

In diesem Prüfungsteil am Ende von B2 bezieht sich alles auf das „große" Thema „Zusammenfassung", das auch in C1 weiterhin eine große Rolle spielen wird, da es von großer Relevanz für Studium und Beruf ist. Es erfordert zudem viele der bisher trainierten Kompetenzen wie Notizen machen, Textaufbau und Argumentationsstruktur erkennen, wesentliche Informationen herausfiltern etc., die wiederum in verschiedenen Prüfungen abgefragt werden.

Lesen: Kommunizieren im Ausland

 DSH

1 Studium im Ausland
[Hauptaussagen schriftlich zusammenfassen]

Wichtig bei dieser Aufgabe ist, dass TN sich bewusst sind, dass sie in ihrer Zusammenfassung keine Sätze oder längeren Elemente aus dem Ausgangstext verwenden dürfen. Natürlich können Fachtermini oder notwendige Schlüsselbegriffe wie „interkulturelle Kompetenz" übernommen werden, aber alle anderen Informationen müssen paraphrasiert werden. Darauf weist auch der Tipp zur Prüfungsaufgabe hin.

a TN lesen den Artikel und notieren dabei die Hauptaussagen jedes Abschnitts.

b TN fassen die Schwierigkeiten, die laut einer Studie während eines Studiums im Ausland auftreten können, schriftlich in eigenen Worten und mithilfe ihrer Notizen in 1a zusammen. Als Erweiterung können TN auch üben, den Bericht mündlich zusammenzufassen.

 DSH

2 Studium im Ausland
[Ausdrücke im Kontext erläutern]

TN lesen den Bericht über die Studie „Studium im Ausland – Vorteile und Herausforderungen" noch einmal und erläutern mit eigenen Worten, was mit den folgenden 3 Ausdrücken im Textzusammenhang gemeint ist. Hier müssen TN darauf achten, dass sie keine Textteile direkt übernehmen; nur das Übernehmen von einzelnen Ausdrücken, die nicht sinnvoll ersetzbar sind, ist erlaubt. Darauf weist auch der Tipp zur Prüfungsaufgabe hin.

3 Studium im Ausland [Bezugswörter erkennen]

In dieser über Klett Augmented angebotenen DSH-Prüfungsaufgabe geht es um Fragen der Textkohäsion. TN müssen in 3 Auszügen aus dem Bericht „Studium im Ausland – Vorteile und Herausforderungen" jeweils exakt das Wort, die Wortgruppe oder den Teilsatz unterstreichen, worauf sich die im Text markierten Wörter jeweils beziehen.

Lesen: Praktikum im Ausland (Lesen)

1 Auslandspraktikum [Standpunkte verstehen]

TN lesen in einer Zeitschrift 8 Meinungsäußerungen zum Thema „Praktikum im Ausland" und entscheiden, welche der 6 Überschriften zu welcher Meinungsäußerung passt. Überschrift 0 dient als Beispiel, sodass die entsprechende Meinungsäußerung (A) nicht noch einmal verwendet werden kann. Falls TN diese Prüfungsaufgabe zu Hause machen, wäre es gut, den Tipp zur Prüfungsaufgabe ausführlich mit den TN zu besprechen, weil er wichtige Hinweise zum Vorgehen beim Lösen der Aufgabe enthält.

Hören: Warum lästern und tratschen wir gerne?

1 Lästern und Tratschen [Vorwissen aktivieren]

TN aktivieren ihr Vorwissen, indem sie zwei Wörterbucheinträge zu den Begriffen in der Überschrift lesen und die Abbildung betrachten. Dann tauschen sie sich im Kurs darüber aus, was ihnen zu „lästern" und „tratschen" einfällt.

Erweiterung – Abkürzungen in Wörterbüchern: Falls Sie die Aufgabe im Unterricht machen, würde sich hier eine Aufgabe zur Arbeit mit Wörterbüchern anbieten: Richten Sie die Aufmerksamkeit der TN auf die Abkürzung „ugs". Fragen Sie, ob diese bekannt ist und was sie bedeutet. Fragen Sie die TN danach nach weiteren Abkürzungen, die sie von Wörterbüchern her kennen. Schreiben Sie dann folgende Fragen an die Tafel / ans Whiteboard, die TN zu zweit bearbeiten sollen:
– Was bedeuten folgende Abkürzungen: „fachspr.", „standardspr.", „umg.", „wiss."? Geben Sie ein Beispiel für jeden Begriff.
– Wie werden die Wortarten Artikel, Adjektiv, Adverb, Präposition, Pronomen abgekürzt?
– Geben Sie die Webseiten an, auf denen Sie recherchiert haben.

2 Lästern und Tratschen
[Hauptaussagen erkennen, notieren und vergleichen]

Bei dieser TestDaF-Prüfungsaufgabe hören TN den Text nur einmal und machen sich während des Hörens Notizen zu den wichtigsten Informationen. Nach dem Hören sehen sie eine schriftliche Zusammenfassung, die 2 Sätze mit falschen Informationen enthält. Sie müssen diese Sätze mithilfe ihrer Notizen finden und markieren. Dafür haben sie 2:30 Minuten Zeit. Dieses Vorgehen wird im Tipp zur Prüfungsaufgabe beschrieben, den Sie mit TN besprechen sollten, bevor diese die Aufgabe machen.

a TN decken die Zusammenfassung unten auf der Seite mit einem Blatt Papier ab und hören den Vortrag zum Thema „Lästern und Tratschen". Beim Hören machen Sie Notizen. Da TN beim digitalen TestDaF die Zusammenfassung in der Prüfung erst nach dem Hören auf dem Bildschirm zu sehen bekommen, wird dies hier simuliert, indem TN die Zusammenfassung vor dem Hören abdecken.

b TN vergleichen die Zusammenfassung mit ihren Notizen und markieren in der Zusammenfassung die zwei Sätze mit falschen Informationen.

3 Lästern und Tratschen [Vortrag detailliert hören]

TN hören über Klett Augmented den ersten Teil des Vortrags zum Thema „Lästern und Tratschen" noch einmal und vervollständigen 4 Sätze. Wichtig bei dieser DSH-Prüfungsaufgabe ist es, dass TN die Sätze nicht aus ihrem Weltwissen, sondern mit Informationen ergänzen, die im Vortrag genannt wurden. Dabei hilft es, wenn sie bei den Satzanfängen auf Signalwörter achten, die Informationen darüber geben, um welchen logischen Anschluss es geht, wie z. B. „denn, weil, damit" etc. Der Tipp zur Prüfungsaufgabe weist darauf hin.

4 Lästern und Tratschen
[Hauptaussagen im Detail verstehen]

In dieser über Klett Augmented angebotenen DSH-Prüfungsaufgabe müssen TN Details aus dem Hörtext verstehen, diese notieren und in Stichpunkten wiedergeben. Dafür hören Sie den zweiten Teil des Vortrags zum Thema „Lästern und Tratschen" noch einmal und machen strukturierte Notizen, indem sie in einer Tabelle zu den Aspekten „Situation", „Auswirkung des Lästerns" und „Funktion des Lästerns" Stichpunkte zu den jeweiligen Detailinformationen notieren.

5 Lästern und Tratschen [Vortrag detailliert hören]

In dieser über Klett Augmented angebotenen DSH-Prüfungsaufgabe hören TN den dritten Teil des Vortrags und beantworten die Frage nach der persönlichen Einstellung des Autors gegenüber dem Lästern. Hierbei müssen sich die TN sehr konkret auf die im Vortrag genannten Punkte beziehen. Falls TN diese Aufgabe im Kurs machen, könnten Sie vorher noch einmal typische Redemittel mit den TN wiederholen, die die Mitteilungsabsichten eines Autors charakterisieren, wie z. B. „Der Autor ist davon überzeugt, dass …"; „Er betont / warnt davor …" etc. Falls nicht, könnten Sie ihnen empfehlen, sich diese noch einmal zu Hause anzuschauen, bevor sie die Aufgabe lösen. In der Redemittelsammlung im Anhang des Buches finden TN auch Redemittel, um die Aussagen eines Autors bzw. aus einem Text wiederzugeben.

Sprechen: Kritik äußern und annehmen

TestDaF

1 Kritisieren [Text mündlich zusammenfassen]

Bei dieser TestDaF-Aufgabe ist es sehr wichtig, dass TN gut strukturierte und gut lesbare Notizen machen, denn sie brauchen diese für ihre mündliche Zusammenfassung. In der Prüfung verschwindet der Text nach 4 Minuten vom Bildschirm, sodass TN für ihre Zusammenfassung nur auf ihre eigenen Notizen zurückgreifen können.

a TN lesen einen Auszug aus einem Ratgebertext zum Thema „Kritikfähigkeit", den sie für die anderen in ihrer Arbeitsgruppe zusammenfassen wollen, und notieren dafür die zentralen Punkte.

b Um die Prüfungsaufgabe zu simulieren, decken TN den Ratgebertext ab und fassen ihn anhand ihrer Notizen in 1a mündlich zusammen. Dafür haben sie 2 Minuten Zeit. Wie in vergangenen mündlichen Aufgaben ist es auch hier nützlich, wenn TN ihre Zusammenfassung mit einem Smartphone aufnehmen und sie zusammen mit einem Partner / einer Partnerin oder mit Ihnen anhören, um zu überlegen, was sich verbessern ließe.

 telc

2 Kritisieren [über strittiges Thema diskutieren]

TN wenden hier im Rahmen der telc-Prüfungsaufgabe die Kompetenz „über ein strittiges Thema diskutieren" an. Die gleiche Prüfungsaufgabe haben TN auch in „Auf dem Weg zur Prüfung 9" geübt. Hier wird mit Absicht noch einmal die Möglichkeit, diesen Aufgabentyp zu trainieren, angeboten, weil in diesem Verschiedenes verlangt wird, was TN über die Lektionen hinweg trainiert haben, nämlich Informationen aus einem Text strukturiert zu notieren, den Inhalt bzw. die wichtigsten Aussagen des Textes mithilfe der Notizen wiederzugeben, Stellung zu einem Thema zu beziehen und dabei auf die Argumente des Gegenübers einzugehen.

a TN sollen mit einem Partner / einer Partnerin über den Inhalt des Ratgebertextes in 1a diskutieren. Sie notieren genau wie in Aufgabe 1 Stichpunkte, da sie in der Diskussion frei sprechen müssen. Im Tipp zur Prüfungsaufgabe finden Sie Hinweise zum Ablauf der Prüfung und erhalten Hilfestellung durch 4 Leitfragen.

b TN diskutieren mit einem Partner / einer Partnerin über den Inhalt des Ratgebertextes, bringen eigene Erfahrungen ein, äußern und begründen ihre Meinung. Dabei gehen sie auch auf die Argumente ihres Gesprächspartners / ihrer Gesprächspartnerin ein, fragen ggf. nach oder bitten um Erklärung und sprechen auch über Möglichkeiten, auf welche Weise man Kritik äußern kann.

Zusatzanmerkung: In diesem Prüfungsteil gibt es ausnahmsweise keine gesonderten Prüfungsaufgaben zur Fertigkeit „Schreiben". Der Grund dafür liegt darin, dass die Fertigkeit „Schreiben" über den Prüfungsteil „Lesen" abgeprüft wird, indem TN dort eine Zusammenfassung schreiben müssen.

Lektion 1B — Kopiervorlage 1

Podiumsdiskussion zum Thema „Fehlerkorrektur"

Sozialform: Podiumsdiskussion in Gruppen à 8 TN
Material: eine Rollenkarte für jeden TN
Diskussionszeit: 10–15 Minuten

Anleitung: Erläutern Sie die Situation: TN sind Teilnehmer / Teilnehmerinnen eines Deutschkurses. Der Kursleiter / Die Kursleiterin hat das Thema „Fehlerkorrektur" besprochen und erklärt, wie er / sie vorgehen möchte. Verteilen Sie die Rollenkarten. TN vertreten in der anschließenden Diskussion die auf der Rollenkarte beschriebene Meinung.

A. Ich finde die unterschiedlichen Korrekturarten viel zu kompliziert. Ich möchte, dass sowohl beim Schreiben als auch beim Sprechen immer alle Fehler korrigiert werden. Vor allem wenn ich spreche, sollte mich der / die KL sofort auf den Fehler hinweisen.

B. Die unterschiedlichen Korrekturarten finde ich sehr gut. Vor allem sollte ein Unterschied beim Sprechen gemacht werden. Wenn ich längere Zeit spreche, z. B. bei Präsentationen oder Diskussionen, dann möchte ich nicht ständig oder öfter unterbrochen werden. Am Ende weiß ich dann nicht mehr, was ich sagen wollte.

C. Bei der schriftlichen Korrektur ist es mir wichtig, dass der / die KL die richtigen Formen und Wörter in meinen Text schreibt. Was nützt es mir, wenn da Korrekturzeichen stehen und ich mich selbst korrigieren soll?

D. Bei schriftlichen Texten finde ich es gut, wenn ich selbst angeregt werde, meine Fehler zu korrigieren. Deshalb finde ich ein System mit Korrekturzeichen ganz wichtig. Es muss allerdings klar sein, für welche Fehler die Zeichen stehen.

E. In meinem Herkunftsland gab es diese Reflexionsphasen über Grammatik und Fehler kaum. Ich finde das ist Zeitverschwendung, wenn der / die KL während eines mündlichen Austauschs oder einer Diskussion Fehler notiert und am Ende darüber nachgedacht wird, was falsch daran ist. Warum sagt er denn nicht gleich, wie es richtig heißen muss?

F. Für mich ist neu, dass der / die KL auf unterschiedliche Art und Weise Korrekturen vornimmt – vor allem beim Sprechen. Wenn eine neue Grammatik in Einzelsätzen geübt wird, dann wird sofort verbessert; wenn es um Austausch oder Präsentationen geht, dann wird erst danach verbessert. Dabei steht Verstehen im Vordergrund und nicht fehlerfreie Grammatik – genauso wie in einem Gespräch außerhalb des Unterrichts.

G. Letzte Woche haben wir im Unterricht eine E-Mail geschrieben. Dann hat der / die KL gesagt: „Tauschen Sie die E-Mails mit einem Partner / einer Partnerin und korrigieren Sie dessen / deren E-Mail." Was ist denn das? Wir sind hier, um zu lernen und nicht KL zu sein, der Texte korrigiert. Vielleicht hat der / die KL zu wenig Zeit, um das zu Hause zu machen?

H. Letzte Woche haben wir im Unterricht eine E-Mail geschrieben. Dann hat der / die KL gesagt: „Tauschen Sie die E-Mails mit einem Partner / einer Partnerin und korrigieren Sie dessen / deren E-Mail." Dieses Vorgehen finde ich toll, denn ich kann dann über Grammatik, Wörter und Textaufbau mit etwas Abstand nachdenken. Wenn man die eigenen Texte korrigiert, dann ist man oft überzeugt, dass das meiste richtig ist. Außerdem haben mein Partner und ich anschließend sehr viel über Grammatik diskutiert. Da habe ich viel gelernt.

Lerntagebuch

Lektion: _____	
Welche Kompetenzen wurden in der Lektion vermittelt? Teil A: Teil B: Teil C: Teil D:	
Welche Schritte zur Kompetenzerreichung sind mir leicht gefallen? Welche Schritte zur Kompetenzerreichung sind mir schwer gefallen?	
Diese Texte habe ich geschrieben: Diese Präsentationen / Kurzvorträge habe ich gehalten: An diesen Diskussionen habe ich teilgenommen:	
Welche Ziele möchte ich erreichen? Bis wann?	
Wie möchte ich das erreichen?	
Tipps von Kursteilnehmer/innen oder Kursleiter/in:	

Spiel zum Thema „Passivkonstruktionen"

Sozialform: Kleingruppe mit 4–5 TN (3–4 Spieler sowie 1 TN für die Kontrolle der Lösungen)
Material: Spielplan, Würfel, verschiedenfarbige Spielsteine, Lösungsblatt
Spielzeit: 10 Minuten

Anleitung: Bilden Sie Kleingruppen, jede Gruppe erhält einen Spielplan, einen Würfel sowie verschiedenfarbige Spielsteine – pro Spieler einen Spielstein. Ein TN spielt nicht mit, sondern kontrolliert die Lösungen. TN bewegen die Spielsteine vom Startfeld aus in Pfeilrichtung. Der jüngste Spieler beginnt, würfelt, zieht seinen Spielstein, liest die Angaben auf dem Feld und bildet die für das entsprechende Stockwerk richtige Passivkonstruktion, z. B. im EG: Passiv Präsens. Der TN mit dem Lösungsblatt gibt Rückmeldung darüber, ob die Form korrekt oder falsch gebildet wurde. Ist der Satz nicht richtig, muss der jeweilige Spieler auf das Spielfeld zurück, auf dem er / sie vorher stand. Danach kommt der nächste Spieler im Uhrzeigersinn an die Reihe. Gewonnen hat, wer als Erster das Ziel erreicht hat.

Ziel	24. Die erste Gemüse- und Obsternte … in einem Flyer … (ankündigen)	23. Das Fest … lange vorher … (planen)	22. Gute Werkzeuge … (aussuchen)	21. Geeignete Pflanzen … vorher … (kaufen)	20. Viele Bekanntschaften … (schließen)	19. Nach einer Brachfläche … lange … (suchen)	**Perfekt**
Perfekt	13. Eine Brachfläche … (finden)	14. Gute Beziehungen zu anderen … (aufbauen)	15. Die Pflanzen … regelmäßig … (gießen)	16. Werkzeuge … (erwerben)	17. Ein Fest zur Einweihung des Gemeinschaftsgartens … (feiern)	18. Die erste Gemüse- und Obsternte … von den Bewohnern des Stadtviertels … (planen)	
	12. Probleme … mit neuer Technologie … (können / lösen)	11. Das Wachstum der Pflanzen … bei vertikaler Landwirtschaft genau … (müssen / kontrollieren)	10. Der Landverbrauch … dadurch … (können / verringern)	9. Die Gemeinschaftsgärten … von einem Verein … (verwalten)	8. Obst und Gemüse … gemeinsam … und … (anbauen / ernten)	7. Die Flächen … von Menschen eines Stadtviertels … (bearbeiten)	**Präteritum**
Präsens	1. Die Flächen … von Menschen eines Stadtviertels … (bearbeiten)	2. Obst und Gemüse … gemeinsam … und … (anbauen / ernten)	3. Die Gemeinschaftsgärten … von einem Verein … (verwalten)	4. Der Landverbrauch … dadurch … (können / verringern)	5. Das Wachstum der Pflanzen … bei vertikaler Landwirtschaft genau … (müssen / kontrollieren)	6. Probleme … mit neuer Technologie … (können / lösen)	

Start ➡

Lösungen zu Kopiervorlage 3, Lektion 2B

1. Etage: Präsens

1. Die Flächen werden von Menschen eines Stadtviertels bearbeitet.
2. Obst und Gemüse werden gemeinsam angebaut und geerntet.
3. Die Gemeinschaftsgärten werden von einem Verein verwaltet.
4. Der Landverbrauch kann dadurch verringert werden.
5. Das Wachstum der Pflanzen muss bei vertikaler Landwirtschaft genau kontrolliert werden.
6. Probleme können mit neuer Technologie gelöst werden.

2. Etage: Präteritum

7. Die Flächen wurden von Menschen eines Stadtviertels bearbeitet.
8. Obst und Gemüse wurden gemeinsam angebaut und geerntet.
9. Die Gemeinschaftsgärten wurden von einem Verein verwaltet.
10. Der Landverbrauch konnte dadurch verringert werden.
11. Das Wachstum der Pflanzen musste bei vertikaler Landwirtschaft genau kontrolliert werden.
12. Probleme konnten mit neuer Technologie gelöst werden.

3. Etage: Perfekt

13. Eine Brachfläche ist gefunden worden.
14. Gute Beziehungen zu anderen sind aufgebaut worden.
15. Die Pflanzen sind regelmäßig gegossen worden.
16. Werkzeuge sind erworben worden.
17. Ein Fest zur Einweihung des Gemeinschaftsgartens ist gefeiert worden.
18. Die erste Gemüse- und Obsternte ist von den Bewohnern des Stadtviertels geplant worden.

4. Etage: Perfekt

19. Nach einer Brachfläche ist lange gesucht worden.
20. Viele Bekanntschaften sind geschlossen worden.
21. Geeignete Pflanzen sind vorher gekauft worden.
22. Gute Werkzeuge sind ausgesucht worden.
23. Das Fest ist lange vorher geplant worden.
24. Die erste Gemüse- und Obsternte ist in einem Flyer angekündigt worden.

Lektion 3C

Kartenspiel zur Wortschatz- und Grammatikwiederholung

Sozialform: Kleingruppe à 4 TN
Material: 1 Kartenset pro Kleingruppe
Spielzeit: 10–15 Minuten

Anleitung: Die Karten liegen verdeckt auf dem Tisch. Spieler 1 nimmt die erste Karte und liest die Aufgabe. Spieler 2 – nächster TN im Uhrzeigersinn – gibt die Antwort, die von Spieler 1 mithilfe der Lösung in Klammern kontrolliert wird. Ist die Aufgabe richtig und vollständig gelöst, kann Spieler 2 die Karte behalten. Kann er/sie keine Antwort geben, ist der nächste Spieler an der Reihe. Dann nimmt Spieler 2 die nächste Karte auf, liest den Text und Spieler 3 antwortet.

Nennen Sie zwei Nomen, die von dem Verb „lügen" abgeleitet sind.

(z. B. die Notlüge, die Selbstlüge, die Lebenslüge, die Angstlüge)

Bilden Sie zwei Verben mit den Vorsilben er- oder ver- aus den Adjektiven: leicht/tief.

(z. B. erleichtern, vertiefen)

Erklären Sie den Unterschied zwischen „lügen" und „betrügen".

(– **„lügen"** bedeutet bewusst die Unwahrheit sagen. Dies kann verschiedene Ursachen haben: von der Notlüge bis hin zur Angstlüge.
– **„betrügen"** ist bewusstes Täuschen und oft eine strafbare Handlung mit juristischen Konsequenzen)

Ergänzen Sie den Satz mit den Wörtern in Klammern.

_____ engen Beziehungen sind Lügner oft besonders höflich.
(zu – Aufbau – von)

(Zum Aufbau von engen Beziehungen sind Lügner oft besonders höflich.)

Nennen Sie ein Verb mit ähnlicher Bedeutung (Synonym) zu: „schwindeln".

(z. B. flunkern, schummeln)

Nennen Sie mindestens 2 Ausdrücke, mit denen man Gegensätze ausdrücken kann.

(während, dagegen, hingegen, jedoch, im Gegensatz zu, aber, doch)

Wie heißen die Wörter für diese Erklärungen?
1. lebendes Futter für Raubtiere
2. Gebiet, das ein Tier als eigenen Bereich ansieht

(1. die Beute, 2. das Revier)

Formulieren Sie den Satz um, indem Sie einen Nebensatz mit „um … zu" verwenden:
„Die Hinweise der Polizei sind für den Schutz vor Trickbetrügern wichtig."

(Um vor Trickbetrügern zu schützen, sind die Hinweise der Polizei wichtig. / Die Hinweise der Polizei sind wichtig, um vor Trickbetrügern zu schützen.)

Mit welchen Wörtern/Ausdrücken kann man ein Ziel oder einen Zweck ausdrücken?

(damit, um … zu, für + Akk., zu + Dat.)

Nennen Sie zu „Schaubild" Wörter mit ähnlicher Bedeutung.

(die Grafik, das Diagramm, die Zeichnung)

Nennen Sie zusammengesetzte Nomen:
1. der _____ betrug
2. die _____ wahrheit

(1. Selbstbetrug, 2. Unwahrheit, Halbwahrheit)

Nennen Sie zu dem Adjektiv „falsch" das Verb und das Nomen.

(Verb: fälschen, Nomen: die Fälschung)

Feedback-Simulation

Sozialform: Großgruppe
Material: Rollenkärtchen
Diskussionszeit: Rollenspiel: ca. 5 Minuten, Diskussion: 10–15 Minuten, insgesamt: 15–20 Minuten

Anleitung: Verteilen Sie untenstehende Rollenkarten an 3 freiwillige TN. TN 1 ist der Vortragende; TN 2 gibt direkte Rückmeldung mit den in Lektion 2 erarbeiteten Tabuwörtern wie „total falsch"/„sehr schlecht" usw.; TN 3 gibt eine zu positive Rückmeldung ohne klare Aussagen über die Qualität des Kurzvortrags. Nach der Simulation sollen die TN zunächst den Vortrag und anschließend die Rückmeldungen bewerten sowie ein angemessenes Feedback formulieren. Zur Bewertung des Vortrags sollten Sie nochmals auf die mit den Lernenden in Lektion 2, Teil D erarbeiteten Kriterien wie Aufbau des Kurzvortrags, Sprechflüssigkeit etc. verweisen.

TN 1 Vortragender:
Lesen Sie den folgenden Text Wort für Wort ab und schauen Sie wenig auf die Zuhörer. Sprechen Sie möglichst schnell und undeutlich. Zeigen Sie ein unruhiges/unsicheres Verhalten, indem Sie sich z. B. hin und her bewegen.

„Also, ich hab euch hier mal 2 Grafiken mitgebracht. Links gibt es viele Zahlen, z. B. 58, 73, 23 usw. Ja, 58 % der Deutschen lügen täglich. Es sieht so aus, als ob Männer häufiger lügen als Frauen. Und alte Menschen lügen weniger als junge Menschen. Schlimm finde ich, dass man in der Partnerschaft so oft die Unwahrheit sagt. Rechts sieht man die Gründe zum Lügen. Da sind 7 Gründe mit Prozentzahlen zu sehen. Ich lese das mal kurz vor: 21 % Lebenslügen verbergen, 22 % Fremde Ideen/Leistungen als eigene ausgeben, 26 % gemocht werden/dazugehören, 37 % zum Schutz/Trost spenden, 39 % Menschen vermeiden/in Ruhe gelassen werden, 40 % Fleiß/Engagement vortäuschen, 49 % jemanden aufmuntern/eine Freude bereiten. Ich komme zum Schluss: In Deutschland wird ganz schön viel gelogen und das meist „face to face". Auch die Gründe sind schon teilweise merkwürdig."

TN 2:
Lesen Sie dieses Feedback mit einem etwas schroffen/unfreundlichen Ton und schauen Sie den Redner/die Rednerin ab und zu ernst und kritisch an.

„Was war denn das für ein schlechter Vortrag?! Du hast die Einleitung vergessen. Falsch! Jeder Vortrag braucht eine Einleitung. Und ich habe kaum was verstanden. Du hast eine scheußliche Aussprache. Das geht so nicht. Die Zahlen hast du persönlich bewertet, z. B. wenn du sagst: „Schlimm finde ich, dass …" Das ist auch ganz falsch. Also, wirklich! Das kann man viel besser machen."

TN 3:
Lesen Sie dieses Feedback mit einer sanften, nicht zu lauten Stimme und schauen Sie ab und zu freundlich, aber schüchtern in Richtung des Redners/der Rednerin. Räuspern Sie sich, bevor Sie den Text lesen und machen Sie ab und zu längere Pausen.

„Ja, hm, hm, das war ein interessanter Vortrag mit einem spannenden Thema. Du kannst gut reden. Reden vor Publikum, das ist schwierig, und Grafiken zu erklären, das ist auch ziemlich schwierig. Ja, ich habe gern zugehört. Super."

Nutzen und Probleme des Einsatzes von Telemedizin

Die Digitalisierung verändert unser Leben in vielen Bereichen. Einer dieser Bereiche ist die Medizin. Unter dem Oberbegriff E-Health werden viele Anwendungen digitaler Technologien und Telekommunikation im Bereich der Medizin zusammengefasst, bei denen Diagnostik und Therapie von Erkrankungen räumlich getrennt oder auch zeitlich versetzt stattfinden, wie z. B. bei der Telemedizin. Welchen Nutzen hat der Einsatz von Telemedizin, welche Probleme können damit verbunden sein?

In Krankenhäusern sind die Vernetzung und der Datenaustausch bereits Alltag. Bei einer Diagnose, die schwierig ist, kann auf diese Weise schnell die Zweitmeinung von einem anderen Arzt eingeholt werden oder ein Spezialist hinzugezogen werden. Auch die mobile Datenübermittlung aus einem Rettungswagen an das Krankenhaus ist bereits Praxis – ein großer Fortschritt, weil so die Behandlung von Notfallpatienten schneller beginnen kann.

Für Ärzte, die eine eigene Praxis haben, hat sich die gesetzliche Situation geändert: 2018 wurde in Deutschland das sogenannte „Fernbehandlungsverbot" aufgehoben.

Seitdem dürfen Ärzte auch per Telefon oder Videochat Diagnosen stellen und Rezepte ausstellen. Der Nutzen der ärztlichen Beratung via Internet liegt auf der Hand: In ländlichen Regionen, in denen es oft zu wenig Ärzte gibt und wo viele ältere Menschen leben, können Patienten über das Internet einen Arzt konsultieren. Bei Versuchen mit Online-Sprechstunden zeigte sich, dass in ca. 80 % der Gespräche ein Arztbesuch ersetzt werden konnte. Bei vielen Gesprächen ging es nämlich nur um eine erste Einschätzung der Beschwerden. Nur in 20 % der Fälle war es nötig, anschließend persönlich einen Arzt aufzusuchen.

Darüber hinaus könnte eine Online-Sprechstunde auch für Notfallambulanzen sinnvoll sein, deren Wartebereich in vielen Städten überlaufen ist.

Dort beträgt die Wartezeit für Patienten bis zur Behandlung durch einen Arzt oft mehrere Stunden. Hier wäre der Einsatz eines Videochats, bei dem Ärzte die Symptome von Patienten einschätzen und so wirkliche Notfälle von weniger dringenden Fällen unterscheiden könnten, sehr sinnvoll. Denn auf diese Weise könnte die Anzahl der Patienten in den Notaufnahmen reduziert werden.

Allerdings muss ein Patient, dessen Arztbesuch online stattfindet, darauf vertrauen können, dass seine Daten sicher sind und seine Privatsphäre geschützt wird.

Dafür müssen die Daten von Patienten gut gesichert sein. Dieser Schutz bezieht sich auf den Namen und die Daten eines Patienten, auf den Inhalt der Patientenakte, Informationen über Beruf, Familie und Finanzen des Patienten und auch auf den Arztbesuch selbst. Diese Daten müssen also vor Missbrauch, Diebstahl oder Manipulation geschützt werden. Deshalb benötigen Arztpraxen eine sichere IT-Infrastruktur, die ständig auf Sicherheit hin überprüft und aktualisiert werden muss.

Es gibt in Bezug auf Online-Sprechstunden aber nicht nur das Problem, dass die Daten von jedem Patienten, den ein Arzt online behandelt, geschützt werden müssen.

Ein weiterer Problembereich ist die Arzt-Patienten-Beziehung. Dies ergab z. B. eine Studie, an der 2.000 Personen teilnahmen. Darin kritisiert über die Hälfte der Befragten, dass der persönliche und direkte Kontakt zwischen Arzt und Patienten verloren geht. Aber das größte Risiko, das die Befragten sehen, ist die Gefahr technischer Fehler und falscher Diagnosen.

Redemittel für Diskussionsmoderation

Sozialform: Kleingruppe
Material: Streifen mit Sprechintentionen sowie Redemitteln
Durchführungszeit: ca. 5–10 Minuten

Anleitung: Verteilen Sie an jede Kleingruppe ein Set mit Sprechintentionen sowie Redemitteln. Aufgabe der TN ist die korrekte Zuordnung der Redemittel zu den Sprechintentionen. Zur Kontrolle kann jede Kleingruppe eine Redemittelsammlung vorlesen.

Diskussionseröffnung

Herzlich willkommen.

Ich darf Sie alle willkommen heißen und freue mich auf …

Wir diskutieren heute über …

Ich freue mich, dass Sie so zahlreich erschienen sind, und …

Das Thema … ist momentan sehr aktuell und deshalb ….

Jemandem das Wort erteilen

Herr / Frau … hat sich gemeldet und möchte gerne etwas dazu sagen / darauf antworten.

Ich sehe hier eine Meldung und übergebe das Wort an …

Wir sollten Herrn / Frau … zu Wort kommen lassen.

Interessant wäre an dieser Stelle Ihre Meinung, Herr / Frau …, zu dem Thema / Aspekt „…".

Um weitere Erklärungen bitten

Könnten Sie dazu ein konkretes Beispiel geben?

Das ist mir nicht so ganz klar. Vielleicht können Sie noch ein Beispiel nennen?

Was genau meinen Sie damit?

Beiträge zusammenfassen und vergleichen

Ihre Meinung, Herr / Frau …, deckt sich mit der Aussage von Herrn / Frau …

Zusammenfassend lässt sich feststellen, dass …

Wenn man die Beiträge miteinander vergleicht, stellt man fest, dass …

Ihre Aussagen / Meinungen zu dem Thema / Aspekt sind kontrovers: …

Diskussion beenden

Unsere Zeit ist leider zu Ende. Deshalb müssen wir uns verabschieden.

Vielen Dank für die anregende lebhafte Diskussion.

Ich danke Ihnen, dass Sie heute bei uns waren, um mit uns dieses kontroverse Thema zu diskutieren.

Lektion 4A — Kopiervorlage 8

Diskussionsregeln

Sozialform: Einzelarbeit und Kleingruppen
Material: Arbeitsblatt
Durchführungszeit: ca. 10–15 Minuten

Anleitung: Verteilen Sie die Arbeitsblätter mit Regeln für eine Diskussion. TN bewerten die Regeln und vergeben dafür Zahlen. Die wichtigste Regel bekommt die Zahl 1, die zweitwichtigste die Zahl 2 usw. TN tauschen sich anschließend in Kleingruppen über ihre Ergebnisse aus und begründen ihre Wahl.

_____ die anderen ausreden lassen
_____ den eigenen Standpunkt begründen
_____ aktiv zuhören
_____ auf Beiträge anderer Diskussionsmitglieder eingehen
_____ offene Fragen stellen
_____ Gemeinsamkeiten finden
_____ beim Thema bleiben
_____ sachlich kritisieren
_____ ruhig bleiben
_____ Perspektivenwechsel vornehmen
_____ die anderen nicht belehren
_____ deeskalieren, falls die Diskussion zu laut und hitzig wird
_____ festgelegte Gesprächsregeln einhalten

_____ die anderen ausreden lassen
_____ den eigenen Standpunkt begründen
_____ aktiv zuhören
_____ auf Beiträge anderer Diskussionsmitglieder eingehen
_____ offene Fragen stellen
_____ Gemeinsamkeiten finden
_____ beim Thema bleiben
_____ sachlich kritisieren
_____ ruhig bleiben
_____ Perspektivenwechsel vornehmen
_____ die anderen nicht belehren
_____ deeskalieren, falls die Diskussion zu laut und hitzig wird
_____ festgelegte Gesprächsregeln einhalten

_____ die anderen ausreden lassen
_____ den eigenen Standpunkt begründen
_____ aktiv zuhören
_____ auf Beiträge anderer Diskussionsmitglieder eingehen
_____ offene Fragen stellen
_____ Gemeinsamkeiten finden
_____ beim Thema bleiben
_____ sachlich kritisieren
_____ ruhig bleiben
_____ Perspektivenwechsel vornehmen
_____ die anderen nicht belehren
_____ deeskalieren, falls die Diskussion zu laut und hitzig wird
_____ festgelegte Gesprächsregeln einhalten

Skript zum Erklärvideo „Smart Home – Vor- und Nachteile"

Szene	Text	Illustrationen / Text
Smart Home?	Hallo! In unserem Video geht es heute um den Begriff „Smart Home". Was ist das eigentlich?	Begriff „Smart Home" auf Papier Fragezeichen dazu
Vernetzung von Haushaltsgeräten	Smart Home – damit ist gemeint, dass die Technik in einem Haus oder in einer Wohnung vernetzt ist. Zum Beispiel kann man das Licht, die Heizung oder auch die Sicherheitssysteme, wie zum Beispiel Überwachungskameras, digital steuern.	Bild: Computer mit Tablet und Smartphone Wort „Steuerung" Bilder: Glühlampe, Thermometer, Kamera
Vorteile: Geringerer Energieverbrauch	Ein Smart Home hat viele Vorteile. Ein Vorteil ist, dass man durch diese digitale Steuerung den Energieverbrauch einer Wohnung um 10 bis 30 % senken kann. Das ist gut für den Schutz der Umwelt.	Bild: Haus Energiekosten 30–50 % ↘
Vorteile: Zentrale Steuerung über Smartphone / Tablet	Ein weiterer Vorteil ist auch die Bequemlichkeit: Mit einem Smartphone, einem Tablet oder einem Computer kann man die Haustechnik einfach und bequem steuern. Und: Auch von unterwegs kann man die Technik zu Hause an- und ausschalten.	Bild: Haus Bilder: Smartphone, Straße, Auto
Vorteile: Mehr Sicherheit	Hinzu kommt der Aspekt von Sicherheit: Bei einem Brand, einem Einbruch oder anderen Problemen zu Hause melden das Sensoren und Kameras. So kann man im Notfall schnell Hilfe organisieren.	Bild: Hausbrand Bilder: Kamera, Smartphone
Nachteile: Datensicherheit	Allerdings bringt die Technologie auch Nachteile mit sich: Alle vernetzten Systeme können gehackt werden. Daten können gestohlen und missbraucht werden.	Bild: Symbol für gesicherte Verbindungen und Ausrufezeichen
Nachteile: Kosten	Ein weiterer negativer Punkt ist: Smart Home-Systeme sind relativ teuer, da die Kosten für die Geräte momentan noch hoch sind.	Bild: Euroscheine
Fazit	Unserer Meinung nach kann ein Smart Home sinnvoll sein, wenn man umweltbewusst leben und jederzeit über seine Wohnung oder sein Haus informiert sein möchte. Aber nur aus Gründen der Bequemlichkeit sollte man solche teuren Geräte nicht anschaffen. Denn man muss immer bedenken, dass diese Geräte gehackt werden können. Man muss deshalb immer auf die Datensicherheit achten!	+ und - dazu geordnet die Stichworte: – Umweltschutz (+) – informiert sein (+) – Kosten (-) – Datensicherheit (-)
Danke!	Wir hoffen, dass euch das Video geholfen hat, den Begriff „Smart Home" besser zu verstehen. Vielen Dank fürs Anschauen.	Vielen Dank fürs Anschauen!

Arbeitsblatt zum Thema „Wetter"

Sozialform: Einzelarbeit
Material: Arbeits- sowie Lösungsblatt
Durchführungszeit: 10–15 Minuten

Anleitung: Beantworten Sie die Fragen schriftlich. Nach Bearbeitung des Arbeitsblattes melden Sie sich bei Ihrem Kursleiter / bei Ihrer Kursleiterin. Sie erhalten dann das Lösungsblatt und können Ihre Antworten mit den Lösungen vergleichen.

1. Wie heißen das Nomen und das Adjektiv zu diesem Symbol?

2. Nennen Sie das Nomen und das Verb zu diesem Symbol.

3. Nennen Sie das Nomen und das Verb zu diesem Symbol.
Was bedeuten die Adjektive durch Anhängen von „-arm" oder „-reich" an dieses Nomen? Erklären Sie.

4. Nennen Sie das Nomen und das Adjektiv zu diesem Wettersymbol.
Wie heißt die Redewendung zu diesem Nomen aus Teil A und was bedeutet sie?

5. Nennen Sie das Nomen und das Verb zu diesem Wettersymbol.

6. Wie heißt das Geräusch, das man bei Gewitter hört?
Nennen Sie das Nomen und das Verb.

7. Nennen Sie das Nomen und Adjektiv zu diesem Wettersymbol.

8. Nennen Sie das Nomen und das Adjektiv zu diesem Wettersymbol.
Was bedeutet das reflexive Verb (sich …) zu diesem Nomen mit der Vorsilbe „er-"? Erklären Sie.

9. Nennen Sie das Nomen und das Adjektiv zu diesem Wettersymbol.
Was bedeutet das Verb zu diesem Nomen mit der Vorsilbe „er-"? Erklären Sie.

10. Nennen Sie das Nomen, das Verb und das Adjektiv zu diesem Wettersymbol.

Lösungen zu Kopiervorlage 10, Lektion 5A

1. die Sonne / sonnig
2. der Regen / regnen
3. der Schnee / schneien;
   „schneearm" bedeutet: es gibt wenig Schnee;
   „schneereich" bedeutet: es gibt viel Schnee
4. der Nebel / neblig. Redewendung:
   im Nebel stochern = ungezielt suchen
5. der Blitz / blitzen
6. der Donner / donnern
7. die Wolke / bewölkt
8. die Kälte / kalt; „sich erkälten" bedeutet, dass jemand Schnupfen, Halsweh und / oder Husten hat
9. die Hitze / heiß; „erhitzen" bedeutet, dass man Lebensmitteln oder einem anderen Stoff Wärme zuführt, z. B. Wasser erhitzen, Metall erhitzen
10. der Sturm / stürmen / stürmisch

Informationen zur dualen Ausbildung in Deutschland

Die duale Ausbildung in Deutschland

Die duale Ausbildung, auch „betriebliche Ausbildung" bzw. „Lehre" genannt, ist ein System der Berufsausbildung. In Deutschland gibt es über 330 anerkannte Ausbildungsberufe, die man im dualen Ausbildungssystem erlernen kann. Die Person, die eine Ausbildung macht, wird als „Azubi" (die Auszubildende / der Auszubildende) oder „Lehrling" bezeichnet. Voraussetzung ist der Abschluss eines Berufsausbildungsvertrags mit einem Ausbildungsbetrieb. Dieser sorgt dafür, dass der Vertrag bei der zuständigen Stelle registriert wird, z. B. der Industrie- und Handelskammer (IHK) oder einer Handwerkskammer.

Die Lehre findet an zwei Lernorten statt: im Betrieb und in der Berufsschule. Sie dauert zwischen 2 und 3,5 Jahren. Die Dauer hängt vom Schulabschluss und dem Beruf, den man erlernt, ab. Für die meisten Berufe dauert sie 3 Jahre, nach bestandenem Abitur jedoch nur 2 Jahre. Auch durch besondere Leistungen während der Ausbildung kann sich die Ausbildungsdauer verkürzen. In der Berufsschule wird der/die Auszubildende in theoretischen Themen, die für den späteren Beruf relevant sind, und in allgemeinbildenden Themen, wie Mathematik, Deutsch oder Wirtschafts- bzw. Sozialkunde, unterrichtet. Der Unterricht beträgt mindestens 12 Stunden pro Woche (an meist 2 Tagen pro Woche). Er kann aber auch als Blockunterricht während mehrerer Tage oder Wochen hintereinander stattfinden. Die restliche Arbeitszeit verbringt der/die Auszubildende im Betrieb, wo man voll in die Arbeit integriert ist und eine Ausbildungsvergütung erhält, die je nach Branche, Ausbildungsberuf, Betrieb und Ausbildungsjahr unterschiedlich hoch ist – im ersten Lehrjahr zum Beispiel zwischen 515 und 1.240 Euro pro Monat. Dazu stellt z. B. das Bundesinstitut für Berufsbildung jährlich online Übersichten zur Verfügung.

Während der Lehre muss man ein Berichtsheft führen und zwei Prüfungen machen, eine Zwischenprüfung nach der Hälfte der Ausbildung und eine Abschluss- bzw. Gesellenprüfung. Wenn man die Abschlussprüfung bestanden hat, erhält man 3 Zeugnisse: eins von der zuständigen Handwerkskammer oder von der Industrie- und Handelskammer, eins von der Berufsschule und eins vom Ausbildungsbetrieb. Er/Sie ist dann Geselle/Gesellin und kann sich weiterqualifizieren, z. B. kann man eine Weiterbildung zum Meister machen.

Beschlossen wurde im Januar 2020 eine Mindestvergütung von

Ausbildungsbeginn	Mindestvergütung
2020	515 €
2021	550 €
2022	585 €
2023	620 €

(© Bundesministerium für Arbeit und Soziales)

Informationen zum dualen Studium in Deutschland

Das duale Studium in Deutschland

Ein duales Studium, auch „kooperatives Studium" genannt, ist eine Kombination von Studium an einer Hochschule oder Berufsakademie, in dem theoretische Kenntnisse vermittelt werden, und einer praktischen Ausbildung in einer Partnerorganisation der Hochschule. Dies kann ein Unternehmen, eine soziale Organisation oder eine staatliche Einrichtung sein. Die praktische Ausbildung kann im Rahmen eines Berufsausbildungsvertrags oder in einem Langzeitpraktikum bzw. mehreren kürzeren Praktika erfolgen. Gegebenenfalls muss der/die dual Studierende auch parallel die Berufsschule besuchen. Das duale Studium kann auch berufsbegleitend absolviert werden, wenn man bereits eine Berufsausbildung abgeschlossen hat.

Im Internet gibt es viele Seiten, die darüber informieren, welche Studiengänge an welchen Hochschulen/Berufsakademien in Deutschland angeboten werden und welche Partnerorganisationen mit diesen Hochschulen zusammenarbeiten, die die Ausbildung von dual Studierenden anbieten.

Die Studienorganisation ist nicht einheitlich geregelt, sondern variiert von Hochschule zu Hochschule und von Bundesland zu Bundesland, denn in Deutschland sind die Bundesländer für den Bereich „Kultur" verantwortlich. Daher ist es sehr wichtig, sich lange vor Aufnahme eines solchen Studiums genau über alles zu informieren.

Das Besondere am dualen Studium ist die Verknüpfung der zwei Elemente „Theorie" und „Praxis", die eng aufeinander abgestimmt sind – daher auch die Bezeichnung „dual". Das bedeutet, dass das Studium und die Ausbildung an den beiden Lernorten sowohl inhaltlich als auch zeitlich miteinander koordiniert werden müssen, sodass sich ein Gesamtausbildungskonzept ergibt. Da es sich um ein Studium handelt, muss ca. die Hälfte der Zeit an der Hochschule oder Berufsakademie verbracht werden, damit das Studium den wissenschaftlichen Ansprüchen genügt. Wie die zeitliche Organisation im Einzelnen abläuft, ist, wie bereits erwähnt, von Hochschule zu Hochschule unterschiedlich. So ist es z. B. beim sogenannten „kooperativen Studium" öfters so, dass die Verweildauer im Betrieb und die an der Hochschule jeweils länger ist, als es bei den meisten anderen dualen Studiengängen der Fall ist, bei denen die einzelnen Phasen kürzer sind.

Für den praktischen Teil schließt der/die Studierende einen Ausbildungs- oder Praktikumsvertrag mit einem Unternehmen etc. ab, ist dort fest in den Arbeitsablauf integriert, wird dabei ausgebildet und erhält ein festes Gehalt.

Das duale Studium dauert meist 3 bis 4 Jahre. Es gibt auch die Möglichkeit, Auslandssemester zu absolvieren. Nach bestandenen Prüfungen erhält der Absolvent zwei Zeugnisse: das Ausbildungsabschlusszeugnis bzw. Praktikumszeugnis und das Bachelorzeugnis. Einige Hochschulen bieten auch ein duales Masterstudium an.

Aufbau einer E-Mail

Sozialform: Einzel- oder Partnerarbeit
Material: Kartenset A und B
Durchführungszeit: 10 Minuten

Anleitung: Legen Sie die Karten von Kartenset A in der richtigen Reihenfolge einer E-Mail. Ordnen Sie anschließend die Ausdrücke bzw. Textabschnitte von Kartenset B den 8 Aufbauteilen einer Mail zu. Entscheiden Sie sich zum Schluss für eine angemessene Anrede, Grußformel, einen Betreff sowie Dank, die man in einer offiziellen Mail verwenden kann.

Kartenset A

Betreff	Anrede
Einleitung	Hauptteil
Schluss	Dank
Grußformel	Unterschrift

Kartenset B

Beratungsgespräch	Termin für ein Beratungsgespräch	Anliegen
Sehr geehrte Frau … / Sehr geehrter Herr …	Guten Tag Frau / Herr …	Liebe Frau / Lieber Herr …
Hallo Frau / Herr …	Vielen Dank im Voraus.	Herzlichen Dank
Danke	Mit freundlichen Grüßen	Viele Grüße
Beste Grüße	Liebe Grüße	Svea Baum

Auf Ihrer Webseite habe ich gesehen, dass Sie der Ansprechpartner für Studienaussteiger sind. Da ich Sie telefonisch nicht erreichen konnte, wende ich mich auf diesem Wege mit meinem Anliegen an Sie.

Zunächst möchte ich Ihnen gern meine Situation beschreiben: Ich studiere Wirtschaftswissenschaften an der Universität Leipzig und bin im zweiten Semester. Ich habe gemerkt, dass ich für dieses Fach leider nicht geeignet bin. Ich bin eher ein praktischer Mensch und die Inhalte sind mir viel zu theoretisch. Obwohl ich mir wirklich Mühe gegeben habe, habe ich große Schwierigkeiten, den Stoff zu lernen. Daher denke ich daran, das Studium abzubrechen und eventuell eine duale Ausbildung zu beginnen.

Meine Frage an Sie ist nun, ob Sie mich in dieser Hinsicht beraten und mir einen Termin für eine Beratung geben könnten. Meine Kontaktdaten finden Sie am Ende der E-Mail.

Informationen zu Ausbildungen und Ausbildungswegen in Deutschland

Sportfachmann/-frau, Sportassistent/in und Sportlehrer/in mit einer Fachschulausbildung

- Als Sportfachmann/Sportfachfrau organisiert und koordiniert man in Sportvereinen und -verbänden sowie in Fitnessstudios den Trainings- und Wettkampfbetrieb, trainiert Sportler/innen und betreut sie während der Wettkämpfe. Außerdem erstellt man z. B. Statistiken und führt Kalkulationen durch und kümmert sich um die Beschaffung und Wartung von Sportgeräten bzw. Sportanlagen.

- Als Sportassistent/Sportassistentin arbeitet man bei Sportverbänden und -vereinen, in Fitnessstudios, in der Sportverwaltung von Kommunen oder bei Sportreiseveranstaltern. Sportassistenten/Sportassistentinnen erledigen vielseitige kaufmännische Verwaltungsaufgaben und unterstützen Trainer oder Sporttreibende beim Training.

- Als Sportlehrer/Sportlehrerin mit einer Fachschulausbildung kann man z. B. in Fitnesscentern, Sportvereinen oder bei Reiseveranstaltern tätig werden. Man erstellt dort z. B. Trainingspläne und gibt den Sporttreibenden Gesundheitstipps in Bezug auf ihr Verhalten bei dem Sport, den sie ausüben. Wenn man Sportlehrer/in an einer Schule werden möchte, muss man Sport und ein anderes Schulfach studieren.

Die Berufsfachschulen in Deutschland

Berufsfachschulen sind Schulen, in denen man Berufe aus dem Dienstleistungsbereich, dem Gesundheitswesen und dem Sozialwesen lernen kann, wie z. B. Sportassistent/in, Physiotherapeut/in, Sportlehrer/in; Sozialassistent/in, Technischer Assistent/Technische Assistentin für Informatik oder Kaufmann/-frau für Bürokommunikation. Die Ausbildung wird in Vollzeitunterricht absolviert und dauert zwischen einem und drei Jahren, mindestens aber ein Jahr. Während der Ausbildung werden Praktika absolviert, um Praxiserfahrung zu sammeln.

Während Auszubildende in der dualen Ausbildung eine Ausbildungsvergütung erhalten, ist das bei den Berufsfachschulen meist nicht der Fall. Um die Kosten für die Ausbildung zu decken, ist es jedoch teilweise möglich, staatliche Unterstützung oder ein Stipendium zu beantragen.

Die Dauer und die Voraussetzungen der Ausbildung können von Bundesland zu Bundesland variieren, weil bestimmte Ausbildungen von den Bundesländern organisiert und andere zentral vom Bund geregelt werden.

Auf der Internetseite „Berufenet" der Agentur für Arbeit gibt es Informationen zu allen Berufen, die man an Berufsfachschulen erlernen kann. Man findet diese, wenn man unter „Erweiterte Suche" „berufskundliche Gruppen" anklickt und dort „Ausbildungen Berufsfachschule" ankreuzt. Und unter Planet Beruf findet man „Steckbriefe" mit genauen Informationen zur gewählten Ausbildung.

Spiel zur Wortschatz- und Grammatikwiederholung

Sozialform: Kleingruppen
Material: Arbeitsblatt für den KL / Papier und Stifte für die TN
Spielzeit: 10 Minuten

Anleitung: Bilden Sie Kleingruppen mit 3–5 TN. Nennen Sie eine der Kategorien. TN notieren 60 bzw. 90 Sekunden lang alle Wörter / Ausdrücke, die ihnen zu der Kategorie einfallen. Danach lesen sie ihre Wörter / Ausdrücke vor, während Sie Punkte an die Gruppen vergeben.

Konnektoren, die einen Nebensatz einleiten:	Komposita mit dem Nomen „Ausbildung":
• damit • weil, da • obwohl • während • sodass	• Ausbildungsdauer • Ausbildungsmöglichkeit • Ausbildungsweg • Ausbildungsbewerber • Ausbildungsabbruch
Verben mit fester Präposition:	**Wörter, die Sätze verbinden:**
• sich freuen über / auf • denken an • sich bewerben um • arbeiten bei • sich kümmern um	• dies- • danach • erstens – zweitens • einerseits – andererseits • deshalb
Adjektive auf „-ig":	**Adjektive auf „-iert":**
• teamfähig • zuständig • rechtzeitig • zukünftig • zügig	• qualifiziert • fundiert • kompliziert • lösungsorientiert • garantiert

Grafik B

Größte Hürde für eine gesunde Ernährung in Deutschland

„Um mich gesünder zu ernähren, fehlt es mir an …"

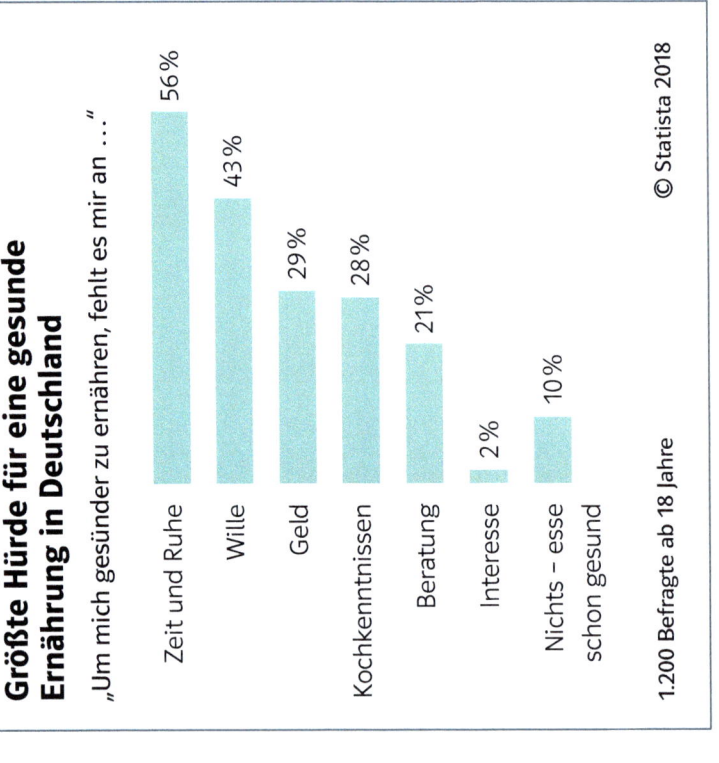

- Zeit und Ruhe: 56 %
- Wille: 43 %
- Geld: 29 %
- Kochkenntnissen: 28 %
- Beratung: 21 %
- Interesse: 2 %
- Nichts – esse schon gesund: 10 %

1.200 Befragte ab 18 Jahre

© Statista 2018

Gegessen wird zu Zeiten und an Orten, die in erster Linie von der beruflichen Tätigkeit diktiert werden. Eine Konsequenz [...] ist besonders bei Jüngeren ein anhaltender Trend zum „Snacking" als Ersatz einer Hauptmahlzeit.

(Thomas Ellrott, Leiter des Instituts für Ernährungspsychologie an der Universität Göttingen)

Grafik A

Zeitaufwand für Selbstkocher im Ländervergleich

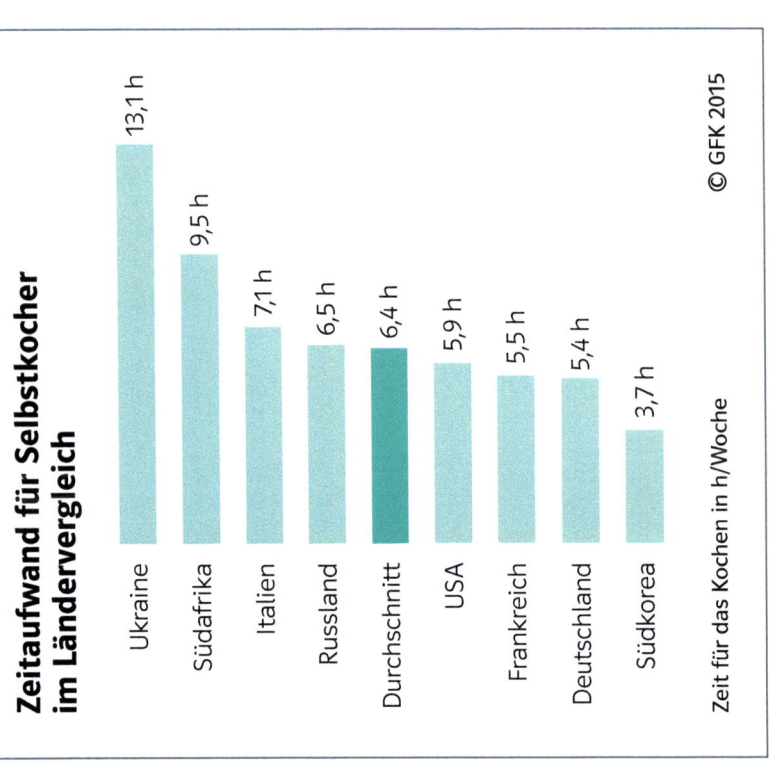

- Ukraine: 13,1 h
- Südafrika: 9,5 h
- Italien: 7,1 h
- Russland: 6,5 h
- Durchschnitt: 6,4 h
- USA: 5,9 h
- Frankreich: 5,5 h
- Deutschland: 5,4 h
- Südkorea: 3,7 h

Zeit für das Kochen in h/Woche

© GFK 2015

Viele Deutsche sehen Kochen als verlorene Zeit an, sind beruflich stark eingespannt, wollen für sich allein nicht kochen. Und sie können häufig auch gar nicht kochen.

(Hans Hauner, Direktor des Else Kröner-Fresenius-Zentrums für Ernährungsmedizin)

Kopiervorlage 17 — Lektion 7C

Redewiedergabe in der indirekten Rede

Sozialform: Partnerarbeit
Material: Arbeitsblatt A und B
Spielzeit: 10–15 Minuten

Partner/in A

Anleitung: Lesen Sie die folgenden Meinungen einiger Passanten zum Thema Ernährung. Übermitteln Sie anschließend die Meinungen in indirekter Rede an Ihren Partner / Ihre Partnerin. Ihr Partner / Ihre Partnerin notiert sich, über welchen Aspekt geredet wird, und welche Meinung der Passant / die Passantin vertritt.
Dann übermittelt Ihr Partner/Ihre Partnerin Meinungen anderer Passanten zum selben Thema. Notieren Sie Aspekte und Meinungen in Stichpunkten in Ihrer Tabelle.

Frau Wagner: Ich finde, es gibt viel zu viele Menschen mit Übergewicht hier bei uns in Deutschland. Das ist erschreckend. Vor allem bei Kindern sollte auf das Gewicht geachtet werden.

Herr Chino: Das Thema „gesunde Ernährung" wird in den letzten Jahren verstärkt in der Öffentlichkeit diskutiert. Es gibt eine große Anzahl an Ernährungsstilen, die beinahe als „Lebensphilosophie" betrachtet werden.

Herr Watabu: Es ist eine Schande, wie wir in unserer westlichen Welt mit Lebensmitteln umgehen. Während Menschen auf der Erde verhungern, landen bei uns riesige Mengen an Lebensmitteln im Mülleimer. Was für eine verrückte Welt!

	Aspekt	Meinung / Aussage
Frau Gonzes		
Frau Schmidt		
Herr Abdulad		

Partner/in B

Anleitung: Ihr Partner übermittelt Ihnen Aussagen von einigen Passanten zum Thema „Ernährung". Notieren Sie stichpunktartig Aspekte und Meinungen der Passanten in die Tabelle.
Anschließend lesen Sie die Meinungen anderer Passanten zum selben Thema. Übermitteln Sie die Meinungen in indirekter Rede an Ihren Partner / Ihre Partnerin. Er / Sie notiert diese in der Tabelle.

Frau Gonzes: Für mich ist es unverständlich, wie sich jemand ohne tierische Produkte ernähren kann. Das schafft nur Mangelerscheinungen und macht langfristig krank.

Frau Schmidt: Schön, dass wir alles kaufen und essen können, was uns schmeckt. Ich kaufe immer viele Lebensmittel, damit ich das kochen kann, wozu ich gerade Lust habe. Manche Produkte muss ich dann entsorgen, weil sie nicht mehr frisch und gut sind.

Herr Abdulad: Schlanke Menschen sehen ganz gut aus, aber sie sind meistens schlecht gelaunt, weil sie nicht mit Spaß essen können. Damit sie so schlank bleiben, können sie viele Sachen, die lecker sind, gar nicht essen. Menschen mit ein paar Pfunden mehr, sind besser gelaunt und mehr in ihrem Gleichgewicht.

	Aspekt	Meinung / Aussage
Frau Wagner		
Herr Chino		
Herr Watabu		

Kursspaziergang zum Thema „Sport"

Sozialform: Großgruppe
Material: Papierstreifen
Durchführungszeit: 10 Minuten

Anleitung: Verteilen Sie die Papierstreifen an Ihre TN. Jede/r TN sucht sich einen Gesprächspartner / eine Gesprächspartnerin und stellt ihm / ihr seine / ihre Frage. Der Partner / Die Partnerin antwortet und stellt seinerseits / ihrerseits die auf dem Papierstreifen abgedruckte Frage. Die TN tauschen ihre Streifen und wenden sich dem nächsten Gesprächspartner / der nächsten Gesprächspartnerin zu. Fragen werden gestellt, beantwortet und erneut getauscht usw. Beenden Sie die Aktivität nach ca. 10 Minuten.

Was machst du für deine körperliche Fitness?

Welche Sportarten interessieren dich?

Was denkst du über Sportvereine?

Was denkst du über Extremsportarten?

Welche Trendsportarten kennst du?

Wird in deinem Herkunftsland mehr oder weniger Sport getrieben als in Deutschland?

Wird in deinem Herkunftsland das Fach Sport an Schulen unterrichtet? Wenn ja, in welchem Umfang? Wenn nein, wie ist deine Meinung dazu?

Gibt es in deinem Herkunftsland eine „Volkssportart", die fast alle Menschen mögen? Wenn ja, welche?

Welche sportlichen Ereignisse verfolgst du in den Medien?

Was hältst du von der großen Anzahl von Fitnessstudios in Deutschland?

Hast du in deinem Bekannten- oder Freundeskreis einen Leistungssportler / eine Leistungssportlerin? Wenn ja, welche Sportart betreibt er / sie?

Glaubst du, dass man Techniken und Strategien aus dem Sportbereich auf das Berufsleben übertragen kann? Wenn ja, welche?

Bist du beim Sport eher ein/e Einzelkämpfer/in oder ein/e Teamplayer/in?

Der Sprung nach vorn

A

Von Weitem sehen die weißen Zelte aus wie die Boxen beim Formel-1-Rennen. Wer hier einen Zwischenstopp einlegt, braucht jedoch keine neuen Reifen, sondern eine ganz andere technische Unterstützung. Es sind die Teilnehmer der Paralympics, der olympischen Wettkämpfe von Sportlern mit körperlichen Einschränkungen, die hier vom Hersteller für Laufprothesen betreut werden.

F

Seit 2012 müssen Städte, die sich um die Olympischen Spiele bewerben, gleichzeitig auch die Paralympics veranstalten. Dies und die Berichte großer Fernsehsender haben den Leistungssport behinderter Athleten weltweit bekannt gemacht. So wurde z. B. überall über den großen Erfolg des Leichtathleten Markus Rehm bei den Deutschen Leichtathletik-Meisterschaften 2014 berichtet: Er belegte vor seinen nicht behinderten Konkurrenten den ersten Platz im Weitsprung. Vor dem Wettkampf hatte es eine intensive Auseinandersetzung darüber gegeben, ob behinderte und nicht behinderte Leistungssportler gemeinsam an den Start gehen sollen. Es ging darum, ob der Sportler durch die elastische Beinprothese einen unerlaubten Vorteil erhalten würde.

B

Im Mittelpunkt der kontroversen Diskussion stand die Lauffeder, wie die Beinprothese auch genannt wird. Sie gibt beim Abspringen die Energie wieder zurück, die der Sportler in den Sprung gelegt hat. Obwohl sie technisch weniger kompliziert ist als z. B. Prothesen mit künstlichem Knie, verhalf sie Markus Rehm zu einem Sprung von über 8 Metern. Ohne die ständige Weiterentwicklung auf dem Gebiet der Orthopädietechnik kann man sich solche Erfolge der behinderten Leichtathleten bei sportlichen Wettbewerben nur schwer vorstellen.

E

Doch gemeinsame Meisterschaften von Sportlern mit und ohne Prothesen sind bis heute umstritten. Im Jahre 2006 haben die UN einen Vertrag über die Rechte von Behinderten abgeschlossen. Dieser ruft alle Staaten dazu auf, das Miteinander von Behinderten und Nichtbehinderten zu ermöglichen. In Deutschland spricht man dabei von „Inklusion". Aber kann man das Prinzip auch auf sportliche Wettkämpfe übertragen? Im Jahr 2014 hatte der Deutsche Leichtathletikverband eine nachvollziehbare Entscheidung getroffen. Trotz des Sieges im nationalen Wettbewerb durfte Markus Rehm nicht an den Europameisterschaften in Zürich teilnehmen. Für Rehm war die Entscheidung ein Tiefpunkt in seiner bisher so erfolgreichen Karriere.

C

Er wollte sich mit dieser Trennung von Spitzen- und Behindertensport nicht abfinden. 2016 organisierte er eine wissenschaftliche Studie, die die Frage nach dem Vorteil durch die Beinprothese beantworten sollte. Ihr Ergebnis: Insgesamt heben sich die Vor- und Nachteile gegenseitig auf. Erklärt wird dies folgendermaßen: Der Weitsprung hat zwei Phasen: den Anlauf und den Absprung. In der ersten Phase hat der behinderte Sportler Nachteile, weil es schwierig ist, mit der Prothese das Gleichgewicht zu halten. Beim Absprung verliert er dagegen kaum Energie, anders als bei Sportlern, die mit ihrem natürlichen Bein abspringen.

D

Nun muss der Weltverband für Leichtathletik entscheiden, ob er die Erkenntnisse aus dieser Studie anerkennt und welche Folgen dies für den Inklusionsgedanken im Sport hat. Eine Teilnahme paralympischer Athleten an internationalen Sportevents würde einerseits vielleicht dazu beitragen, den paralympischen Sport noch bekannter zu machen. Andererseits sind gemeinsame Wertungen fragwürdig und gefährden das Prinzip der sportlichen Fairness.

Kreuzfeuerübung: Vermutungen mit Modalverben

Sozialform: Großgruppe
Material: Papierstreifen
Durchführungszeit: ca. 5 Minuten

Anleitung: Verteilen Sie die Papierstreifen an die TN. TN stehen sich in 2 Reihen gegenüber. TN 1 liest die erste Aussage vor; TN 2 in der gegenüberliegenden Reihe formuliert um. Ist der Satz korrekt umformuliert, so erhält TN 2 den Papierstreifen mit der Lösung. Danach ist TN 2 mit Lesen an der Reihe; TN 3 formuliert um usw.

1. Vermutlich geht das Spiel heute unentschieden aus.
2. Die Mannschaft und ihr Trainer sind sicherlich enttäuscht über das Ergebnis.
3. Wahrscheinlich kommt es bald zu einem Trainerwechsel.
4. Im Deutschen Fußballbund (DFB) spekuliert man möglicherweise schon über einen Nachfolger.
5. Vielleicht steht bald wieder eine Deutsche auf dem Siegertreppchen.
6. Es gibt bestimmt noch einige Minuten Nachspielzeit.
7. Das Spiel ist sehr wahrscheinlich mit diesem Punkt entschieden.
8. Mit Sicherheit ist das Rennen wegen des Dauerregens ziemlich gefährlich.
9. Eventuell treten die beiden Mannschaften verspätet an.
10. Sicher entscheidet sich der Kampf um den Pokal im nächsten Spiel.
11. Der Slalom wird wohl wegen der Wetterverhältnisse abgesagt.
13. Möglicherweise gibt es heute wieder ein Unentschieden.
14. Schuld an den schlechten Ergebnissen ist sehr sicher die Verletzungspause.
15. Die Verletzungsgefahr ist beim Eishockey sicher größer als beim Volleyball.
16. Wahrscheinlich spielt diese Mannschaft bald nicht mehr in der ersten Liga.

Lösungen zu Kopiervorlage 20, Lektion 8A

1. Das Spiel dürfte heute unentschieden ausgehen.
2. Die Mannschaft und ihr Trainer müssten enttäuscht über das Ergebnis sein.
3. Es dürfte bald zu einem Trainerwechsel kommen.
4. Im Deutschen Fußballbund (DFB) könnte / kann man schon über einen Nachfolger spekulieren.
5. Bald könnte* wieder eine Deutsche auf dem Siegertreppchen stehen.
6. Es muss noch einige Minuten Nachspielzeit geben.
7. Das Spiel müsste mit diesem Punkt entschieden sein.
8. Das Rennen muss wegen des Dauerregens ziemlich gefährlich sein.
9. Die beiden Mannschaften könnten* verspätet antreten.
10. Der Kampf um den Pokal muss sich im nächsten Spiel entscheiden.
11. Der Slalom dürfte wegen der Wetterverhältnisse abgesagt werden.
13. Es könnte* heute wieder ein Unentschieden geben.
14. An den schlechten Ergebnissen muss die Verletzungspause schuld sein.
15. Die Verletzungsgefahr muss beim Eishockey größer als beim Volleyball sein.
16. Diese Mannschaft dürfte bald nicht mehr in der ersten Liga spielen.

*„kann" passt seltener als „könnte", da „kann" auch bedeuten kann „in der Lage sein, etwas zu tun".

Mitteilungsabsichten und Redemittel

Sozialform: Kleingruppen
Material: 2 Kartensets pro Kleingruppe
Durchführungszeit: 10 Minuten

Anleitung: Verteilen Sie je ein Kartenset Mitteilungsabsichten und Redemittel an die Kleingruppen mit dem Arbeitsauftrag: „Ordnen Sie die Redemittel den Mitteilungsabsichten zu und einigen Sie sich auf eine Lösung."

Mitteilungsabsichten

etwas bedauern	etwas begrüßen	etwas empfehlen
etwas fordern	etwas kritisieren	etwas vermuten
vor etwas warnen	an etwas zweifeln	

Redemittelkarten

unglücklicherweise ist / hat …	es ist schade, dass …	es ist gut so, dass …
sehr bewährt hat sich …	besonders wichtig wäre es …	man kann dazu nur raten …
es darf nicht sein, dass …	notwendig ist deshalb …	sehr problematisch ist, dass …
man kann nicht akzeptieren, dass …	es könnte sein, dass …	man könnte fast denken, dass …
gefährlich wäre es, wenn …	Folgendes wäre sehr schädlich: …	ob dies der Wahrheit entspricht, weiß man nicht
… ist fragwürdig		

Lösungen zu Kopiervorlage 21, Auf dem Weg zur Prüfung 8

etwas bedauern: unglücklicherweise ist / hat … / es ist schade, dass …
etwas begrüßen: es ist gut so, dass … / sehr bewährt hat sich …
etwas empfehlen: besonders wichtig wäre es … / man kann dazu nur raten …
etwas fordern: es darf nicht sein, dass … / notwendig ist deshalb …
etwas kritisieren: sehr problematisch ist, dass … / man kann nicht akzeptieren, dass …
etwas vermuten: es könnte sein, dass … / man könnte fast denken, dass …
vor etwas warnen: gefährlich wäre es, wenn … / folgendes wäre sehr schädlich: …
an etwas zweifeln: ob dies der Wahrheit entspricht, weiß man nicht / … ist fragwürdig

Lektion 9A Kopiervorlage 22

Partizip I und II als Adjektive

Sozialform: Kleingruppen à 3–4 TN
Material: Kartenset
Durchführungszeit: ca. 10 Minuten

Anleitung: Verteilen Sie ein Kartenset und folgende Anleitung mit Beispiel an jede Kleingruppe. „Die Kartensets werden verdeckt in die Tischmitte gelegt. TN 1 liest die Angaben der ersten Karte vor; TN 2 bildet die Partizipformen sowie die Relativkonstruktionen zur Erklärung der Partizipformen. TN 1 kontrolliert diese anhand der Lösungen in Klammer auf der Karte. Danach liest TN 2 die Angaben der nächsten Karte, TN 3 löst die Aufgabe usw."

Anleitung für TN: Bilden Sie aus den Vorgaben das Partizip I und II und erklären Sie die Ausdrücke mit einer Relativ-konstruktion.

Beispiel 1: sinken – die Produktivität
→ die sinkende Produktivität = die Produktivität, die sinkt
→ die gesunkene Produktivität = die Produktivität, die gesunken ist

Beispiel 2: loben – der Kollege
→ der lobende Kollege = der Kollege, der lobt
→ der gelobte Kollege = der Kollege, der gelobt wurde / worden ist

---

steigen –Produktionskosten (steigende Produktionskosten = Produktions-kosten, die steigen gestiegene Produktionskosten = Produktionskos-ten, die gestiegen sind)	**gelingen – der Test** (der gelingende Test = der Test, der (gerade) gelingt der gelungene Test = der Test, der gelungen ist)
fallen – die Preise (die fallenden Preise = die Preise, die fallen die gefallenen Preise = die Preise, die gefallen sind)	**erscheinen – das Buch** (das erscheinende Buch = das Buch, das (bald) erscheint / erscheinen wird das erschienene Buch = das Buch, das erschienen ist)
abfahren – der Zug (der abfahrende Zug = der Zug, der abfährt der abgefahrene Zug = der Zug, der abgefahren ist)	**ausscheiden – ein Mitarbeiter** (ein ausscheidender Mitarbeiter = ein Mitarbeiter, der ausscheidet ein ausgeschiedener Mitarbeiter = ein Mitarbeiter, der ausgeschieden ist)
abschließen – der Bericht (der abschließende Bericht = der Bericht, der etwas abschließt der abgeschlossene Bericht = der Bericht, der abgeschlossen / fertiggestellt wurde / worden ist)	**vorbereiten – ein Meeting** (ein vorbereitendes Meeting = ein Meeting, das (auf etwas) vorbereitet ein vorbereitetes Meeting = ein Meeting, das (von jemandem) vorbereitet wurde / worden ist)
produzieren – eine Maschine (eine produzierende Maschine = eine Maschine, die produziert eine produzierte Maschine = eine Maschine, die produziert wurde / worden ist)	**motivieren – ein Chef** (ein motivierender Chef = ein Chef, der motiviert ein motivierter Chef = ein Chef, der motiviert ist / wurde / worden ist)
ergänzen – die Studie (die ergänzende Studie = die Studie, die (etwas) ergänzt die ergänzte Studie = die Studie, die ergänzt wurde / worden ist)	**definieren – ein Symptom** (ein definierendes Symptom = ein Symptom, das (etwas / eine Krankheit) definiert ein definiertes Symptom = ein Symptom, das definiert wurde / worden ist)

Diskussionsbeobachtung und -auswertung

Sozialform: Kleingruppe à 3 TN
Material: Beobachtungsbogen
Diskussionszeit: 5–7 Minuten
Besprechung der Beobachtungsergebnisse: 5 Minuten

Anleitung: Zwei Gruppenmitglieder diskutieren anhand eines Artikels über ein kontroverses Thema. Beobachten Sie das Gespräch und machen Sie Notizen.

Namen: _____

Thema: _____

Darauf wollen wir achten:	Sprecher/in 1	Sprecher/in 2	Notizen
Hat er/sie wichtige Inhalte/Aussagen des Textes wiedergegeben?			
Hat er/sie über die eigenen Erfahrungen gesprochen?			
Hat er/sie eine eigene Meinung formuliert und Gründe genannt?			
Ist er/sie auf die Meinung bzw. die Argumente des/der anderen eingegangen?			
Hat er/sie Vorschläge gemacht?			
Hat er/sie flüssig gesprochen?			
Hat er/sie die Sätze und Abschnitte verknüpft (z. B. mit „weil", „deshalb", „außerdem")?			
Hat er/sie unterschiedliche Redemittel verwendet?			
Gab es Wortschatzfehler?			
Gab es Grammatikfehler? Kreuzen Sie an.	☐ Stellung des Verbs ☐ Konjugation ☐ Pronomen ☐ Präpositionen ☐ Adjektivendungen	☐ Stellung des Verbs ☐ Konjugation ☐ Pronomen ☐ Präpositionen ☐ Adjektivendungen	
War die Aussprache verständlich?			

Rollenspiel: Überraschende Situationen – Wie kommunizieren?

Sozialform: Partnerarbeit
Material: Rollenkarten
Durchführungszeit: Dialog erstellen: max. 10 Minuten, Simulation: 1–2 Minuten pro Rollenspiel
Feedback: 3–4 Minuten pro Rollenspiel

Anleitung: Verteilen Sie die Karten an jeweils 2 TN. TN erarbeiten einen kurzen Dialog für die Situation auf der Rollenkarte und spielen diesen im Plenum vor. Die Zuhörer geben Feedback darüber, ob die Reaktionen ihrer Meinung nach angemessen waren oder nicht.

Rollenspiel 1:

A. Sie sind vor wenigen Tagen umgezogen. Damit Sie sich besser kennenlernen, haben Ihr Vermieter / Ihre Vermieterin und seine Frau / ihr Mann Sie zu Kaffee und Kuchen eingeladen. Beim Thema „Familie" fragen Sie: „Warum haben Sie eigentlich keine Kinder?"

B. Sie haben vor einigen Tagen Ihre Einliegerwohnung an einen Studenten / eine Studentin vermietet. Um ihn / sie besser kennenzulernen, laden Sie und Ihre Frau / Ihr Mann den neuen Mieter / die neue Mieterin zu Kaffee und Kuchen ein. Beim Thema „Familie" stellt er / sie Ihnen diese Frage: „Warum haben Sie eigentlich keine Kinder?" Wie reagieren Sie?

Rollenspiel 2:

A. Zum Semesterabschluss gibt es ein kleines Unifest, zu dem auch Ihr Professor / Ihre Professorin gekommen ist. Sie sitzen in gemütlicher Runde beisammen und reden über das Leben in verschiedenen Ländern. Sie fragen Ihren Professor / Ihre Professorin: „Wie viel verdienen Sie denn hier so?"

B. Zum Semesterabschluss haben Ihre ausländischen Studierenden Sie zu einem kleinen Unifest eingeladen. Sie sitzen in gemütlicher Runde beisammen und reden über das Leben in verschiedenen Ländern. Plötzlich fragt Sie einer der Studierenden: „Wie viel verdienen Sie denn hier so?" Wie reagieren Sie?

Rollenspiel 3:

A. Sie sind erst vor kurzer Zeit zum Studium nach Deutschland gekommen. Sie haben in einem Seminar eine nette Studentin kennengelernt, die auch im Studierendenwohnheim wohnt. Beim Abschied sagt sie: „Man sieht sich!" Sie freuen sich und stehen bereits am Abend mit einer landestypischen Nachspeise vor ihrer Tür.

B. Sie studieren und haben heute in einem Seminar einen Studenten kennengelernt, der erst seit kurzer Zeit an Ihrer Uni eingeschrieben ist. Beim Verabschieden sagen Sie wie so oft: „Man sieht sich." Am selben Abend, als Sie mit Ihrem Freund gemütlich auf der Couch sitzen, klingelt es und der Student steht mit einer Schüssel Nachspeise vor Ihrer Tür. Wie reagieren Sie?

Rollenspiel 4:

A. Sie machen eine Ausbildung in einem Betrieb. Ihr Betreuer / Ihre Betreuerin feiert ihr 20-jähriges Firmenjubiläum. Sie sind auch eingeladen und haben ein kleines Geschenk mitgebracht. Ihr Betreuer / Ihre Betreuerin sagt jedoch beim Überreichen des Geschenks: „Das wäre doch nicht nötig gewesen." Sie sind etwas verlegen und nehmen das Päckchen wieder an sich.

B. Sie betreuen einen ausländischen Auszubildenden / eine ausländische Auszubildende. Heute feiern Sie Ihr 20-jähriges Firmenjubiläum und haben auch den Auszubildenden / die Auszubildende eingeladen, der / die mit einem Geschenk gratuliert. Sie sagen: „Das wäre doch nicht nötig gewesen." Daraufhin nimmt der / die Auszubildende das Päckchen, etwas irritiert, wieder an sich. Wie reagieren Sie?

Kopiervorlage 25 — Lektion 10B

Critical Incidents

Sozialform: Kleingruppen / Großgruppe
Material: Situationskarten
Diskussionszeit: 10 Minuten in der Kleingruppe und 10–15 Minuten in der Großgruppe

Anleitung: Verteilen Sie an jede Kleingruppe eine Situationskarte und erläutern Sie die Aufgabe. TN tauschen sich in den Kleingruppen darüber aus, was wohl die Gründe für diese Missverständnisse sind. Weisen Sie TN darauf hin, dass sie auch darüber sprechen sollen, wie man solchen Situationen vorbeugen kann bzw. wie man sie lösen kann.

Situation 1:

Felipe aus Spanien ist für ein Auslandssemester an einer deutschen Hochschule. Er studiert an einer Technischen Universität und kann den Vorlesungen und Seminaren gut folgen. Dennoch braucht er für Präsentationen oder schriftliche Arbeiten manchmal Hilfestellungen und Tipps. Deshalb geht Felipe heute zum Büro seines Dozenten und fragt, ob er Zeit für ihn habe. Dieser antwortet, dass er arbeiten müsse und Felipe doch bitte in seine Sprechstunde kommen solle. Er müsse sich allerdings vorher anmelden und sein Anliegen kurz schildern, damit er die Zeit einplanen und sich auf das Gespräch vorbereiten könne.

Felipe ist irritiert und versteht nicht, weshalb der Dozent auf seine Sprechstunde verweist, obwohl er doch in seinem Büro war und Zeit gehabt hätte, seine Fragen zu beantworten.

1. Was hat Felipe erwartet und wie deutet er den Hinweis des Dozenten auf seine Sprechstunde?
2. Weshalb empfängt der Dozent Felipe nicht und verweist ihn auf seine Sprechstunde?

Situation 2:

Der marokkanische Student Youssef verbringt ein Auslandsjahr an einer deutschen Universität. Heute besucht er seine erste Vorlesung. Er setzt sich in den Hörsaal und wartet auf den Beginn der Veranstaltung. Nach und nach treffen auch andere Studierende ein, von denen einige Kaffeebecher, Trinkflaschen und sogar Essen mit in den Hörsaal bringen und vor sich auf die Tische stellen. Nun kommt auch der Professor, der seine Materialien auspackt und mit der Vorlesung beginnt, ohne sich an den Getränken und dem Essen zu stören.

Youssef ist irritiert. So ein Verhalten ist in Marokko nicht möglich.

1. Wie lässt sich Youssefs Irritation erklären?
2. Wie kann man das Verhalten der deutschen Studierenden erklären und weshalb fühlt sich der Professor dadurch nicht gestört?

Situation 3:

Die junge Chinesin Lin hat ihr erstes Studium in Ingenieurwissenschaften erfolgreich in ihrem Herkunftsland absolviert. Nun ist sie an einer Technischen Hochschule in Deutschland, um ein Aufbaustudium zu machen. Damit die Studierenden mit Maschinen und deren Funktionen vertraut werden, gehen sie mit ihrem Dozenten regelmäßig in ein Werkstattlabor. Dort sollen sie auch in Gruppen arbeiten.

Die chinesische Studentin fehlt oft und beteiligt sich kaum an den Gruppenarbeiten. Der betreuende Dozent bittet sie deshalb um ein Gespräch während seiner Sprechstunde. Er macht die Studentin darauf aufmerksam, dass sie die praktischen Arbeiten umgehe und alle Aufgaben den anderen Gruppenmitgliedern überlasse. Daraufhin ist die Chinesin betroffen und erklärt, sie habe bereits ein Studium abgeschlossen und verstehe nicht, weshalb sie im Werkstattlabor arbeiten solle.

1. Welche Inhalte umfasst das Studium hier in Deutschland? Welche Einstellung vertritt der Dozent?
2. Weshalb möchte sich die Chinesin wohl nicht an der Werkstattarbeit beteiligen?

Kursspaziergang: „Irreale Bedingungssätze"

Sozialform: Großgruppe
Material: Kärtchen
Durchführungszeit: max. 10 Minuten

Anleitung: Verteilen Sie die Satzanfänge an die TN. Jeder TN sucht sich einen Partner / eine Partnerin. Partner/in A liest den Satzanfang vor, Partner/in B vervollständigt den Satz. Dann liest Partner/in B vor, A vervollständigt. Die Satzanfänge werden getauscht und jeder TN sucht sich einen neuen Partner / eine neue Partnerin.

Wenn ich in meinem Herkunftsland studieren würde, …

Wenn ich nach meiner Ausbildung / nach meinem Studium keinen Job bekommen würde, …

Wenn ich die Wahl hätte, wo ich arbeiten möchte, …

Wenn ich meinen Wohnort wählen könnte, …

Wenn ich einen Wunsch frei hätte, …

Wenn ich keinen Deutschkurs besuchen würde, …

Wenn ich ohne Handy leben müsste, …

Wenn wir alle nicht mehr so viel reisen könnten, …

Wenn ich die Deutschprüfung nicht schaffen würde, …

Wenn ich bereits einen Abschluss in Deutschland gemacht hätte, …

Wenn sich mehr junge Leute in der Politik engagieren würden, …

Wenn wir alle eine gemeinsame Sprache hätten, …

Wenn wir kein Internet mehr hätten, …

Wenn wir alle toleranter wären, …

Fundstellen der Prüfungsaufgaben in Kompass DaF B2

Lesen

Goethe-Zertifikat B2	telc Deutsch B2	digitaler TestDaF	DSH
LV 1: Einstellungen verstehen Weg zur Prüfung* 5 (KV)**	**LV 1: Überschriften zuordnen** Weg zur Prüfung 1 Weg zur Prüfung 4	**LV 1: fehlende Wörter ergänzen, MC-Aufgabe** Weg zur Prüfung 1 (KV)	**LV: Überschriften zuordnen** Weg zur Prüfung 1 Weg zur Prüfung 4
LV 2: fehlende Sätze ergänzen Weg zur Prüfung 6 Weg zur Prüfung 9 (KV)	**LV 2: Zeitungsartikel, MC-Aufgabe** Weg zur Prüfung 1 Weg zur Prüfung 3 Weg zur Prüfung 7 (KV)	**LV 2: Textabschnitte in richtige Reihenfolge bringen** Weg zur Prüfung 5	**LV: Informationen notieren** Weg zur Prüfung 3 Weg zur Prüfung 7
LV 3: Zeitungsartikel, MC-Aufgabe Weg zur Prüfung 1 Weg zur Prüfung 3 Weg zur Prüfung 7 (KV)	**LV 3: Personen Anzeigen zuordnen** Weg zur Prüfung 2	**LV 3: Forschungs- / Projektbericht, MC-Aufgabe** Weg zur Prüfung 3 (KV)	**LV: Fragen beantworten** Weg zur Prüfung 3 Weg zur Prüfung 4 (KV)
LV 4: Standpunkte verstehen Weg zur Prüfung 10		**LV 4: Mitteilungsabsicht verstehen** Weg zur Prüfung 8	**LV: Sätze ergänzen** Weg zur Prüfung 7 ÜB-Lek. 5 ÜB-Lek. 6
LV 5: Regeln / Instruktionen verstehen Weg zur Prüfung 6 (KV) ÜB-Lek. 3		**LV 5: Aussagen zuordnen** Weg zur Prüfung 4	**LV: Artikel, r/f-Aufgabe** Weg zur Prüfung 7
		LV 6: kausale Zusammenhänge erkennen Weg zur Prüfung 7	**LV: Zusammenfassung verfassen** Weg zur Prüfung 10
		LV 7: in Zusammenfassung zu Artikel und Grafik Fehler erkennen Weg zur Prüfung 9	

Sprachbausteine

Goethe-Zertifikat B2	telc Deutsch B2	digitaler TestDaF	DSH
	Sprachbausteine 1: MC-Aufgabe ÜB-Lek. 7		
	Sprachbausteine 2: Zuordnungsaufgabe ÜB-Lek. 6		

*Auf dem Weg zur Prüfung
**Kopiervorlage über Klett Augmented

P *Fundstellen der Prüfungsaufgaben*

Hören

Goethe-Zertifikat B2	telc Deutsch B2	digitaler TestDaF	DSH
HV 1: Gespräche und Statements verstehen Weg zur Prüfung 5	HV 1: in Nachrichten Hauptaussage verstehen Weg zur Prüfung 5 (KV)	HV 1: Informationen in Plan / Verzeichnis ergänzen Weg zur Prüfung 6	HV: Zahlen / Daten notieren Weg zur Prüfung 7
HV 2: Radiointerview, MC-Aufgabe Weg zur Prüfung 3 ÜB-Lek. 7	HV 2: Radiointerview, r/f-Aufgabe Weg zur Prüfung 3 Weg zur Prüfung 8 ÜB-Lek. 6	HV 2: Notizen zu Diskussion machen Weg zur Prüfung 7	HV: Informationen notieren Weg zur Prüfung 2 Weg zur Prüfung 9 Weg zur Prüfung 10 (KV)
HV 3: Radiogespräch, Aussagen zuordnen Weg zur Prüfung 8 (KV)	HV 3: Durchsagen, Radioankündigungen, verstehen Weg zur Prüfung 2 (KV)	HV 3: in Zusammenfassung zu Vortrag Fehler erkennen Weg zur Prüfung 10	HV: Fragen beantworten Weg zur Prüfung 1 Weg zur Prüfung 4
HV 4: Vortrag, MC-Aufgabe Weg zur Prüfung 2		HV 4: Diskussion, Aussagen zuordnen Weg zur Prüfung 8	HV: Sätze ergänzen Weg zur Prüfung 10 (KV)
		HV 5: Notizen zu Vortrag machen Weg zur Prüfung 2	HV: Vortrag, r/f-Aufgabe Weg zur Prüfung 1
		HV 6: Vortrag, MC-Aufgabe Weg zur Prüfung 4	HV: Zusammenfassung verfassen Weg zur Prüfung 9 Weg zur Prüfung 10 (KV)
		HV 7: Abgleich Laut- und Schriftbild Weg zur Prüfung 9 (KV) ÜB-Lek. 3	

Schreiben

Goethe-Zertifikat B2	telc Deutsch B2	digitaler TestDaF	DSH
Schreiben 1: Stellungnahme verfassen Weg zur Prüfung 1 Weg zur Prüfung 4 (KV)	Schreiben A: um Informationen bitten Weg zur Prüfung 6	Schreiben 1: Stellungnahme verfassen Weg zur Prüfung 6 (KV)	Schreiben: Erörterung anhand Leitfragen und Grafik verfassen Weg zur Prüfung 5 Weg zur Prüfung 8
Schreiben 2: persönliche Mitteilung verfassen Weg zur Prüfung 6	Schreiben B: Beschwerdebrief verfassen Weg zur Prüfung 7	Schreiben 2: Zusammenfassung zu Artikel und Grafik verfassen Weg zur Prüfung 9	

Sprechen

Goethe-Zertifikat B2	telc Deutsch B2	digitaler TestDaF	DSH
Sprechen 1: Vortrag halten, dazu Fragen beantworten Weg zur Prüfung 2 Weg zur Prüfung 4	Sprechen 1: Thema präsentieren Weg zur Prüfung 8 (KV)	Sprechen 1: Rat / Empfehlung geben Weg zur Prüfung 1 (KV)	Sprechen: Thema anhand Leitfragen und Grafik erörtern Weg zur Prüfung 5
Sprechen 2: über Thema diskutieren Weg zur Prüfung 8	Sprechen 2: über Artikel diskutieren Weg zur Prüfung 9 Weg zur Prüfung 10	Sprechen 2: Stellung zu Thema nehmen Weg zur Prüfung 3 (KV)	Sprechen: Artikel zusammenfassen und Stellung nehmen Weg zur Prüfung 9

Fundstellen der Prüfungsaufgaben

Goethe-Zertifikat B2	telc Deutsch B2	digitaler TestDaF	DSH
	Sprechen 3: gemeinsam Plan / Programm entwickeln Weg zur Prüfung 2 (KV)	Sprechen 3: Artikel zusammenfassen Weg zur Prüfung 10	
		Sprechen 4: Stellung zu Redebeitrag nehmen, dabei auf Grafik eingehen Weg zur Prüfung 4	
		Sprechen 5: Vortrag anhand von Folie halten Weg zur Prüfung 2	
		Sprechen 6: Stellung zu Redebeitrag nehmen Weg zur Prüfung 8	
		Sprechen 7: Kritik an Maßnahme äußern Weg zur Prüfung 7 (KV)	

Lexik

Goethe-Zertifikat B2	telc Deutsch B2	digitaler TestDaF	DSH
			passendes Synonym erkennen Weg zur Prüfung 3 Weg zur Prüfung 6 ÜB-Lek. 1 ÜB-Lek. 2
			Ausdruck mit eigenen Worten erklären Weg zur Prüfung 6 Weg zur Prüfung 10 (KV)
			Ausdruck, Satz umformulieren Weg zur Prüfung 4 (KV) Weg zur Prüfung 7
			Bezug von Pronomen etc. erkennen Weg zur Prüfung 6 Weg zur Prüfung 10 (KV)

Wissenschaftssprachliche Strukturen

Goethe-Zertifikat B2	telc Deutsch B2	digitaler TestDaF	DSH
			Umformulierungen ÜB-Lek. 1, 3, 8, 9 (Hauptsatz ↔ Nebensatz) ÜB-Lek. 2 (Aktiv ↔ Passiv) ÜB-Lek. 4 (Possessivpronomen → Relativpronomen) ÜB-Lek. 7 (direkte → indirekte Rede) ÜB-Lek. 8 (Adverb ↔ Modalverb) ÜB-Lek. 10 (Realis ↔ Irrealis)

Kompetenzaufbau

Kompetenzaufbau in Kompass DaF B2

Notizen anfertigen*

| **Lektion 2:** strukturierte Notizzettel ergänzen; Redekärtchen für Vortrag erstellen | | **Lektion 3:** Schlüsselwörter erkennen und notieren | | **Lektion 4:** Hypothesen zu Fortgang von schriftlichem und mündlichem Text formulieren | | **Lektion 5:** strukturierten Notizzettel anhand Vorgaben erstellen |

Daten erklären*

| **Lektion 3:** Kurzvortrag zu Grafik analysieren, Kurzvortrag zu gleicher Grafik halten, dabei Informationen ergänzen | | **Lektion 5:** Vortragstext zu Grafikerörterung analysieren, andere Grafik nach gleichem Muster mündlich erörtern | | **Lektion 7:** Informationen aus Grafik herausarbeiten, Grafik schriftlich erörtern |

Spezifische Informationen mündlich/schriftlich weitergeben*

| **Lektion 2:** Kurzvortrag analysieren, Informationen zu ähnlichem Thema erarbeiten, Kurzvortrag halten | | **Lektion 3:** Informationen aus Radiogespräch mündlich weitergeben | | **Lektion 4:** Thema anhand von Informationen aus Artikel schriftlich erörtern bzw. Erklärvideo erstellen | | **Lektion 5:** zentrale Informationen aus Artikel herausarbeiten und sich darüber austauschen |

Mündlich/schriftlich Stellung beziehen, Thema diskutieren/erörtern

| **Lektion 1:** mündlich Stellung zu Aussagen beziehen; in Forumsbeitrag schriftlich Stellung beziehen | | **Lektion 3:** Beschwerde-E-Mail analysieren, Beschwerde-E-Mail verfassen | | **Lektion 4:** Erörterung analysieren, Thema nach gleichem Muster schriftlich erörtern; Thema mündlich in Erklärvideo erörtern | | **Lektion 5:** Kommentarstile unterscheiden, Kommentar verfassen |

Texte mündlich/schriftlich verarbeiten*

| **Lektion 2:** mithilfe von Notizen Inhalt von Artikel mündlich weitergeben | | **Lektion 6:** mithilfe von Notizen Inhalt von Informationsartikel mündlich weitergeben | | **Lektion 7:** mithilfe von Notizen Argumentation von Artikel schriftlich wiedergeben | | **Lektion 8:** Argumentation von Radiogästen herausarbeiten und mündlich weitergeben |

Bedeutung gemeinsam konstruieren*

| **Lektion 1:** sich auf wichtigste Aussage einigen | | **Lektion 4:** sich über Erklärvideos austauschen, Verbesserungsvorschläge machen | | **Lektion 5:** gemeinsam Maßnahmen gegen Klimawandel formulieren | | **Lektion 7:** gemeinsam zentrale Aussage von Grafik vergleichen und Kommentar formulieren |

*Mediationsaktivitäten nach: Gemeinsamer europäischer Referenzrahmen für Sprachen. Begleitband mit neuen Deskriptoren (Ernst Klett Sprachen, 978-3-12-676999-0)

Kompetenzaufbau

Lektion 6: Aufbau von Informationstexten bzw. Radiobeiträgen reflektieren und Textbauplan als Basis für Notizzettel verwenden		**Lektion 7:** Aufbau von argumentativem Artikel reflektieren und Textbauplan als Basis für Notizzettel verwenden		**Lektion 8:** Argumentation von Radiogästen herausarbeiten und notieren		**Lektion 9:** anhand von Leitfragen strukturiert Notizen machen		**Lektion 10:** Aufbau von wissenschaftlichem Artikel reflektieren und Textbauplan als Basis für Notizzettel verwenden

Lektion 6: zentrale Informationen aus Radiobeiträgen mündlich weitergeben		**Lektion 7:** zentrale Aussage von Grafiken erarbeiten und sich darüber austauschen		**Lektion 8:** Argumentation von Radiogast wiedergeben		**Lektion 9:** Informationen aus Radiobeiträgen erarbeiten und mündlich weitergeben

Lektion 6: über Vor- und Nachteile diskutieren		**Lektion 7:** Kommentar zu Grafiken verfassen		**Lektion 8:** auf Stellungnahme eines anderen reagieren, gelenkte Diskussion führen; Thema schriftlich erörtern		**Lektion 9:** sich auf Aussage einigen, Argumente pro / contra sammeln, über Aussagen diskutieren, Feedback geben		**Lektion 10:** Artikel mündlich zusammenfassen und Stellung beziehen

Lektion 9: Textsorte „Zusammenfassung" erarbeiten; schriftliche Zusammenfassung von Artikel erstellen		**Lektion 10:** mithilfe von Textbauplan schriftliche Zusammenfassung von wissenschaftlichem Artikel erstellen

Lektion 9: Diskussion führen und zusammenfassen		**Lektion 10:** gemeinsam erfolgreiches Beschwerdegespräch entwickeln und führen

Lektion 1

1A Zur Sprache kommen

1a *Mögliche Lösungen:* 1. gemeinsam etwas tun • praktisch anwenden • 2. in der Lerngruppe kommunizieren • diskutieren • 3. auf Kärtchen notieren • nach Farben ordnen • 4. den Stoff durchdenken • mit eigenen Worten zusammenfassen • 5. hören und sprechen • 6. sich bewegen • im Raum herumlaufen

1b *Mögliche Lösungen:* Es hilft, die neuen Wörter aufzuschreiben und zu wiederholen. • Man sollte die Sprache oft praktisch anwenden. • Man sollte viel in der Sprache lesen, man sollte mit einfachen Geschichten anfangen.

1B Auf dem Weg zum Wissen

1a 2

2a/b 2. Smart („Ich behalte neuen Stoff am besten, wenn ich ihn aktiv wiedergebe. Ich mache das mit einem Lernpartner. Er stellt mir Fragen und ich erkläre ihm, was ich gelernt habe.") • 3. Kira („ein Methodenmix ist am allerbesten") • 4. – • 5. Bär („Was hat das mit dem zu tun, was ich schon weiß? Kann ich das mit etwas verknüpfen? Wie passt das zu meinem Vorwissen?")

3a Markierungen: 2. trotzdem • 3. Obwohl • 4. weil • 5. Deshalb

3b

1. Hauptsatz	2. Hauptsatz
Diese Methoden sind sehr beliebt,	trotzdem schnitten sie am schlechtesten ab.
Es gibt ja immer so viel Stoff!	Deshalb mache ich zuerst einen Lernplan.

Hauptsatz	Nebensatz		
Die Methode ist sinnvoll,	weil	man dabei über den Stoff	nachdenkt.

Nebensatz			Hauptsatz		
Obwohl	„Hervorheben von Informationen" schlecht	abgeschnitten hat,		finde	ich die Methode sehr nützlich.

3c Grund: Sätze: 1, 4, 5 • **Gegengrund:** Sätze: 2, 3

3d 1. Weil ich Angst vor dem großen Berg habe, schiebe ich das Lernen gern auf. • 2. Da ich mich mit diesen Fragen beschäftige, fällt es mir leichter, in das Thema einzusteigen. • 3. Obwohl das Gegenteil behauptet wird, existiert keine optimale Lernmethode.

4 *Mögliche Lösung:* Ich behalte neuen Stoff am besten, wenn ich zuerst einen Lernplan mache. Deshalb finde ich den Vorschlag von Lucky auch sehr gut. Ich teile den Stoff auch in kleine Portionen auf und wiederhole ihn immer wieder. Dann lerne ich mit einem Lernpartner / einer Lernpartnerin und wir fragen uns ab. Wenn man anderen Zusammenhänge erklärt, merkt man, ob man etwas richtig verstanden hat oder nicht. Außerdem geht der Stoff so besser ins Langzeitgedächtnis.

1C Mit der Hand schreiben – Wozu?

1b b

1c *Mögliche Lösungen:* 1. In Schule und Forschung • Zukunft der Handschrift • 2. beklagen • Kinder nicht mehr flüssig schreiben • 3. Druckschrift unterrichtet • nicht die Schreibschrift • 4. Schreibschrift nicht mehr benötigt

1d 1r • 2r • 3f • 4r

1e *Mögliche Lösungen:* 1. Tippen immer effektiver • als mit der Hand • 2. Abschaffung des Schreibens mit der Hand • negative Auswirkung • 3. Schreiben mit der Hand • viele Bereiche des Gehirns aktiviert • 4. Mit dem Laptop • schneller notieren • lernt besser • 5. Notizen mit Hand • verarbeitet die Informationen • 6. Notizen nur handschriftlich

1f 1f • 2r • 3r • 4f • 5r • 6f

2a 2. Anstatt … zu … • 3. stattdessen • 4. Statt (der Schreibschrift) • 5. anstelle (der Handschrift) • 6. statt (mit dem Laptop)

2b Konnektor von Nebensatz / Infinitivkonstruktion: anstatt dass …, anstatt … zu … • **Verbindungsadverb:** stattdessen • **Präposition:** statt, anstelle

2c Regeln: 1a • 2b • 3a

1D In einer Lerngruppe oder allein?

1a Die Autorin ist gegen Lernen in der Gruppe.

1b *Mögliche Lösungen:* … lerne ich viel lieber allein. Meines Erachtens ist das viel effektiver. • … ohne Grundlagen kann man in der Gruppe nichts beitragen. • Dieses Faktenwissen kann man sich aber nur allein erarbeiten • Außerdem ist es doch nicht nützlich, wenn man endlos über Punkte sprechen muss, die man sowieso schon verstanden hat. • Darüber hinaus ist es sehr schwer, die richtigen Leute für eine Gruppe zu finden.

1c *Mögliche Lösung:* Myway schreibt in ihrem Beitrag zum Thema „Gruppenarbeit beim Lernen nützlich?", dass Einzelarbeit viel effektiver ist, weil man sich Faktenwissen nur allein erarbeiten kann. Meines Erachtens stimmt das nicht. Meine These ist: Gruppenarbeit ist sehr nützlich. Denn sie ermöglicht ein tieferes Verständnis des Stoffs und eine bessere Kommunikationsfähigkeit. Die Autorin argumentiert, dass es schwer ist, die richtigen Leute zu finden. Aber Zusammenarbeit funktioniert mit allen, wenn man die Aufgaben gut verteilt und feste Termine vereinbart. Ihrem Argument, dass man sich Faktenwissen nur allein erarbeiten kann, stimme ich nur teilweise zu, denn man kann sich gegenseitig abfragen und so das Faktenwissen vertiefen. Sie schreibt außerdem, dass man endlos über schon verstandene Punkte sprechen muss. Da bin ich ganz anderer Meinung, denn Gruppenarbeit ist Austausch. Punkte, die man verstanden hat, kann man den anderen erklären und so kontrollieren, ob man sie wirklich verstanden hat.
Mein Fazit: Gruppenarbeit hat mehr Vorteile als Nachteile. Zudem kann man die Vorteile von Einzel- und Gruppenarbeit verbinden. So lernt man effektiver!

Auf dem Weg zur Prüfung 1
Lesen: Kommunikation bei der Arbeit

1b *Mögliche Lösung:* In dem Artikel geht es darum, dass die Menschen bei der Arbeit früher viel mehr miteinander gesprochen haben, während sie heute mehr schriftlich kommunizieren, und warum das so ist.

2a Abschnitt B: Qualitätskontrolle ist wichtig • **Abschnitt C:** Unternehmen in sozialen Netzwerken • **Abschnitt D:** Erfolgreiche internationale Kommunikation: „analog" oder digital?

2b *Mögliche Lösungen:* **Abschnitt B:** Qualitätskontrolle … eine wichtige Rolle spielt → Qualitätskontrolle ist wichtig • **Abschnitt C:** „Social Media", Unternehmen, Soziale Medien → Unternehmen in sozialen Netzwerken • **Abschnitt D:** globalen Geschäftsbeziehungen • können digitale Instrumente … helfen. Die Frage ist aber, ob die „analoge Kommunikation" … nicht oft sinnvoller → Erfolgreiche internationale Kommunikation: „analog" oder digital?

3 1b • 2b • 3c • 4b

4 1a • 2d • 3a • 4d • 5b

Hören: Mit Fehlern umgehen

2 1. Fehlerkultur • 2. wie man in Betrieben, Schulen oder der Universität mit Fehlern umgeht • 3. Was ist die Rolle von Fehlern beim Fremdsprachenlernen? • Was ist eine positive Fehlerkultur? • Wie können Fehler von Sprachlernenden am besten korrigiert werden?

3a *Mögliche Lösungen:* 1. Wissenschaftler • erst seit Kurzem • Rolle von Fehlern • 2. Fehler untersucht und sie versteht • versteht man System der Fremdsprache • 3. Fehler fossilisiert • macht man ihn immer wieder • 4. fossilisierten Fehler kennt • leicht • korrigieren • 5. Fehlerkorrektur im Sprachunterricht • wichtiges Thema • 6. Professor Miel • stimmt … zu • „Man versteht doch, was die Lernenden sagen, warum sollte man das korrigieren." • 7. Angst vor Fehlern verlieren • Fehler beim Lernen nützlich • 8. über Fehler nie lachen • 9. Thema „Fehlerkorrektur" viele wissenschaftliche Veröffentlichungen • 10. Später • Professor Miel • Informationen • mündlichen Fehlerkorrektur

3b 1f • 2r • 3r • 4f • 5r • 6f • 7r • 8f • 9r • 10f

Schreiben: Fehlerkorrektur beim Sprechen

1a/b 2. Begründung für eigene Meinung: Ich finde … • Außerdem • 3. Alternativen: Besser wäre es, wenn … • 4. Vorteil der Alternativen: Der Vorteil … ist, dass … • 5. Schluss: Abschließend möchte ich betonen, dass …

2a *Mögliche Lösung:* Jeder kennt das aus dem Sprachunterricht: Jemand macht einen Aussprachefehler bei einer Diskussion, und sofort korrigiert der Lehrer ihn und beginnt vielleicht sogar, mit dem ganzen Kurs die richtige Aussprache zu üben. Ist es hilfreich, wenn Lehrer so reagieren?
Ich finde es nicht gut, wenn Lehrer Kursteilnehmer bei einem Diskussionsbeitrag unterbrechen. Denn der betroffene Student wollte vielleicht gerade ein wichtiges Argument erklären. Wenn der Lehrer ihn dann wegen eines Aussprachefehlers unterbricht, dann verliert der Student seine Motivation und hat keine Lust mehr weiterzureden. Außerdem glaube ich, dass bei einer Diskussion der Inhalt und die Argumente entscheidend sind. Wenn der Lehrer alles versteht, was die Kursteilnehmer sagen, sollte man sie weitersprechen lassen.
Stattdessen könnte der Lehrer wichtige Aussprachfehler sammeln und diese im Anschluss an die Diskussion besprechen. Noch besser wäre es, wenn man zweimal oder dreimal pro Woche eine halbe Unterrichtsstunde für das Aussprachetraining verwenden würde. In dieser Zeit könnten die Studenten sich speziell mit einem Aussprachethema beschäftigen und dadurch echte Fortschritte erzielen.
Der Vorteil dieser Methoden ist, dass man sich so intensiv um die Verbesserung der Aussprache kümmert. Gleichzeitig kann man sich bei Diskussionen voll auf den Inhalt konzentrieren. Abschließend möchte ich betonen, dass eine gute Aussprache auf jeden Fall sehr wichtig für eine erfolgreiche Kommunikation ist. Deshalb sollte man ihr viel Aufmerksamkeit im Unterricht geben.

2b *Mögliche Lösung:* Viele Angestellte kennen das aus dem Büro: Jeder ist im Stress, alle haben viele Termine und man sieht sich nur selten. Daher kommuniziert man mit seinen Kollegen inzwischen hauptsächlich schriftlich per Mail oder Chat.
Ich finde diese Entwicklung nicht gut. Denn die schriftliche Kommunikation ist oft umständlich und dauert länger. Anstatt sich kurz zu besprechen, schickt man mehrmals Mails hin und her, bis man sich geeinigt hat. Außerdem kommt es viel leichter zu Missverständnissen, wenn man schriftlich kommuniziert, weil man sich z. B. zu knapp ausdrückt oder wichtige Informationen nicht mitteilt, weil man denkt, dass der Kollege bereits alle Informationen hat.
Es wäre besser, wenn man im Arbeitsalltag wieder mehr miteinander sprechen würde. Statt umständlich per Mail oder Chat ein Problem zu diskutieren, ist es schneller und effizienter, kurz zum Kollegen ins Büro zu gehen oder ihn anzurufen und das Problem direkt zu besprechen. Außerdem ist es hilfreich, wenn sich Kollegen, die zusammenarbeiten, regelmäßig treffen und persönlich austauschen.
Der Vorteil von persönlichen Besprechungen ist, dass man Unklarheiten und Fragen direkt im Gespräch klären kann und dass man so Missverständnisse leichter vermeiden kann.
Abschließend möchte ich betonen, dass auch die schriftliche Kommunikation effizient sein kann. Aber man sollte dabei nicht auf die mündliche Kommunikation verzichten. Es kommt immer darauf an, worum es in der Situation geht.

Sprechen: Der Prüfungstermin naht

1a *Mögliche Lösungen:* fester Zeitplan • 8–18 Uhr lernen • mittags Pause • nur aufs Lernen konzentrieren • Pause bei Nebenjob • abends nicht ausgehen • Sport treiben

1b *Mögliche Lösung:* Also, wenn ich an deiner Stelle wäre, dann würde ich für die nächsten zwei Wochen einen festen Zeitplan aufstellen und jeden Tag von 8 Uhr morgens bis 6 Uhr abends lernen. Mittags solltest du immer eine Stunde Pause machen, um dich zu erholen. Ich würde dir auch empfehlen, dich bis zur Prüfung nur aufs Lernen zu konzentrieren, weil dich die anderen Sachen nur ablenken. Mach eine kleine Pause bei deinem Nebenjob. Dein Chef hat dafür sicher Verständnis, wenn du ihm die Situation erklärst. Und geh in dieser Zeit abends nicht aus, sondern treibe zum Ausgleich besser Sport. Nach der Prüfung hast du dann wieder genug Zeit, abends auszugehen. Also Kopf hoch, du schaffst das schon, du musst dich nur gut organisieren.

Lektion 2

2A Leben in Großstädten

2a Stressfaktoren: 3 • Attraktivität großer Städte: 2 • Ideen für die Zukunft: 4

2b/c *Mögliche Lösungen:* **1. Landflucht:** weltweit: 2050: 2/3 d. Menschen • 1950: 1/3 d. Menschen • D: 1950: knapp 70 % • 2050: über 80 % • **2. Attraktivität großer Städte:** 1. attraktive Jobs • 3. großes Freizeitangebot 4. gut ausgebaute Verkehrsmittel • **3. Stressfaktoren:** 1. Verkehr: zu voll u. laut • 2. Umweltverschmutzung: Smog u. Müll • 3. hohe Mieten • **4. Ideen für die Zu-**

Lösungen zum Kursbuch

kunft: Ziel: Städte: <u>leise, sauber, grün</u> • 1. intelligente Architektur u. <u>Stadtplanung</u> • 2. <u>Digitalisierung</u> u. moderne Technologien

3a 3. wird … bezahlt • 4. wurden … befragt • 5. war … gebaut worden

3b

		Position 2		Satzende
Präsens	Meistens	wird	die Arbeit in Städten besser	bezahlt.
Präteritum	In der Umfrage	wurden	die Teilnehmer zu den Stressfaktoren in großen Städten	befragt.
Perfekt	In den beliebten Städten	ist	in den letzten Jahren viel	gebaut worden.
Plusquamp.	In den deutschen Städten	war	bereits in den 1950er-Jahren viel	gebaut worden.

Regel: werden

3c Weil in Satz 2 und 6 die handelnde Person (Satz 2: „ich"; Satz 6: „die jungen Leute") im Vordergrund steht.

3d 2. In den letzten Jahren sind viele teure Wohnungen in den Großstädten gebaut worden. • 3. Nach dem Krieg wurden ganze Stadtviertel in Deutschland neu aufgebaut. • 4. Denn während des Kriegs waren viele Städte zerstört worden. • 5. In den letzten Jahren wurden in zahlreichen Städten Startups gegründet. • 6. Der Platz in Städten wird nicht immer gut genutzt. • 7. An Universitäten sind viele interessante Konzepte zur Stadtentwicklung erarbeitet worden. • 8. Wegen des Wohnungsmangels werden mehr Hochhäuser geplant.

2B Städte werden grün

1a Foto: 2

1b *Mögliche Lösungen:* **Vertikale Landwirtschaft:** Gemüse u. Obst in Hochhäusern auf vielen Etagen • **Vorteile:** Transportwege kurz u. preisgünstig • verbraucht wenig teuren Platz i. St. • **Problem:** Kosten für Beleuchtung: viel Energie, sehr teuer • hoffentlich in Zukunft gelöst

2a Foto: 1

2b *Mögliche Lösungen:* **Ziel:** Nähe zur Natur → St. lebenswerter machen • selbst angebautes Obst u. Gemüse genießen • **urbane Gemeinschaftsgärten:** gemeinsam bearbeiten • von Verein verwaltet • jährlich Betrag → Stück von Garten • **Vorteile:** Nähe zur Natur • Menschen besser kennenlernen → gegen Anonymität d. Großstädte

4a Markierungen: 1. können versorgt werden • 2. konnten gestärkt werden

		Position 2		Satzende
Präsens	Wie	können	die Menschen in den Städten mit Lebensmitteln	versorgt werden?
Präteritum	In Gemeinschaftsgärten	konnten	die sozialen Beziehungen	gestärkt werden.

4b 2. Werkzeug musste erworben werden. • 3. Samen und kleine Pflanzen mussten gekauft werden. • 4. Gute Beziehungen zur Nachbarschaft konnten aufgebaut werden. • 5. Die Pflanzen mussten regelmäßig gegossen werden. • 6. Gemüse und Obst konnten geerntet werden. • 7. Selbst angebaute Früchte konnten genossen werden. • 8. Bienen konnten gehalten werden.

5a Markierungen: 1. gespart werden soll • 2. gelöst werden konnte

			Partizip II	„werden" im Infinitiv	Modalverb
Dabei ist nicht wichtig,	dass	durch die Ernte Geld	gespart	werden	soll.
Das ist ein Problem,	das	noch nicht	gelöst	werden	konnte.
Hauptsatz	Nebensatz				

5b 2. Die Fläche in der Stadt kann gut genutzt werden. • 3. Gemüse kann in der Nähe vom Supermarkt angebaut werden. • 4. Die Pflanzen müssen beleuchtet werden. • 5. Pflanzen können wie in einer Fabrik angebaut werden. • 6. Das Problem muss mit neuer Technologie gelöst werden. • 7. Das Wachstum der Pflanzen muss genau kontrolliert werden. • 8. Die Landwirtschaft auf dem Land kann verringert werden.

5c *Mögliche Lösungen:* Ein Vorteil der vertikalen Landwirtschaft besteht darin, dass Obstbäume in der Stadt gepflanzt werden können. • Als ein weiterer Vorteil ist zu nennen, dass die Fläche in der Stadt gut genutzt werden kann. • Es ist auch ein Vorteil der vertikalen Landwirtschaft, dass Gemüse wie in einer Fabrik angebaut werden kann. • Ein Nachteil liegt darin, dass das Wachstum der Pflanzen genau kontrolliert werden muss.

2C Abreißen oder umbauen?

1c Reihenfolge: Einleitung: 1 • Frankfurt: 2 • Das alte Hochhaus: 3 • Der Architekt Ole Scheeren: 4 • Projekt „Riverpark-Tower": 5 • Dort wohnen?: 6
Foto: in der Mitte

2a/b *Mögliche Lösung für Kärtchen:* **Einleitung:** Suzhou Museum in China • zuerst Stadt Suzhou • dann Museumsgebäude • **Suzhou:** Osten von China • bekannt für Gärten, 11. bis 19. Jahrh. • Zhuozhengyuan-Garten am berühmtesten • Museum neben Garten • **Architekt:** Ieoh Ming Pei (1917–2019) • chinesisch-amerikanisch • einer der bedeutendsten Architekten Gegenwart • Baustil: klassische Moderne • berühmte Bauwerke: z. B. Louvre-Museum (Paris), Ausstellungsbau d. Deutschen Historischen Museums (Berlin) • **Gebäude:** 2002 entworfen • 2006 eröffnet • zwei Teile: modern. Gebäude u. historisch. Herrenhaus • greift auf: typische architektonische Stile v. Suzhou • perfekte Harmonie: modern. Architektur u. Kaiserzeit

2D Mein Kurzvortrag

1a Aufbau der Präsentation: 2 • 4 • 5 • 6 • 8 • 9 • **Verweis auf die Fotos:** 2 • 3

1c *Mögliche Lösung für Vortrag:* Ich möchte euch heute das moderne Suzhou Museum in China vorstellen. Zunächst möchte ich euch ein paar Informationen zur Stadt Suzhou geben. Dann gehe ich auf das Museumsgebäude ein.
Die historische Stadt Suzhou liegt im Osten von China und ist bekannt für ihre traditionellen wunderschönen Gärten, die aus der Zeit vom 11. bis zum 19. Jahrhundert stammen. Der berühm-

teste Garten ist der Zhuozhengyuan-Garten. Das Suzhou Museum steht direkt neben diesem alten Garten.
Nun zur Person des Architekten: Das moderne Gebäude des Museums wurde von dem chinesisch-amerikanischer Architekten Ieoh Ming Pei (1917–2019) entworfen. Ieoh Ming Pei wird als einer der bedeutendsten Architekten der Gegenwart bezeichnet. Sein Baustil ist der klassischen Moderne verpflichtet. Viele berühmte Bauwerke in der Welt stammen von ihm, zum Beispiel die Glaspyramide vom Louvre-Museum in Paris oder der Ausstellungsbau des Deutschen Historischen Museums in Berlin usw. So viel zu Ieoh Ming Pei.
Jetzt komme ich zum Suzhou Museum. Pei wurde im Jahr 2002 eingeladen, ein modernes Kunstmuseum für die Stadt Suzhou, die er seit seiner Kindheit kannte, zu entwerfen. Im Jahr 2006 wurde das Museum eröffnet. Das Suzhou Museum besteht aus zwei Teilen: dem modernen Gebäude von Ieoh Ming Pei und dem historische Herrenhaus von Zhong Wang Fu. Peis Museum greift typische architektonische Stile von Suzhou auf und schafft so eine perfekte Harmonie zwischen moderner Architektur und der Umgebung aus der Kaiserzeit.
Das war meine Präsentation zu dem Museum in Suzhou, das eine erfolgreiche Verbindung von neuer und historischer Architektur darstellt.
Ich danke euch für eure Aufmerksamkeit. Wenn ihr Fragen habt, will ich gerne versuchen, sie zu beantworten.

Auf dem Weg zur Prüfung 2

Lesen: Attraktionen in und um Hamburg

2 1. H • 2. – • 3. D • 4. B • 5. G • 6. C • 7. A

Hören: Wohnen in deutschen Großstädten

2a *Mögliche Lösungen:* 1. niedrigere Eigentumsquote / mehr Menschen wohnen zur Miete • 2. Zuzug in Großstädte gestiegen / Wohnungen renoviert, dadurch teurer • 3. Alleinerziehende • Rentner • 4. Mietpreisbremse / gesetzliche Kontrolle der Mietpreise / sozialer Wohnungsbau

3 1c • 2a • 3c • 4a

Hören: Hamburg – Veranstaltungstipps und Informationen

1 1r • 2f • 3r • 4r • 5r

Sprechen: Wohnsituation in Deutschland

1b *Mögliche Notizen:* Wohnform v. Studierenden: bei Eltern, Studentenwohnheim, Wohngemeinschaft (WG), Einzimmerwohnung, mit Partner oder Freund / Freundin • besonders beliebt: Wohngemeinschaft • Kosten: Studentenwohnheim, WG preiswerter als Einzimmerwohnung • Studienanfänger lieber Studentenwohnheim, WG; ältere Studierende: lieber eigene Wohnung

1c *Mögliche Lösung:* Liebe Kommilitoninnen und Kommilitonen, in meiner heutigen Präsentation möchte ich die Wohnsituation von Studierenden in meinem Heimatland vorstellen. Zuerst gehe ich kurz auf den Aufbau meiner Präsentation ein. Als erstes spreche ich darüber, welche Wohnmöglichkeiten es bei uns für Studierende gibt und wie Studierende am liebsten wohnen. Danach sage ich etwas zu den Kosten, also wie viel Studierende bei uns für ihre Unterkunft bezahlen müssen. Und zum Schluss gehe ich noch kurz auf die Unterschiede zwischen Studienanfängern und älteren Studierenden ein, was das Wohnen betrifft.
In meinem Heimatland können Studierende zwischen verschiedenen Wohnformen wählen. Sie können bei ihren Eltern wohnen, im Studentenwohnheim, gemeinsam mit anderen in einer Wohngemeinschaft, allein in ihrer eigenen Wohnung oder zu zweit mit ihrem Partner, mit einem Freund oder einer Freundin. Alles in allem kann man aber feststellen, dass Wohngemeinschaften am beliebtesten sind. Das ist auch gar nicht überraschend, da es nur wenige Plätze im Studentenwohnheim gibt, eine eigene Wohnung für sich allein oder zu zweit oft zu teuer ist, aber viele Studierende auch nicht mehr bei ihren Eltern wohnen wollen.
Kommen wir nun zum zweiten Punkt, zu den Kosten. Ich habe schon gesagt, dass eine eigene Wohnung teuer ist. Wenn ein Studierender zum Beispiel allein wohnen möchte, muss er für eine Einzimmerwohnung etwa fünfhundert Euro Miete im Monat bezahlen. Das ist auf jeden Fall die teuerste Option. Etwas günstiger ist es in einer Wohngemeinschaft. Für dreihundert oder vierhundert Euro pro Monat kann man ein Zimmer in einer WG finden. Ungefähr genauso viel kostet ein Zimmer im Studentenwohnheim. Aber wie schon erwähnt, sind diese Zimmer knapp und man muss oft lange warten, bevor man eins bekommt. Am billigsten ist es natürlich bei den Eltern.
Abschließend möchte ich noch über die Unterschiede zwischen Studienanfängern und älteren Studierenden beim Wohnen sprechen. Studienanfänger leben besonders gern in einer WG oder im Studentenwohnheim. Denn sie möchten meist mit anderen Studierenden zusammen sein und neue Kontakte knüpfen. Außerdem haben sie im Allgemeinen nur wenig Geld. Ältere Studierende bevorzugen meist, eine eigene Wohnung zu haben, entweder für sich allein oder zusammen mit ihrem Partner. Viele ältere Studierende haben einen Nebenjob und verdienen so schon etwas Geld. Dadurch können sie sich dann einfacher die Miete für eine Wohnung leisten. Damit bin ich am Ende meiner Präsentation angekommen. Ich danke euch fürs Zuhören.

2a *Mögliche Lösung:* Das Thema „Wohnen" ist ein sehr interessantes Thema, das wirklich alle Menschen betrifft. Bei meinem Vortrag möchte ich mich auf die Wohnsituation von Familien in meinem Heimatland konzentrieren.
Es gibt verschiedene Möglichkeiten, wie Familien bei uns wohnen. Manche Familien wohnen in einer Wohnung, andere haben ein ganzes Haus für sich. Ein Teil der Familien wohnt zur Miete, während andere ihre eigene Immobilie besitzen. In vielen Fällen wohnen nur die Eltern und die Kinder zusammen, manchmal gehören aber auch noch die Großeltern oder andere Verwandte zum Haushalt.
Persönlich finde ich es besser, wenn eine Familie ein ganzes Haus hat. Denn dann haben die Kinder mehr Platz zum Spielen und können nach draußen in den Garten gehen. In einer Wohnung ist es im Gegensatz dazu oft zu eng, und die Kinder können sich nicht gut bewegen. Der Nachteil ist aber, dass ein Haus mehr Arbeit macht und man mehr Zeit investieren muss, um alles in Ordnung zu halten. Aber wenn die Familienmitglieder sich gut organisieren und jeder seinen Beitrag leistet und eine Aufgabe im Haushalt übernimmt, dann kann man das trotzdem gut schaffen. Zur Frage, ob Familien häufiger Mieter oder Eigentümer sind, kann ich sagen: In unserem Land mieten die Menschen nicht gern, die meisten kaufen lieber eine Wohnung oder ein Haus. Denn sie denken, viele Jahre lang Miete zu zahlen, ist verschwendetes Geld. Wenn man eine Immobilie kauft, dann gehört einem am Ende wenigstens etwas. Und man kann das Haus an seine Kinder weitergeben. Ich bin auch

dieser Meinung und möchte nach meinem Studium auch ein Haus kaufen. Obwohl man natürlich zugeben muss, dass das Mieten auch seine Vorteile hat. Zum Beispiel ist man dann flexibler, wenn man umziehen muss. Gerade heutzutage spielt das eine immer größere Rolle. Viele Menschen bleiben nicht mehr ihr ganzes Leben am selben Ort, sondern gehen in eine andere Stadt, um dort zu arbeiten. Manche ziehen auch mehrmals um oder sie gehen ins Ausland. In dieser Situation ist es einfacher, wenn man nur den alten Mietvertrag kündigen muss und etwas Neues mieten kann.

Dann gibt es noch verschiedene Wohnformen als Groß- oder Kleinfamilie. Auf dem Land haben wir manchmal noch den Fall, dass die Großeltern zusammen mit ihren Kindern und Enkeln zusammen in einem Haushalt leben. Ich finde das sehr gut, weil Oma und Opa sich dann mit den Enkelkindern beschäftigen können. So ist das Leben für die alten Leute nicht so langweilig und die Enkel können viel von ihnen lernen. Außerdem hilft es den Eltern, wenn noch jemand für die Kinderbetreuung da ist. Sie können sich dann leichter um ihre anderen Aufgaben kümmern. Nachteile sehe ich da keine. Diese Wohnsituation ist heutzutage aber selten geworden. In der Stadt gibt es das so gut wie gar nicht mehr. Das ist meiner Meinung nach sehr schade, weil die Verbindung zwischen den Generationen dadurch nicht mehr so eng ist und das Verständnis zwischen Alt und Jung verloren geht. Abschließend möchte ich sagen, dass wir in meinem Land viele unterschiedliche Wohnformen von Familien finden können und die gesellschaftliche Modernisierung einen großen Einfluss darauf hat, wie wir leben.

Sprechen: Eine Städtereise planen

1a *Mögliche Notizen:* Stadtbesichtigung • Hafenrundfahrt • Musicalbesuch • Besuch von Kiez-Kneipe • Hamburger Michel bei Nacht

Film 1: Wohnen in der Stadt

1c a • b • d

2b 1. Köln • Neubaugebiet nicht weit von Innenstadt • 2. 18 Erwachsene • 8 Kinder • 3. unterschiedliche Leute mit vielen unterschiedlichen Kompetenzen • mehr Kompetenz als zu zweit • Energie und Enthusiasmus von allen haben durch Prozess getragen

2c *Mögliche Lösungen:* Baugruppe trifft sich nicht nur, wenn Entscheidungen für Haus getroffen werden müssen, sondern auch: gemeinsam Kuchen essen, frühstücken, Karneval feiern, Wochenendausflüge • man ist in Baugruppe füreinander da: z. B. andere aus Baugruppe passen auf Kinder auf • dennoch: jeder hat Möglichkeit für sich zu sein, keine Kommune, Idee „nette Leute in einem Haus – der Rest entsteht" ist gelungen

3b Wohnen auf das Nötigste reduziert • man kann Haus mitnehmen

3c Bauzeit: 1/2 Jahr • Wohnfläche: 25 m² • Kosten: 26.000 € • geplante Nutzungsdauer: 20 bis 40 Jahre • aktuelle Lebenssituation: auf Campingplatz am Bodensee gezogen • in Berlin Studium abgeschlossen

3d *Mögliche Lösungen:* statt rein in den Beruf, raus aus dem System • wollen nicht im Hamsterrad leben (arbeiten, sich dafür belohnen und dafür wieder arbeiten) • versuchen, so viel zu arbeiten, wie notwendig, aber so wenig wie möglich • so viel Zeit, wie möglich, mit Tochter / Familie verbringen • Kolja kann Familie als Musiker ernähren

4a *Mögliche Lösungen:* Kopenhagen: Einzimmerwohnung sehr teuer (mind. 1.000,- € pro Monat) • für viele unbezahlbar, besonders für Studenten • auf Wasser ausweichen • Urban Rigger soll Platz schaffen, wo keiner mehr ist • schwimmende Apartments, die man überall andocken kann

4b 1. 45-Fuß Stahl-Container • 2. 27 m² • 3. Schlafbereich • in der Mitte Bad • Essbereich mit Tisch, Stühlen • Küchenbereich • Balkon • 4. upgecycelte Schiffscontainer wurden wiederverwertet • Konzept: Nachhaltigkeit • 5. Urban Rigger als Studentenwohnheim • 6. Idee könnte Teil einer größeren Lösung sein

Lektion 3

3A Lügen und Betrügen

1a *Mögliche Lösungen:* **Foto 2:** Betrug, Täuschung, schummeln • **Foto 3:** fälschen • Betrug

1b **Lüge:** die faule Ausrede • die Halbwahrheit • die Notlüge • die Fake News • flunkern • schwindeln • **Betrug:** das Doping • das Plagiat • der Selbstbetrug • die Täuschung • fälschen • manipulieren • schummeln • tricksen

1c *Mögliche Lösung:* Unter dem Wort „Beschönigung" versteht man Folgendes: Etwas Schlechtes in „schöneren" Worten darstellen. Ein Beispiel dafür ist Folgendes: Verkehrsmittel informieren die Fahrgäste über eine Verspätung: „Es kommt zu leichten Unregelmäßigkeiten". • Eine „Ausrede" ist ein nicht wirklich zutreffender Grund, der als Entschuldigung gebraucht wird, wenn man einen Fehler gemacht hat oder kritisiert wird. Nimm zum Beispiel folgende Situation: Ein Freund von dir kommt zu spät zu eurem Treffen und entschuldigt sich damit, dass die deutsche Bahn Verspätung hatte. Aber der wirkliche Grund ist, dass er zu spät aufgestanden ist und seinen Zug verpasst hat. • …

2a *Mögliche Lösungen:* 1. Überlebensstrategie 2. Kinder • aus Ärger • 3. weiblich • männlich • Lügenmotive 4. selbstsüchtige • sozial hilfreiche • 6. schaden Beziehungen immer

2b *Mögliche Lösungen:* B. die prosozialen Lügen von den egoistischen unterscheiden • C. Unterschiede zwischen den Geschlechtern • D. täuschen • ihr Leben zu retten, die Chancen auf Fortpflanzung zu erhöhen oder den eigenen Nachwuchs zu schützen • lebensnotwendige Form

2c B. selbstsüchtige und sozial hilfreiche Lügen • C. weibliche und männliche Lügenmotive • D. Lügen als Überlebensstrategie
Die Überschrift „Kinder lügen aus Ärger" und die Aussage in Abschnitt C „Bereits Dreijährige schwindeln, um sich vor Ärger zu schützen" widersprechen sich. Und die Überschrift „Lügen schaden Beziehungen immer" passt nicht zur Aussage im Abschnitt B: „Während die eine Lüge positiv auf das Zusammenleben wirkt, …

2d *Mögliche Lösungen:* **sozial hilfreiche Lügen:** Umgang mit anderen erleichtern • positiv auf das Zusammenleben wirken • **selbstsüchtige Lügen:** sich einen persönlichen Vorteil verschaffen • egoistischen Zwecken dienen • können zwischenmenschlich sehr viel Schaden anrichten

2e *Mögliche Lösungen:* 2. Schwächen verheimlichen • sich in besserem Licht darstellen • 3. sich Dinge schönreden • Negatives abschwächen

2f *Mögliche Lösungen:* 1. Menschen • Tiere • 2. Leben retten • Chancen auf Fortpflanzung erhöhen • Nachwuchs schützen • 3. lebensnotwendige Form der sozialen Interaktion

2g 2. …, weil sie ihr Leben retten, die Chance auf Fortpflanzung erhöhen oder den eigenen Nachwuchs schützen wollen. • 3. … eine lebensnotwendige Form der sozialen Interaktion.

3a **Markierungen:** 2. Doch • 3. hingegen • 4. Während • 5. jedoch • 6. dagegen • 7. Im Gegensatz zu (Männern) • 8. sondern

3b **Nebensatzkonnektor:** während • **Hauptsatzkonnektor:** aber, doch, sondern • **Verbindungsadverb:** hingegen, jedoch, dagegen • **Ausdruck mit Präposition:** im Gegensatz zu

4

Nebensatz		Hauptsatz	
Während	die Wahrheit	dauert,	endet die Lüge schnell.

Hauptsatz		Hauptsatz mit Verbindungsadverb	
Die Wahrheit dauert,		die Lüge jedoch / dagegen / hingegen endet schnell.	

Angabe mit Präposition			
Im Gegensatz zur Wahrheit		endet die Lüge schnell.	

5a 2D • 3A • 4C

5b *Mögliche Lösungen:* 2. Bei ihren Kolleginnen ist Sabine als begeisterter Obst- und Gemüsefan bekannt, in ihrer Freizeit isst sie dagegen täglich Süßigkeiten und Kartoffelchips. • 3. Maja hatte lange von einer Stelle bei einer Bank geträumt, doch nach der Absage ist sie froh, dass es nicht geklappt hat. • 4. Während Alex auf der Arbeit sagt, wie glücklich er in der Firma ist, schimpft er zuhause nur über sie.

5c *Mögliche Lösungen:* Ich erzähle öfter, dass ich gerne koche. Meistens mache ich mir hingegen nur einen Salat. • Während ich oft sage, dass ich das Familienleben wichtig nehme, besuche ich meine Eltern und Geschwister fast nie. • Ich betone gern, dass ich auf Reisen viel besichtige. Doch meistens liege ich nur am Strand. • Ich erzähle öfter, dass ich mit allen Kollegen gut zurechtkomme. Aber in der Firma spreche ich nicht viel mit ihnen. • Ich sage oft, dass ich viel Zeit mit Freunden verbringe, ich bin jedoch am liebsten allein. • Ich betone gern, dass ich in Ausstellungen gehe, ich mache dies hingegen nur, um andere Menschen zu treffen.

3B Täuschen und Tricksen im Tierreich

1a *Mögliche Lösungen:* **Vogel:** vortäuschen, verletzt zu sein • **Opossum:** sich tot stellen • **Hahn:** andere anlocken • sich stärker zeigen, als man ist • **Brüllaffe:** sich stärker zeigen, als man ist • andere abschrecken

1b *Mögliche Lösungen:* 2. flunkern Menschen • Gründe • 3. tricksen Tiere • Gründe

1c *Mögliche Lösungen:* 2. höflich sein, Beziehung schützen, materielle Dinge • 3. Gene weitergeben, sich oder Nachwuchs schützen

1e *Mögliche Lösungen:* 2. höfl. sein, Bezieh. schütz., materiell. Dinge • 3. Gene weitergeb., sich o. Nachwuchs schütz.

1g 1. vortäuschen, verletzt sein • 2. sich tot stellen • sich stärker zeigen • 3. andere anlocken

2a 2D • 3A • 4B

2b **Markierungen:** 1. Menschen • um … zu 2. Sie • damit sie • 3. Tiere • um • zu schützen • 4. Damit der Feind • Tiere • **Regeln:** 1. damit • 2. damit • um … zu

2c 2. Für das Überleben ihres Nachwuchses • 3. zur Täuschung von Fressfeinden • 4. Für die Sicherung seiner Fortpflanzung • 5. zum Schutz der Jungen

2d 2. …, damit ihr Nachwuchs überlebt. • 3. …, um Fressfeinde zu täuschen. • 4. Damit seine Fortpflanzung gesichert ist, … • 5. Um ihre Jungen zu schützen, …

3C Vorsicht Täuschung!

1a 799,00 € • Kamera „Fijifilm VT2" in Schwarz • 2 Wechselobjektive • Akku • Netzadapter • USB-Kabel • Fototasche • Bedienungsanleitung

1b beide Wechselobjektive fehlen • Menüsprache nicht auf Deutsch • keine Bedienungsanleitung im Paket und auf Webseite

1c *Mögliche Lösungen:* **(1) Ware und Lieferung:** Digitalkamera des Typs Fijifilm VT2 • Am 07.11. Paket eingetroffen • **(2) Grund für Beschwerde:** fehlten die beiden Wechselobjektive • Menüsprache nicht auf Deutsch • keine Bedienungsanleitung • keine auf Ihrer Webseite • Menüsprache nicht umschalten • **(3) Forderung:** das fehlende Zubehör portofrei zusenden • deutschsprachige Bedienungsanleitung beifügen • **(4) Folgen, wenn die Forderung nicht erfüllt wird:** Kaufvertrag widerrufen • Betrag zurückbuchen

1d 2. Wie ich beim Auspacken feststellen musste, fehlten … • Bei … bemerkte ich, dass … • 3. Ich fühle mich von Ihnen getäuscht und erwarte, dass … • 4. Wenn Sie dieser Forderung nicht bis zum … nachkommen, werde ich den Kaufvertrag widerrufen. • Gleichzeitig werde ich meine Bank bitten, den Betrag von … auf mein Koto zurückbuchen zu lassen.

2a *Mögliche Lösung:*
Sehr geehrte Damen und Herren,
am 18.11.2020 habe ich in Ihrem Onlineshop einen Kopfhörer FX 45 bestellt und habe dafür 249,99 € mit meiner Kreditkarte bezahlt. Am 27.11. ist das Paket mit der Rechnung bei mir eingetroffen. Auf der Rechnung bemerkte ich, dass ich zusätzlich noch 29,20 € für die Zollgebühren bezahlen soll. Auf Ihrer Webseite gab es aber keinen Hinweis auf Zusatzkosten. Außerdem habe ich keine Bestellbestätigung erhalten, sondern nur eine E-Mail mit einem Link auf Ihre Webseite.
Ich fühle mich von Ihnen getäuscht. Ich möchte daher den Kaufvertrag widerrufen und werde Ihnen den Kopfhörer portofrei zurücksenden. Gleichzeitig werde ich meine Bank bitten, den Betrag von 249,99 € auf mein Konto zurückbuchen zu lassen.
Mit freundlichen Grüßen
Dora Kraemer

3D Also mal ganz ehrlich!

1b A. 2 • B. 4 • D. 3

1d 2. Lebenslüge • 3. eigene ausgegeben • 4. täuscht Fleiß vor

2 *Mögliche Lösung:* Ich befasse mich in meinem Vortrag mit dem Thema „Lügen". Zu dem Thema liegt eine Studie vor: Sie kommt zu dem Ergebnis, dass mehr als jeder zweite Deutsche täglich lügt. Für mich war neu, dass am häufigsten im Bekanntenkreis gelogen wird. Interessant finde ich auch, dass im direkten Gespräch mehr gelogen wird als schriftlich oder am Telefon. Besonders häufig lügen Menschen, um jemanden aufzumuntern. Ein weiterer Grund ist, dass man dazugehören möchte. Dafür möchte ich ein Beispiel geben: Manchmal sagt man in einer Gruppe nicht seine eigene Meinung, sondern stimmt der Meinung der Mehrheit zu, um nicht negativ aufzufallen. Abschließend lässt sich festhalten: Man lügt öfter, als man denkt.

Auf dem Weg zur Prüfung 3
Täuschen mit Zahlen?

3a 1a. fast • 2. wenig • 2a. nicht • 2b. ziemlich • 3. keinesfalls • 3a. prinzipiell • 3b. nicht

3b 1b • 2a • 3b

3c *Mögliche Lösung:* **Markierungen:** 1a. Berichte über Königshäuser • unbeliebt • 1b. Mehrheit der Befragten • einen Monarchen oder eine Monarchin bevorzugt • 1c. Mehrheit der Deutschen • keinen Bundespräsidenten möchte • 2. Studie • nicht überzeugend • 2a. verallgemeinernde Annahmen • 2b. nur Daten für 70 Berufe • 2c. zu wenig Experten befragt • 3. viele Ärzte • manipuliert werden • 3a. psychologische Nutzen groß • 3b. hoch wirkende Prozentzahlen genannt • 3c. Medikamente • beeindruckende Ergebnisse • 4. Interessengruppen • nicht schwierig • 4a. Daten und Berechnungen • überprüfen • 4b. mit beeindruckenden Statistiken • argumentieren • 4c. passende Statistiken • fälschen

3d 1b • 2a • 3b • 4b

4a *Mögliche Lösungen:* **Markierungen:** 1. klare Mehrheit von 59 % lieber einen König oder eine Königin als einen Bundespräsidenten • 2. Magazin • auf Europas Königsfamilien spezialisiert • Leserinnen und Leser kaufen diese Zeitschrift gerade deswegen gern • 3. nur Personen aus einer speziellen Gruppe für eine Umfrage ausgewählt •
Antworten: 1. Mehrheit der Befragten: lieber einen König oder eine Königin als einen Bundespräsidenten • 2. interessieren sich für Europas Königsfamilien • 3. nur Personen aus einer speziellen Gruppe für eine Umfrage ausgewählt

4b *Mögliche Lösungen:* **Methode:** 10 Experten befragt • stellen Vermutungen für 70 Berufe auf • auf 700 Berufe ausgeweitet • **Ergebnis der Studie:** in Zukunft könnte fast die Hälfte aller Arbeitsplätze durch künstliche Intelligenz wegfallen • **Problem:** Annahme auf 700 Berufe ausgeweitet • Grundlage für Ergebnis waren zum Teil Vermutungen und Generalisierungen

5a *Mögliche Lösungen:* 1. Faulheit des Denkens • 2. verbesserte Statistikausbildung • besonders in verantwortungsvollen Studienfächern • Medizin, Wissenschaftsjournalismus • 3. bei Zahlen keinesfalls weniger kritisch • als bei Worten

5b *Mögliche Lösungen:* 1. … und zu faul sind nachzudenken. • 2. Er empfiehlt eine verbesserte Statistikausbildung in verantwortungsvollen Studienfächern wie Medizin oder im Wissenschaftsjournalismus. • 3. Er empfiehlt, bei Zahlen keinesfalls weniger kritisch zu sein als bei Worten.

6 1c • 2c

7 1d • 2a • 3c • 4b • 5c • 6d

Hören: Wenn Studierende täuschen

2a *Mögliche Lösungen:* 1a. gibt Ratschläge • Antworten • 1b. hilft • beim Schreiben • 1c. nur von Professoren beraten • 2. Grund • unsicher • Thema „Plagiate" • 2a. Angst vor • Schreiben • 2b. nicht wissen • korrekt mit Quellen umgeht • 2c. vergessen • Quellen • nennen • 3. Ergebnis • Studie • 3a. Fünftel einmal betrogen • 3b. Fünftel • anonym bleiben • 3c. Fünftel • noch nie • Quelle vergessen • 4. Warum • plagiieren • 4a. eigene Arbeit • nicht gut genug finden • 4b. keine Lust • selbst zu formulieren • 4c. keine klugen Gedanken

2b 1a • 2b • 3a • 4a

2c *Mögliche Lösungen:* 2. Grundstudium • Diskussion der aktuellen wissenschaftlichen Arbeiten • 3. Ein Drittel • Probleme • Schreibtechniken • 4. Schreibtechniken • nur im ersten Semester • 5. Schreiben • ermöglicht • intensives Lernen

2d 1f • 2r • 3r • 4f • 5f

Sprechen: Lügen im Alltag

1a *Mögliche Lösungen:* **positive Folgen:** andere nicht verletzen • Streit vermeiden • **negative Folgen:** anderen schaden • Vertrauen zerstören • **eigene Meinung:** Lügen weit verbreitet • zwischen Art der Lügen unterscheiden

1b *Mögliche Lösung:* Im alltäglichen Leben wird häufig gelogen, und das kann positive und negative Folgen haben. Es kann positiv sein, wenn man lügt, weil man freundlich sein und andere Menschen nicht verletzen will. Wenn einen zum Beispiel ein Kind fragt, wie man sein selbstgemaltes Bild findet, dann sagt man „schön", damit das Kind sich freut, auch wenn man das Bild nicht schön findet. Eine andere positive Folge ist, dass man durch Lügen Streit vermeiden kann. Solange es dabei nur um unwichtige Sachen geht, ist das durchaus vorteilhaft. Allerdings kann Lügen auch sehr negativ sein. Wenn man mit Absicht die Unwahrheit sagt, um sich selbst einen Vorteil zu verschaffen, dann kann das anderen sehr schaden. Außerdem zerstört Lügen das Vertrauen zwischen den Menschen, und niemand wird einem mehr etwas glauben, wenn man schon häufiger gelogen hat. Wenn ich die Situation insgesamt betrachte, dann würde ich sagen, dass Lügen sehr weit verbreitet und fast ein normaler Teil des Lebens sind. Es wäre meiner Meinung nach nicht realistisch, zu erwarten, dass alle immer die Wahrheit sagen, und wahrscheinlich auch nicht wünschenswert. Aber natürlich muss man zwischen der Art der Lügen unterscheiden. Ob Lügen eher positive oder negative Folgen haben, hängt sehr davon ab, warum gelogen wird.

Lektion 4
4A Digitale Welten

2a b

2b b

2d c

2f *Mögliche Lösung:* Vorteil von Telemedizin für Notfallambulanzen

2h *Mögliche Lösung:* Welche Daten sind das und wie kann man sie schützen?

2i *Mögliche Lösung:* weitere Probleme bei Einsatz von Telemedizin

3a *Mögliche Lösungen:* **Vorteile:** Vernetzung und so schneller Datenaustausch • bessere Möglichkeit der ärztlichen Beratung in ländlichen Region • sinnvolle Unterscheidung in Notfälle und weniger dringende Fälle • Kein langes Warten auf Termin • **Nachteile:** nötiger Datenschutz • Verlust des persönlichen Arzt-Patienten-Kontakts • Risiko technischer Fehler und falscher Diagnosen • Patient benötigt gute technische Ausstattung

4a 2. Diagnose • 3. Ärzte • 4. Studie • 5. Regionen

4b **Regeln:** 1. Satz: 2 • 2. Sätze: 1, 3 • 3. Sätze: 4, 5

5a 2. Patient • 3. Telemedizin • 4. Krankenhaus

5b 2. Der Arztbesuch eines Patienten … • 3. Der Nutzen der Telemedizin … • 4. Die Mitarbeiter des Krankenhauses …

5c 1. dessen • 2. dessen • 3. deren

4B Jobmesse – Unternehmen stellen sich vor

1b b

1c 2. Geschäftskonzept • 3. Zusatzservice • 4. Mitarbeitersuche

1d *Mögliche Lösung:* Tätigkeiten in alter Stelle, wie es zu Geschäftsidee kam

1f *Mögliche Lösungen:* **1. Hintergrund von Geschäftsidee: Tätigkeiten:** Angebote, technische Ausstattung, Bewirtung • **Idee:** Internetplattform für Buchung von Eventlocations

1h *Mögliche Lösungen:* **2. Geschäftskonzept: Hauptkunden:** Unternehmen • **Auswahl aus:** verschiedene Locations für Events • **Neue Entwicklung:** Privatpersonen nutzen Service • **Service in:** über 100 St. in D, A, CH • **3. Zusatzservice: Buchung:** alles, was für Event benötigt • **Ausbau von:** Angebot an Eventdienstleistern • **4. Mitarbeitersuche: Suche nach:** Kolleginnen u. Kollegen • **Chance:** Wachstum mitgestalten • **Mitglied Sales-Team:** Pflege Bestandskunden, Suche neue Kunden u. Locations • **Mitglied Marketing-Team:** Steigerung Bekanntheit, Verbesserung Internetpräsenz

2a Markierungen: 2. etwas • 3. Das • 4. alles • 5. Ich musste sehr viel recherchieren und Angebote vergleichen • 6. darüber
Regeln: 1. Sätze: 2, 4 • 3. Sätze: 3, 6 • 4. Satz: 5

2b Markierungen: 2. Erfolg haben • 3. berichten • 4. braucht • 5. viel Zeit benötigt • 6. (uns) kümmern
Regel: Präposition

2c 2. Als Gründerin muss man sehr viel Neues lernen, was mir viel Freude macht. • 3. Außerdem gelingt es uns, in weitere Städte zu expandieren, worüber wir uns sehr freuen. • 4. Das ist das Beste, was wir Ihnen bieten können. • 5. Wir machen nur das, wovon wir überzeugt sind.

3 *Mögliche Lösung:* Ich möchte die Kurzvideo-Plattform „TikTok" vorstellen. Diese Internetplattform bietet an, dass Benutzer auf ihrem Smartphone Musikclips ansehen, kurze Videos aufnehmen und bearbeiten können. Die Zielgruppe sind Jugendliche. Das, was ich besonders interessant finde, ist, dass die Plattform jedem die Möglichkeit gibt, auf seinem Smartphone eigene Videos zu erstellen. Die passende App bietet alles, was man für die Videoproduktion benötigt. Das Beste, was TikTok dabei bietet, sind Spezialeffekte und Filter. Benutzer können diese einfach auswählen und zu ihren Clips hinzufügen. Das ermöglicht mehr Kreativität und eine individuellere Ausdrucksweise.

4C Das digitalisierte Zuhause

1a 1 • 3 • 4

1b Einleitung: Was ist … eigentlich? Damit ist … gemeint. • **Argumentation pro:** … hat viele Vorteile: … • Ein weiterer Vorteil ist … • Hinzu kommt … ((passt auch zu contra)) • **Argumentation contra:** Allerdings bringt … auch Nachteile mit sich. • … sind ein weiterer negativer Punkt. • **Schluss:** Meiner Meinung nach … • Auch … halte ich für sinnvoll, … • Aber …

2c *Mögliche Lösung:* Telemedizin – Vor- und Nachteile
Telemedizin – Was ist das eigentlich? Damit ist die Anwendung von digitaler Technologie und Telekommunikation in der Medizin gemeint. Die Diagnostik und die Therapie von Krankheiten können auf diese Weise räumlich getrennt und zeitlich versetzt stattfinden.
Telemedizin hat viele Vorteile: Mit ihrer Hilfe kann schnell die Zweitmeinung von einem anderen Arzt eingeholt oder ein Spezialist hinzugezogen werden. Ein weiterer Vorteil ist, dass bei Notfällen die Behandlung schneller beginnen kann, weil die Daten schon aus dem Rettungswagen ans Krankenhaus übermittelt werden können. Hinzu kommt, dass man Telemedizin besonders in Regionen einsetzen kann, in denen es wenig Ärzte gibt oder wo viele ältere Menschen leben. Die Patienten können so einen Arzt über das Internet konsultieren.
Allerdings bringt die Telemedizin auch Nachteile mit sich. Die Daten der Patienten müssen sehr gut gesichert werden. Dafür benötigen die Arztpraxen eine sichere IT-Infrastruktur, die ständig überprüft und aktualisiert werden muss. Auch der fehlende persönliche Kontakt zum Arzt ist ein weiterer negativer Punkt. Meiner Meinung nach ist der Einsatz von Telemedizin sinnvoll. Denn man kann so unkomplizierte Krankheiten schneller behandeln, und Menschen auf dem Land können leichter einen Arzt konsultieren. Auch die Nutzung von Telemedizin im Krankenhaus halte ich für sinnvoll, weil sie eine schnellere und bessere Behandlung ermöglich kann. Aber die Sicherheit der Patientendaten muss an erster Stelle stehen.

4D Telemedizin – Für und Wider im Video

1 1. Definition des Begriffs „Smart Home" • 2. Vorteile • 3. Nachteile • 4. Fazit

2b *Mögliche Lösungen:* Hallo! In unserem Video geht es heute um den Begriff „Telemedizin". Was ist das eigentlich? • Damit ist gemeint, dass man digitale Technologien und Telekommunikation in der Medizin anwendet. • Das bedeutet, dass der Arzt und der Patient nicht am gleichen Ort sein müssen. • Telemedizin hat viele Vorteile: • Man kann schnell die Zweitmeinung von einem anderen Arzt einholen oder einen Spezialisten hinzuziehen. • Ein weiterer Vorteil ist, dass man bei Notfällen den Patienten schneller behandeln kann, weil man die Daten schon aus dem Rettungswagen ans Krankenhaus übermitteln kann. • Hinzu kommt, dass man Telemedizin in Regionen einsetzen kann, in denen es wenig Ärzte gibt, bzw. in Regionen, wo viele ältere Menschen leben. • Die Patienten können über das Internet so mit einem Arzt sprechen. • Allerdings bringt die Telemedizin auch Nachteile mit sich. • Man muss die Daten der Patienten sehr

117

gut sichern. • Dafür benötigen die Arztpraxen eine sichere IT-Infrastruktur, die man ständig überprüfen und aktualisieren muss. • Ein weiterer negativer Punkt ist, dass man keinen persönlichen Kontakt zum Arzt hat. • Meiner Meinung nach ist es sinnvoll, Telemedizin zu nutzen. Denn man kann so unkomplizierte Krankheiten schneller behandeln, und Menschen auf dem Land können so leichter mit einem Arzt sprechen. • Auch die Nutzung von Telemedizin im Krankenhaus halte ich für sinnvoll, weil die Patienten so schneller und besser behandelt werden können. • Aber die Daten der Patienten müssen natürlich sicher sein. • Ich hoffe, dass euch das Video geholfen hat, den Begriff „Telemedizin" besser zu verstehen. • Vielen Dank fürs Anschauen.

2f *Mögliche Lösungen:* Wort „Telemedizin" mit Fragezeichen • Stichpunkt „digitale Technologien und Telekommunikation in Medizin" • Symbol „+" • Bild „Arzt" • Bild „Krankenwagen" • Bild „alter Mensch in Dorf" • Symbol „–" • Bild „Symbol für gesicherte Verbindungen" • Stichpunkt „kein persönlicher Kontakt" • Wort „Fazit" • Stichpunkt „Behandlung schneller + besser" • Bild „Symbol für gesicherte Verbindungen" • Satz „Vielen Dank fürs Anschauen."

Auf dem Weg zur Prüfung 4

Lesen: Musikrezeption früher und heute

2 1. E • 2. – • 3. D • 4. A • 5. – • 6. – • 7. C • 8. – • 9. B • 10. –

3 1. beide • 2. passt nicht • 3. beide • 4. heute • 5. früher • 6. früher • 7. heute

4 *Mögliche Lösungen:* 1. Heute kann man Musik downloaden und jederzeit und überall anhören. • Musikdateien sind nicht so physisch wie CDs oder Schallplatten. • Musik ist ein Massenprodukt geworden. • 2. Musik wird zu Marketingzwecken eingesetzt, um Konzertkarten und Merchandisingprodukte zu verkaufen. • Musik verliert dadurch weiter an Wert. • 3. Die Menschen gehen immer noch gerne zu Live-Konzerten. • Es werden wieder Schallplatten gekauft.

5 2. Wenn man also an bestimmten Künstlern und deren Musik besonders interessiert war, brauchte man dafür / benötigte man dafür / kostete das häufig viel Zeit. • 3. Der Grund für ihn ist, dass Dateien nicht mehr so physisch sind wie CDs oder Schallplatten. • 4. Dies führt wiederum dazu, dass der Wert von Musik sich weiter verringert. • 5. Dies alles zeigt, dass auch in diesem Bereich das tiefe Bedürfnis nach sinnlicher Erfahrung bestehen bleibt, obwohl das digitale Musikangebot riesig ist.

Hören: Hilfreiche Avatare

2 1b • 2b • 3a • 4b • 5c

4 *Mögliche Lösungen:* 1. Kinder können am Unterricht teilnehmen, mit Freunden und Klassenkameraden in Kontakt bleiben • 2. Der Erkrankte kann durch den Avatar anzeigen, wenn er nicht mehr am Unterricht teilnehmen kann, weil er müde ist oder eine Pause braucht. Dann sieht man ein Licht am Avatar. • 3. Man kann den Avatar auf den Schulhof oder zu Ausflügen mitnehmen.

Sprechen: Besser informiert dank Internet

2a *Mögliche Lösung:* Die Grafik zeigt uns das Ergebnis einer Umfrage, bei der es darum geht, ob Informationen im Internet Menschen helfen. Nur ein Viertel der Befragten gibt an, dass sich durch Internetrecherche ihre gesundheitliche Versorgung verbessert hat. Die Hälfte der Befragten meint, dass sie durch Internetrecherche den Erklärungen des Arztes besser folgen können. Und drei Viertel der Befragten glauben, dass sie durch Internetrecherche dem Arzt gegenüber souveräner auftreten.

2b *Mögliche Lösung:* Mein Kommilitone glaubt, dass die Menschen durch die zahlreichen Informationen im Internet viel besser gesundheitlich versorgt sind. In der Umfrage behaupten das aber nur 24 %. Außerdem sagt er, dass die Menschen mithilfe des Internets leichter einen guten Arzt als früher finden. Hierzu gibt es in der Grafik aber keine Angaben.

2c *Mögliche Lösung:* Dem Beitrag meines Kommilitonen kann ich nicht ganz zustimmen. Er behauptet, dass die gesundheitliche Versorgung durch die zahlreichen Informationen im Internet viel besser wird. Wir können jedoch ganz klar erkennen, dass laut der Grafik nur 24 % der Menschen dieser Meinung sind. Das zeigt eindeutig, dass Informationen im Internet nicht dazu führen, dass Patienten eine bessere gesundheitliche Versorgung bekommen. Der Kommilitone hat allerdings auch noch etwas anderes gesagt, nämlich, dass die Menschen durch das Internet leichter als früher einen guten Arzt finden. Die Grafik liefert darüber zwar keine Informationen. Ich könnte mir aber vorstellen, dass er in diesem Punkt recht hat. Denn das Internet ermöglicht uns, Bewertungen zu lesen, die verschiedene Patienten über einen bestimmten Arzt geschrieben haben. Das kann schon ein hilfreicher Hinweis darauf sein, bei welchen Ärzten man eine gute Behandlung bekommen kann. Darüber hinaus zeigt die Grafik noch zwei andere positive Effekte des Internets für Patienten: Die Menschen fühlen sich nun selbstbewusster und können die Erklärungen der Ärzte besser verstehen. Insgesamt gesehen kann man also schon sagen, dass das Internet einen gewissen Nutzen im Bereich der Gesundheit hat, weil wir so über mehr Möglichkeiten verfügen, uns über Gesundheitsthemen zu informieren.

3a *Mögliche Lösung:* Wahrscheinlich hat jeder von uns im Internet schon mal nach Informationen zu einem Thema gesucht, das mit Gesundheit zu tun hat. Es gibt verschiedene Gründe, zu solchen Themen zu recherchieren. Ein Grund könnte sein, dass man den Wunsch hat, sich besser um seine Gesundheit zu kümmern und dafür eine gesündere Lebensweise entwickeln will. In so einem Fall kann man zum Beispiel Webseiten über gesundes Essen lesen, auf denen neue Erkenntnisse der Ernährungswissenschaften mitgeteilt und Empfehlungen für eine gute Ernährung gegeben werden. Man kann auch nach Auskünften zu gesundheitsfördernden Sportarten suchen, wie Yoga oder Gymnastik. Ein weiterer Grund könnte sein, dass einem eine andere Person in einem Gespräch von einem gesundheitlichen Problem berichtet hat, das diese Person hat, oder von einer neuen Behandlungsmethode für eine bestimmte Krankheit, und man danach mehr darüber erfahren möchte, weil man das Thema interessant findet. In manchen Fällen ist es möglich, dass jemand eine Fernreise machen möchte und sich über die Gesundheitssituation in diesem Land und nötige Impfungen informieren muss. Im Internet findet man zu vielen Ländern Reisetipps, und dazu gehören auch immer Hinweise darauf, was man gesundheitlich beachten soll.
Und schließlich könnte auch noch ein Grund sein, dass man vom Arzt eine bestimmte Diagnose bekommen hat, die man nicht gut versteht. Wir wissen alle, dass Ärzte nicht viel Zeit für die Patienten haben und man daher oft keine Möglichkeit hat, Fragen zu stellen. In dieser Situation werden viele Menschen im In-

ternet nach weiteren Informationen zu ihrer Diagnose suchen. Da es zum Themenbereich „Krankheiten" viele Webseiten gibt, kann man im Internet in der Regel viele Informationen zu den verschiedensten Krankheiten, ihren Symptomen und Behandlungsmethoden finden.

Das hat meiner Meinung nach Vorteile und Nachteile. Einerseits ist es sehr hilfreich, sich selbstständig zu informieren. Man findet zahlreiche Webseiten, die ausführlich über verschiedene Krankheiten, deren Ursachen und Therapiemöglichkeiten berichten, und das sogar in einer allgemein verständlichen Form. So kann man mehr Wissen über sein gesundheitliches Problem erhalten. Das ist sehr positiv. Denn man versteht so besser, was genau mit einem los ist und kann sich so sicherer fühlen. Andererseits sehe ich aber auch Nachteile. Denn es kann passieren, dass man die Informationen im Internet nicht richtig versteht und dann etwas Falsches tut, wodurch die Krankheit vielleicht noch schlimmer wird. Es besteht außerdem das Risiko, dass man glaubt, gar keinen Arzt mehr zu brauchen, weil man sich mithilfe des Internets selbst behandeln kann. In so einem Fall wären die Folgen möglicherweise sehr negativ.

Zum Schluss möchte ich sagen, dass ich es zwar gut finde, dass wir uns heutzutage mithilfe des Internets über alles informieren können. Gerade bei Gesundheitsthemen sollten wir aber nicht glauben, dass unsere eigene Informationsrecherche im Internet den Arzt ersetzen kann.

Schreiben: Vor- und Nachteile von Avataren

1b *Mögliche Lösungen:* – Äußern Sie Ihre Meinung zum Einsatz von Avataren an der Schule.
Roboter in immer mehr Bereichen verwenden, so z.B. Avatare für kranke Kinder
– Begründen Sie, was für oder gegen zum Einsatz von Avataren an der Schule spricht.
Für Avatare: Kind verpasst nicht Unterrichtsstoff, fühlt sich nicht sozial isoliert, hat Kontakt zu Mitschülern, kann Freundschaft zu Mitschülern aufrechterhalten
Gegen Avatare: Könnte andere Kinder vom Unterricht ablenken, Maschine kein Ersatz für den direkten Kontakt mit Menschen
– Nennen Sie andere Möglichkeiten, wie Kinder am Unterricht teilnehmen könnten.
Unterricht für Kinder in Krankenhaus oder zu Hause, dort durch Videokonferenz am Unterricht teilnehmen
– Nennen Sie die Vorteile der anderen Möglichkeiten.
Unterricht im Krankenhaus: persönlicher Kontakt mit anderen Kindern
Unterricht zu Hause: persönlicher Kontakt mit Lehrer

1c *Mögliche Lösung:* Heutzutage verwenden wir Roboter in immer mehr Bereichen, um uns das Leben einfacher zu machen. Eine neue Entwicklung sind Roboter, sogenannte Avatare, für kranke Kinder. Wenn ein Kind lange Zeit krank ist und nicht in die Schule gehen kann, gibt es inzwischen die Möglichkeit, dass ein Avatar statt des Kindes in den Unterricht geht. Was spricht für und was spricht gegen den Einsatz von solchen Avataren an der Schule?
Für Avatare spricht, dass das Kind auf diese Weise am Unterricht teilnehmen kann. Das hat erstens den Vorteil, dass es nicht den Unterrichtsstoff verpasst. Zweitens fühlt es sich so nicht sozial isoliert, da es weiter Kontakt zu seinen Mitschülern hat und dadurch die Freundschaft zu seinen Klassenkameraden aufrechterhalten kann. Das finde ich sehr positiv. Es gibt allerdings auch Argumente gegen Avatare an der Schule. Nachteilig daran könnte sein, dass die anderen Kinder durch den Avatar vom Unterricht abgelenkt würden. Außerdem kann der Kontakt über eine Maschine kein Ersatz für direkten menschlichen Kontakt sein.
Als Alternative könnten die Kinder im Krankenhaus oder zu Hause unterrichtet werden. Der Unterricht im Krankenhaus hätte den Vorteil, dass die Kinder einen persönlichen Kontakt zu anderen Kindern im Krankenhaus haben. Der Unterricht zu Hause mit einem Hauslehrer hätte den Vorteil, dass das Kind so zumindest einen persönlichen Kontakt zum Lehrer hat und nicht nur Kontakt durch eine Maschine.
Abschließend möchte ich sagen, dass meiner Meinung nach der Unterricht im Krankenhaus mit anderen Kindern die beste Lösung ist. Wenn das nicht geht, bin ich der Meinung, dass es hilfreich ist, den Avatar einzusetzen.

Film 2: Das Smartphone und wir

1b Erholungsurlaub • Wellness

1c 1. 88-mal • 2. 2,5 Stunden • 3. 7 Stunden

1d b

1e a • b • d

1f **Zuordnung:** 2C • 3A
Personen: Anne: Priorisieren fällt schwer. • Marlene: Die Aufmerksamkeitsspanne wird kürzer.

1h *Mögliche Lösungen:* 1. nimmt Handy überall hin mit • spürt Phantom-Vibration • hört es klingeln, obwohl es nicht klingelt • 2. Nutzer durchsucht immer wieder alle Kanäle und In-Boxes auf Neuigkeiten • 3. Nichts-Tun • Kreativität, Ideen nur möglich, wenn Gehirn nicht ständig gefordert

Lektion 5

5A Alle reden über das Wetter

1a 2. im Nebel stochern • 3. sein Fähnchen nach dem Wind drehen • 4. viel Wind machen • 5. vom Regen in die Traufe kommen • 6. jemanden im Regen stehen lassen

1b B: 3 • C: 6 • D: 2 • E: 4 • F: 5

2a a

2b ist bewölkt • Temperaturen steigen auf • weht der Wind • sinken die Temperaturen • bewegen sich die Tageshöchsttemperaturen zwischen • sind … Gewitter mit Regenschauern möglich • In Gewitternähe kann es stürmisch werden. • es kühlt sich (kaum) ab • ziehen Wolken über • (keine) Niederschläge bringen • liegen die Höchstwerte bei • Ein Hochdruckgebiet … bringt heißes und trockenes Sommerwetter.

3a **sunny:** eher subjektiv-wertend • Sie benutzt mehr „Ich-Sätze" und stellt ihre persönlichen Vorlieben dar. • **rainman:** eher objektiv-sachlich • Er nennt zuerst Vor- und Nachteile und danach erst seine Meinung.

3b *Mögliche Lösungen:* **sunny:** liebt heißes Sommerwetter • Begründung: kann leichte Kleidung tragen, kann Zeit draußen verbringen, bis spät in den Abend im Freien sitzen • **rainman:** findet das heiße Sommerwetter nicht gut • Begründung: kann Temperaturen über 30 Grad nur schwer ertragen, Natur leidet, Dürre ist wirtschaftliche Katastrophe für Landwirte

Lösungen zum Kursbuch

3c Gefühle: Ich hasse … • Es ist viel angenehmer,… • … fühle ich mich richtig wohl • ich genieße es, … • mag ich es … • Ich fände es toll, wenn… **Meinungen:** Es ist sicherlich richtig, dass … • Aber es gibt auch Nachteile: … • Nicht jeder … • Die meisten Menschen … • Es gibt noch ein weiteres Problem: … • Ich kann mir nicht vorstellen, dass … • Ich bin überzeugt, dass … • Und das ist meiner Meinung nach …

3d *Mögliche Lösung:* Ich hasse die Hitze im Sommer. Ich finde es schrecklich, wenn ich draußen in der heißen Sonne herumlaufen muss. Ich fühle mich nicht wohl, wenn die Temperatur über 28 Grad ist. In so einer Situation habe ich keine große Motivation zu arbeiten. Außerdem habe ich keinen Appetit und möchte nichts essen, wenn das Wetter so heiß ist. Stattdessen genieße ich es, wenn die Temperaturen nicht über 25 Grad steigen und es immer wieder regnet.

5B Meteorologie

1a 2. die Temperatur • 3. die Windgeschwindigkeit • 4. die Windrichtung • 5. die Regenmenge • 6. der Luftdruck

2b 2. Geschichte der Wettervorhersage • 3. Informationen über den Deutschen Wetterdienst • 4. Beispiele für wetterabhängige Branchen • 5. Wetterprognosen seit den 60er-Jahren und in Zukunft

3a *Mögliche Lösungen:* **2. Geschichte der Wettervorhersage:** 16. Jh.: Thermometer • 17. Jh.: Barometer • Ende 18. Jh.: erste Messstationen, angefangen: Wetterdaten weltweit sammeln • 1880: erste Wettervorhersagen in Deutschland • im 19. Jh.: Austausch von Wetterdaten mithilfe moderner Kommunikationstechnik: Telegraphie, schnell Wetterdaten schicken u. vergleichen • im 20. Jh.: Computer: Wetterdaten besser u. schneller verarbeiten • **3. Informationen über den Deutschen Wetterdienst:** in Offenbach • erhält Wetterdaten von eigenen Wetterstationen und von knapp 10.000 anderen Wetterstationen auf der ganzen Welt • Wettersatelliten • etwa 1.800 kleinere Wetterstationen von Ehrenamtlichen • **4. Beispiele für wetterabhängige Branchen:** Flugverkehr • Landwirtschaft • Baugewerbe • **5. Wetterprognosen seit den 60er-Jahren und in Zukunft:** heute: sichere Prognosen für sechs Tage möglich • 1968: für 24 Stunden • in Zukunft vielleicht acht oder zehn Tage möglich, nicht 100 % sicher

3b *Mögliche Lösungen:* 1. Weil der Austausch von Wetterdaten erst im 19. Jahrhundert mithilfe moderner Kommunikationstechnik möglich war. • 2. Der Deutsche Wetterdienst bekommt die Wetterdaten von eigenen Wetterstationen, von knapp 10.000 anderen Wetterstationen auf der ganzen Welt, von Wettersatelliten und von etwa 1.800 kleineren Wetterstationen von Ehrenamtlichen in Deutschland. • 3. Für den Flugverkehr, die Landwirtschaft und das Baugewerbe sind präzise Wettervorhersagen besonders wichtig. • 4. 1968 konnte man das Wetter nur für 24 Stunden vorhersagen. Heute sind relativ sichere Prognosen für sechs Tage möglich.

4a Regeln: 1. a • 2. a

4b 2b. Sollte es im Winter frieren, können die Bauarbeiten nicht fortgesetzt werden. • 3b. Haben Sie Interesse an dieser Tätigkeit, können Sie sich bewerben. • 4b. Regnet es morgen, können die Landwirte nicht ernten.

5C Klimawandel

1b A. Ursachen • B. Beschreibung • C. Folgen • D. Forderungen

1c *Mögliche Lösungen:* **B:** Treibhauseffekt: Wärme in Atmosphäre zurückgehalten • **C:** Erwärmung der Erde • **D:** CO_2-Emissionen senken

1d *Mögliche Lösungen:* **A:** heutige Klimawandel • Menschen verursacht • produziert zu viel Kohlendioxid • Energie • aus fossilen Brennstoffen • Wälder zerstört • CO_2 in Atmosphäre • Massentierhaltung von Rindern • Methan • klimaschädlich wie CO_2 • **B:** Treibhauseffekt • Gase • verhindern • Wärme wieder ins Weltall abgegeben • zu viel CO_2 und Methan in der Erdatmosphäre • verstärkt sich Treibhauseffekt • Wärme • in der Atmosphäre zurückgehalten • steigt • Erde • Temperatur • **C:** Erwärmung • schmilzt das Eis • Arktis • Meeresspiegel steigt • Inseln und Küstenstädte • versinken • Deutschland • Hitzewellen • Dürren • Starkregen • heftigen Stürmen • wirtschaftlichen Schäden • Gefahren für Mensch und Natur • **D:** CO_2-Emissionen senken • Verzicht • fossilen Brennstoffe • Umstieg auf erneuerbare Energien • Energie sparen • Ist es wirklich notwendig • Pkw • fliegen

1e *Mögliche Lösungen:* **A: Ursachen:** Zerstörung Wälder → CO_2 • Massentierhaltung von Rindern → Methan • **B: Beschreibung:** zu viel CO_2 und Methan → Treibhauseffekt verstärkt sich • Wärme in Atmosphäre zurückgehalten: Temperatur auf Erde steigt • **C: Folgen:** Eis in Arktis schmilzt • Meeresspiegel steigt: Inseln und Küstenstädte versinken • in Deutschland: häufiger Hitzewellen u. Dürren, Starkregen u. heftige Stürme • wirtschaftlichen Schäden • enorme Gefahren für Menschen u. Natur • **D. Forderungen:** Verzicht auf fossile Brennstoffe • erneuerbare Energien • Energie sparen • auf Pkw, Flüge verzichten

1f *Mögliche Lösungen:* Für mich war neu, dass das Gas Methan, das von Rindern bei der Verdauung produziert wird, genauso klimaschädlich ist wie CO_2. Ich wusste bisher nicht, dass seit Ende des 19. Jahrhunderts die durchschnittliche Temperatur auf der Erde bereits um ein Grad gestiegen ist. …

2a 2. Infolge der Erwärmung schmilzt das Eis in der Arktis. • 3. dass Inseln eines Tages im Meer versinken könnten. • 4. sodass man für das Jahr 2100 einen Anstieg von bis zu 50 cm erwartet. • 5. Folglich kommt es häufiger zu Starkregen und heftigen Stürmen. • 6. dass Flüsse innerhalb von kurzer Zeit über die Ufer treten.

2b Unterstreichungen: 2. Infolge • 3. so …, dass • 4. sodass • 5. Folglich • 6. so …, dass

Tabelle: **Nebensatzkonnektor:** so …, dass, sodass • **Verbindungsadverb:** folglich • **Präposition + G /von:** infolge

2c Regeln: 1. a • 2. so • dass

2d Markierungen: 2. Die Zahl der Touristen im Winter nimmt ab. • 3. Landwirte verlieren große Teile ihrer Ernte. • 4. Die Lebensbedingungen der Meeresbewohner verändern sich. • 5. Die Sterblichkeitsrate in Städten steigt. • 6. Es kommt häufiger zu Starkregen. • 7. Die Gefahr von Waldbränden steigt.
Umformulierung: 2. In den Alpen fällt weniger Schnee. Infolgedessen nimmt die Zahl der Touristen im Winter ab. • 3. Es regnet zu wenig, sodass Landwirte große Teile ihrer Ernte verlieren. • 4. Die Meere erwärmen sich. Folglich verändern sich die Lebensbedingungen der Meeresbewohner. • 5. Infolge der stärkeren

Hitzewellen im Sommer steigt die Sterblichkeitsrate in Städten. • 6. Infolge von Klimaveränderungen kommt es häufiger zu Starkregen. • 7. Die Waldböden sind so ausgetrocknet, dass die Gefahr von Waldbränden steigt.

5D Folgen des Klimawandels

1a 1. B • 2. C • 3. A

1b A. stellen … dar. • Wenn man … mit … vergleicht, so stellt man fest, dass … • Vergleicht man damit …, • Die Grafik macht also deutlich, dass … B. … hat zur Folge, dass … • Infolge … werden zudem … • Außerdem kommt es … zu …, weil … • … verursachen … • C. Auch in meinem Heimatland …

2c *Mögliche Lösung:* Ich möchte zunächst über die Grafik vom Deutschen Wetterdienst sprechen. Sie zeigt den Erwärmungstrend für Deutschland und weltweit im Zeitraum von 1890 bis 2010. Die schwarze Linie stellt den linearen Trend in Deutschland dar, die graue den linearen Trend weltweit. Wenn man die beiden Linien vergleicht, so stellt man fest, dass der Erwärmungstrend in Deutschland stärker ist als weltweit, das heißt, in Deutschland steigen die Temperaturen noch schneller als im globalen Durchschnitt.
Im Folgenden möchte ich über die Situation in meinem Heimatland sprechen. Auch in Mexiko zeigen sich die Auswirkungen des Klimawandels sehr stark. Unser gesamtes Land ist auf verschiedene Weise davon betroffen. Um das zu verdeutlichen, möchte ich ein paar Beispiele nennen. Im Gegensatz zu früher kommt die Regenzeit nicht mehr regelmäßig. In Nordmexiko gibt es Regionen, in denen monatelang kein Regen fällt. Das hat zur Folge, dass die Landwirtschaft und die Viehzucht immer mehr Probleme haben. In Mexiko-Stadt regnet es dagegen manchmal so stark, dass zahlreiche Viertel überschwemmt werden. Und in den südlichen Küstenregionen treten seit einiger Zeit mehr und stärkere Hurrikans auf.
Damit komme ich nun zum nächsten Punkt: Welche Maßnahmen können wir ergreifen, um den Klimawandel aufzuhalten? Jeder Einzelne von uns kann in seinem alltäglichen Leben einen Beitrag zum Klimaschutz leisten. Zum Beispiel können wir öffentliche Verkehrsmittel benutzen statt mit privaten Autos zu fahren. Busse und Bahnen verschwenden im Vergleich weniger Energie, weil sie mehr Menschen transportieren können. Eine weitere Maßnahme ist, beim Einkaufen nur regionale Produkte zu kaufen Denn Lebensmittel aus dem Ausland verursachen beim Transport CO_2-Emissionen. Außerdem sollte das Obst und Gemüse nicht in Treibhäusern angebaut werden, da der Treibhausanbau auch viele Emissionen freisetzt. Nicht zuletzt können wir unseren Energieverbrauch zu Hause reduzieren, indem wir Strom sparen, zum Beispiel mit Energiesparlampen, und im Winter weniger heizen.
Zusammenfassend kann man also sagen, dass jeder von uns sich umweltfreundlich verhalten sollte, auch wenn man sich ein bisschen dafür anstrengen muss. Das sollte es uns aber Wert sein, denn alles andere hätte unabsehbare Folgen.

Auf dem Weg zur Prüfung 5
Lesen: Wetterfühligkeit

2 1B • 2E • 3C • 4A • 5D

3 *Mögliche Lösungen:* B. Kann das Wetter krank machen? (Einstiegsfrage) • E. Man bezeichnet das als … (Rückverweis auf Abschnitt B) • C. Sinkt die Außentemperatur (Weiterführung Thema von Abschnitt E: kälter wird) • A. Doch nicht nur die Kälte …, sondern auch … (Weiterführung Thema durch Gegensatz) • D. Bleibt noch die Frage … (Abschlussfrage mit Antwort)

Lesen: Umwelt- und Klimaschutz

1b 1B • 2A • 3C • 4D • 5A • 6B • 7A • 8D • 9C

Hören: Anpassung an den Klimawandel

1a *Mögliche Lösungen:* 1. Möglichkeiten • Klimawandel • stoppen 2. rät 2a. Häuser • anders • bauen • 2b. Häuser • Sommer • Klimaanlagen • 2c. Hochwassergebieten • keine Häuser

1b 1f • 2a

1e 3r • 4c • 5r • 6c • 7f • 8a • 9f • 10b

Hören: Nachrichten

1a *Mögliche Lösungen:* 1. Unwetter • Verkehrsstörungen • 2. Gesetz zur Arbeitszeiterfassung • von allen begrüßt • 3. Eltern und Schüler • fordern • einfachere Aufgaben • Mathematikprüfung im Abitur • 4. Wissenschaftler • ersten Urvogel • entdeckt • 5. nicht entschieden • deutscher Fußballmeister

1b 1r • 2f • 3f • 4f • 5r

Schreiben: Wer ist wetterfühlig?

1a *Mögliche Lösungen:* **Grafik:** Hälfte der Männer, knapp 40 % der Frauen → durch Wetter nicht gesundheitlich beeinflusst • **Beispiel für Einfluss auf Gesundheit:** Kreislaufprobleme • müde, antriebslos, deprimiert • Symptome von Rheuma oder Asthma verstärken sich • **Empfehlung:** viel bewegen, z.B. wandern, schwimmen, Rad fahren → stärkt Kreislauf, macht widerstandsfähiger

1b *Mögliche Lösung:* Viele Menschen klagen über das Wetter, sie sind wetterfühlig und leiden daher bei bestimmten Wetterlagen.
Einige interessante Informationen zu diesem Thema liefert die vorliegende Grafik mit dem Titel „Hat die Wetterlage Einfluss auf Ihre Gesundheit?" Die Grafik besteht aus zwei Teilen und informiert uns einerseits über den Anteil der Wetterfühligen nach Geschlecht, andererseits über den Anteil nach Altersgruppen. Alle Angaben erfolgen in Prozent. Im linken Teil der Grafik kann man erkennen, dass mehr als die Hälfte der Frauen und circa 40 % der Männer angeben, dass das Wetter ihre Gesundheit beeinflusst. Im rechten Teil der Grafik sieht man deutlich, dass die Wetterfühligkeit im Alter zunimmt. In den beiden jüngeren Altersgruppen bis 44 Jahren ist weniger als die Hälfte der Befragten davon betroffen, während mehr als die Hälfte der über 60-Jährigen sich als wetterfühlig bezeichnet. Zusammenfassend lässt sich sagen, dass Wetterfühligkeit mehr Frauen als Männer und mehr ältere als jüngere Menschen betrifft.
Es lässt sich also feststellen, dass ein beträchtlicher Teil der Bevölkerung durch das Wetter in seinem Wohlbefinden beeinträchtigt wird. Wie sieht dieser Einfluss konkret aus? Ein Beispiel sind Personen, die mit Wetterumschwüngen nicht gut zurechtkommen. Wenn es an einem Tag kühl und regnerisch ist, am nächsten Tag aber warm und sonnig, kann ihr Körper sich nicht schnell genug an diesen Wechsel anpassen, und sie bekommen Kopfschmerzen und Kreislaufprobleme. Andererseits fühlen sich

zahlreiche Menschen müde, antriebslos und deprimiert, wenn es längere Zeit grau und bewölkt ist und man keine Sonne sieht. Bei Menschen, die an Rheuma oder Asthma leiden, können sich diese Symptome durch einen Wetterwechsel verstärken.

Was können Personen tun, die auf Wetterwechsel mit körperlichen Beschwerden reagieren? Eine gute Empfehlung ist, jeden Tag und bei jedem Wetter spazieren zu gehen, weil der Körper sich so besser an Temperaturänderungen anpasst. Grundsätzlich hilft es, sich viel zu bewegen, beispielsweise zu wandern, zu schwimmen oder Rad zu fahren. Denn so stärkt man seinen Kreislauf und wird widerstandsfähiger gegen wechselndes Wetter.

Abschließend lässt sich sagen, dass Wetterfühligkeit ein großes Problem für die Betroffenen sein kann und sie daher Maßnahmen dagegen ergreifen sollten. Die vorgestellten Tipps können ihnen dabei hoffentlich helfen.

Sprechen: Was die Hitze mit uns macht

1a *Mögliche Lösungen:* **Grafik:** wenig Übelkeit und Muskelkrämpfe • bei Abgeschlagenheit, Schlafstörungen, Übelkeit, Muskelkrämpfe Anteile von Männern und Frauen ähnlich hoch • größerer Unterschied zwischen Geschlechtern bei Kopfschmerzen und Schwindel: etwa 13 % mehr Frauen als Männer • **Heimatland:** heißes Land • Menschen an Hitze angepasst: luftige Kleidung, trinken viel, weiße Häuser • Versuche, Klima abzukühlen, z. B. weiße Straßen • **Empfehlung:** wenig körperliche Aktivitäten, sich vor Sonne schützen, Essen anpassen

1b *Mögliche Lösung:* Durch den Klimawandel treten Hitzewellen heutzutage weltweit häufiger auf als früher. Auch in eher kühleren Regionen wie Deutschland kommen nun öfter heiße Perioden vor, und man kann feststellen, dass sie länger und stärker werden. Diese Veränderung bleibt natürlich nicht ohne Auswirkungen, und eine davon ist, dass viele Menschen bei großer Hitze gesundheitliche Probleme haben.

Zu diesem Thema haben wir hier eine Grafik. Sie zeigt uns den Anteil an Personen, die während einer Hitzewelle unter verschiedenen körperlichen Beschwerden leiden, die Daten sind dabei unterteilt nach Männern und Frauen. Auf den ersten Blick können wir feststellen, dass Frauen von Hitze stärker betroffen sind als Männer. Denn über die Hälfte der Frauen, aber nur gut ein Drittel der Männer gibt an, dass es ihnen während dieser Zeit schlechter geht als an normalen Sommertagen. Durch die Grafik erfahren wir auch, was die häufigsten Beschwerden der Betroffenen sind. Die meisten Personen, nämlich etwa drei Viertel und knapp zwei Drittel, fühlen sich abgeschlagen bzw. haben Schlafstörungen. Relativ wenige Betroffene, circa 10 %, nennen Übelkeit und Muskelkrämpfe als Folgen von Hitzewellen. Bei diesen vier Typen von Beschwerden sind die Anteile von Männern und Frauen ähnlich hoch. Einen größeren Unterschied zwischen den Geschlechtern kann man bei Kopfschmerzen und Schwindel feststellen, davon sind nämlich jeweils etwa 13 % mehr Frauen als Männer betroffen.

Nun würde ich gerne das Phänomen im Hinblick auf mein Herkunftsland darstellen. Auch bei uns treten jedes Jahr mehrere lange Hitzewellen auf. Da mein Land aber generell ein heißes Klima hat, haben die Menschen dort sich seit langer Zeit an die Hitze angepasst. Wir tragen weite, luftige Kleidung und trinken viel Wasser und Tee. Unsere Häuser sind weiß gestrichen und traditionell so gebaut, dass sie wenig Sonnenstrahlung aufnehmen. Dadurch ist es innen immer angenehm kühl. Moderne Gebäude werden allerdings hauptsächlich durch Klimaanlagen gekühlt. Wenn es tagsüber sehr heiß ist, bleiben wir meistens in den Häusern, und falls wir doch nach draußen gehen, dann halten wir uns nur im Schatten auf. Außerdem erforschen unsere Wissenschaftler neue Technologien, mit denen man das Klima lokal abkühlen kann. So laufen z. B. Versuche, Straßen mit einer weißen Spezialfarbe zu streichen, was die Städte kühler halten soll.

Wir müssen uns also darauf einstellen, dass es immer häufiger lange Hitzewellen geben wird. Wie können wir uns während langer Hitzeperioden vor Hitze schützen? Ganz wichtig ist es, immer ausreichend viel Wasser zu trinken, so zwei bis drei Liter am Tag. Außerdem sollte man während der heißesten Zeit des Tages nicht in der Sonne herumlaufen. Körperliche Aktivitäten sollte man am besten auf den Morgen oder Abend legen. Falls man die Möglichkeit dazu hat, wäre es gut, mittags eine längere Pause zu machen. Natürlich sollte man immer darauf achten, sich nicht zu sehr anzustrengen und Zeit zum Ausruhen einzuplanen. Wenn man hinausgeht, wäre es gut, einen Hut zu tragen, um sich vor der starken Sonnenstrahlung zu schützen. Darüber hinaus kann man sich auch durch die Veränderung seiner Essgewohnheiten an heiße Perioden anpassen. Sehr geeignet dafür sind Lebensmittel, die zu einem großen Teil aus Wasser bestehen, zum Beispiel Wassermelonen, Tomaten, Gurken oder Blattsalat. Sie sind leicht und helfen uns, fit zu bleiben. Im Gegenzug sollte man an heißen Tagen fettes, schweres Essen vermeiden, denn das belastet unseren Kreislauf.

Zum Schluss möchte ich sagen, dass der beste Schutz gegen Hitzewellen ein umweltfreundlicheres Verhalten wäre, denn dann würde der Klimawandel sich nicht noch schneller verstärken.

Lektion 6

6A Berufsausbildung heute

1b 1. Elektroniker/-in • 4. KFZ-Mechatroniker/-in • 6. Augenoptiker/-in

1c 3. duale Ausbildung • 5. duales Studium

2a **Studium: Vorteile:** oft höherer Verdienst • Netzwerke für späteres Berufsleben knüpfen • **Nachteile:** viel Selbstständigkeit und Disziplin nötig • hohe Kosten, finanzielle Unterstützung nötig • **duale Ausbildung: Vorteile:** näher an der Berufspraxis • feste Stelle im Betrieb bekommen • **Nachteile:** Qualität stark vom Arbeitgeber abhängig • weniger gesellschaftliche Anerkennung

2b *Mögliche Lösung:* Ich finde es besser, wenn man nach dem Abitur studiert. Denn mit einem Studium verdient man oft mehr. • Da hast du recht. Aber man muss auch sehen, dass man bei der Ausbildung eine feste Stelle im Betrieb bekommen kann. • …

6B Neues beginnen

1a B. Problemlösungsvorschlag • C. Voraussetzungen • D. Zukunftsperspektive

1b *Mögliche Lösungen:*

Aspekt	Hauptaussage	Detailinformationen
B. Problemlösungsvorschlag	RESET: Hilfe bei Lösung d. Problems „Studienabbruch"	Verkürzte Ausbildg. i. anspruchsvoll. Handwerksberuf inkl. Coaching u. Vermittlung • Credit-Points aus Studium berücksichtigt • ausgesuchte Berufsprofile u. Betriebsbesuche
C. Voraussetzungen	Freude an praktischem Arbeiten	teamfähig, arbeiten zügig, lösungsorientiert • Freude an wechselnden Einsatzorten

D. Zukunftsperspektive	Hilfe bei beruflichem Weg	alle beruflichen Karrierewege offen: Geselle, Meister, angestellte Führungskraft, Unternehmer/in mit eigenem Betrieb, Studium • Beratung während gesamter Karriere, inkl. Gründerservice, Fördermöglichkeiten

2a B. Problemlösungsvorschlag • C. Voraussetzungen • D. Zukunftsperspektive

2b

Aspekt	Hauptaussage	Detailinformationen
B. Problemlösungsvorschlag	kooperatives Studium an Hochschule Bonn-Rhein-Sieg	Verknüpfung von Theorie u. Praxis • angemessene Vergütung • dauert 9 Semester • 1. u. 2. Semester: praktische Berufsausbildung in Unternehmen u. Berufsschule • 3.–9. Semester: Studium • 7. u. 9. Semester: Praxissemester u. Bachelor-Arbeit in Unternehmen
C. Voraussetzungen	Zulassung zu Studium	1. von Behörden anerkannter Abschluss • 2. IHK-Ausbildungsvertrag mit Unternehmen • 3. Anmeldung durch Unternehmen bei Hochschule • 4. Einschreibung an Hochschule
D. Zukunftsperspektive	sehr gute Wahl	von Beginn an Einkommen • hervorragende Aufstiegschancen im Unternehmen • weitere Karriereschritte möglich: Masterstudiengang

4 3. Die: eine dritte Variante • 4. danach: eine fundierte Berufsausbildung • 5. weil: Eine solche Variante wird … gern gesehen • 6. zweitens: erstens … • und drittens … • 7. seine: der Bewerber • 8. dass: hat er gezeigt • 9. ein solcher: eine dritte Variante • 10. zum anderen: Zum einen • 11. Deshalb: Zum einen kann es schwierig sein …, zum anderen braucht man sehr viel mehr Zeit …

5 *Mögliche Lösung:* **duale Ausbildung: Aussagen:** Handwerker werden stark gesucht. • Man kann sich später noch fortbilden. • **Text:** Außerdem werden Handwerker stark gesucht und man kann sich später noch fortbilden. • **duales Studium: Aussagen:** Ich finde ein duales Studium nach dem Abitur besser. • Es hat intellektuelle und materielle Vorteile. • Man kann durch die Verbindung von Theorie und Praxis sehr fundierte Kenntnisse in einem Fach erwerben. • Man hat mehr Karrieremöglichkeiten. • Später ist der Verdienst oft höher als nach einer dualen Ausbildung. • **Text:** Ich finde es besser, wenn man nach dem Abitur ein duales Studium macht, denn das hat sowohl intellektuelle als auch materielle Vorteile. Zum einen kann man durch die Verbindung von Theorie und Praxis sehr fundierte Kenntnisse in einem Fach erwerben, zum anderen hat man mehr Karrieremöglichkeiten. Dies führt auch dazu, dass der Verdienst später oft höher ist als nach einer dualen Ausbildung. • **erst Ausbildung, dann Studium: Aussagen:** Ich finde eine Lehre vor dem Studium gut. • Dieser Ausbildungsweg hat einige Vorteile. • Man hat Berufserfahrung vor dem Studienbeginn. • Man kann seine Kenntnisse durch das Studium vertiefen. • Man ist mit diesem Ausbildungsweg bei Unternehmen gern gesehen, man findet leichter eine Stelle. • **Text:** Ich finde es gut, wenn man zuerst eine Lehre macht und danach noch studiert. Dieser Ausbildungsweg hat einige Vorteile. Erstens hat man schon Berufserfahrung, wenn man das Studium beginnt, zweitens kann man durch das Studium seine Kenntnisse vertiefen und drittens ist man mit diesem Ausbildungsweg bei den Unternehmen gern gesehen, sodass man leichter eine Stelle findet.

6C Duale Erfahrungen

1a Berichte 3 junger Leute über positive und negative Erfahrungen mit unterschiedlichen Ausbildungswegen

1c Bericht 1: Foto 2 • Bericht 2: Foto 1 • Bericht 3: Foto 3

1d Bericht 1: Vorteile: sehr gut betreut • Ansprechpartner Kontakt mit Hochschule • Inhalte der Projekte im Unternehmen u. Studieninhalte aufeinander abgestimmt • nette Kollegen • **Nachteile:** viel arbeiten u. lernen, keine Freizeit • **Fazit:** Anstrengung und Stress haben sich gelohnt • **Bericht 2: Nachteile:** keine Freizeit • viel arbeiten u. lernen • Schwierigkeiten, Zeit zu organisieren • vom Lernstoff überfordert • Überstunden • fest mit Unternehmen verbunden: lernt nur einen Weg • **Vorteile:** viel über sich gelernt • Unterstützung von Eltern • **Fazit:** sehr lehrreiche Zeit • **Bericht 3: Vorteile:** durch RESET persönliches Profil deutlicher • daher: Ausbildung als Augenoptikerin passend • Ausbildung viel Spaß gemacht, da vielseitig • Möglichkeit, sich fortzubilden u. Meisterprüfung zu machen, Betrieb zu leiten o. sich selbstständig zu machen • **Nachteile:** in Berufsschule gehen • da Mitschüler viel jünger, Angst: Versagerin / alte Oma • **Fazit:** Entscheidung richtig • gute berufliche Zukunftsperspektiven

3a 3. dabei • 4. darum • 5. Dadurch • 6. davor

3b 3. dabei → eigene Projekte • 4. darum → wie man richtig lernt • 5. dadurch → viele Gespräche mit mir geführt • 6. Davor → dass man mich als Versagerin oder „alte Oma" behandeln könnte

3c Regeln: a • b

3d 3. R • 4. V • 5. R • 6. V

6D Ich brauche Beratung

1 Einleitung: C • Hauptteil: B • Schluss: A

2a Auf der Webseite: Dort • Für den Überblick: Dafür • über die Berufe: darüber • die Steckbriefe der Berufe: die entsprechenden Steckbriefe

2b *Mögliche Lösung:* Betreff: Fragen zu dualer Ausbildung im Sportbereich •
Sehr geehrte Frau Werner, ich habe mein Sportstudium abgebrochen und möchte nun eine duale Ausbildung im Sportbereich beginnen. Ich habe schon auf der Webseite „Planet Beruf" recherchiert, bin aber nicht sicher, welchen Beruf ich wählen soll. Daher würde ich Ihnen gern einige Fragen stellen. Könnten Sie mir bitte erklären, welche Unterschiede es zwischen Sportfachmann/-frau und Sportassistent/-in gibt? Außerdem wüsste ich gern, was eine Ausbildung als Sportlehrer/-in an einer Berufsfachschule ist. Ich wäre Ihnen sehr dankbar, wenn Sie mir einen Termin für ein Beratungsgespräch geben könnten. Über eine Antwort würde ich mich sehr freuen. Mit freundlichen Grüßen Julia Eppler

Auf dem Weg zur Prüfung 6

Lesen: Arbeiten in der Zukunft?

2 1B • 2A • 3E • 4F • 5H • 6G

3 *Mögliche Lösungen:* Lücke 2: Satz A erklärt den „Job-Futuromat". Im folgenden Satz steht das Personalpronomen „es", das bezieht sich auf „ein Online-Tool". • Lücke 3: Satz E liefert eine

Ergänzung zu den Informationen im Satz davor. • Lücke 4: Satz F nennt den Grund, warum Voraussagen kam möglich sind. • Lücke 5: Satz H beschreibt, was getan wird, da die Anforderungen steigen. Im folgenden Satz steht das Personalpronomen „Sie", das bezieht sich auf „die Agentur für Arbeit". • Lücke 6: Satz G beschreibt, was aus der Information im Satz davor folgt.

4a 2. Das Institut für Arbeitsmarkt- und Berufsforschung hat die Zukunftsfähigkeit bestimmter Tätigkeiten untersucht. • 3. ob sich dies lohnen würde oder nicht • 4. dass dort, wo persönliche Dienstleistungen und Beratungsleistungen erbracht werden, Menschen im Einsatz bleiben • 5. ihre Mitarbeiterinnen und Mitarbeiter fit zu machen oder fit zu halten

4b 1d • 2a • 3b • 4d

4c Die Fortbildungswünsche der Mitarbeiter und die Qualitätsanforderungen der Unternehmen miteinander vereinbaren

Lesen: Berufsausbildungsvertrag

1b B. 3 • F. 8 • G. 4

Hören: Messe für Ausbildung und Studium

1 Donnerstagnachmittag: Saal 55 • **Freitagnachmittag:** dualen Ausbildung • **Samstagvormittag:** Finanzierung • **Sonntagvormittag:** Erfolgreich bewerben • **Sonntagnachmittag:** Workshop

Schreiben: Sehr geehrte …

1 *Mögliche Lösung:* Sehr geehrter Herr Wolf, vor einem Monat habe ich meinen Bachelor abgeschlossen und befinde mich jetzt im „Gap-Year" zwischen Bachelor und Master. Ich habe nun die Möglichkeit, ein sechsmonatiges Praktikum bei Kühne + Nagel in Hamburg zu machen. Deshalb würde ich gerne meine Wohnung während dieser Zeit untervermieten. Bei meinem Einzug haben Sie mir gesagt, dass Sie keinen Untermieter möchten, und ich verstehe, warum Sie das nicht möchten.
Bitte haben Sie aber auch Verständnis für meine Situation, denn dieses Praktikum ist eine große Chance für mich, da ich vielleicht später in der Zweigstelle des Unternehmens in München meine Masterarbeit schreiben und so in München bleiben kann. Ich wäre Ihnen sehr dankbar, wenn Sie mir kurz antworten könnten, ob Sie mit der Untervermietung einverstanden sind. Dann würde ich Ihnen eine oder mehrere Personen vorstellen, sodass Sie wählen können, an wen die Wohnung während der 6 Monate untervermietet wird. Im Voraus vielen Dank für Ihre Mühe.
Mit freundlichen Grüßen

2 *Mögliche Lösung:* Sehr geehrte Damen und Herren,
in einer Sprachenzeitschrift habe ich Ihre Anzeige gelesen und würde gern ein paar Fragen zu Ihrem Angebot stellen. Da ich bald ein Praktikum in Argentinien machen werde, bin ich gerade auf der Suche nach einem Intensivkurs für Spanisch. Ein Spanischkurs in Buenos Aires wäre da natürlich für mich perfekt. Ich habe vor Kurzem hier in Deutschland einen B1-Kurs abgeschlossen und würde in Argentinien gerne mit einem B2-Kurs weitermachen. Während des Sprachkurses würde ich gerne bei einer einheimischen Familie wohnen. Könnten Sie mir bitte mitteilen, wie hoch die Kosten für die Unterkunft mit Verpflegung wären? Außerdem wäre es schön, wenn Sie mir weitere Informationen über den Sprachkurs geben könnten: Wie viele Unterrichtsstunden pro Woche erhält man und wie viele Wochen dauert der Sprachkurs? Kann man am Ende des Kurses eine Prüfung ablegen? Erhält man im Kurs auch Informationen über die Kultur Argentiniens?
Ich danke Ihnen im Voraus für Ihre Antwort.
Mit freundlichen Grüßen
Tobias Strauß

Schreiben: Ausbildungsmöglichkeiten nach dem Abitur

1a *Mögliche Lösungen:* **Studium: Vorteile:** höheres Einkommen • höherer sozialer Status • **Nachteile:** man braucht viel Disziplin • hohe Kosten • finanzielle Abhängigkeit von Eltern • **duale Ausbildung: Vorteile:** sofort Geld verdienen • häufig nach Lehre übernommen werden • **Nachteile:** geringere gesellschaftliche Anerkennung • weniger Karrieremöglichkeiten

1b *Mögliche Lösung:* Nach dem Abitur stellt sich für alle die Frage, was die bessere Wahl ist: Ein Studium an einer Hochschule oder eine duale Ausbildung? Um die richtige Entscheidung zu treffen, ist es notwendig, die Vor- und Nachteile beider Alternativen gut zu durchdenken. Beginnen wir mit den Vorteilen eines Studiums. Als erstes lässt sich das höhere Einkommen nennen. Absolventen von Universitäten und Fachhochschulen verdienen oft mehr Geld als Personen mit einer dualen Ausbildung. Ein weiterer Vorteil des Studiums ist der höhere soziale Status, den Akademiker haben. Aber wo Licht ist, ist auch Schatten. Um ein Studium von ca. acht Semestern erfolgreich zu Ende zu bringen, sind sehr viel Selbstständigkeit und Disziplin nötig. Nicht alle Studierenden verfügen in ausreichendem Maße darüber. Nachteilhaft am Studium ist auch, dass es teuer ist und man länger finanziell abhängig von den Eltern bleibt. Im Gegensatz dazu kann man bei einer Berufsausbildung sofort sein eigenes Geld verdienen. Ein weiterer positiver Aspekt der dualen Ausbildung ist, dass man häufig nach der Lehre von dem Ausbildungsbetrieb übernommen wird. Doch eine Ausbildung hat auch Nachteile. Die gesellschaftliche Anerkennung für Nichtakademiker ist im Allgemeinen geringer und es gibt – je nach Berufsfeld – teilweise auch weniger Karrieremöglichkeiten. Nach dem Vergleich der positiven und negativen Aspekte beider Optionen komme ich zu dem Schluss, dass es vor allem von der jeweiligen Person und ihren individuellen Neigungen abhängt, welche Entscheidung die richtige ist. Wichtig ist, dass man gründlich überlegt, bevor man diesen wichtigen Schritt macht.

Film 3: Duale Ausbildung oder Studium?

1 1. Holz, Kunststoffe, Glas, Metall, Stein • 2. Möbel, Küchen, Inneneinrichtung, Fenster, Türen, Treppen, Wintergärten • 3. hohe handwerkliche Qualität, Kreativität

2a 1. dass er etwas anpacken und gestalten kann • 2. weil die meisten Mitschüler studiert haben und die Eltern dafür waren • 3. 40 % • 4. Ausbildung zum Tischler

2b *Mögliche Lösungen:* macht etwas Praktisches • näher an der Berufspraxis • viele Karrieremöglichkeiten: z. B. Meisterprüfung machen, Betrieb leiten, sich selbstständig machen oder später Studium • häufig nach Lehre übernommen werden • zukunftssicherer Job

2c 2. händeringend • 3. gefragt • 4. am Markt • 5. zu wenig ausgebildet

2e c

Lösungen zum Kursbuch

2f *Mögliche Lösungen:* 1. mit Meistertitel verdient man im Handwerk mehr, von 13,3% beim Tischler bis fast 25% beim Elektroniker • 2. ca. 1,5 Mio. (gerechnet: 3 Jahre x 30.270 (Gesellenzeit) + 42 Jahre als Meister)

2g *Mögliche Lösungen:* im Durchschnitt verdienen Akademiker während ihres Erwerbslebens insgesamt ca. 3 Mio. €, Torben Dziura wird mit 1,5 Mio. ca. die Hälfte verdienen • für Torben Dziura ist die Freude am Beruf wichtiger als das Gehalt

Lektion 7
7A Aspekte unserer Ernährung

1a *Mögliche Lösungen:* Foto 1: Politik / Ethik • Foto 2: Genuss • Foto 3: Gesundheit • Foto 4: Nahrungsmittelindustrie / Ethik

1b *Mögliche Lösungen:* **Gesundheit:** Mangelernährung • Nährwert • Übergewicht • **Ethik:** Nahrungsmittelgerechtigkeit • nachhaltiger Konsum • Welthungerproblem • **Nahrungsmittelindustrie:** Agrarsubventionen • Billigfleisch • Gentechnik • Massentierhaltung • **Genuss:** Esskultur • Kochkunst • Qualität • **Politik:** Agrarsubventionen • Nahrungsmittelgerechtigkeit • Nahrungsmittelspekulation • Welthungerproblem

2a *Mögliche Lösungen:* **A:** wöchentlicher Zeitaufwand für Selbstkocher im Ländervergleich • Zeit für deutsche Selbstkocher weniger als im Durchschnitt • **B:** Hindernisse für eine gesunde Ernährung in Deutschland • 56% der Befragten haben keine Zeit und Ruhe, gesund zu essen • ca. ein Drittel hat nicht genug Geld, um sich gesünder zu ernähren

2e *Mögliche Lösung:* Wir fanden es interessant, dass die Deutschen im Durchschnitt nur 5,4 Stunden pro Woche kochen. Sie liegen damit unter dem Durchschnitt von 6,4 Stunden. Uns ist besonders aufgefallen, dass mehr als die Hälfte der Deutschen keine Zeit hat, sich gesünder zu ernähren. Hier kann man einen Zusammenhang zwischen der beruflichen Belastung und der Zeit, die man fürs Kochen braucht, erkennen. Davon sprechen auch die beiden Ernährungswissenschaftler Ellrott und Hauner. Wir vermuten daher, dass die Deutschen in den nächsten Jahren immer weniger Zeit zum Kochen aufwenden werden und die Tendenz zum Snacking zunehmen wird. Wir fragen uns, ob dies nur eine deutsche Tendenz ist oder nicht eine globale.

7B Ernährungsindividualisten

1c a • c

1d *Mögliche Lösungen:* **Nina Biehl: Gründe:** normale Ernährung nicht gut für sie • oft müde • Gefühl von Schwere • **Positiver Effekt:** mehr Energie • weniger Schlaf brauchen • bessere Haut haben • **Grundsätzlicher Nachteil:** nicht immer einfach **Tim Wolff: Bevorzugter Ernährungsstil:** vegan • **Gründe:** ethische Ziele, Tierschutz • **Positiver Effekt:** fühlt sich besser als früher • **Grundsätzlicher Nachteil:** größerer Zeitaufwand

1e *Mögliche Lösungen:* **Gründe, die die Menschen selbst nennen:** wegen alter Ernährung nicht wohl gefühlt • Problem mit bestimmten Nahrungsmitteln • **Gründe, die die Expertin sieht:** Menschen brauchen Gefühl von Sinn und Wichtigkeit

1f A ist korrekt

2a 1. a • 2. b • 3. b

2b a

2c 2. Die Veganer sollen einen Vitamin B12-Mangel haben. • 3. Die vegane Ernährung soll die gesündeste Ernährungsform von allen sein. • 4. Die Paleo-Bewegung soll von der Fleischindustrie unterstützt werden.

7C Ernährung – nur Privatsache?

1b b

2a Pro-Argument: Z. 17–34 • Pro-Beispiel: Z. 34–46 • Contra-Beispiel: Z. 46–57 • Contra-Argument: Z. 57–71 • Fazit: Z. 71–82

2b **Pro-Argument:** Die Befürworter … sagen, dass … • **Pro-Beispiel:** Ein konkreter Fall … mit positiven Effekten ist … • **Contra-Beispiel:** Allerdings gibt es auch Beispiele für misslungene Versuche, … • **Contra-Argument:** Den Kritikern … geht es vor allem um … • **Fazit:** Grundsätzlich zeigt uns diese Diskussion, dass …

2c *Mögliche Lösungen:* **Einleitung:** kontroverse Frage: Sondersteuern sinnvoll u. berechtigt? • **Pro-Argument:** Lebensmittelindustrie: verantwortungslos • Steuer kann Kinder u. Jugendliche schützen • **Pro-Beispiel:** Steuer auf Alkopops • Folge: weniger Alkoholkonsum bei Jugendlichen • **Contra-Beispiel:** Initiative von Bündnis 90/Die Grünen für Tag ohne Fleisch in Kantinen • Reaktion: starke Kritik • **Contra-Argument:** Bürger sollen selbst entscheiden • alternativer Vorschlag: Ampelsystem • **Fazit:** Essen: Ausdruck individuellen Lebensstils • aktivere Rolle des Staates hilfreich, bes. bei Kindern u. Jugendlichen

2d Im Artikel „Der Staat als Ernährungserzieher?" geht es darum, ob Sondersteuern auf ungesunde Lebensmittel sinnvoll und berechtigt sind. Im Hinblick auf die globale Verbreitung von Übergewicht und ernährungsbedingten Krankheiten ist das Thema sehr relevant. Die Befürworter dieser Maßnahme argumentieren, dass die Lebensmittelindustrie viel Geld mit ungesunden Produkten verdient, aber keine Verantwortung für die Folgen übernimmt. Ein weiteres Argument ist der Schutz von Kindern und Jugendlichen. Das wird durch das Beispiel der „Alkopops" bestätigt: Eine Sondersteuer auf diese Getränke hat dazu geführt, dass Jugendliche weniger Alkohol trinken. Ein Gegenbeispiel ist die Initiative der Partei Bündnis 90/Die Grünen für einen fleischlosen Tag in öffentlichen Kantinen. Diese Initiative wurde stark kritisiert. Als Gegenargument nennen die Kritiker von Steuern das Recht der Bürger auf freie Entscheidungen. Sie bevorzugen ein Ampelsystem, das zeigt, wie gesund oder ungesund Produkte sind. Der Artikel endet mit dem Fazit, dass Ernährung etwas sehr Individuelles ist. Es wird aber betont, dass es hilfreich sein kann, wenn der Staat hier eine aktive Rolle einnimmt, besonders um Kinder und Jugendliche zu schützen.

3a 1. direkte Rede • 2. indirekte Rede

3b b

3c 2. müsse • 3. gebe • 4. könne • 5. habe

3d

	sein	haben	müssen	können	geben
er / sie / es	sei	habe	müsse	könne	gebe

3f 2. gebe • 3. müssten • würden • 4. seien

7D Das Problem mit den Resten

1b *Mögliche Lösung:* **Ressourcenverbrauch:** Ressourcen wie Wasser, Anbauflächen unnötig verschwendet • **Umwelt:** Umwelt unnötig belastet, z. B. durch Düngemittel, Emissionen beim Transport von Lebensmitteln • **globale Wirtschaftszusammenhänge:** Preisdruck von Lebensmittelhandel → Lebensmittel zu billig, führt zu größerer Verschwendung • besser: Lebensmittel teurer → höheres Einkommen für Produzenten, weniger Verschwendung bei Konsumenten • **Esskultur:** mangelnde Wertschätzung von Lebensmitteln

1c *Mögliche Lösung:* **1. Problembeschreibung:** die kleinste Zahl: Anteil von Fleisch und Fisch am Lebensmittelabfall: 1,6 % • weitere interessante Zahl: Anteil von zubereiteten Speisen am Lebensmittelabfall: 6,0 % • **2. Ursachen:** die größte Zahl: Lebensmittel verdorben: 37 % • **3. Folgen:** ein Bereich aus 1b: Ressourcen wie Wasser, Anbauflächen unnötig verschwendet • Beispiel: Abholzung der Wälder für Sojaproduktion • weiterer Bereich aus 1b: globale Wirtschaftszusammenhänge: Preisdruck von Lebensmittelhandel → 1. Landwirte/Viehzüchter müssen zu billig produzieren • 2. Lebensmittel in Geschäften zu billig → Verschwendung u. mangelnde Wertschätzung • Beispiel: Billigfleisch beim Discounter

1d Die Verschwendung von Lebensmitteln ist ein großes Problem in unserer Gesellschaft. <u>Einen genaueren Einblick in diese Situation gibt uns</u> die vorliegende Grafik „Lebensmittel in der Tonne". <u>Sie liefert Informationen darüber,</u> welche Arten von Lebensmitteln am häufigsten weggeworfen werden und aus welchen Gründen das passiert. <u>Die Daten stammen von der GfK und beziehen sich auf</u> den Zeitraum von Juli 2016 bis Juni 2017. Es wurden 7.000 Haushalte in Deutschland befragt. <u>Die Angaben erfolgen in Prozent.</u> Im oberen Teil der Grafik sieht man, dass etwas über 40 % der Lebensmittel, die weggeworfen werden, vermeidbar wären. Der größte Anteil der Lebensmittelabfälle ist frisches Obst und Gemüse, nämlich 15 %. Im Gegensatz dazu wird nur wenig Fleisch und Fisch weggeworfen, <u>der Anteil liegt bei</u> 1,6 %. Interessant ist auch, dass 6 % der Lebensmittel, die weggeworfen werden, zubereitete Speisen sind. <u>Im unteren Teil der Grafik sieht man</u> die Ursachen für die Verschwendung. Der Hauptgrund ist, dass die Lebensmittel verdorben sind. Mehr als ein Drittel des Essens und der Getränke landet deshalb im Müll. Dass Lebensmittel in einem solchen Ausmaß verschwendet werden, <u>hat verschiedene Folgen</u>. Zum einen werden dadurch wertvolle Ressourcen wie Wasser und Anbauflächen unnötig verschwendet. <u>Ein Beispiel hierfür ist</u> die Abholzung von Wäldern für die Sojaproduktion. Zum anderen zeigen sich die Auswirkungen bei globalen Wirtschaftszusammenhängen. Weil es im Lebensmittelhandel einen großen Preisdruck gibt, sind Landwirte und Viehzüchter gezwungen, extrem preiswert zu produzieren, und die Lebensmittel in den Geschäften sind oft so billig, dass die Wertschätzung fehlt und sie verschwendet werden. <u>Als Beispiel kann man</u> das Billigfleisch beim Discounter <u>anführen</u>. <u>Zusammenfassend lässt sich sagen, dass</u> die Verschwendung von Lebensmitteln weit verbreitet ist und auch sehr negative Folgen für unsere Umwelt hat.

Auf dem Weg zur Prüfung 7

Lesen: Ernährung der Zukunft

2 Problem: C • G • **Lösung:** B • E

3 *Mögliche Lösungen:* **Problem:** … wächst kontinuierlich … (Z. 2) • Doch gleichzeitig wird … kleiner (Z. 8–10) • … gehen … verloren (Z. 10/11) • zeigt deutliche Nachteile (Z. 29) • **Lösung:** … wäre ein wichtiger Schritt in die richtige Richtung (Z. 15/16) • Einen anderen Weg gehen … (Z. 21) • Im Vergleich dazu braucht … deutlich weniger (Z. 32/33) • Interessant sind … besonders deshalb, weil … (Z. 41–44) • So wäre … auch … denkbar (Z. 44–46)

4a *Mögliche Lösung:* innovative Lebensmittel zu entwickeln.

4b *Mögliche Lösungen:* **dafür:** – Man kann aus Algen viele gesunde Lebensmittel herstellen, z. B. Öle, Nudeln, Brot. • – Sie können in Wassertanks wachsen. Deshalb können sie auch in Regionen produziert werden, wo es keine brauchbaren Böden für die Landwirtschaft gibt. • **dagegen:** – Man weiß nicht, ob solche neuen Produkte aus Algen von den Konsumenten akzeptiert werden.

5 1. <u>Wie die UN vorhersagen,</u> wird es im Jahr 2040 neun Milliarden Menschen auf der Erde geben. • 2. In der traditionellen asiatischen Küche <u>werden</u> die Pflanzen aus dem Meer schon seit Langem <u>verwendet</u>.

6 1r • 2f • 3r • 4f • 5r • 6r • 7f

7 1b • 2b • 3c • 4b

Hören: Landwirtschaft unter Druck

2 Johann Dehmel: Problem: Milchpreise sind instabil / Milchpreise in letzten 12 Jahren bis zu 50 % gesunken • **Forderung:** Milchbauern müssen sich stärker zusammenschließen / Milchbauern müssen gemeinsam Interessen vertreten • **Michaela Arnold: Problem:** Anteil an Biolandwirtschaft in Deutschland zu niedrig • Forderung: Politik soll Biolandwirtschaft entschlossener unterstützen / Staat muss nachhaltige Bewirtschaftung finanziell stärker fördern

3 1. bis zu 50 % • 2. ca. 49 Cent pro Liter • 3. 3,5 % • 4. Lebensmittelhandel und internationale Märkte

Schreiben: Ich muss mich beschweren

1a *Mögliche Lösungen:* schlechte Qualität • Essen hat nicht geschmeckt • zu teuer • anderes Essen geliefert als bestellt • Essen zu spät geliefert

1b *Mögliche Lösung:* Sehr geehrte Frau Inghoff und sehr geehrter Herr Inghoff,
am zurückliegenden Sonntag, dem 31.03., haben Sie uns ein Buffet geliefert. Es war mein 40. Geburtstag und ich wollte meinen Freunden etwas besonders Schönes bieten. Ich habe mich für Ihren Catering-Service entschieden, weil Sie in Ihrer Werbeanzeige und beim Beratungsgespräch versprochen haben, dass Ihr Angebot „spektakulär" ist.
Leider bin ich sehr enttäuscht worden. Ich hatte die „Geschmackswelt Karibik". Es gab aber kaum karibische Elemente beim Buffet. Als Dekoration gab es zwei Ananas, aber der Rest war langweilig und farblos. Auch das Essen war wenig karibisch. Es war mir unangenehm vor meinen Gästen, die sich schon auf ungewöhnliche Speisen gefreut haben. Und der karibische Cocktail zur Begrüßung war zwar gut, aber er reichte nicht für alle Gäste, das ist inakzeptabel.
Für den vereinbarten Preis darf ich als Kundin mehr erwarten. Ich fühle mich getäuscht und erwarte einen Preisnachlass in

Höhe von 300,- Euro. Ich hoffe, dass wir uns in diesem Punkt einigen können.
Mit freundlichen Grüßen
Verena Küster

Sprechen: Essensangebot in der Cafeteria

1a *Mögliche Lösungen:* **Kritik:** Studierende ganzen Tag an Uni • brauchen richtiges Mittagessen • keine Zeit zu kochen • Mensa überfüllt • **Vorschlag:** Salatbüffet und drei warme Gerichte anbieten • Studierende als Küchenhilfe einstellen

1b *Mögliche Lösung:* Das Vorhaben der Hochschule lehne ich im Namen zahlreicher Studierender ab. Unserer Meinung nach ist es nicht akzeptabel, in Zukunft in der Cafeteria nur Baguette, Wraps und Kuchen anzubieten. Dafür gibt es mehrere Gründe. Viele Studierende verbringen den ganzen Tag an der Uni und brauchen ein richtiges Mittagessen, um Energie zum Weiterlernen zu haben. Ein Brötchen oder ein Stück Kuchen sind dafür nicht ausreichend. Außerdem haben viele nicht genug Zeit, am Abend zu kochen. Das Mittagessen an der Uni ist daher oft ihre einzige Möglichkeit, eine warme Mahlzeit pro Tag zu bekommen. Da die Mensa schon völlig überfüllt ist, brauchen wir das zusätzliche Angebot in der Cafeteria. Natürlich verstehen wir, dass die Cafeteria das Essensangebot reduzieren muss. Daher schlagen wir vor, zukünftig auf Baguette, Wraps und Kuchen zu verzichten und stattdessen nur noch Salate und drei warme Gerichte anzubieten. Das hätte den Vorteil, dass die Studierenden sich gesünder ernähren könnten. Außerdem könnten die Mitarbeiter Zeit sparen, da man die Salate in Form eines Buffets anbieten könnte. Als weitere Maßnahme wäre denkbar, in der Cafeteria Studierende als Küchenhilfe einzustellen. Mit diesem Job wären die Studierenden in der Lage, ein bisschen Geld zu verdienen, und gleichzeitig würde die Arbeitsbelastung für die regulären Mitarbeiter reduziert. Wir hoffen, dass die Hochschule ihr Vorhaben noch einmal hinterfragt und wir gemeinsam zu einer besseren Lösung kommen.

Lektion 8

8A Trends im Sport

1a 1. Basketball spielen • 2. Kitesurfen • 3. Klettern / Bouldern • 4. Rudern • 6. Mountainbike / BMX-Rad fahren • 7. Skateboard fahren • 8. Wasserball spielen

1b **Traditionelle Sportarten:** Basketball spielen • Klettern • Rudern • Wasserball spielen • **Trendsportarten:** Kitesurfen • Bouldern • Mountainbike / BMX-Rad fahren • Skateboard fahren

1c *Mögliche Lösung:* Kitesurfen • 1. am Meer, ein Surfbrett mit Lenkdrachen • 2. als Einzelsport • 3. allein surfen, an einem Kurs teilnehmen • 4. weltweite Wettbewerbe, oft internationale Teilnehmer

1d *Mögliche Lösung:* Unsere Hochschule hat sich dazu entschieden, das Sportprogramm zu erweitern und überlegt nun, welche Sportarten neu ins Programm aufgenommen werden sollten. Dazu möchte ich einen Vorschlag machen. Meiner Meinung nach wäre es sehr gut, in Zukunft Kitesurfen anzubieten. Unsere Hochschule liegt in der Nähe vom Meer, und es weht das ganze Jahr viel Wind. Außerdem haben wir momentan nur wenige Wassersportarten im Sportprogramm. Kitesurfen hat den Vorteil, dass wir dafür keine Sporthalle benötigen. Wir könnten Kitesurf-Kurse anbieten, aber man kann es auch alleine ausüben. Die Hochschule könnte dafür z. B. zehn Ausrüstungen beschaffen. Dann könnten immer 10 Personen parallel Kitesurfen, was bestimmt ausreicht. Kitesurfen ist sehr gut für die Gesundheit, da man sich viel bewegt und das ganze Jahr draußen ist. Auch im Winter kann man ohne Probleme mit einem Neoprenanzug aufs Wasser gehen. Zum Kitesurfen habe ich noch einen weiteren Vorschlag: Unsere Hochschule könnte einmal im Jahr in den Sommersemesterferien einen Wettbewerb organisieren. Dann könnten wir uns direkt vor Ort mit anderen Kitesurfern messen und bräuchten nirgendwo anders hinzufahren. Ich glaube, es gibt wirklich viele Gründe, die für meinen Vorschlag sprechen. Falls er angenommen wird, stelle ich mich gern als Lehrer zur Verfügung.

2 Markierte Stellen beziehen sich auf: B. kontroverse Diskussion • E. gemeinsame Meisterschaften von Sportlern mit und ohne Prothesen • C. Er • D. die Erkenntnisse aus dieser Studie **Reihenfolge:** 3. B • 4. E • 5. C • 6. D

3a 1. belegte vor seinen nicht behinderten Konkurrenten den ersten Platz im Weitsprung • 2. gibt beim Absprung Energie wieder zurück • 3. Entscheidung: Markus Rehm durfte nicht an den Europameisterschaften in Zürich teilnehmen • 4. schwierig, beim Anlauf mit der Prothese das Gleichgewicht zu halten • 5. muss entscheiden, ob er die Erkenntnisse aus der Studie anerkennt und behinderte Athleten an internationalen Sportevents zulässt

3b um Tatsachen – alles hat stattgefunden bzw. findet so statt

4a 1b • 2a • 3b

4b Satz 1: b • Satz 2: a • Satz 3: a

4c pro: C • D • **contra:** A • **keine von beiden:** B

5a 2. vielleicht • 3. sehr wahrscheinlich • 4. sicher • 5. wahrscheinlich

5b 2. kann • sein • 3. müsste • sein • 4. muss • einleuchten • 5. dürfte • geben

5c/d

müssen	müsste	dürfte	kann	könnte
sicher, mit Sicherheit	sehr wahrscheinlich, sicherlich	wahrscheinlich, wohl, vermutlich	möglicherweise, vielleicht, eventuell	

5d 2. wohl • 3. Eventuell • 4. mit Sicherheit • 5. vermutlich

5e 2. Es dürfte für die Sportler nicht leicht sein, mit Beinprothesen zu laufen. • 3. Es kann / könnte ihnen schwerfallen, das Gleichgewicht zu halten. • 4. Mit Beinprothesen zu laufen, muss für die Sportler sehr schwierig sein. • 5. Beim Laufen dürfte die Prothese auch Schmerzen im gesunden Teil des Beins verursachen.

6a *Mögliche Lösung:* Ich bin der Ansicht, dass behinderte und nicht behinderte Leistungssportler gemeinsam an Wettkämpfen teilnehmen sollten. Denn die Studie, die von Markus Rehm organisiert wurde, zeigt, dass sich durch die Prothese die Vor- und Nachteile ausgleichen. Das Argument, dass Sportler durch die Prothese Vorteile hätten, ist damit widerlegt. Deshalb spricht nichts dagegen, dass bei internationalen Wettkämpfen behinderte und nicht behinderte Sportler gemeinsam an den Start gehen und direkt miteinander verglichen werden.

8B Fünf Ringe für Skaten und Surfen

1b Surfen und Skateboardfahren seit Kurzem bei den Olympischen Spielen als neue Disziplinen zugelassen

1c 1. mehr Frauen • Leistungssport soll urbaner werden • 2. Spiele dürfen nicht langweilig sein • es darf nicht immer dasselbe angeboten werden • 3. wie medienwirksam sie ist • ob sie nur in irgendeiner Ecke der Welt betrieben wird oder Menschen weltweit begeistert

1e b

1f 3. Behauptung • 4. Beispiel • 5. Fazit

1g Meinung • Begründung • Fazit

1h *Mögliche Lösung:* **Tatsache 2:** ein Teil des Geldes kommt von großen Unternehmen / Sponsoren • **Meinung:** durch Olympia wird finanzielle Unterstützung für normalen Skater viel geringer • **Begründung:** ein Sponsor findet es attraktiver, ein Olympiateam mitzufinanzieren als eine Skaterhalle in irgendeiner Stadt • **Fazit:** für Skater-Szene in Städten weniger Geld

2 *Mögliche Lösung:* **Argumentation von 1f:** Herr Gräf ist dagegen, dass Skateboardfahren eine olympische Disziplin wird. Denn er findet es problematisch, dass Sportler sich für die Teilnahme an Olympia qualifizieren müssen. Er befürchtet, dass dann nur noch die sportliche Höchstleistung zählt. Aus seiner Perspektive ist Skateboardfahren nicht nur ein Sport, sondern auch ein Lebensgefühl. Das erkennt man zum Beispiel an vielen kreativen Videos, die Skater von ihren Sprüngen machen. Er ist davon überzeugt, dass die Anerkennung als olympische Disziplin für die Kreativität in der Szene nicht gut ist, weil bei Olympia klare Vorgaben gelten. •
Argumentation von 1g: Herr Gräf sagt, dass die Kosten für die Skateranlagen sehr hoch sind. Er fügt hinzu, dass ein Teil des Geldes von großen Unternehmen kommt. Seiner Meinung nach werden durch Olympia die normalen Skater finanziell sehr viel weniger unterstützt. Er begründet die Aussage damit, dass Sponsoren es attraktiver finden, ein Olympiateam mitzufinanzieren als eine Skaterhalle in irgendeiner Stadt. Sein Fazit lautet: Am Ende steht für die Skater-Szene in den Städten weniger Geld zur Verfügung als heute.

3a 2A • 3B

3b **Markierungen:** 2. indem • 3. Dadurch, dass •
Sätze: 2. Die jungen Skater können ihr Hobby dadurch finanzieren, dass sie Geld von Sponsoren erhalten. • Dadurch, dass sie Geld von Sponsoren erhalten, können die jungen Skater ihr Hobby finanzieren. • 3. Profis dokumentieren ihr Können, indem sie ihre besten Sprünge filmen. • Profis dokumentieren ihr Können dadurch, dass sie ihre besten Sprünge filmen.

3c 2. neue Tricks • 3. Sponsorengelder • 4. Die Olympischen Spiele sind im Fernsehen präsent

3d 2. Mit neuen Tricks • 3. mit Sponsorengeldern • 4. Durch die Präsenz

8C Fit genug? Check deine Werte!

2a **Bild links:** Erfolge teilen und vergleichen • Lebensstil optimieren • Selbstbeobachtung und -kontrolle • Ziele setzen und erreichen • **Bild rechts:** Daten an den Arzt senden • medizinische Beratung online • Selbstkontrolle bei chronisch Kranken

2b *Mögliche Lösungen:* **1. Meinung:** Training mit Fitness-Apps, Smartwatch ist unkompliziert • macht Spaß • steigert Motivation • sieht direktes Ergebnis • **2. Erfolge teilen und vergleichen: positiv:** ist beim Sport nicht alleine • spornt sich gegenseitig an • **negativ:** fühlt sich schlecht durch Vergleich mit anderen • Sport wird Stressfaktor • **Daten an Arzt senden: positiv:** spart Zeit, weil man nicht zur Arztpraxis gehen u. warten muss • bekommt kompetente Rückmeldung • **negativ:** Qualität Apps und Messgeräte oft nicht gut genug • schickt Arzt nicht korrekte Daten • falsche Diagnose

2d *Mögliche Lösung:* Heutzutage nutzen viele Menschen Smartwatches, Fitness-Armbänder oder spezielle Smartphone-Apps, um damit ihre persönlichen Gesundheitsdaten aufzuzeichnen oder zu überwachen, wie viel sie sich bewegen. Ich finde diese Entwicklung sehr gut, denn ich denke, dass das Training mit Fitness-Apps und Smartwatch viele Vorteile hat. Es ist unkompliziert, macht Spaß und steigert die Motivation, indem man ein direktes Ergebnis sieht, beispielsweise die Zahl seiner täglichen Schritte. Der Hauptvorteil liegt für mich darin, dass man seine Erfolge vergleichen kann, indem man seine Ergebnisse in sozialen Netzwerken mit Freunden teilt. Auf diese Weise ist man beim Sport nicht allein, sondern kann sich gegenseitig anspornen. Es wird jedoch oft argumentiert, dass diese Form des Sich-Vergleichens auch schädlich sein kann, denn man könnte sich schlecht fühlen, wenn man selbst weniger schafft als seine Freunde. Dadurch könnte Sport sogar zu einem Stressfaktor werden. Dem kann man entgegenhalten, dass man sich immer vergleicht, wenn man mit anderen zusammen Sport treibt, dass dies also kein spezielles Problem von digitalen Messgeräten ist. Ein weiterer Vorteil ist, dass man seine Gesundheitsdaten direkt an seinen Arzt senden kann und so Zeit spart, weil man nicht zur Arztpraxis gehen und warten muss. Außerdem bekommt man so auch gleich eine kompetente Rückmeldung. Hier gibt es jedoch das Gegenargument, dass die Apps und digitalen Messgeräte qualitativ sehr oft nicht gut genug sind und daher die Gefahr besteht, dass man dem Arzt Daten schickt, die nicht korrekt sind, und man daraufhin eine falsche Diagnose erhält. Das kann man aber verhindern, indem man beim Kauf genau auf die Qualität der Apps und Messgeräte achtet. Als Fazit kann man festhalten, dass Apps eine gute Möglichkeit sind, um einen gesünderen Lebensstil zu entwickeln. Man muss aber sehr auf die Qualität achten.

8D Krankenversicherung individuell

1a **Was machen:** Teilnahme an Programm HASA VITAL • Besuch eines Fitnessstudios oder Trainingserfolg mit Smartwatch messen und Anzahl Schritte senden • **Vergünstigungen:** monatlicher Versicherungsbeitrag sinkt • Rabatte bei Partnerunternehmen

1b *Mögliche Lösung:* **pro:** Geld sparen, wenn man Sport treibt • Motivation, sich mehr zu bewegen • **contra:** unbekannt, was Versicherung in Zukunft mit Daten macht • keine Kontrolle über die gesendeten Daten

1c *Mögliche Lösung:* Motivation von außen: sportliche Aktivitäten → Krankenversicherung billiger • gesunder Lebensstil → seltener krank

1d *Mögliche Lösung:* Ich habe den Sprecher so verstanden, dass er für Bonusprogramme bei Krankenversicherungen ist. Der Grund für den Sprecher ist, dass solche Programme die Teilnehmerinnen und Teilnehmer dazu motivieren, ein gesünderes Leben zu führen. Das sehe ich ähnlich. Aus meiner Sicht ist entscheidend, dass die Menschen mehr Eigenverantwortung für ihr Verhalten übernehmen. Diejenigen, die sich vernünftig verhalten, sollen dafür auch belohnt werden. Dennoch stelle ich mir die Frage, was passiert mit unseren Gesundheitsdaten. Es muss sicher sein, dass die Versicherung sorgsam mit diesen Daten umgeht.

1e *Mögliche Lösung:* schwerer Unfall → Verletzung • kann keinen Sport mehr machen • bezahlt mehr • ungerecht

Auf dem Weg zur Prüfung 8

Lesen: Und der Datenschutz?

1 c

2 1. E • 2. F • 3. D • 4. G

3 1. Der Autor kritisiert, dass wir schon bisher Fotos auf unserem Smartphone oder Kurznachrichten mit einer Gedankenlosigkeit teilen, an der nicht nur Datenschützer verzweifeln. • 2. Der Autor vermutet, dass das damit zu tun haben könnte, dass die Punkteskalen und bunten Balken den Ehrgeiz der Nutzer wecken, ihren persönlichen Punktestand mit dem von anderen zu vergleichen oder mit dem nächsthöheren Status belohnt zu werden. • 3. Der Autor fordert, dass persönlichste Informationen über körperliche und seelische Schwächen nicht auf dem Markt der Nutzerdaten gehandelt werden dürfen. • 4. Der Autor warnt davor, dass das Vertrauen, dass jeder Mensch auf seine Weise einen wertvollen Beitrag zu dieser Gesellschaft leistet, dann bedroht wäre.

Schreiben: Gesundheitsdaten teilen

1b ... drei Viertel eine Weiterleitung der erfassten Daten an den behandelnden Arzt.

1c Auf die Frage, ob die Nutzer <u>ihre Daten an die Krankenkasse weiterleiten</u> <u>würden</u>, antwortet nur <u>ein Drittel</u> mit „Ja".

1d Am wichtigsten ist die Weiterleitung von Gesundheitsdaten für chronisch Kranke. • Als Gegenleistung erwarten die Nutzer Rabatte und individuelle Gesundheitsinfos.

2 *Mögliche Lösung:* Mit digitalen Messgeräten können auf einfache Weise Messdaten gesammelt werden, die zeigen, wie sportlich oder gesund wir sind. Was soll nun mit diesen Daten geschehen? Dazu befragte Bitkom einige Nutzer. Drei Viertel der Befragten würden diese Daten an ihren Arzt weitergeben. Unter chronisch Kranken ist die Zustimmung noch größer, hier würden 93 % die Daten an den Arzt weiterleiten. Auf die Frage, ob sie die Daten auch an ihre Krankenkasse weiterleiten würden, antwortete nur noch ein Drittel mit „Ja".
Diese Menschen gehören vermutlich zu der besonders gesunden Bevölkerungsgruppe und sehen daher nur Vorteile für sich. Zum einen rechnen sie mit Rabatten bei ihrer Krankenversicherung, zum anderen hoffen sie auf individuelle Gesundheitsinfos. Wenn man bedenkt, dass man nicht wissen kann, in welcher Form die Krankenversicherung die Daten nutzt, ist es jedoch erstaunlich, dass Menschen schon bei so geringen Anreizen bereit sind, ihre Daten weiterzugeben. Es überrascht daher nicht, dass der größere Teil der Befragten vorsichtig ist, wenn es um die Weiterleitung von Gesundheitsdaten geht.
Natürlich kann jeder selbst entscheiden, ob er mit seinem Fitnessarmband weitere Daten sammeln will. Es stellt sich jedoch die Frage, ob diese Daten überhaupt zuverlässig und wirklich hilfreich sind. Und noch ein weiterer Aspekt sollte nicht übersehen werden: Es ist zwar verständlich, dass die bunten Geräte einen Anreiz darstellen, sie auch zu nutzen. Doch wie können wir verhindern, dass unsere Daten in die falschen Hände geraten? Untersuchungen haben gezeigt, dass die Bluetooth-Verbindungen nicht sehr sicher sind und die Protokolle leicht ausgelesen werden können. Aus diesem Grund halte ich es eher für riskant, solche Produkte einzusetzen, und schätze den möglichen Schaden daher höher als den Nutzen ein.

Hören: Videogames als Sport

2 1. Frau Galli • 2. keiner • 3. beide • 4. Herr Sauer • 5. Frau Galli • 6. Herr Sauer

3 1f • 2r • 3f • 4r • 5f • 6r • 7f • 8r • 9f • 10r

Hören: Digitale Messgeräte

1a *Mögliche Lösungen:* 0. digitalen Geräten • Trainingserfolge festhalten • 1. Triathlon • diszipliniert • 2. Vergleich • förderlich • 3. Geräte • Leistungsmessung • verkaufen sich gut • 4. Fitnessarmbänder • Pulsmesser • messen nicht genau • medizinische Geräte • 5. ständig • kontrollieren • problematisch • 6. Viele kümmern • zu wenig • Gesundheit

1b 1a • 2c • 3a • 4b • 5b • 6c

Sprechen: Jugend und Sport

1c *Mögliche Lösungen:* Jugendliche sollen ihre Neigung leben • verliert Freunde, da wenige Zeit, gewinnt aber neue Freunde durch Sport • in der Regel mit Schule vereinbar, wenn extrem gut in Sport, besser Sportinternat • im Sportbereich viele Berufe möglich, nicht nur Sportler • es gibt Gefahren für Gesundheit, die gibt es auch bei Hobby-Sportlern

2a *Mögliche Lösungen:* zu der Äußerung Stellung nehmen: Argumente von Kommilitonen wiedergeben • Stellung zu Argumenten nehmen • eigenen Standpunkt begründen

2b *Mögliche Lösungen:* gegen Sportinternate • Argument 1: Konzentration auf Sport, Jugendliche können sich nicht frei entwickeln, nichts anderes ausprobieren • Argument 2: verlassen zu früh Elternhaus • Argument 3: nur Hochleistung und Konkurrenz, schreckliches Weltbild • Folgerung: jedem abraten, Kind in Sportinternat zu geben

2c *Mögliche Lösung:* Mein Kommilitone ist grundsätzlich gegen Sportinternate. Er begründet dies damit, dass man sich in Sportinternaten nicht frei entwickeln kann, weil man sich nur auf den Sport konzentriert. Er sieht einen weiteren Nachteil von Internaten darin, dass die Kinder ihr Elternhaus zu früh verlassen. Das größte Problem ist für ihn aber, dass es in Sportinternaten nur um Hochleistung und Konkurrenz geht und den Jugendlichen so ein schreckliches Weltbild vermittelt wird. Er würde daher jedem abraten, sein Kind in ein Sportinternat zu geben. Ich kann der Sichtweise meines Kommilitonen nicht zustimmen. Denn ich bin der Meinung, dass man in der Kindererziehung nichts Besseres tun kann, als die Talente seiner Kinder zu fördern. Und wenn ein Kind in sportlicher Hinsicht sehr begabt ist, dann hat ein Sportinternat nur positive Seiten. Ein Vorteil ist z.B., dass man in solchen Internaten einen gut organisierten Stundenplan hat, der schulisches Lernen und Training verbindet. Die Zeit, die man sonst für das Hin- und Herfahren zwischen Elternhaus und Sportverein verlieren würde, kann so ganz für die schulische Ausbildung und das sportliche Training genutzt werden. Ein weiterer Vorteil ist das bessere Verhältnis zu den Lehrern. Normale Schulen zeigen sich nämlich gegenüber jugendlichen Leistungssportlern meist sehr unflexibel, weil die Lehrer in dem Engagement für den Hochleistungssport oft eine Konkurrenz zu ihrem Unterricht sehen. Dieses Problem besteht in Sportinternaten nicht. Im Gegensatz zu meinem Kommilitonen bin ich auch nicht der Meinung, dass Sportinternate ein schreckliches Weltbild vermitteln. Im Gegenteil: Alle Mannschaftssportarten leben vom Teamgeist, den werden die Jugendlichen also in einem Sportinternat leichter erwerben als an einer normalen Schule. Und da die Jugendlichen gemeinsam trainieren und sich gemeinsam entwickeln, werden sie auch in den Einzelsportarten lernen, dass Zusammenhalt und Fairness einen weiterbringen. Zusammenfassend kann ich daher nur sagen, Sportinternate unterstützen die Entwicklung und Förderung des Kindes und helfen die außergewöhnliche sportliche Begabung zu fördern.

Sprechen: Eine Sportveranstaltung

1a *Mögliche Lösungen:* Sportart: Eishockey • Ort: Köln • Personen: Mannschaften aus mehreren Ländern • Ergebnis: Schweden und Kanada haben gewonnen • Spieldauer: 3x 20 Minuten • Mannschaft: 5 Feldspieler, 1 Torwart • Besonderheiten: schnelles Spiel, in Pausen Musik, Zuschauer singen

1b *Mögliche Lösung:* Ich möchte gern über die Eishockey-Weltmeisterschaft 2017 in Köln und Paris berichten. Da ich nicht weit entfernt von Köln wohne, hatte ich die Gelegenheit, mit meinen Freunden mehrere Spiele anzusehen. Wir haben u. a. das Viertelfinale Dänemark gegen Schweden und das Halbfinale Deutschland gegen Kanada gesehen. Gewonnen haben in diesen beiden Spielen Schweden und Kanada. Eintrittskarten für eine Eishockey-WM sind bei weitem nicht so teuer wie die für eine Fußball-WM, und außerdem kann man sie leichter bekommen. Für uns war das die erste Eishockey-Veranstaltung. Das Stadion war nicht besonders groß, sodass man von allen Plätzen aus eine gute Sicht aufs Spielfeld hatte. Die Dauer eines Spiels ist eine Stunde. Die Spielzeit ist in drei Teile von jeweils zwanzig Minuten unterteilt. Dazwischen gibt es immer fünfzehn Minuten Pause. Was uns überrascht hat, war die laute Musik in jeder Pause. Es war fast so laut wie in einer Diskothek. Außerdem wurde viel gesungen. Uns ist auch aufgefallen, dass die meisten anderen Zuschauer alle Lieder kannten und die ganze Zeit mitgesungen haben. Die Stimmung war fantastisch und die Spiele waren sehr spannend. Die Mannschaften beim Eishockey sind übrigens nicht so groß, es spielen jeweils fünf Feldspieler und ein Torwart. Eishockey ist ein sehr schneller Sport, und man muss gut aufpassen, um alles zu sehen, was gerade auf dem Spielfeld passiert. Zum Schluss möchte ich sagen, dass es eine tolle Erfahrung war, ein Spiel der Eishockey-WM im Stadion zu sehen. Wenn wieder einmal eine WM in meiner Nähe stattfindet, dann werde ich auf jeden Fall hingehen.

1d *Mögliche Fragen:* Warst du traurig, als Deutschland beim Spiel gegen Kanada verloren hat? • Was ist beim Eishockey verboten?

Film 4: Das Geschäft mit dem Sport

1a *Mögliche Lösungen:* große Umsätze mit Sportmode, Sportartikeln, Fanartikeln, Tickets, Veranstaltung von Sportereignissen • Werbung bei Sportveranstaltungen • Sponsoring • Übertragungsrechte von Sportveranstaltungen/-ereignissen, Mitgliedsbeiträgen in Studios/Vereinen, Teilnahmegebühren für Sportkurse, Sportreisen

1b **Fitness:** ca. 10 Mio. Menschen in Deutschland • in ca. 8.700 Fitnessstudios • **Tennis:** fast 6 Mio. Deutsche • über 1,4 Mio. in Vereinen des Deutschen Tennisbunds • jeder zahlt einen Mitgliedsbeitrag **Trendsport:** 1. Lifestyle • 2. Lizenzen **Jahresumsatz der gesamten Sportbranche in Deutschland:** fast 90 Milliarden

1c *Mögliche Lösung:* mit Sport wird viel Geld umgesetzt / verdient • sehr viele Menschen treiben Sport in Vereinen bzw. Studios, kaufen Sportkleidung- und -artikel • Jahresumsatz der Sportbranche in Deutschland: fast 90 Milliarden

1d 1b • 2b • 3c

2a *Mögliche Lösungen:* 1. Sport = Massenereignis mit vielen Zuschauern und hohen Einschaltquoten • Werbung bei / Sponsoring von Sportsendungen • Sportartikelhersteller als Sponsor für Verbände, Vereine, einzelne Sportler • enorme Spielergehälter • steigende Preise für Übertragungsrechte • 2. Übertragungsrecht: Recht für Fernsehsender ein Sportereignis senden, d. h. übertragen, zu dürfen

2b Kommerzialisierung durch: klassische Sportarten: Einfluss von Medien • **Trendsportarten:** Vermarktung / Werbung • **Beispiele: klassische Sportarten:** hohe Einschaltquoten • Sponsoring • Sportler als Werbeträger • Preise für Übertragungsrechte • enorme Spielergehälter

Lektion 9

9A Das motiviert mich!

1b *Mögliche Lösungen:* **Elvira Lauscher:** keinen Druck von anderen • jemanden wertschätzen • Leistungen würdigen • **Marilyn Monroe:** bewundert werden • keine materiellen Interessen • **Iron Tiriac:** positive Erfahrungen als Ansporn • Anerkennung gewinnen • **Ralph Waldo Emerson:** Druck von anderen • **Harald Zindler:** sich von Problemen herausgefordert fühlen • eine Herausforderung annehmen • Probleme als Anreiz

1c Elvira Lauscher

1d *Mögliche Lösung:* Ich fand es schon immer toll, wenn Leute eine innovative Geschäftsidee hatten und dann ihre eigene Firma aufgemacht haben. Aber ich dachte, so etwas schaffen nur die anderen, und ich wäre dazu nicht in der Lage. Dann habe ich vor zwei Jahren mit ein paar Kommilitonen angefangen, einen Korrekturservice für Abschlussarbeiten anzubieten. Das lief von Anfang an sehr gut und wir haben schnell Aufträge von Leuten aus unserer Universität bekommen. Das hat uns natürlich motiviert und wir haben unsere eigene Webseite erstellt. Mittlerweile bekommen wir Aufträge aus ganz Deutschland. Ich hätte nie erwartet, dass das so gut laufen würde. Momentan ist das für mich noch ein Nebenjob. Aber sobald ich mein Studium abgeschlossen habe, wird es mein Hauptberuf. (Iron Tiriac)

2a *Mögliche Lösung:* 1. Betriebsveranstaltungen / gemeinsame Unternehmungen • 2. Karrieremöglichkeiten • Aufstiegschancen • 3. Lob • Anerkennung • 4. finanzieller Anreiz *weitere mögliche Lösungen:* Bonussysteme • Teambuildingmaßnahmen • mehr Freiheiten im Entscheidungsprozess • Sport-/Entspannungsprogramm

2b *Mögliche Lösungen:* B. Welche Motivationsstrategien wurden in der Studie getestet? • C. Was war das Ergebnis nach einem Tag? • D. Was war das Ergebnis nach einer Woche? • E. Was ist die Schlussfolgerung?

2c *Mögliche Lösungen:* B. Welche Motivationsstrategien wurden in der Studie getestet: Pizzagutscheine, Lob und Anerkennung vom Chef, finanzieller Bonus • C. Was war das Ergebnis nach einem Tag: Die drei Gruppen hatten ihre Produktivität im Vergleich zur Kontrollgruppe, der keine Belohnung in Aussicht gestellt worden war, erhöht. Der effektivste Anreiz war der Pizzagutschein, das Lob des Chefs lag an zweiter Stelle, der finanzielle Bonus war der schwächste Anreiz. • D. Was war das Ergebnis nach einer Woche: Die Lobgruppe lag an erster Stelle, die Pizzagruppe an zweiter Stelle, die Kontrollgruppe an dritter Stelle und die Bonusgruppe an letzter Stelle. • E. Was ist die Schlussfolgerung: Kleine Dinge können einen großen Einfluss auf die Einstellung zur Arbeit haben.

2d **Zusammenfassung 1:** Die Studie kommt zum Ergebnis, dass der Pizzagutschein den besten Anreiz darstellt. Sowohl nach einem Tag als auch am Ende der Woche war die Produktivität der Mitarbeiter, denen ein Pizzagutschein in Aussicht gestellt worden war, am höchsten. An zweiter Stelle steht das Lob des Chefs … • **Zusammenfassung 2:** Man kann daher aus der Studie schließen, dass finanzielle Anreize keine Rolle für die Motivation spielen.

3a 2. A • 3. E • 4. B • 5. G • 6. F • 7. D

3b **Zusammenfassung 1:** • Verstoß gegen Regel 3: Für die Studie wurden den Mitarbeitern einer Fabrik für Computerchips verschiedene Anreize geboten, die die Motivation der Mitarbeiter verstärken sollten. (diese Information gehört vor die Beschreibung des Ergebnisses) • Verstoß gegen Regel 4: Dieses Ergebnis ist für mich sehr überraschend. • **Zusammenfassung 2:** Verstoß gegen Regel 2: Er stellt eine Studie von Ariely vor, der durch seine TED-Talks weltweit bekannt geworden ist. • Verstoß gegen Regel 7: Im Bericht geht es darum, dass jedes Unternehmen ein großes Interesse daran hat, die Mitarbeiter „bei Laune" zu halten.

3c *Mögliche Lösung:* In dem Bericht werden die Ergebnisse einer Studie von Ariely vorgestellt. Für die Studie wurden den Mitarbeitern einer Fabrik für Computerchips verschiedene Anreize geboten, die die Motivation der Mitarbeiter verstärken sollten. Die Studie kommt zum Ergebnis, dass Lob und Anerkennung vom Chef den besten Anreiz darstellen. Am Ende der Studie nach einer Woche war die Produktivität dieser Mitarbeiter am höchsten. An zweiter Stelle steht die Motivation durch einen Pizzagutschein. Den geringsten Effekt auf die Motivation hat der finanzielle Bonus.

4a 2. motivierenden • 3. wirkende • 4. durchgeführte

4b a

4c **Partizip 1 (= Infinitiv + d) + Adjektivendung:** bekam keinen motivierenden Anreiz • war die am stärksten wirkende Motivation • **Partizip 2 + Adjektivendung:** die durchgeführte Studie

4d 3. die am stärksten wirkte (Aktiv, gleichzeitig) • 4. die durchgeführt wurde (Passiv)

5a 2. der Studierende, der schreibt • 3. die Waren, die produziert wurden • 4. das Unternehmen, das produziert • 5. der Bus, der abfährt • 6. der Bus, der abgefahren ist

5b 2. Das gelungene Projekt • 3. Die nervende Kollegin • 4. Ein überraschendes Ergebnis • 5. Der beneidete Kollege • 6. Ein abstürzender Computer

5c *Mögliche Lösungen:* 2. Das gelungene Projekt wurde gefeiert. • 3. Die nervende Kollegin wollen wir nicht mehr in unserem Team haben. • 4. Ein überraschendes Ergebnis macht nicht immer Freude. • 5. Der beneidete Kollege hat das größte Büro. • 6. Ein abstürzender Computer kann einen zur Verzweiflung bringen.

9B Lob ist nicht gleich Lob

1b *Mögliche Lösung:* In dem Artikel geht es darum, welchen Einfluss Lob auf die Motivation des Gelobten hat.

1c *Mögliche Lösungen:* **Ergebnis 1:** besser, aktuelle Leistung loben als unveränderbare Eigenschaft • **Beispiel:** „Du bist ein Mathe-Genie" weniger motivierend als „Du hast dich gut konzentriert und die Aufgabe schnell gelöst." • **Erklärung:** auf unveränderliche Eigenschaft hat gelobte Person keinen Einfluss • **Ergebnis 2:** Lob muss zu Situation u. Leistung passen • **Beispiel:** überschwängliches Lob für einfache Aufgabe → Verunsicherung • **Erklärung:** unpassendes Lob verunsichert • **Fazit:** richtig loben nicht einfach • Lob muss als ehrlich empfunden werden • Form und Situationsangemessenheit wichtig

1d *Mögliche Lösung:* In dem Artikel geht es darum, welchen Einfluss Lob auf die Motivation des Gelobten hat. Es werden Ergebnisse von psychologischen Studien zu zwei Aspekten vorgestellt. Zunächst geht es um den Einfluss der Form des Lobs auf die Motivation. Studien haben gezeigt, dass es motivierend ist, eine aktuelle Leistung zu loben. Das Loben von unveränderbaren Eigenschaften der Person kann dagegen zu sinkender Motivation führen. Der Artikel erklärt dies damit, dass der Gelobte keinen Einfluss auf diese Eigenschaft hat. Des Weiteren geht es um die Angemessenheit des Lobens. Psychologischen Studien zeigen, dass Lob zur Situation und zur Leistung passen muss, damit es den Gelobten motiviert. Denn falls es unpassend wirkt, kann es den Gelobten verunsichern. Als Grund dafür nennt der Artikel, dass der Gelobte ein unangemessenes Lob als unehrlich empfinden kann. Das Fazit des Artikels ist, dass sowohl die Form als auch die Angemessenheit des Lobs wichtig sind für die Motivation.

9C Lob – Pro und Contra

1a 1. Klaus Böhler • 2. Sandra Geiger • 3. Anna Kunz • 4. Dominic Terz

1b **Klaus Böhler:** Beim Loben stellt man sich als Lobender über den Gelobten • **Sandra Geiger:** Kritik führt zu unangenehmer Atmosphäre, mit Lob erreicht man dasselbe Ziel und Stimmung bleibt gut • **Anna Kunz:** positive Rückmeldung gibt die Motivation weiterzuarbeiten • **Dominic Terz:** nichts kritisieren ist genug

2a *Mögliche Lösungen:* **Klaus Böhler: pro:** schaut als Lobende auf andere Person herab • beurteilt Dinge, die man nicht beurteilen kann • **contra:** zeigt mit Lob Wertschätzung für Person • schenkt Leistung entsprechende Anerkennung **Anna Kunz: pro:** spornt durch positive Rückmeldung an • stärkt Selbstvertrauen der Person • **contra:** normaler Mensch hat Selbstvertrauen, ist nicht abhängig vom Lob anderer • man sollte sich selbst motivieren können • **Sandra Geiger: pro:** Person verliert nicht ihr Gesicht • man verstärkt das Positive • **contra:** Negatives muss man direkt benennen und kritisieren • nur zu loben, verdeckt Probleme • **Dominic Terz: pro:** es ist selbstverständlich, gute Arbeit zu leisten • Chef hat viel zu tun und keine Zeit, alle Mitarbeiter zu loben • **contra:** psychologische Studien zeigen, dass Lob Menschen am meisten motiviert • Bezahlung allein nicht ausreichend

2c Meiner Meinung / Ansicht nach … • Ich bin überzeugt, dass … • Es gibt keinen Zweifel, dass …

9D Gute Chefs und Chefinnen

1a *Mögliche Lösungen:* 1. Foto links: Chefin: stehende Frau • Foto rechts: Chef: Mann vor Pinnwand • 2. Foto links: über Bezahlung und Bonussystem • Foto rechts: plant und trifft Entscheidungen zusammen • 3. Foto links: autoritär • hierarchieorientiert • Foto rechts: demokratisch • kooperativ • laissez-faire

1b Thema: Arbeitswelt und Führungsstil im Management • **Interviewpartner:** Frau Schlütter, Chefin von „Schlütter Messtechnik" • Herr Jordan, Leiter von „px-Bilder"

1c *Mögliche Lösungen:* **Herr Jordan:** 1. mit zwei Kommilitonen neben dem Studium Firma aufgebaut • Kommilitonen konnten nicht mehr weitermachen • jetzt allein Chef von 20 Mitarbeitern • 2. am Anfang keine Führungsstruktur, keine Kontrolle • nicht funktioniert • Führungsstil geändert: Regeln eingeführt • 3. Entscheidung wird vom Team gefällt • Team ist besser über Projekt informiert • Team verantwortlich für Arbeit • Team soll Entscheidung begründen •
Frau Schlütter: 1. vor 10 Jahren Firma von Vater übernommen • 2. Vater autoritärer Führungsstil • sie führt Unternehmen anders: regelmäßige Besprechungen mit Mitarbeitern, Mitarbeiter können sich einbringen, hört auf Vorschläge • 3. bespricht schwierige Entscheidungen mit Mitarbeitern • letzte Entscheidung bei ihr, weil sie als Inhaberin Verantwortung trägt

1d *Mögliche Lösungen:* **Herr Jordan:** bespricht mit Mitarbeitern regelmäßig kurzfristige Ziele, würdigt so ihre Arbeit • Team verantwortlich für Arbeit → hoher Motivationsfaktor • **Frau Schlütter:** Mitarbeiter können sich einbringen • ist gutes Vorbild

2b *Mögliche Lösung:* In der Sendung geht es um die Frage, wie ein Unternehmen erfolgreich geführt werden kann. Zu Gast sind zwei Führungskräfte: Frau Schlütter, Leiterin einer Messtechnik-Firma, und Herr Jordan, Leiter einer Software-Firma. Sie haben unterschiedliche Führungserfahrungen gesammelt und sind zu unterschiedlichen Führungsstilen in ihren Unternehmen gekommen.
Herr Jordan hat seine Firma mit zwei Kommilitonen aufgebaut. Nachdem seine Geschäftspartner das Unternehmen verlassen hatten, wurde er alleiniger Chef. Er hat zunächst versucht, die Arbeitsweise ohne Hierarchie auf die größere Firma mit mehr Angestellten zu übertragen. Das ist gescheitert. Deshalb hat er Regeln eingeführt. Entscheidungen in Projekten werden aber nicht von ihm gefällt, sondern vom Projekt-Team. Er erklärt das damit, dass das Team besser informiert ist. Das Team muss die Entscheidung aber begründen. Er motiviert seine Mitarbeiter und Mitarbeiterinnen, indem er ihnen die Verantwortung für ihr Projekt überträgt. Außerdem setzt er gemeinsam mit seinen Mitarbeitern kurzfristige Ziele, die er regelmäßig bespricht. Seiner Erfahrung nach motiviert das die Mitarbeiter, da so ihre Leistungen gewürdigt werden.
Frau Schlütter hat ihre Firma von ihrem Vater übernommen. Er hat das Unternehmen sehr autoritär geführt. Nachdem er ausgeschieden war, führte sie einen neuen Führungsstil ein. Sie führt regelmäßig Besprechungen durch, damit ihre Mitarbeiter sich mehr einbringen können, und hört auf ihre Vorschläge. Obwohl sie wichtige Entscheidungen gemeinsam mit ihren Mitarbeitern bespricht, liegt die letzte Entscheidung immer bei ihr, da sie die Verantwortung für den Erfolg des Unternehmens hat. Für die Motivation der Mitarbeiter führt sie zwei Punkte an: Erstens möchte sie ihre Mitarbeiter durch ihr gutes Vorbild motivieren. Zweitens erläutert sie, dass es motivierend für die Mitarbeiter ist, wenn sie ihre Ideen einbringen können.

3a 2a • 3a • 4b

3b

Passiversatzform	Beispiel	Bedeutung
2. sein + zu + Infinitiv	1. Wenn eine schwierige Entscheidung zu treffen ist, … 2. Wie ist ein Unternehmen erfolgreich zu führen?	1. Passiv mit „müssen" 2. Passiv mit „können"
3. sein + Adjektiv (Verbstamm + „-bar")	Dieser Führungsstil war in der neuen Situation nicht mehr anwendbar.	Passiv mit „können"

3c 2. Wie sind Mitarbeiter zu motivieren? • 3. Damit alle merken, dass ihre Arbeit gewürdigt wird, sind regelmäßig Zielgespräche zu führen. • 4. Wegen des hohen Krankenstandes ist die Arbeit nicht im vereinbarten Zeitraum zu schaffen. • 5. Die Probleme sind nur mithilfe eines externen Beraters zu lösen. • 6. Um die Kollegen nicht zu stören, sind Handygespräche außerhalb des Büros zu führen.

3d Markierungen: 2. können • 3. müssen • 4. kann • 5. können • 6. müssen •
Umformulierungen: 2. Wie lassen sich Mitarbeiter motivieren? • 4. Wegen des hohen Krankenstandes lässt sich die Arbeit nicht im vereinbarten Zeitraum schaffen. • 5. Die Probleme lassen sich nur mithilfe eines externen Beraters lösen.

3e 1. In der kurzen Zeit ist das nicht machbar. • 4. Wegen des hohen Krankenstandes ist die Arbeit nicht im vereinbarten Zeitraum schaffbar. • 5. Die Probleme sind nur mithilfe eines externen Beraters lösbar.

Auf dem Weg zur Prüfung 9

Lesen: Zufrieden bei der Arbeit?

1 Vor allem gut bezahlte Mitarbeiter arbeiten engagierter, sind seltener krank und weniger wechselbereit. • Welche Faktoren zur Zufriedenheit der Mitarbeiter führen, ist in allen Branchen ähnlich. • Männern ist es besonders wichtig ist, dass sie beruflich aufsteigen können.

2 1E • 2A • 3B • 4H • 5C • 6F

Hören: Motivationsforschung

1 1. explizit • 2. implizit • 3. implizit • 4. explizit

2a *Mögliche Lösungen:* zwei verschiedene Motivationssysteme: explizite und implizite Motive • explizite Motive: bewusst • beeinflusst durch: Erwartungen der sozialen Umgebung, Wünsche u. Absichten der Person • in Realität implizite Motive wichtiger • implizite Motive: meist nicht bewusst, eng mit Emotionen verbunden • drei implizite Motive: Macht, Leistung, soziale Bindung • Macht verbunden mit Gefühl der Stärke, Leistung mit

Gefühl des Stolzes, soziale Bindung mit lieben und geliebt werden • explizite und implizite Motive stimmen oft nicht überein • TAT: Hinweis auf implizite Motive • Probanden sehen Fotos, sollen sie interpretieren • z. B. Foto mit beruflicher Situation • berufliche Qualifikation, Konkurrenz hervorheben → Leistung • soziales Miteinander → soziale Bindung • Personen mit starkem Machtmotiv, später höhere Position im Unternehmen

2c *Mögliche Lösungen:* 1. **explizite Motive:** – der Person bewusst • – Erwartungen der sozialen Umgebung an Person • – eigene Wünsche und Absichten • **implizite Motive:** – der Person meist nicht bewusst • – eng mit Emotionen verbunden • 2. **1:** Macht • Stärke • **2:** Leistung • Stolz • **3:** soziale Bindung • andere Menschen zu lieben • von Menschen geliebt zu werden • 3. Der Thematische Apperzeptionstest ist ein psychologischer Test, mit dem implizite Motive untersucht werden können. Bei dem Test erhalten die Versuchspersonen Fotos, die sie interpretieren sollen. Wenn die Versuchspersonen z. B. bei einem Foto mit einer beruflichen Situation die berufliche Qualifikation der Personen und die Konkurrenz zwischen den Personen hervorheben, geht man davon aus, dass für sie das implizite Motiv der Leistung wichtig ist. Wenn die Versuchspersonen jedoch die soziale Beziehung betonen, geht man davon aus, dass das implizite Motiv der sozialen Bindung für sie wichtig ist.

3 In der modernen Psychologie geht man von zwei verschiedenen Motivationssystemen aus. Es gibt zum einen die expliziten Motive. Das sind die Motive, die eine Person nennt, wenn sie gefragt ((richtig: befragt)) wird. Explizite Motive sind der Person bewusst und sie kann darüber sprechen. Interessanterweise sind diese Motive aber häufig gerade nicht diejenigen Motive, die die Haltungen ((richtig: Handlungen)) der Person in der Realität beeinflussen. Denn neben expliziten Motiven spielen auch implizite Motive eine große, häufig sogar eine weit größere Rolle als die expliziten. Implizite Motive sind Motive, die sprachlich nicht benannt werden. Die Person ist sich dieser Motive oft nicht bewusst und wird deswegen ((richtig: deshalb)) diese Motive in einer Befragung nicht nennen. Entscheidend dabei ist, dass einige ((richtig: diese)) Motive eng mit Emotionen verbunden sind.

Schreiben: In den Flow kommen

2 *Mögliche Lösung:* In dem Artikel geht es um einen Begriff aus der Psychologie: den Flow-Zustand. Der Flow-Zustand ist gekennzeichnet durch hohe Konzentration und positive Gefühle. Man kann in diesen Zustand bei Tätigkeiten kommen, die man sehr gerne macht bzw. sehr interessant findet, und zwar sowohl in der Freizeit als auch während der Arbeit. Bei Studien konnte nachgewiesen werden, dass man durch das Arbeiten im Flow-Zustand bessere Ergebnisse erzielen kann und dass man auch nach der jeweiligen Tätigkeit länger positive Gefühle hat. Der Flow-Zustand hat auch Auswirkungen auf den Körper, wie z. B. auf die Herzfrequenz und die Ausschüttung des Stresshormons Cortisol. Um im Flow-Zustand arbeiten zu können, muss die Arbeit das richtige Anforderungsniveau haben. Sie darf weder zu einfach sein, weil dies zu Langeweile führt, noch zu schwierig, weil dies zu Stress und Angst führt.

Sprechen: Sind Hausaufgaben ein Problem?

1a *Mögliche Lösungen:* **zentrale Punkte: Befürworter:** im Unterricht nicht für alle Schüler genug Zeit zum Üben • **Gegner:** viele Kinder können Hausaufgaben nicht selbstständig erledigen, sind dann frustriert oder bekommen in der Schule Ärger • Eltern versuchen, den Kindern Aufgaben zu erklären • Problem: können nicht gut erklären, wissen nicht die Lösung • Lehrer wollen nicht, dass Eltern bei Hausaufgaben helfen, weil Kinder selbstständig lernen sollen • außerdem passen Kinder dann weniger in Schule auf, wodurch ihre Leistungen und Motivation weiter sinken • **eigene Meinung:** gegen Hausaufgaben • Kinder sind ganzen Tag in Schule, brauchen auch Freizeit • Hausaufgaben gefährden Chancengleichheit • Hausaufgabenkontrolle im Unterricht Zeitverschwendung • besser Hausaufgabenbetreuung in Schule und Nachhilfegruppen für schwache Schüler

1b *Mögliche Lösung:* Der Artikel gibt einen Überblick darüber, welche Argumente für Hausaufgaben und welche gegen Hausaufgaben sprechen. Dafür spricht, dass es im Unterricht nicht für alle Schüler ausreichend Zeit zum Üben gibt. Besonders die schwächeren Schüler sind auf Übungsmöglichkeiten, die über den Unterricht hinausgehen, angewiesen. Auf der anderen Seite wird eine ganze Reihe von Argumenten gegen Hausaufgaben angeführt. Hausaufgaben können negative Effekte haben, da viele Kinder sie nicht allein schaffen können, infolgedessen frustriert sind und in der Schule wegen der fehlenden Hausaufgaben Schwierigkeiten bekommen. Problematisch ist es auch, wenn Eltern ihren Kindern bei den Hausaufgaben helfen wollen, da sie oft selbst nicht in der Lage sind, die Aufgaben zu lösen oder richtig zu erklären. Darüber hinaus wenden Lehrer gegen diese Unterstützung durch die Eltern ein, dass diese den Kindern schadet, da sie sich dann zu sehr auf ihre Eltern verlassen und sich selbst weniger anstrengen. Ich schließe mich den Gegnern von Hausaufgaben an und möchte noch drei weitere Argumente nennen. Erstens müssen viele Kinder schon den ganzen Tag in der Schule verbringen. Ihr Leben sollte aber nicht nur aus Lernen bestehen, sondern sie brauchen auch einen Ausgleich dazu. Meiner Meinung nach könnten Kinder und Jugendliche sich viel gesünder entwickeln, wenn sie in ihrer Freizeit Sport treiben würden oder Mitglied in einem Verein wären, statt bis abends am Schreibtisch zu sitzen. Zweitens: Ein weiterer negativer Effekt von Hausaufgaben ist, dass sie die Chancengleichheit gefährden. Gerade die Schüler, deren Eltern selbst ein niedriges Bildungsniveau haben, werden beim Erledigen der Hausaufgaben keine Hilfe bekommen können. Im Gegensatz dazu werden Eltern mit einem hohen Bildungsniveau ihre Kinder unterstützen können, wodurch sich die unterschiedlichen Leistungen der Schüler noch weiter vergrößern. Drittens ist Hausaufgabenkontrolle im Unterricht meiner Meinung nach Zeitverschwendung. Diese Zeit sollte lieber für sinnvollere Aktivitäten verwendet werden, wie kooperatives Lernen. Dennoch muss man aber anerkennen, dass die ersatzlose Abschaffung von Hausaufgaben auch keine gute Lösung wäre, da in diesem Fall die schwachen Schüler immer noch keine Unterstützung bekommen würden. Mein Vorschlag ist daher, dass die Schüler und Schülerinnen ihre Hausaufgaben in der Schule nach dem Unterricht machen. Auf diese Weise können sie den Stoff üben und gleichzeitig Unterstützung von Fachkräften bekommen, wenn sie etwas nicht verstehen. Außerdem könnte man an den Schulen Nachhilfegruppen für schwache Schüler einrichten. Dieses Angebot sollte kostenlos sein und zwei- bis dreimal pro Woche nach dem Ende des Unterrichts stattfinden. Die regulären Lehrkräfte, welche die Schüler auch sonst unterrichten, könnten in diesem speziellen Nachhilfeunterricht noch einmal besonders auf die Defizite der schwachen Schüler eingehen. So wäre allen geholfen.

2a *Mögliche Lösungen:* **Argumente: Befürworter:** im Unterricht nicht für alle Schüler genug Zeit zum Üben • **Gegner:**

Lösungen zum Kursbuch

viele Kinder können Hausaufgaben nicht selbstständig erledigen, sind dann frustriert oder bekommen in der Schule Ärger • Eltern versuchen, den Kindern Aufgaben zu erklären • Problem: können nicht gut erklären, wissen nicht die Lösung • Lehrer wollen nicht, dass Eltern bei Hausaufgaben helfen, weil Kinder selbstständig lernen sollen • außerdem passen Kinder dann weniger in Schule auf, wodurch ihre Leistungen und Motivation weiter sinken • **eigene Meinung:** gegen Hausaufgaben • Kinder sind ganzen Tag in Schule, brauchen auch Freizeit • Hausaufgaben gefährden Chancengleichheit • **eigene Erfahrung:** in Schule Hausaufgabenbetreuung • hilfreich, weil bei Problemen direkt fragen konnte • nach der Schule echte Freizeit • **Lösung:** Hausaufgabenkontrolle im Unterricht Zeitverschwendung • besser Hausaufgabenbetreuung in Schule und Nachhilfegruppen für schwache Schüler

Lektion 10

10A Kommunikation – aber wie?

1a *Mögliche Lösungen:* **1.** Problem: extrem informelle Begrüßung des Professors • Vorschlag: Guten Tag, Herr Professor … Wie geht es Ihnen? • **2.** Problem: Person B antwortet unpassend, zu formell für die Situation. • Vorschlag: Am Samstag kann ich leider nicht. Aber wie wär's am Sonntag? • **3.** Problem: Person A erwartet von Person B, dass Person B das Kopierpapier nachfüllt. • Vorschlag: Person A sollte das Papier selbst nachfüllen und Person B einfach nur begrüßen, z.B. „Hallo, …" oder bei Schwierigkeiten direkt um Hilfe bitten.

2a *Mögliche Lösung:* **Wann:** im Kontakt mit Universität, Arbeitgebern, Behörden, Ärzten etc. • **Unterschied:** formelle Sprache, sprachliche Korrektheit ist wichtig

2b *Mögliche Lösungen:* **E-Mail A:** MasterMind@yahoo.com → keine seriöse Mailadresse • Betreff: Frage → kein aussagekräftiger Betreff • Hallo Prof → unpassende Anrede • Habe ich den Klausurtermin richtig gespeichert? … Credit Points …, der Nachholtermin? → Fragen zu Informationen, die im Netz stehen, sollte dafür nicht schreiben • Übrigens, echt klasse, dummerweise, Sorry → unangemessene Wortwahl, zu vertraut • keine Emojis verwenden • können Sie sie mir bitte schicken → unangemessene Bitte • DANKE und bis Mittwoch → unpassend, außerdem fehlen Grußformel und Unterschrift •
E-Mail B: … Frau Professor → Frau Professorin • Kann ich meine Hausarbeit später abgeben?, möglichst schnell, war … alles in Ordnung?, immer noch kein Ergebnis! → stellt Forderungen und unangemessene Bitten • Einen schönen Tag und liebe Grüße → unpassende Grußformel • M. Wagner → Vorname abgekürzt

2c *Mögliche Lösung:* Betreff: Bitte um Besprechungstermin wegen Gliederung Seminararbeit •
Sehr geehrter Herr Professor Weber, ich beginne gerade mit meiner Seminararbeit für Ihr Master-Seminar „Prozessautomatisierung" und würde gerne mit Ihnen die Gliederung der Arbeit besprechen. Leider ist es für mich nicht möglich, in Ihre reguläre Sprechstunde zu kommen, weil ich zu dieser Zeit ein anderes Seminar habe. Daher wäre es sehr freundlich von Ihnen, wenn Sie mir einen anderen Termin für ein kurzes Gespräch vorschlagen könnten. Vielen Dank für Ihr Verständnis. Mit freundlichen Grüßen Sandra Kisur

10B Interkulturelle Kompetenz

1a *Mögliche Lösung:* Bedürfnisse, Erwartungen, Werte des anderen kennen, sein eigenes Verhalten reflektieren und anpassen

1b/c

Hauptaussage	Wichtige Detailinformationen
B. Fusionen scheitern oft wg. zu großer Unterschiede in Führungskultur	Bsp. USA – D: – Amerik.: persönl. Kontakte wichtig + viel Freiheit für mittleres Management – Dt.: Fokus auf konkrete Aufgaben → Amerik. für Dt.: wenig seriös, oberflächlich → Dt. für Amerik.: steif, humorlos
C. Warum ist interkult. Komm. so schwierig?	1. gemeinsame Sprache finden 2. nicht-sprachl. Botschaften verstehen Problem: Wenn man nicht viel über andere Kultur weiß → interpret. man, was man nicht versteht
D. Beurteilung des Fremden geschieht immer auf Basis eigener Kultur	– Einschätzung des Fremden geht unbewusst von erlernten Verhaltensmustern u. eigener Erfahrung aus – bemerkt nicht, dass man das, was man nicht verstanden hat, durch Vermutungen ersetzt
E. „Critical Incidents" veranschaulichen mögliche Schwierigkeiten in interkult. Kommunikationssituation	– Bsp. 1: ind. Student kommt ständig in Sprechstd., um Fortschritte zu zeigen; dt. Professor erwartet Selbstständigkeit; ind. Student erwartet Führung → Hausarbeit nicht fertiggestellt – Bsp. 2: Forschungsprojekt dt. u. frz. Wissenschaftler, unterschiedliche Bedeutung von „concept"/„Konzept", für Dt.: strukturiertes, ausgearbeitetes Schriftstück, für Frz: informell notierte Ideen → Dt. enttäuscht v. Oberflächlichkeit, Frz. ärgern s. über Gründlichkeit
F. neuer Zusatzstudiengang „Internationale Handlungsfähigkeit"	– „Critical Incidents" als Beispiele → Kommunikation kulturell beeinflusst – Austausch mit Universitäten im Ausland

1d *Mögliche Lösung:* … So scheitern Fusionen immer wieder, weil die Unternehmen zu unterschiedliche Führungskulturen haben. Eine Studie über die Fusion eines US-amerikanischen und eines deutschen Unternehmens kam z.B. zu dem Ergebnis, dass für Amerikaner persönliche Kontakte wichtig sind und das mittlere Management viel Freiheit erhält, während bei Deutschen der Fokus auf konkreten Aufgaben liegt. Die Folge war, dass Deutsche bei der Zusammenarbeit als „steif und humorlos" betrachtet wurden und die Amerikaner als „wenig seriös und oberflächlich". Frau Dr. Ilg erklärt die Schwierigkeiten bei interkultureller Kommunikation anhand von zwei Aspekten: Man muss zum einen eine gemeinsame Sprache finden, zum anderen muss man nicht-sprachliche Botschaften verstehen können. Dazu kommt noch das Problem, dass die Partner nicht immer genug über die andere Kultur wissen, und dann das, was sie nicht verstehen, interpretieren. Frau Dr. Ilg betont außerdem, dass man sich bewusst sein muss, dass man das Fremde immer auf Basis der eigenen Kultur beurteilt. Man geht dabei unbewusst von Verhaltensmustern aus, die man erlernt hat, sowie von der eigenen Erfahrung. Oft erkennt man auch nicht, dass man etwas gar nicht verstanden, sondern durch eine Vermutung ersetzt hat. Frau Dr. Ilg weist darauf hin, dass sich mit „Critical Incidents" Schwierigkeiten in einer interkulturellen Kommunikationssituation veranschaulichen lassen und führt dafür zwei Beispiele an. Abschließend verweist Frau Dr. Ilg auf den neuen Zusatzstudiengang der Universität „Internationale Handlungsfähigkeit", in dem anhand von „Critical Incidents" vermittelt wird, dass Kommunikation immer auch kulturell beeinflusst ist.

3a 2a. Der indische Student weiß nicht Bescheid, also kommt es zu Missverständnissen. • 2b. Der indische Student wusste nicht Bescheid, also kam es zu Missverständnissen. • 3a. Der Begriff „Konzept" wird nicht definiert. Also kann man nicht gut zusammenarbeiten. • 3b. Der Begriff „Konzept" wurde nicht definiert. Also konnte man nicht gut zusammenarbeiten.

3b 2. Infinitiv • 3. „worden"

3c 2. Wenn der Student über das Vorgehen bei Hausarbeiten informiert worden wäre, hätte er keine Probleme bekommen. • 3. Wenn die Mitarbeiter mehr über die Kultur ihrer Partner gewusst hätten, hätte die Zusammenarbeit besser funktioniert. • 4. Wenn sie auf den Auslandseinsatz vorbereitet worden wären, hätten sie einige Reaktionen der Partner verstehen können.

10C Sich beschweren – Wie geht das?

1a *Mögliche Lösung:* Tipps dazu, wie, bei wem, wann man sich beschweren soll

1b *Mögliche Lösungen:* richtiger Ton: höflich, nicht verletzend • Zeitpunkt: meistens lieber nicht sofort, sich zuerst beruhigen • im Fall von Zeitdruck: sofort, aber in richtigem Ton • Form: „Ich-Botschaften", Situation beschreiben, aber nicht bewerten, selbst Lösungsvorschlag machen • weiterer wichtiger Punkt: Verallgemeinerungen vermeiden • andere Person nicht unterbrechen

1c Es ist immer ratsam, auch dann, wenn man unter Zeitdruck steht, sich nicht sofort zu beschweren, … • Beschwerden funktionieren dann am besten, wenn man mithilfe von „Ich-Botschaften" das Verhalten des anderen bewertet.

1d *Mögliche Lösungen:* 1. Änderungsvorschläge an einem Projekt • 2. Ton: nicht höflich, emotional • Zeitpunkt: beschwert sich sofort • Form: keine „Ich-Botschaften", bewertet Verhalten des anderen, kein Lösungsvorschlag • weitere Punkte: verallgemeinert • unterbricht seinen Kollegen

1f *Mögliche Lösungen:* Kollege 2 ist höflich, sachlich, formuliert „Ich-Botschaften", unterbricht seinen Kollegen nicht

2a 4. • 5.

2b 1. Konjunktiv II • 2. Nach „als ob", „als wenn" steht das konjugierte Verb: b. am Satzende. • Nach „als" steht das konjugierte Verb: a. auf Position 2.

2c 2. Aber nichts war perfekt. • 3. Aber es gab keine Fehler. • 4. Aber er kann nicht immer / fast nie eine Lösung finden.

2d 2. …, als wenn euch die Arbeit Spaß machen würde. • 3. …, als hätte er gute Ideen. • 4. …, als ob sie Kritik gut vertragen könnte. • 5. …, als wäre ich zufrieden.

2e *Mögliche Lösungen:* Die Kollegin kommt immer zu spät. Aber sie tut so, als ob sie pünktlich kommen würde. • Den Kollegen langweilt die Arbeit. Aber er hört sich so an, als wenn er die Arbeit interessant finden würde. • Der Kommilitone kann mich nicht leiden. Aber er benimmt sich so, als könnte er mich gut leiden. • Die Kommilitonin betrügt bei der Prüfung. Aber es sieht so aus, als ob sie nicht betrügen würde. • Der Kollege ist inkompetent. Aber er erweckt den Eindruck, als wenn er kompetent wäre.

10D Aggressivität und Hass im Netz

1b Internet: hasserfüllte Kommentare häufiger, da: ideale Plattform, einfaches Senden, große Reichweite, Anonymität möglich • aber auch Kommentare unter richtiger Identität → Nutzer mobilisieren • Kommentare unter Artikeln im Netz: bei manchen großen Nachrichtenportalen verboten, bei anderen kontrolliert und gelöscht • Empfehlung: Beleidigungen nicht ignorieren, sachlich und nicht aggressiv reagieren, Hassreden Betreiber melden

1c *Mögliche Lösung:* In dem Artikel geht es um „Hate Speech", auf Deutsch „Hassrede". Damit sind Aussagen gemeint, mit denen jemand andere beschimpft oder bedroht. Solche Hassreden kommen vor allem im Internet vor, weil sie dort sehr schnell weit verbreitet werden können. Viele verwenden bei ihren Hasskommentaren einen falschen Namen, um anonym zu bleiben. Aber andere schreiben unter ihrem richtigen Namen, um die Leser so zu beeinflussen. Abschließend wird die Frage gestellt, wie man auf „Hate Speech" reagieren soll. Wichtig ist, dass man Hasskommentare nicht ignoriert. Konfliktforscher empfehlen, dass man mit einer Gegenrede reagieren soll, d.h., man soll klar und direkt, aber nicht aggressiv antworten. Wenn man Hasskommentare im Internet sieht, sollte man sie melden, damit im Netz nicht der Hass im Vordergrund steht.

Auf dem Weg zur Prüfung 10
Lesen: Kommunizieren im Ausland

1a *Mögliche Lösungen:* **A:** Auslandsstudium: Vorteile: bietet Einblicke in anderes Land und Kultur, verändert Blick auf eigenes Studium, trägt zur Persönlichkeitsentwicklung bei, man erwirbt interkulturelle Kompetenz und Sprachkenntnisse • Nachteile: mit Belastungen verbunden, dazu Studie • **B:** Ergebnisse von Studie: Doppelbelastung durch Studium und Fremdsprache größte Schwierigkeit, Verständnisprobleme, wenn zu schnell gesprochen oder in regionalen Varianten • Probleme bei fachlicher Zusammenarbeit durch mangelnde Beherrschung der Wissenschaftssprache, fühlten sich von Kommilitonen und Dozenten nicht ernst genommen • **C:** Probleme auch, wenn Sprache sehr gut beherrscht wurde, Fehlen idiomatischer Ausdrücke und umgangssprachlicher Wendungen, konnten keinen Humor und Gefühle zeigen, fühlten sich in Persönlichkeit eingeschränkt • **D:** Finanzierung des Studiums leichter zu bewältigen, in diesem Bereich viele Unterstützungsangebote • **E:** an ausländischen Hochschulen erworbene Kreditpunkte von Heimatuniversität nicht anerkannt, Studienzeit verlängert sich • **F:** Schlussfolgerungen der Studie: vor Beginn des Auslandsstudiums eingehend mit möglichen Problemen auseinandersetzen, insgesamt positives Urteil: Verbesserung der Sprachkenntnisse, Erweiterung des Horizonts, Ausbau der interkulturellen Kompetenz

1b *Mögliche Lösung:* Ein Auslandstudium erweitert zwar den Horizont, aber es können auch verschiedene Schwierigkeiten auftreten. Dazu wurde eine Studie durchgeführt. Die Ergebnisse sind wie folgt: Die befragten Studierenden nennen als Hauptschwierigkeit die doppelte Belastung durch Studium und Fremdsprache. Neben Verständnisschwierigkeiten, weil zu schnell oder in regionalen Varianten gesprochen wird, entstehen weitere Probleme dadurch, dass die Befragten häufig nicht die wissenschaftliche Ausdrucksweise kennen. Sie fühlen sich daher im wissenschaftlichen Alltag nicht ernst genommen. Doch auch bei Studierenden, die die jeweilige Fremdsprache sehr gut beherrschen, kommt es zu Verständnisproblemen, weil sie z.B. bestimmte idiomatische Wendungen nicht kennen und so nicht auf gleicher Ebene mit den Muttersprachlern kommunizieren können. Eine weitere Schwierigkeit ist, dass sie ihre Gefühle oder Humor nicht gut in der Fremdsprache ausdrücken können und sich dadurch sprachlich und menschlich sehr eingeschränkt fühlen. Im Gegensatz dazu wird die Frage der Finanzierung des Auslandsstudiums als weniger schwierig bewertet, da man in diesem Bereich Hilfe bekommen kann. Als größeres Problem wird allerdings die Nicht-Ankerkennung von an ausländischen Hochschulen erworbenen Kreditpunkten durch die Heimatuniversität angesehen, da sich dadurch das Studium verlängern kann.

2 *Mögliche Lösungen:* 1. ohne sich besonders anstrengen zu müssen • 2. auf gleicher Ebene • 3. sich sprachlich nicht einem Erwachsenen angemessen ausdrücken können

3 1. Ein Auslandsstudium • 2. Befragten • 3. weil ihnen sprachliche Mittel fehlten, um einen Witz oder Anspielungen zu verstehen oder zu machen, Humor zu zeigen und Gefühle auszudrücken

Lesen: Praktikum im Ausland

1 1. F • 2. H • 3. C • 4. G • 5. B • 6. E

Hören: Warum lästern und tratschen wir gerne?

2a *Mögliche Lösungen:* Lästern kein Phänomen der Neuzeit • menschliches Verhalten • gehört zu Alltag • unabhängig von Alter und Geschlecht • wirkt sich positiv auf Psyche aus • stärkt Zugehörigkeit zu einer Person oder Gruppe • Ergebnis Studie: Klatsch anhören → kann sich besser einschätzen, über Missgeschicke anderer hören stärkt Selbstwertgefühl, signalisiert, dass Erzähler uns vertraut • Lästern dient Schutz der Gemeinschaft • Ergebnis zweiter Studie: lästern, wenn jemand gegen Gruppennormen verstößt, drücken Ärger aus, Funktion eines sozialen Warnsystems • Ergebnis dritte Studie: kann Kooperation fördern, egoistische Personen werden fairer und sozialer, weil Angst vor Ausschluss aus Gemeinschaft • Fazit: Lästern verletzend, trotzdem: lebensnotwendig für Zusammenhalt funktionierender Gemeinschaft, sollte nicht zu viel lästern

2b Er legt zudem dar, dass Lästern und Informationen über andere auszutauschen in unserer modernen Gesellschaft immer wichtiger werden. • Außerdem konnten Psychologen in Untersuchungen belegen, dass Berichte über die Fehler anderer uns helfen, unsere Leistungen zu verbessern, weil wir aus den Fehlern anderer lernen.

3 *Mögliche Lösungen:* 2. …, damit sie sich besser einschätzen können. • 3. …, stärkt dies unser Selbstwertgefühl. • 4. … dient auch dem Schutz der Gemeinschaft.

4 *Mögliche Lösungen:* Situation 1: Auswirkung: warnen andere • Funktion: soziales Warnsystem • Situation 2: Auswirkung: fairer, sozialer • Funktion: Förderung der Kooperation

5 *Mögliche Lösung:* Obwohl Lästern auch verletzend sein kann, ist der Autor davon überzeugt, dass es langfristig sehr wichtig für eine funktionierende Gesellschaft ist. Er betont aber auch, dass man nicht zu viel lästern sollte.

Sprechen: Kritik äußern und annehmen

1a *Mögliche Lösungen:* Kritikfähigkeit im Privat- und Berufsleben von großer Bedeutung • ist Kompetenz, Kritik angemessen zu äußern und souverän darauf zu reagieren • keine destruktive Kritik: darf nicht verletzend sein, nicht Person abwerten • konstruktive Kritik: präzise, sachlich formuliert, analytisch, alternativ • Ziel konstruktiver Kritik: nicht nur Probleme anmerken, sondern Lösungen bieten • wichtig: sich emotional von Kritik distanzieren, Feedback nicht als persönlichen Angriff betrachten, sich nicht sofort verteidigen oder rechtfertigen, sich aktiv mit Kritik auseinandersetzen → lernen und sich weiterentwickeln

1b *Mögliche Lösungen:* In dem Text geht es um Kritikfähigkeit. Sie ist im Privat- und Berufsleben sehr wichtig. Man versteht darunter die Kompetenz, Kritik angemessen zu äußern und souverän darauf zu reagieren. Der Autor weist darauf hin, dass Kritik nicht destruktiv sein darf. Sie darf also nicht verletzend sein und die andere Person nicht abwerten, da diese Person sonst die Kritik ablehnen wird. Empfohlen wird im Gegensatz dazu eine konstruktive Kritik. Das heißt, die Kritik soll präzise und sachlich formuliert sein. Außerdem sollte sie analytisch und alternativ sein. Das Ziel von konstruktiver Kritik ist nicht nur, Probleme aufzuzeigen, sondern Lösungen anzubieten. Der Autor macht auch Vorschläge, wie man selbst leichter Kritik annehmen kann. Wichtig dafür ist, sich emotional davon zu distanzieren und das Feedback nicht als persönlichen Angriff zu betrachten. Man sollte sich auch nicht sofort verteidigen oder rechtfertigen. Wenn man sich aktiv mit Kritik auseinandersetzt, kann man daraus lernen und sich weiterentwickeln.

2a *Mögliche Lösungen:* **Argumente:** Kritikfähigkeit im Privat- und Berufsleben von großer Bedeutung • ist Kompetenz, Kritik angemessen zu äußern und souverän darauf zu reagieren • keine destruktive Kritik: darf nicht verletzend sein, nicht Person abwerten • konstruktive Kritik: präzise, sachlich formuliert, analytisch, alternativ • Ziel konstruktiver Kritik: nicht nur Probleme anmerken, sondern Lösungen bieten • wichtig: sich emotional von Kritik distanzieren, Feedback nicht als persönlichen Angriff betrachten, sich nicht sofort verteidigen, sich aktiv mit Kritik auseinandersetzen → lernen und sich weiterentwickeln • **eigene Meinung:** Kritik notwendig, um Probleme zu lösen • Kritik muss konstruktiv sein • Kritisierter darf nicht Gesicht verlieren • **eigene Erfahrung:** in Heimatland oft Problem nicht angesprochen, will nicht verletzen → Nachteil: Probleme verstärken sich, da nicht angesprochen und nicht gelöst, alle ärgern sich • **Lösung:** in Schule, Universität, Unternehmen Schulungen zur Kritikfähigkeit anbieten • Training, konstruktive Kritik zu äußern und anzunehmen